Blue Book on International Cooperation
of China Building Materials Industry

中国建材行业
国际合作蓝皮书

中国建筑材料联合会
中国建筑材料工业规划研究院　联合主编
国家建筑材料展贸中心

中国建材工业出版社

图书在版编目（CIP）数据

中国建材行业国际合作蓝皮书 / 中国建筑材料联合会，中国建筑材料工业规划研究院，国家建筑材料展贸中心联合主编 .-- 北京：中国建材工业出版社，2023.7
ISBN 978-7-5160-3666-2

Ⅰ. ①中… Ⅱ. ①中… ②中… ③国… Ⅲ. ①建筑材料工业—国际合作—研究报告—中国 Ⅳ. ① F426.91

中国国家版本馆 CIP 数据核字（2023）第 007300 号

中国建材行业国际合作蓝皮书
ZHONGGUO JIANCAI HANGYE GUOJI HEZUO LANPISHU
中　国　建　筑　材　料　联　合　会
中国建筑材料工业规划研究院　联合主编
国　家　建　筑　材　料　展　贸　中　心

出版发行：中国建材工业出版社
地　　　址：北京市海淀区三里河路 11 号
邮政编码：100831
经　　　销：全国各地新华书店
印　　　刷：北京印刷集团有限责任公司
开　　　本：787mm×1092mm　1/16
印　　　张：18
字　　　数：420 千字
版　　　次：2023 年 7 月第 1 版
印　　　次：2023 年 7 月第 1 次
定　　　价：168.00 元

本社网址：www.jccbs.com，微信公众号：zgjcgycbs
请选用正版图书，采购、销售盗版图书属违法行为
版权专有，盗版必究。本社法律顾问：北京天驰君泰律师事务所，张杰律师
举报信箱：zhangjie@tiantailaw.com　举报电话：（010）57811389
本书如有印装质量问题，由我社市场营销部负责调换，联系电话：（010）57811387

《中国建材行业国际合作蓝皮书》编委会名单

主　　任　阎晓峰　中国建筑材料联合会会长
副 主 任　陈国庆　中国建筑材料联合会常务副会长
　　　　　　张东壮　中国建筑材料联合会副会长
　　　　　　刘建华　中国建筑材料联合会副会长
　　　　　　彭　寿　中国工程院院士
　　　　　　　　　　中国建材国际工程有限公司董事长
　　　　　　印志松　中国中材国际工程股份有限公司总裁
委　　员　孙星寿　中国建筑材料联合会副秘书长
　　　　　　周丽玮　中国建筑材料联合会副秘书长
　　　　　　屈交胜　国家建筑材料展贸中心主任
　　　　　　沈玉露　中国建筑材料联合会国际合作部副主任
　　　　　　孔　安　中国建筑材料工业规划研究院副院长
　　　　　　刘　寅　麦肯锡全球董事合伙人
　　　　　　马立云　中国建材国际工程有限公司总裁
　　　　　　何　文　中国建材国际工程有限公司副总裁
　　　　　　刘　军　中国中材国际工程股份有限公司总裁助理

主　　　编	张东壮　刘建华
执 行 主 编	沈玉露
副 　主 　编	孔　安　屈交胜　刘　寅
执行副主编	李月梅　刘霄倩　马倩玲　陈持平
编　　　委	富　丽　赵　静　薛东昊　刘　杨　王欣宇
	李　敏　张瀚文　伊展弘　武文博　刘思聪
	陈幸义　官　敏　于　涛　胡　斌　李莹琳
	刘雅菲　邓祥云　杨鲁江　吴　笛

序 言

　　进入新世纪以来，中国建筑材料工业深度参与全球分工，对外贸易量稳质升，在共商共建共享基础上，坚持"引进来"和"走出去"并重，国际竞争力和影响力不断增强。2022年中国建筑材料及非金属矿商品出口金额509.3亿美元，同比增长11.3%；进口金额347.6亿美元，同比增长21.0%。国外工程和技术服务已成为建材工业"走出去"战略实施的重要标志和体现国际竞争力的重要品牌，水泥工程建设总承包已约占全球70%的市场份额，平板玻璃工程项目约占全球90%的市场份额。对外投资总额累计约200亿美元，一批优秀的水泥、玻璃、玻璃纤维、陶瓷企业走出国门，在欧美、东南亚、中亚、中东、非洲等地区布局建厂，并从"走出去"到"走进去"，迈向属地化发展。

　　党的二十大报告指出，要依托我国超大规模市场优势，以国内大循环吸引全球资源要素，增强国内国际两个市场两种资源联动效应，提升贸易投资合作质量和水平。要稳步扩大规则、规制、管理、标准等制度型开放，营造市场化、法治化、国际化一流营商环境，推进高水平对外开放。

　　我国经济已由高速增长阶段转向高质量发展阶段，正处在转变发展方式、优化经济结构、转换增长动力的攻关期，我国建材工业也随之步入积极应对外部市场需求结构变化、内部产业结构加速转型、实现高质量发展的新阶段。在"双循环"新发展格局引领下，如何从保障我国建材行业产业链、供应链安全和先进性以及高质量发展的战略高度出发，从行业属性、内在价值和长远发展入手，不断适应国际形势的新变化，着力培育新形势下我国建材行业深度参与国际合作和分工的新优势，形成国际建材行业产业链、供应链、价值链的共建互融，是摆在全体建材人面前的重要课题和重要任务，是协会组织必须肩负的职责使命，也是中国建筑材料联合会组织编撰《中国建材行业国际合作蓝皮书》的意义所在。

"十四五"期间和今后一段时期，我国建材工业仍然面临增强国际竞争能力、构建行业发展新格局的重要任务。我们要进一步提升对外开放水平，积极推动绿色低碳产能合作，立足国际市场需求，推动绿色低碳技术装备、绿色产品、绿色服务"走出去"，构筑互利共赢的产业链、供应链合作体系，扩大双向贸易和投资，加快融入"双循环"新发展格局。我们要进一步提升我国建材企业的国际品牌影响力，打造一批国际优质建材产品品牌，与国际建材产业链、供应链、价值链深度共建互融。我们要在更高水平上参与国际合作，提升国际合作的软实力，在科技、标准、认证、智能化等领域广泛开展国际交流与合作，打造全球建材朋友圈。

世界之变、时代之变、历史之变正以前所未有的方式展开，建材人要洞察时代大势，深刻认识、准确研判参与国际经济合作面临的新形势、新机遇、新挑战，深度参与全球建材产业分工与合作，既要维护好自身经济安全，也要与各国一道深化合作，共同推动全球建材行业的绿色低碳高质量发展，实现"宜业尚品、造福人类"的发展目标。

中国建筑材料联合会会长

前 言

2021年，在全面建成小康社会圆满收官、第一个百年奋斗目标得以实现、第二个百年奋斗目标进军新征程开启之际，中国建筑材料联合会全面启动了《中国建材行业国际合作蓝皮书》（以下简称"蓝皮书"）的编撰工作。蓝皮书是中国建筑材料联合会贯彻落实党中央构建"双循环"新发展格局重大战略部署、贡献行业智库智慧力量的具体实践，是为"宜业尚品、造福人类"建材行业发展目标注入新活力、履行协会组织服务行业宗旨的重要支撑。蓝皮书既是为了向全社会展示我国建材行业国际合作全貌，吸引越来越多的建材人了解、关注并思考行业国际合作发展，也是为了向世界展示真实、客观、准确的中国建材行业发展以及国际合作发展情况，展现负责任大国新形象，扩大中国建材行业企业的国际影响力，更是为了通过深入研究分析，为我国建材行业实施更大范围、更宽领域、更深层次的开放合作提供方向和指引。

蓝皮书共分为七章，分别是第一章 综述：新发展格局下的建材国际合作；第二章 国际贸易发展：建材产品进出口与贸易新发展；第三章 "引进来"发展：建材行业外资与技术装备引进；第四章 "走出去"发展：建材行业对外投资和服务；第五章 国际合作展望：新形势下未来建材行业国际合作；第六章 市场发展展望：全球视野下建材发展新常态；第七章 案例分析：建材企业国际合作的典型案例。

按照这样的逻辑和结构，蓝皮书讲述了我国建材行业国际合作的昨天、今天与明天，系统回顾和总结了我国建材行业国际合作发展背景、发展历程、发展特点与经验，客观分析和研判了新形势下我国建材行业国际合作走势，学习借鉴和吸纳全球视野下未来国际合作新常态发展路径，集中展示了国内建材企业、优质品牌的成长轨迹与发展成就。

蓝皮书的编撰工作得到了政府有关部门、行业研究机构、国内外建材企业以及社会各界的高度关注。特别感谢麦肯锡团队的倾力奉献和倾心付出，他们从不同的视野、不同的角度，展望建材行业在未来新常态下的发展，完成了本书第六章的编撰工作。同时也非常感谢中国中材国际工程股份有限公司、中国建材国际工程集团有限公司、华新水泥股份有限公司、中国巨石股份有限公司、中建西部建设股份有限公司、科达制造股份有限公司、金晶（集团）有限公司、北京东方雨虹防水技术股份有限公司、广西柳工集团有限公司、浙江中控技术股份有限公司、福建中柬投资有限公司等企业为本书提供了内容翔实的国际合作典型案例。中国建筑材料联合会和本书编委会，向大家表示真诚的感谢，也希望继续得到领导、专家、读者们的进一步关心、指导和帮助。

蓝皮书部分基础数据和行业信息获取难度较大，如存在表述不准确或不尽翔实之处，欢迎各位专家、学者和业界同仁批评指正。

编者

2023 年 5 月

目 录 | CONTENTS

第一章　综述：新发展格局下的建材国际合作　1

第一节　我国建材行业发展现状..1

第二节　全球建材行业发展现状..10

第三节　建材行业国际合作发展现状..34

第二章　国际贸易发展：建材产品进出口与贸易新发展　44

第一节　国际贸易现状分析..44

第二节　主要贸易地区进出口情况分析......................................54

第三节　国际贸易新特点..69

第三章　"引进来"发展：建材行业外资与技术装备引进　74

第一节　主要行业外资和技术装备引进发展情况......................74

第二节　重点外资企业在我国的发展情况..................................81

第四章　"走出去"发展：建材行业对外投资和服务　86

第一节　国际工程总承包..86

第二节	对外投资发展情况	100
第三节	ESG 及可持续发展	115
第四节	重点国别市场分析	120

第五章　国际合作展望：新形势下未来建材行业国际合作　172

第一节	全球产业链供应链重塑，助推建材国际合作新发展	172
第二节	核心装备与技术研发，引领建材国际合作新实践	177
第三节	共商共建、因地制宜，奋进建材国际品牌建设新征程	180
第四节	"走出去"迈向"走进去"，建材企业深耕本土化经营	183
第五节	推进标准对接，实现互通互认	185

第六章　市场发展展望：全球视野下建材发展新常态　190

| 第一节 | 全球建筑行业市场发展趋势 | 190 |
| 第二节 | 未来新常态下的行业发展 | 198 |

第七章　案例分析：建材企业国际合作的典型案例　221

第一节	中国中材国际工程股份有限公司	221
第二节	中国建材国际工程集团有限公司	227
第三节	华新水泥股份有限公司	232

第四节　中国巨石股份有限公司 237

第五节　中建西部建设股份有限公司 242

第六节　科达制造股份有限公司 248

第七节　金晶（集团）有限公司 252

第八节　北京东方雨虹防水技术股份有限公司 254

第九节　广西柳工集团有限公司 260

第十节　浙江中控技术股份有限公司 265

第十一节　柬埔寨贡布中柬（泰文隆）工业经济特区 269

参考文献 274

第一章

综述：新发展格局下的建材国际合作

建材行业作为制造业的重要组成部分，是支撑国民经济发展、提升人居环境、保障工程建设及促进生态文明的基础产业，更是发展循环经济、保障战略性新兴产业、服务社会发展和推动人类文明建设的基础产业，是全球各国城镇化建设和经济建设的基石。

为统筹中华民族伟大复兴的战略全局，应对世界百年未有之大变局，习近平总书记指出，要面向未来，加快形成以国内大循环为主体、国内国际双循环相互促进的新发展格局。为推动建材行业"大循环、双循环"格局的形成，积极推进国际合作与交流、为行业绿色低碳安全高质量发展拓展新空间已成为大势所趋，并逐步推动形成国际建材行业产业链、供应链、价值链共建互融。

改革开放四十多年以来，我国建材行业已形成全球最大规模的产业体系，拥有诸多世界领先、先进的生产技术装备。目前我国经济已由高速增长阶段转向高质量发展阶段，为适应新时代高质量发展的新要求，建材行业确立了"宜业尚品、造福人类"的行业发展目标和理念，"宜业尚品"是行业发展的必然要求，"造福人类"是行业发展的最终目的，并以此为指引谱写行业绿色低碳安全高质量发展新篇章。

本章围绕行业发展主题，从建材全行业到重点子行业、重点企业，从政策战略引领到落实执行，全方位、多角度介绍了近年来我国与全球建材行业的发展现状以及国际合作情况。

第一节　我国建材行业发展现状

当前，我国建材行业正处于积极应对外部市场需求结构调整、内部产业结构加速转型、实现高质量发展的新阶段。为肩负"大国基石"的历史重任，建材行业树立"开拓、创新、绿色、共享、开放、人文"六大发展理念，确定了"宜业尚品、造福人类"的发展目标，将围绕"碳达峰、碳中和"双碳发展目标，提高行业绿色低碳发展水平，积极推动零外购电、零化石能源、零一次资源、零碳排放、零废弃物排放、零员工示范工厂（以下简称"六零示范工厂"）建设。

截至目前，我国建材行业已经发展成为门类比较齐全、产品基本配套、面向国内国际两个市场的完整工业体系，包括《国民经济行业分类》中水泥制造、水泥制品制造、平板玻璃制造、建筑陶瓷制品制造、卫生陶瓷制品制造、特种陶瓷制品制造、玻璃纤维及制品制造、黏土砖瓦及建筑砌块制造、黏土及其他土砂石开采等30个行业小类，298类、1013种产品；共有建材企业约22万家，从业人员860万，全行业总产值超过7万亿元。

一、产业规模稳步扩大

（一）生产保持小幅增长

2017年以来，面对国内外复杂的环境变化以及新冠肺炎疫情所带来的严峻考验，建材生产始终保持稳步增长态势，建材工业增加值年均增长5.4%。2017—2021年建材工业增加值增长情况见图1-1。

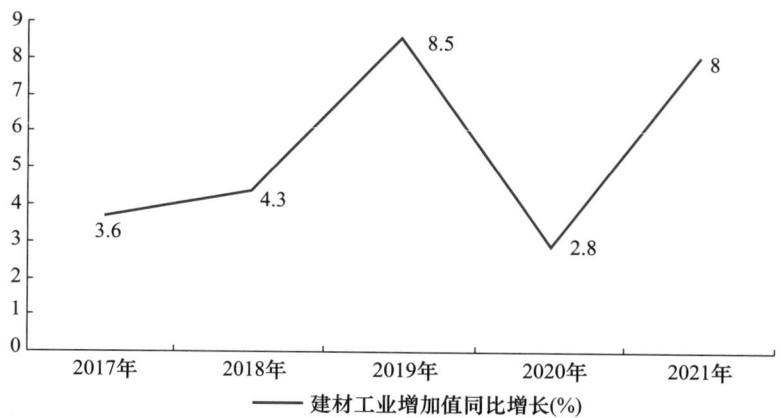

图1-1　2017—2021年建材工业增加值同比增长情况
数据来源：工业和信息化部

（二）利润总额总体上涨

2017年以来，建材工业利润总额总体呈上升趋势。2021年建材工业利润总额达到5754亿元，较2017年增长11.23%，期间年均增长2.81%。2017—2021年建材工业利润总额情况见图1-2。

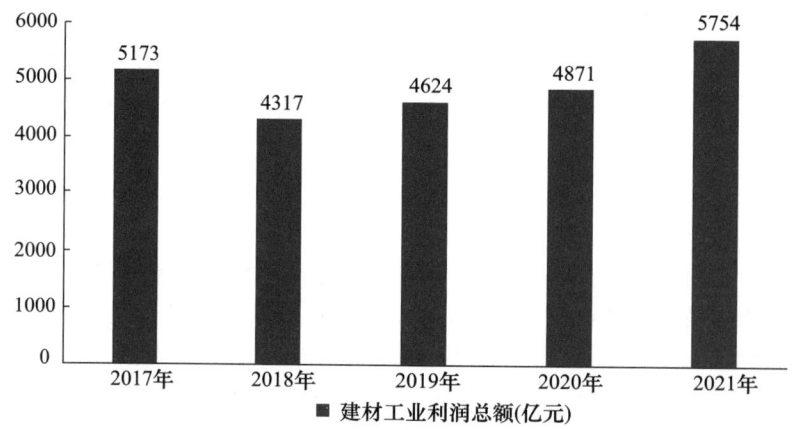

图1-2　2017—2021年建材工业利润总额情况
数据来源：工业和信息化部

（三）主要产品产量呈现一定程度的波动

2017—2021 年间，水泥、卫生陶瓷年产量基本保持平稳；平板玻璃、玻璃纤维年产量呈稳步增长态势，年均增长率分别为 7.28% 和 13.24%；陶瓷砖年产量总体有所下滑，年均降低 4.87 个百分点。具体产品产量情况见表 1-1。

表 1-1　2017—2021 年部分建材产品产量

年份	水泥（亿吨）	平板玻璃（亿重量箱）	陶瓷砖（亿平方米）	卫生陶瓷（亿件）	玻璃纤维（万吨）
2017 年	23.2	7.9	101.5	2.2	408
2018 年	21.8	8.7	90.1	2.1	468
2019 年	23.3	9.3	82.3	2.2	527
2020 年	23.8	9.5	84.7	2.2	541
2021 年	23.6	10.2	81.7	2.2	624

数据来源：水泥、平板玻璃产量数据来源工业和信息化部，陶瓷砖、卫生陶瓷、玻璃纤维数据来源中国建筑卫生陶瓷协会、中国玻璃纤维复合材料协会。

二、产业结构优化升级

（一）新增产能增速放缓

2017 年以来，在《工业和信息化部关于印发钢铁水泥玻璃行业产能置换实施办法的通知》（工信部原〔2017〕337 号）、《关于严肃产能置换严禁水泥平板玻璃行业新增产能的通知》（工信厅联原〔2018〕57 号）等政策的引导下，各省开展压减水泥、平板玻璃等传统建材过剩产能的专项行动，建立了规范有序的产能减量置换机制，有效遏制了水泥熟料和平板玻璃的增长势头。2020 年全国新增水泥熟料产能 3800 万吨，新增水泥熟料生产线 26 条；而 2021 年全国新增水泥熟料产能 3184 万吨，新增水泥熟料生产线 21 条，较 2020 年增速有所放缓。2017—2021 年新增水泥熟料产能和生产线情况见图 1-3。

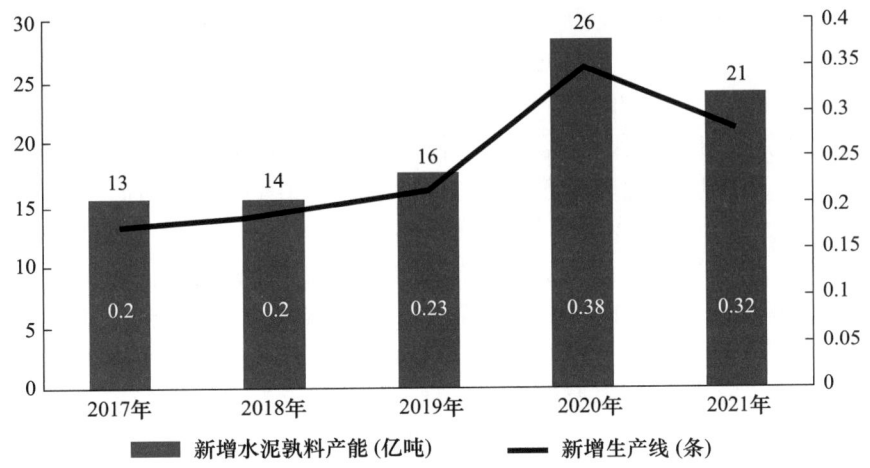

图 1-3　新增水泥熟料产能和生产线情况

数据来源：数字水泥网、中国水泥协会和公开网络信息

（二）组织结构明显优化

1. 企业引领能力有效提升

中国建材集团有限公司连续12年入围《财富》世界500强排行榜单，2022年位列第196位，比2016年提升131位，是全球建材企业的领军者；安徽海螺集团有限责任公司位列353位，比2019年提升88位。

在中国建筑材料联合会发布的《2022全球建筑材料上市公司综合实力排行榜》中，中国大陆及港澳台地区共有34家公司上榜，位列世界各国之首，其中排名前十的头部企业中，有4家是中国企业，分别为中国建材股份有限公司（连续两年位居榜首）、安徽海螺水泥股份有限公司、新疆天山水泥股份有限公司和北京金隅集团股份有限公司。

2. 产业集中度进一步提高

建材企业联合重组步伐进一步加快，大型建材企业推进联合重组，有效地促进了企业的规模化和集约化经营。中国建材集团有限公司和中国中材集团有限公司、北京金隅集团股份有限公司和唐山冀东水泥股份有限公司、云南昆钢嘉华水泥建材有限公司和华润水泥控股有限公司，以及由中国联合水泥集团有限公司、南方水泥有限公司、西南水泥有限公司、中材水泥有限责任公司和新疆天山水泥股份有限公司重组整合成新天山水泥等一系列重组事件的完成，推动了产业集中度的进一步提高。

（三）建材新兴产业取得突破性进展

1. 建材新兴产业占比稳步提升

2017年以来，建材新兴产业产值占建材总产值的比重稳步提升。为转变经济发展方式、调整资源配置方式、促进经济发展、提高资源能源利用效率，中国建材工业将推进科学技术进步与创新驱动作为聚焦的要点之一，进而将技术含量和附加值高的新兴产业作为发展重点，促进新兴产业技术，提升产品功能，拓展应用范围，已成为当前经济发展的主旋律。

2. 新材料产业取得技术突破

在高端特种玻璃领域，我国首片自主知识产权高世代TFT-LCD玻璃基板成功量产，世界最薄0.12毫米电子触控玻璃实现工业化生产，30微米柔性可折叠玻璃完成商业化导入，助推了我国玻璃工业由"跟跑"到"领跑"的跨越；铜铟镓硒、碲化镉发电玻璃商业化应用广泛开展，新能源材料市场和效益大幅提升，支撑了国家"双碳"产业发展；药用玻璃包装材料及装备国产化入选国家"十四五"重点项目，全力保障人民生命健康。在特种陶瓷领域，建成年产100吨高性能氮化硅陶瓷生产线，在低温脱硝催化剂领域突破低温SCR脱硝催化剂关键技术，研制出脱硝温度在150～550℃之间的低温SCR脱硝催化剂。在碳纤维领域，建成高端的单线1000吨SYT55（T800级）碳纤维生产线，产品性能稳定性已达到国外T800级产品水平。在人工晶体领域，成功生产出450千克级的大尺寸蓝宝石晶体，标志着我国蓝宝石行业技术达到国际领先水平；研发出的600毫米锗酸铋晶体成功应用在"悟空"暗物质探测卫星上，作为卫星的核心探测材料，成功帮助卫星获取了国际上最高精度的电子宇宙射线探测结果。

三、创新能力持续提升

（一）研发投入持续提高

1. 研发经费进一步提高

2021 年建材工业研发经费 582 亿元，比 2017 年增长 55.4%；2021 年建材工业研发经费占营业收入的 0.83%，比 2017 年增长 0.24 个百分点。2017—2021 年建材行业研发经费情况见图 1-4。

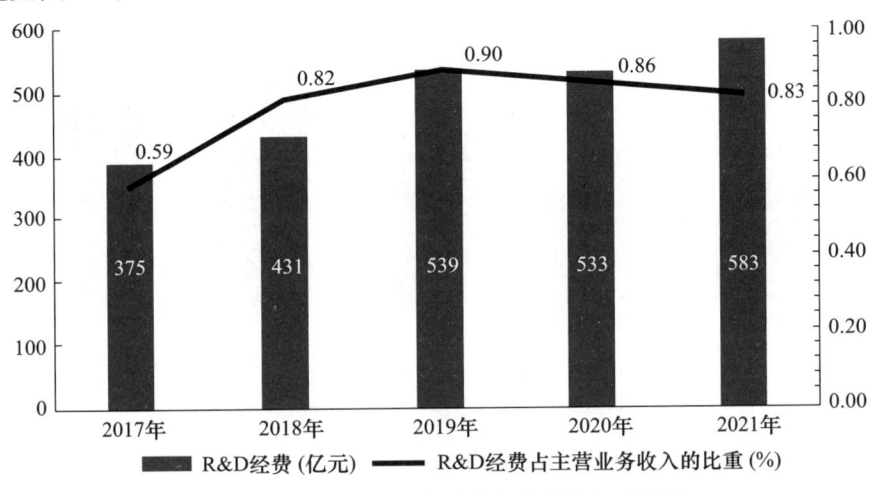

图 1-4　2017—2021 年建材行业研发经费情况

数据来源：国家统计局。2017 年，统计局统计主营业务收入数据；2018 年之后（含 2018 年），统计指标变化，主营业务收入改为营业收入，研发经费占比 2017 年之后改为研发经费占营业收入的比重

2. 新产品开发经费和销售收入不断提高

2021 年建材企业开发新产品经费 829 亿元，较 2017 年增长 118.9%，占全国工业新产品经费的比重由 2.8% 增长到 3.7%；2021 年建材企业新产品销售收入 10571 亿元，较 2017 年增长 147.3%，占全国工业新产品销售收入的比重由 2.23% 增长到 3.58%。2017—2021 年建材行业新产品经费和新产品销售收入见图 1-5。

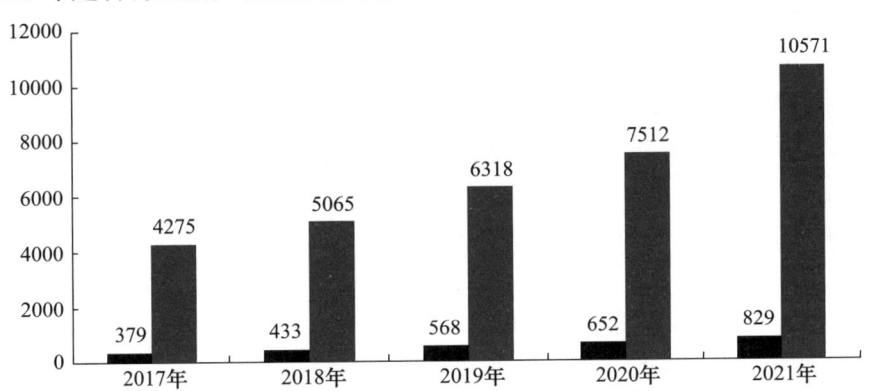

图 1-5　2017—2021 年建材行业新产品经费和新产品销售收入情况

数据来源：国家统计局

3. 专利和新产品项目数量增加

2021年建材企业有效发明专利5.19万件，占工业企业有效发明专利的3.07%，比2017年增加0.52个百分点；2021年建材企业新产品项目4.53万项，比2017年增长162.9%，占工业企业新产品项目的4.73%。2017—2021年建材行业有效发明专利和新产品情况见图1-6。

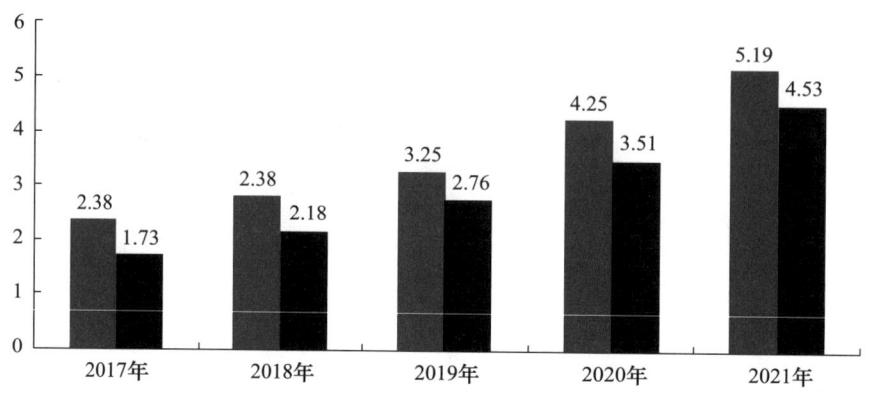

图1-6 2017—2021年建材行业有效发明专利和新产品情况
数据来源：国家统计局

（二）科技创新成果丰硕

2017年以来，建材工业在基础理论研究、新材料、工艺技术装备、工程技术、生产技术、节能减排等领域形成了较为完善的技术创新支撑体系。在节能减排、资源综合利用、先进无机非金属材料、复合材料、非金属矿深加工和绿色建材等领域取得一批支撑工业发展的重大技术创新成果。如水泥低能耗烧成和生产技术主要指标达到国际领先水平；安徽海螺水泥股份有限公司成功开辟了水泥窑烟气二氧化碳捕集纯化项目；中低温脱硝催化、玻璃熔窑烟气高温干法脱硫与陶瓷滤管除尘脱硝一体化等新技术的应用提升了建材行业除尘、脱硫、脱硝技术水平；利用废弃石粉、石渣制备高性能无机型人造石关键技术填补了我国无机型人造石荒料生产的空白等。

（三）标准化工作取得新突破

2017年以来，为做好行业标准顶层设计，建材行业制定了建材工业原材料、节能与综合利用、安全生产、工程建设四个领域标准体系建设方案，围绕技术进步、需求变化及行业快速发展需要，相继制修订并发布一批水泥、平板玻璃、建筑卫生陶瓷以及新材料等领域国家标准、行业标准、中国建筑材料协会标准，着力构建了建材工业新型标准体系。积极参加国际标准化组织（ISO）等国际标准化活动，标准国际化业绩显著，行业发布ISO国际标准12项，提出并成功立项国际标准12项，发布45项英文版标准，并在海外工程项目中使用，推进建材标准"走出去"。成立了建材综合标准化技术委员会，开展了节能环保减碳与资源综合利用等方面标准研究工作，进一步完善了建材行业标准化组织体系，培育了一大批从事标准化工作的人才队伍，为建材行业标准化工作提供了组织和人才保障。

四、绿色发展成效明显

(一)节能减排取得成效

1. 占全国能耗比重总体下降

2017年以来,通过提高技术水平、标准和市场准入门槛,强化实施监管、采用多种严格的节能环保和生态治理等措施以及能源消耗"双控"要求的提出,建材工业能源消耗占全国的能源消耗比重整体呈下降态势。2020年建材工业能源消耗占全国的7.33%,比2017年所占比重下降0.25个百分点。2017—2020年建材工业能源消耗及占全国的比重见图1-7。

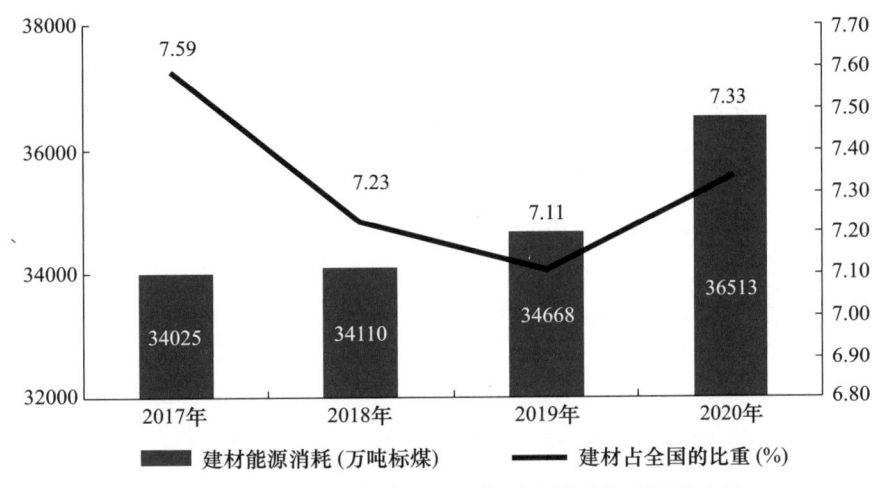

图1-7 2017—2020年建材工业能源消耗及占全国的比重

数据来源:国家统计局

2. 主要污染物排放量有所下降

2017年以来,随着技术改造升级等的持续推进,建材工业二氧化硫排放量、氮氧化物排放总量、工业颗粒物排放总量均呈现下降态势。

以平板玻璃行业为例,2021年底,随着大量平板玻璃生产线改用清洁的天然气作为原料,在排放端普遍应用高效脱硫装置,使平板玻璃生产过程中烟气排放的二氧化硫浓度大幅度下降。每重量箱平板玻璃二氧化硫排放量由2015年的约0.084千克(按照每标准立方米二氧化硫排放浓度小于400毫克估算),降至2021年的约0.0105千克(按照每标准立方米二氧化硫排放浓度小于50毫克估算)。

3. 烟气余热发电技术广泛普及

水泥、平板玻璃行业的烟气余热发电技术迅速普及,烟气余热得到进一步利用,水泥熟料生产线余热发电达到可装生产线的95%,平板玻璃在产生产线全部配套余热利用设施,建材工业成为工业部门余热利用效率较高的行业之一。

4. 脱硝改造技术装备得到普遍应用

随着氮氧化物减排技术逐渐成熟,一批先进适用的脱硝除尘技术及装备在水泥、平板玻璃、玻璃纤维等企业逐步应用。尤其是2017年以来,建材企业不断加大节能减排资金的投入力度,适用于水泥、陶瓷、玻璃的窑炉烟气脱硫脱硝除尘综合治理、煤洁净气化等成套技术装备得到普遍应用。

（二）生态产业功能不断增强

建材工业资源综合利用成效显著，已成为循环经济发展和改善城市环境的重要环节。水泥工业协同处置城市污泥、生活垃圾及工业危险废弃物等技术已经成熟。全国20余个省份建成或正在推进建设水泥窑协同处置垃圾，水泥窑协同处置系统投入运行168套。2020年全国新型干法水泥熟料生产线共有1609条，水泥窑协同处置生产线占比为12%左右。

在新型干法水泥技术装备创新研发项目中，华新水泥股份有限公司承担的废弃物安全无害化处置和资源化利用技术研发与应用研发项目，燃料替代率已超出预期，达到50%以上，处于国际领先水平。

工业废渣、副产物和矿山尾矿等得到有效利用，广泛应用于水泥及制品、墙体材料等产业，年利用量达15亿吨以上。

（三）绿色建材产品推广和认证工作逐步推进

2017年以来，全国绿色建材推广、评价和认证工作稳步推进。随着《关于推动绿色建材产品标准、认证、标识工作的指导意见》（国质检认联〔2017〕544号）、《关于加快推进绿色建材产品认证及生产应用的通知》（市监认证〔2020〕89号）等政策的推进，行业完成了绿色建材认证制度的构建，实现了评价制度向认证制度的平稳过渡。2022年，为加快绿色建材生产、认证和推广应用，促进绿色消费，助力美丽乡村建设，《六部门关于开展2022年绿色建材下乡活动的通知》（工信厅原〔2022〕7号）文件发布，充分调动和汇聚各方及试点地区力量，开展绿色建材下乡活动，助力全面推进乡村振兴；为加大绿色低碳产品采购力度，全面推广绿色建筑和绿色建材，《关于扩大政府采购支持绿色建材促进建筑品质提升政策实施范围的通知》（财库〔2022〕35号）文件发布，助于全面推广绿色建筑和建材。

截至2021年5月，共有预拌混凝土、砌体材料、保温材料、预拌砂浆、陶瓷砖、卫生陶瓷、建筑节能玻璃七类2319个建材产品获得绿色建材评价标识。目前，围护结构及混凝土、门窗幕墙及装饰装修、防水密封及建筑涂料、给排水及水处理设备、暖通空调及太阳能利用与照明、其他设备等六大类中已有51种建材产品纳入绿色建材产品分级认证目录。

五、智能制造水平不断提高

（一）智能制造推进体系初步形成

2016年以来，国务院及其相关主管部门相继出台了《智能制造发展规划（2016—2020）》《建材工业智能制造数字转型行动计划（2021—2023年）》等系列文件。在相关政策的支持和行业的共同努力下，建材工业已初步形成了智能制造推进体系，建立了建材行业智能制造推进联盟和中国智能制造系统解决方案供应商联盟建材分盟，进一步推进行业向智能制造方向发展。

（二）智能化技术进一步推广应用

新一代信息技术在建材企业设计、研发、生产、经营、管理等环节的渗透日益加深，能源监测系统、余热回收利用系统、计算机集散控制系统等适用技术在骨干企业逐步推广应用。2016—2018年，共有10家建材企业获得工信部智能制造试点示范项目，覆盖水泥、混凝土、玻璃、玻璃纤维等建材领域。2019年开始的智能制造标杆企业遴选工作，目前已遴选四批智能制造标杆企业，安徽海螺集团有限责任公司、中国巨石股份有限公司均列入智能制造标杆企业；中国建材国际工程集团有限公司、蚌埠凯盛工程技术有限公司均入选国家工信部智能制造系统解决方案供应商。随着先进适用智能制造技术的推广，"机器代人"和智能工厂的试点示范，建材企业智能化水平不断提升。2022年7月，建材工业智能制造标准化工作组成立，切实统筹做好建材工业智能制造领域标准化工作，充分发挥标准在推动建材工业智能制造发展的引领和规范作用，更好地推动建材行业智能制造快速发展。

六、国际竞争能力日益增强

（一）建材商品出口贸易持续增长

2017年以来，建材出口贸易总体呈现稳定增长态势，出口额每年保持在300亿美元以上。2020年建材及非金属矿商品出口387.5亿美元，比2017年增长26.6%，2021年达到468.9亿美元，同比增长21%。2017—2021年建材商品出口额情况见图1-8。

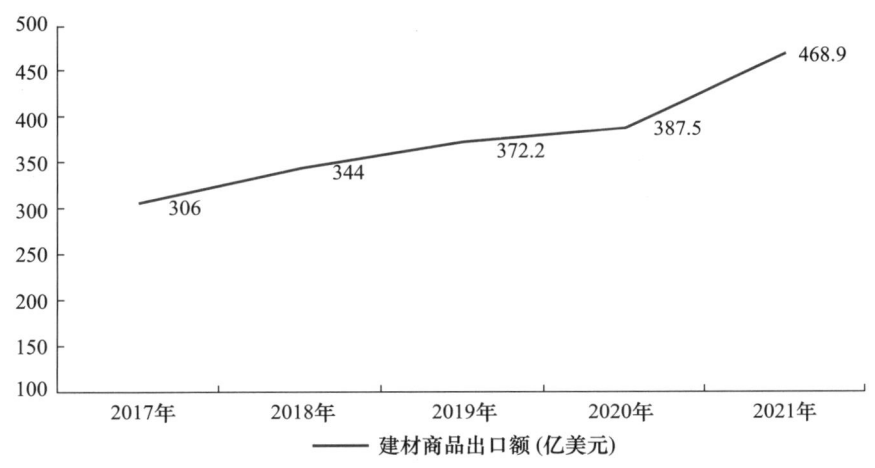

图1-8　2017—2021年建材商品出口额情况

数据来源：工业和信息化部、中国建筑材料联合会

（二）工程服务能力进一步提高

海外工程和技术服务已成为建材工业"走出去"战略实施的重要标志。依托国内建材成套技术装备、标准与工程服务业竞争优势，中国水泥、平板玻璃、陶瓷、玻璃纤维等工业的成套技术装备已达到世界先进或领先水平，水泥、玻璃产业工程总承包服务占据国际市场主要份额。

"十三五"期间，我国水泥企业境外投资步伐逐步加快，境外投资建设23条水泥熟料生产线，合计熟料产能2688万吨，水泥产能3965万吨。以中国中材国际工程股份有限公司为例，国际市场份额连续14年保持世界第一，2013—2022年6月，其在境外47个国家承包水泥工程项目，总计签约165条海外水泥熟料生产线，合同额1418.1亿元人民币；在海外负责47条生产线的运营，项目合同金额123.5亿美元。

（三）国际服务模式不断创新

中国建材集团有限公司旗下物流贸易板块打造的易单网"跨境电商＋海外仓"模式，

为海外买家提供一站式采购方案，同时也为中国生产企业提供综合出口解决方案，是中国建材行业外贸商业领域的积极创新探索。不仅建材央企积极探索国际合作新模式，民营企业也逐步成为国际产能合作的新生力量，卫生陶瓷、玻璃幕墙、部品化墙体材料和屋面材料等领域建材企业针对个性化需求，积极开展服务型制造，由提供单一产品向提供服务和整体解决方案转变。

（四）对外投资增长迅速

近年来，建材行业对外投资开办企业数量逐渐增多，对外直接投资增长迅速。一批优秀的水泥、玻璃、陶瓷、玻璃纤维等产业的部分骨干企业已经逐步走出国门，在欧美、东南亚、中亚、中东、非洲等地区布局投资建厂，其中部分企业已经投产，对外投资总额呈现增长态势。以水泥工业为例，中国水泥协会调研数据显示，截至2021年底，中国企业累计在16个境外国家投资建设了33条水泥熟料生产线，已投产项目合计熟料产能3666万吨，水泥产能5220万吨；在建项目合计熟料产能2812万吨，水泥产能3850万吨，拟建项目合计熟料产能2324万吨，水泥产能3030万吨。

第二节　全球建材行业发展现状

一、产业总体发展现状

（一）水泥及混凝土行业

1. 全球水泥产量保持平稳

2021年全球熟料产能约为37亿吨，较前两年基本持平，全球水泥产量约为43亿吨，同比有所上涨。据美国地质调查局发布的数据，全球水泥产量从2010年的33亿吨增长至2015年的41亿吨，并在此之后一直维持在年产40亿吨左右。其中，中国以超过50%的占比居于全球水泥年产量首位，印度和越南分列第二、三位。2017—2021年全球水泥产量与熟料产能情况见图1-9。

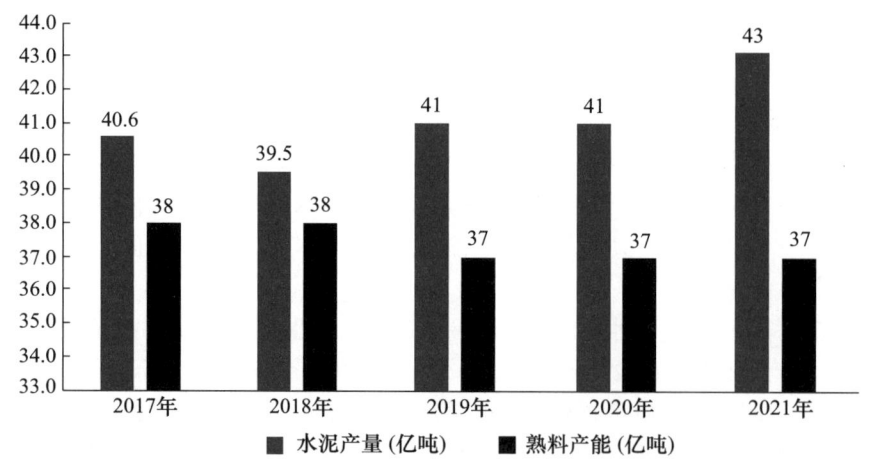

图1-9　2017—2021年全球水泥产量与熟料产能

数据来源：中国水泥协会、水泥网、美国地质调查局从区域分布来看，近年来，受需求普遍增长影响，欧美水泥产量保持稳步上涨趋势；东南亚等水泥过剩国家向中国出口，亚洲水泥总体也呈现稳中有涨态势；同时，中东地区和非洲水泥产量略有下降。2021年全球水泥产量区域分布情况见图1-10。

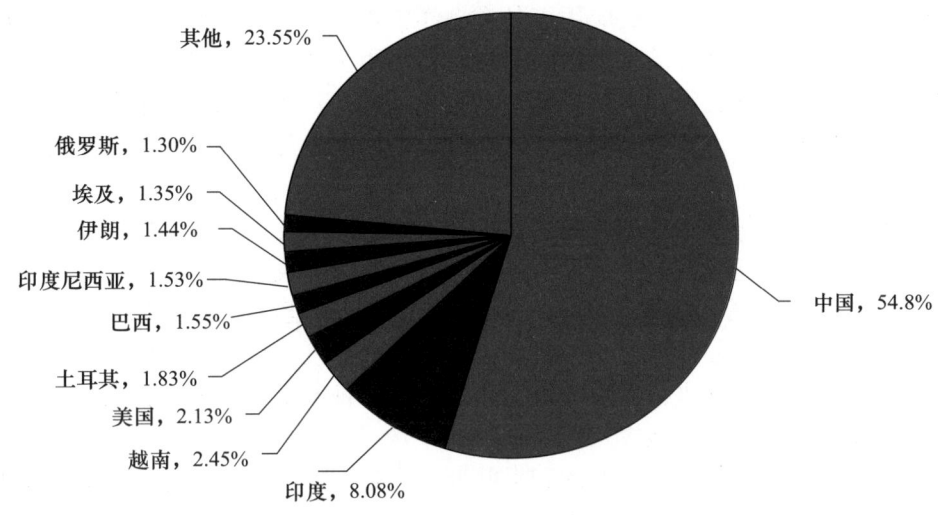

图1-10　2021年全球水泥产量区域分布

数据来源：水泥网

从企业分布来看，在2021年全球水泥产能排行前十位的企业中，中国建材股份有限公司、安徽海螺水泥股份有限公司和豪瑞集团以较大优势蝉联前三甲，其余企业产能相差不大且均低于2亿吨。2021年全球十大水泥企业见图1-11。

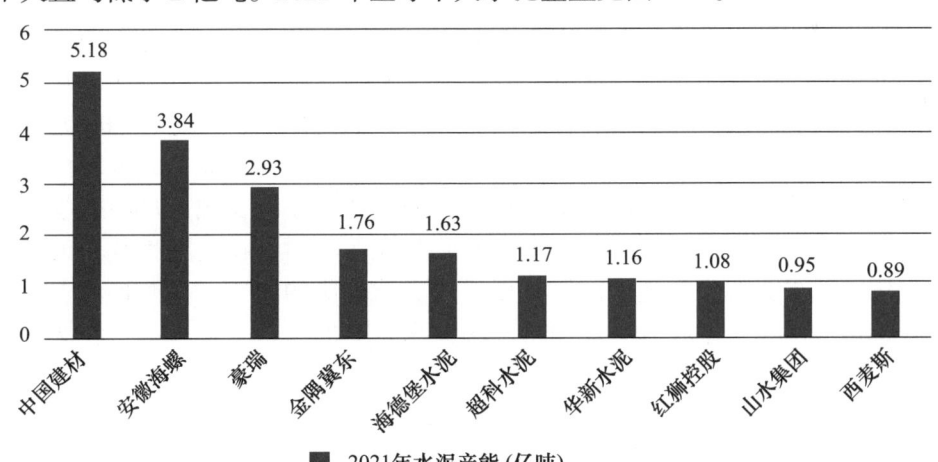

图1-11　2021年全球十大水泥企业（按2021年水泥产能排行）

数据来源：中国水泥协会

2. 全球特种水泥和混凝土应用技术水平大幅提升

水泥和混凝土作为传统的建筑业基础材料，除在一般工程应用以外，现在逐渐开发各类特殊性能以满足人类社会需要，便于和环境更好相容。发达国家企业在信息化管理、特种水泥及混凝土材料的工艺技术和应用积累方面占据优势。

海工混凝土领域。法国、荷兰等国对水泥基材料在海水中的抗腐蚀性及机理开展了大量研究,形成了以高辅助胶凝材料掺量为特征、具有抗化学腐蚀性能的海洋工程专用复合水泥。日本太平洋水泥公司、宇部三菱水泥株式会社生产出的高炉水泥具备优异的耐海水性和耐化学腐蚀性,广泛应用于各类海洋工程,宇部三菱水泥株式会社生产的耐硫酸盐硅酸盐水泥具有优异的长期耐硫酸盐性,可用于地下水工程中。中国在白鹤滩水电站建设过程中,依托已经积累了多年的经验与数据,首次实现低热水泥的应用,有效解决了大坝大体积混凝土开裂等问题,这也标志着中国大范围推广低热水泥的条件已经较为成熟。

纤维增强混凝土领域。使用纤维复合混凝土是目前欧美、日本等地区和国家在保障甚至超越混凝土原有基础性能的情况下开发出的一种新解决方案。欧洲开发出一种碳纤维混凝土（CRC）,既可以节省高达80%的原材料,又能减少能源需求和高达一半的二氧化碳排放量,同时在装配过程中还可以使用标准工具对构件进行机械加工,而且通用设备也可以对废弃构件进行拆除和再加工。另外,日本太平洋水泥公司的有机纤维混凝土和碳纤维混凝土也广泛地投入应用。

生态混凝土领域。与生态自然的和平共处,也是水泥和混凝土行业目前需要考虑的重要任务之一。以色列成功研发的生态混凝土,通过将生命赋能外加剂添加到常规混凝土中,产品中的防霉剂、衬层和涂层可形成复杂的表面纹理,从而使牡蛎、珊瑚或藤壶等丰富多样的海洋生物得以生长,不仅能增强混凝土结构的强度、耐用性、稳定性和寿命,还可以达到生物保护的效果。以色列的生态混凝土可广泛应用于海岸线的保护、海滨基础设施建设和离岸工程中,在保障了物种多样性的基础上还将提供更多的碳封存。

其他领域。日本太平洋水泥公司结合材料科学和粒子技术理论,将混凝土中的空隙减少到最低限度,同时还确保其不失去混凝土传统的可加工性和实用性,开发出目前世界强度最高的新型混凝土,并将其命名为PFC,其抗压强度可超过400兆帕。瑞士豪瑞集团生产的透水混凝土结合了混凝土的特性和先进的排水技术,可以快速吸收路面上的雨水,从而降低洪水风险,同时有助于回收雨水以减少城市热岛效应;豪瑞集团研制出一款夜间装饰混凝土,通过白天吸收日光的辐射,在夜间将其作为人造光释放出来,用以减少光污染对能源的消耗以及对生物健康的影响。墨西哥西麦斯水泥集团已经将抗菌混凝土技术投入到对清洁环境要求较高的医院、实验室、农场等场所的建设中。

3. 绿色低碳发展成为全球水泥产业发展新主题

全球范围内各类有影响力的行业协会组织、生产企业纷纷以低碳倡议、技术创新等方式宣传、引导、践行水泥产业低碳发展之路。

全球水泥和混凝土协会（GCCA）提出:到2030年将全球水泥和混凝土行业二氧化碳排放量进一步减少四分之一,于2050年生产净零排放的混凝土,帮助全球变暖限制在1.5℃,并宣布承诺"GCCA2050年水泥和混凝土行业净零混凝土路线图"（2050年对净零和二氧化碳减排量的贡献百分比的预测见图1-12）。路线图指出,将通过以下七个途径达成2050年碳中和的目标:将碳捕集和利用、储存技术作为水泥和混凝土碳中和路线图的基石,该技术已被证明具有可行性并趋于成熟;提高设计和施工效率;推动袋装水泥的小型项目现场混凝土配制转变为工业化流程，更广泛地利用外加剂、改进骨料加工来提高混凝土的生产效率；通过使用脱碳原材料、采取节能措施、使用可持续替代燃料来替代化石燃料以及利用氢气和窑炉电气化等创新举措来减少二氧化碳排放，做到熟料生产过程的资源节约；通过熟料替代等方法节约水泥基胶结材料；通过生产出的混凝土吸收二氧化碳，做到二氧化碳再碳化吸存；依靠全球电力行业脱碳，降低用于水泥和混凝土生产中的电力所产生的排放量。

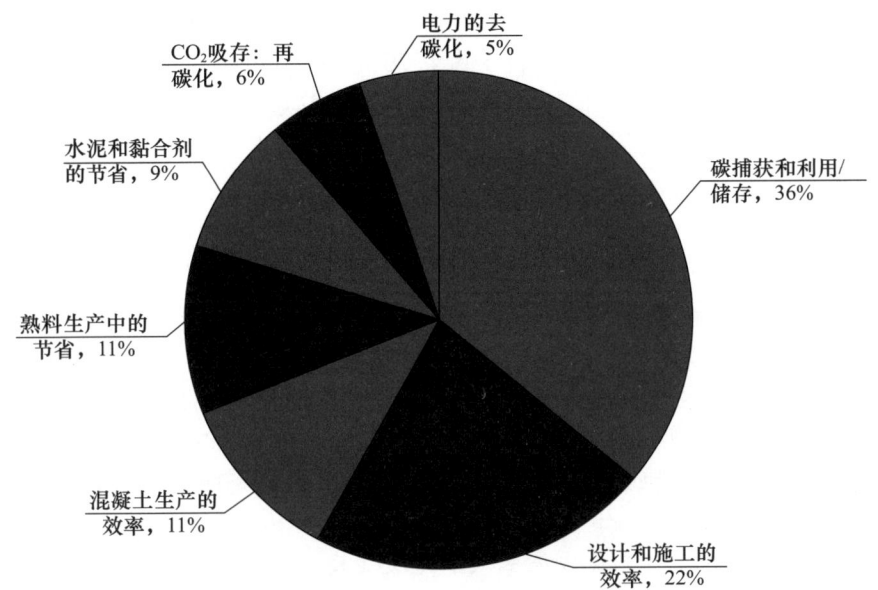

图1-12　2050年对净零和二氧化碳减排量的贡献百分比的预测

数据来源：全球水泥和混凝土协会

欧洲水泥协会宣布：到2050年实现水泥和混凝土行业碳中和，并提出路线图，包括下游产业于2030年实现每吨水泥二氧化碳排放降至472千克，并于2050年实现零排放。为达到此目标，欧洲水泥行业积极开发并应用新兴技术，例如：利用风能发电进行电解制氢，或增加藻类等生物质燃料替代传统燃料用于水泥工业化生产；在水泥工业中回收二氧化碳再利用；生产低排放强度石灰和水泥；依赖于煅烧黏土和石灰石填料之间的协同作用，部分替代水泥中的熟料；推动含有硅酸盐和水合硅酸盐等物质的再生混凝土骨料的加速碳化作为碳储存的一种途径。

欧盟理事会于2022年3月宣布，欧盟碳边境调节机制（CBAM）（俗称为"碳关税"）获得通过，该机制是指在实施国内自身执行严格的气候政策基础上要求进口或出口的高碳产品缴纳或退还相应的税费或碳配额。在欧盟碳关税征收品种中，建材行业的涉及品种是水泥。"碳关税"设置2023—2025年为过渡期，在此期间，进口产品无需缴纳"碳关税"，但进口商需每季度提交包括当季进口产品总量、产品直接和间接碳排放量等信息在内的产品碳足迹报告；2026—2035年起将要求支付碳排放费率并逐年提高。"碳关税"政策的实施将进一步推动水泥产业的绿色低碳发展。

为实现我国碳达峰、碳中和的宏伟目标，中国建筑材料联合会积极、全力推动建材全行业低碳技术创新，鼓励并支持重大、关键技术攻关。例如：推动氢能、生物燃料、垃圾衍生燃料等替代能源在水泥行业的应用，完成绿色氢能煅烧水泥熟料的中试试验或工业化示范应用，氢能替代化石燃料的比例大于 20%，争取 3 年内突破；推动水泥窑炉烟气二氧化碳催化转化利用关键技术研发，要求 4 年内实现完成二氧化碳制甲醇中试，每生产 1 吨水泥消纳二氧化碳 1.3 吨，完成加氯合成气中试，催化效率达到 90% 以上，能量转化效率达到 60% 以上；推动新型低碳胶凝材料的研发与应用示范，实现新型低碳胶凝材料的工业化生产，与硅酸盐水泥熟料相比，碳排放降低 25% 以上，能耗降低 8% 以上，石灰石消耗明显降低，性能与普通硅酸盐接近；建成新型固碳胶凝材料示范生产线，工业固废利用率不低于 70%，制备过程碳排放量不高于每吨 340 千克，固碳量不低于每吨 300 千克；建成基于新型固碳胶凝材料与工业窑炉尾气二氧化碳协同制备新型材料制品生产线，其固碳量不低于每立方米 100 千克，并实现产品工程应用等。

华新水泥股份有限公司宣布世界首条水泥窑尾气吸碳制砖生产线成功运行，这是世界首条利用水泥窑尾烟气生产混凝土制品的生产线。该生产线突破了二氧化碳不能快速进入混凝土制品内部进行迁移和反应的技术瓶颈，首次实现了工业化、规模化生产。华润水泥控股有限公司在广西合浦水泥生产基地建成湿法脱硫系统，截至 2021 年底，共建成 4 套湿法脱硫系统及 11 套复合脱硫系统；公司在海南昌江水泥生产基地拟实施湿法脱硫扩容升级改造，进一步降低二氧化硫的排放浓度。安徽海螺集团有限责任公司的水泥烧成系统高温高尘烟气 SCR 脱硝系统关键技术已达到国际先进水平。

4. 数字化、智能化技术先进成果融入水泥及混凝土生产环节

水泥行业已经开始将智能化技术融入水泥产业。以德国海德堡水泥集团为例，作为水泥数字化转型方面的行业领导者之一，从水泥和混凝土的生产端到设施建设的过程中，再到建设完成后的客户服务阶段，数字化的工作已经覆盖了公司几乎全部的业务线和运营过程。海德堡水泥在意大利的工厂创新性地尝试使用增强现实技术，并将其投入到水泥和混凝土的远程生产和远程维修环节，这项革命性的技术在将来有着广阔的应用前景。海德堡水泥的 3D 打印混凝土技术目前在行业内处于领先地位，且已经使用该技术建造了房屋，但其在建筑过程中出现的部分细节问题仍在进一步改进。瑞士豪瑞集团已经交付非洲最大的 3D 打印经济适用房项目，其在建筑过程中使用 3D 打印混凝土作为承重结构，通过使用空心墙型结构，采用木材代替典型的钢屋面等措施，显著降低了建筑物的碳排放。豪瑞集团通过设计大型屋顶悬垂，使建筑物即使在炎热的日子里，也能提供阴凉和舒适的室内温度，这是一项融合了先进数字技术与绿色环保理念的舒适性建筑建设案例。

我国水泥和混凝土行业的智能化数字化应用正取得全面成果，如：全椒海螺水泥有限责任公司联合华为云建成全流程水泥智能制造工厂，通过智能化运维、生产与管理平台以及智能质量管理系统等"七大系统"，共同打造"以智能生产为核心、以运行维护做保障、以智慧管理促经营"的水泥智能制造新模式，推动制造企业进行数字化转型和智能化升级新发展；湖州槐坎南方水泥有限公司的生产线融合应用了一系列目前水泥行业领先的设计理念和生产技术，建立了以高度自动化、数字化、可视化、流程化、模型化为特征的自动化集成系统，基于智能数字化工厂的信息化管理系统以及

基于生产过程的在线寻优技术和智能优化技术等先进过程控制系统，在实现节能降耗减排的基础上大幅减少人员配置，提高劳动生产率，提升企业管理水平；泰安中联水泥有限公司生产线体现了互联网+、信息化、智能化和污染物防治等现代化综合技术，实现了水泥工艺和制造的全面升级，实现了生产管理信息化、生产控制自动化、生产现场无人化、生产过程可视化等功能，代表了传统制造业在智能化先进生产方式中取得的突出成就。

（二）玻璃行业

1. 亚洲系平板玻璃生产主要地区

目前在全球平板玻璃行业中，超过90%的平板玻璃是浮法玻璃种类。亚洲作为最主要的平板玻璃生产地区，其中，我国的浮法玻璃产量占到全球产量的一半以上，是全球最大的浮法玻璃生产国，2019年全球浮法玻璃产量区域分布情况见图1-13。截至2021年末，我国浮法玻璃生产线共计307条，在产264条，日融化量17.48万吨。

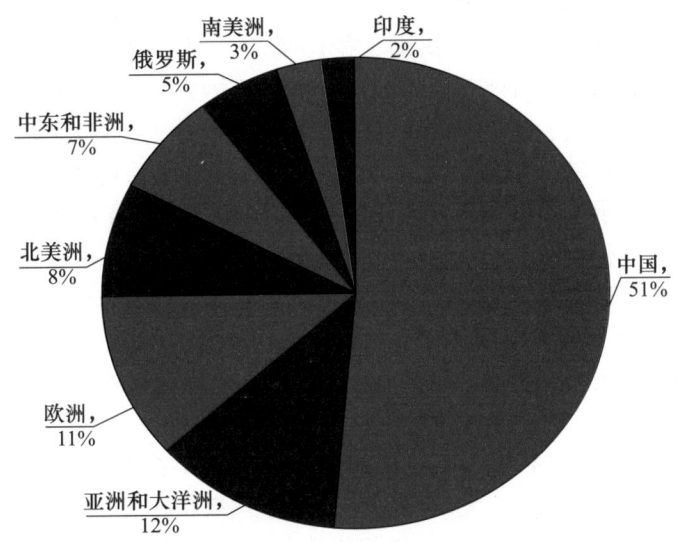

图1-13　2019年全球浮法玻璃产量区域分布

数据来源：statista数据库

2. 欧美日引领高端特种玻璃技术创新

欧美日等发达国家在电子用超薄玻璃、交通工具和其他用途的特种玻璃制造及装备领域中存在较大优势，占据绝大部分国际市场。

电子玻璃领域。电子玻璃包括显示器面板基板玻璃和高强高铝玻璃。目前美国康宁公司、日本AGC、德国肖特集团等少数企业占据全球OLED玻璃、10.5代TFT玻璃、柔性玻璃等高端产品的主要市场份额，其中美国康宁的市场占有率约为50%，日本AGC的市场占有率约为30%，并引领显示玻璃新材料的研发与新产品开发方向。应用溢流法生产超薄玻璃领域主要以康宁公司为主，尤其在高世代玻璃以及手机盖板玻璃领域，中高端显示器及手机盖板玻璃市场被康宁公司占领。而在应用浮法制造超薄电子玻璃的企业中，日本AGC技术水平最高，其拥有浮法10.5代的生产技术。

康宁公司是全世界第一家采用溢流法生产电子玻璃的企业，产品表面极其平坦、厚度非常均匀，能够承受 LCD 电路等应用的高温密集流程，结合离子交换工艺可以大大提高产品的抗损伤性能。康宁应用气相沉积工艺生产出了全世界最纯净的玻璃，该产品广泛应用于光纤和望远镜镜头等不容包含任何有碍光透射的污染物的玻璃。

我国自 21 世纪初开始自主创新，逐步实现了超薄触控玻璃、高强盖板玻璃、8.5 代及以下 TFT-LCD 玻璃和柔性玻璃等核心技术的突破与产业化。2018 年，蚌埠中建材信息显示材料有限公司实现了 0.12 毫米宽板的超薄触控玻璃量产，并达到世界先进水平。2019 年 6 月中建材蚌埠玻璃工业设计研究院有限公司建成我国首条 8.5 代 TFT-LCD 玻璃基板生产线，同年 9 月，我国首片 8.5 代 TFT-LCD 玻璃基板产品在安徽蚌埠正式下线，实现了高世代液晶玻璃基板"零"的突破；2020 年，全流程 30 微米柔性玻璃成功研发，达到世界领先水平。

镀膜玻璃领域。Low-E 玻璃是节能效果最显著、应用最广泛的多功能镀膜玻璃，在发达国家和中国得到普遍使用。智能调光、自洁净、高温无机彩釉喷墨打印等玻璃技术装备已成熟，全球高端低辐射镀膜、数码喷墨打印等加工玻璃高端技术设备市场基本被德国冯·阿登纳公司、法国阿科玛集团、德国莱宝公司、以色列 Dip-Tech 等少数几家公司占据。我国台玻集团、福耀玻璃工业集团股份有限公司、南玻集团股份有限公司等发展迅速，正逐步跻身国际前列。

在 ITO 导电玻璃领域，我国生产能力全球领先，市场份额约占全球市场的一半，拥有世界最大的 ITO 导电膜玻璃生产基地；在太阳能玻璃和薄膜太阳能电池用 TCO 玻璃领域，我国同样拥有单位规模世界最大的盖板玻璃生产线，具备全球领先的量产规模和加工能力。中建材蚌埠玻璃工业设计研究院有限公司所属德国 Avancis 生产的 30×30 平方厘米铜铟镓硒太阳能电池组件的光电转换效率达到 19.64%，打破了铜铟镓硒太阳能电池组件光电转换效率的世界纪录，为工业化量产和规模化生产打下了坚实的基础。

石英玻璃领域。欧美日企业在石英原料提纯、光纤用石英玻璃生产技术、半导体产业用低羟基石英器件生产技术、大尺寸石英光掩膜基板生产技术、大口径石英管和大尺寸（28 英寸以上）及特殊性能坩埚生产技术方面处于世界领先水平。德国昆希集团、美国迈图高新材料集团、日本信越化学工业株式会社、日本 Covalent 等在半导体用石英玻璃领域占据绝大部分半导体产品市场。

德国昆希集团是目前全球唯一使用一步法加热等离子熔融工艺生产透明及不透明空心石英圆筒的企业。其中，应用该工艺生产出的透明熔融石英圆柱体是制造精密对称圆形产品的理想基础材料，与传统块状材料相比可以节省大量劳动力和材料；而该工艺生产出的不透明熔融石英圆柱体，由于其低传热系数和低电导率，加上高纯度和卓越的加工性能，成为适用于需要高纯度、抗热震性和热屏蔽的工业应用领域的理想原材料。

德国贺利氏集团在透明熔融石英方向是当今唯一能够用连续法生产气炼熔融石英玻璃的公司。在不透明石英方向，贺利氏集团已将产品的总体杂质含量控制在百万分之一以内。

中国建筑材料科学研究总院有限公司突破传统卧式工艺，首创立式沉积工艺，实现石英玻璃在航天、激光核技术与精密仪器等领域的批量应用。完成超纯石英玻璃生产线的研制，制备水平、材料性能达到了国际一流水平。

航空玻璃领域。飞机风挡玻璃占整机的比重虽然很小，但却是重要的关键部件之一，飞机风挡玻璃的制造几乎涵盖了玻璃原片和深加工的所有高精尖技术。美国、英国、法国、俄罗斯、中国是少数几个能自行研制飞机用玻璃的国家。在军用飞机用特种玻璃制造领域，欧美国家代表世界领先水平，中国已经生产出相关先进产品。

英国 GKN 以先进的透明涂层开发和航空级丙烯酸材料的垂直整合供应而占据重要的市场地位。美国 PPG 设计能力包括先进技术图层与特定性能衬层、满足客户飞行需求的加热系统等，在降低飞机挡风玻璃重量的同时延长其使用寿命。

其他玻璃领域。中空玻璃和真空玻璃领域，欧美及日本产品在全球市场中占主导地位；中国随着对外贸易的发展和技术水平的提高，产品出口量逐年增加，但在高端生产领域，设备仍需进口。例如在传统观念里，为了获得最佳的建筑隔热和隔声效果，装配三层玻璃是唯一的选择，而日本 AGC 与松下电器产业株式会社联手，创新生产出高性能真空玻璃，其在相同尺寸下比三层玻璃薄 4 倍以上，重量减轻 1/3，同时没有可见的排气口，拥有比肩甚至优于传统三层玻璃的隔热隔声性能，因其完全可回收的材料成分，将为建筑行业带来新的市场。

中国科学院上海光学精密机械研究所成功地实现了大尺寸高性能激光钕玻璃的连续熔炼工艺技术，成为国际上首家独立掌握钕玻璃元件全流程生产技术及装备的机构，铂颗粒损伤阈值、羟基吸收系数、钕离子浓度一致性三个关键指标超越国际先进水平。

3. 智能制造融入玻璃行业发展的下一阶段

伴随数字信息技术的更新迭代，玻璃行业智能制造相关技术的应用使其焕发新的光芒。生产线智能升级改造、数字化车间管理、质量在线监测等技术的引入，使得玻璃行业在生产端更加标准化，推动产品面向更高端市场；远程控制维护、软件互通大数据互联等系统的引入，使得玻璃行业在服务端更加精准与高效。智能制造不仅大幅提高产品的质量，缩减企业生产成本，同时对推动行业绿色发展也有显著的效果。

和水泥行业一样，全球发达的国家及玻璃企业亦在探索玻璃工业与智能制造理念的最佳融合方案，意在激发更美妙的"化学反应"。其中，中国玻璃企业大步走在国际先进之列。凯盛科技集团有限公司电子显示玻璃、新能源玻璃和特种玻璃数字化研发设计工具普及率已超过 70%，关键工序数控化率超过 80%，数字化车间、智能工厂普及率超过 20%，大幅缩减和降低了产品研制周期、企业运营成本和产品不良品率；不断开展仿真模拟与构建数字孪生系统研究，实现玻璃工厂在虚拟空间映射；结合人工智能技术，建立玻璃缺陷在线检测系统，控制玻璃工序过检率；利用工业互联网技术打通企业内外部数据流，开展大规模个性化定制服务；应用大数据技术实现一体化经营管理和高效决策；推广 5G 技术以实现企业的互联互通。

（三）建筑卫生陶瓷行业

1. 全球陶瓷砖产量恢复增长势头

2011—2017 年全球陶瓷产量处于平稳增长阶段，全球陶瓷砖产量年均增长 5.23%，2018 年全球陶瓷砖产量下降 4.27%，2019 年继续降低了 3.60%。2020 年全球陶瓷砖产量恢复增长态势，2021 年产量达到 183.39 亿平方米，与 2020 年相比提升了 7.24%。其中，中国陶瓷砖以较大优势排在全球产量首位，总产量为 88.63 亿平方米，印度和巴西分列第二、第三位。2017—2021 年全球瓷砖产量及区域分布情况见图 1-14、图 1-15。

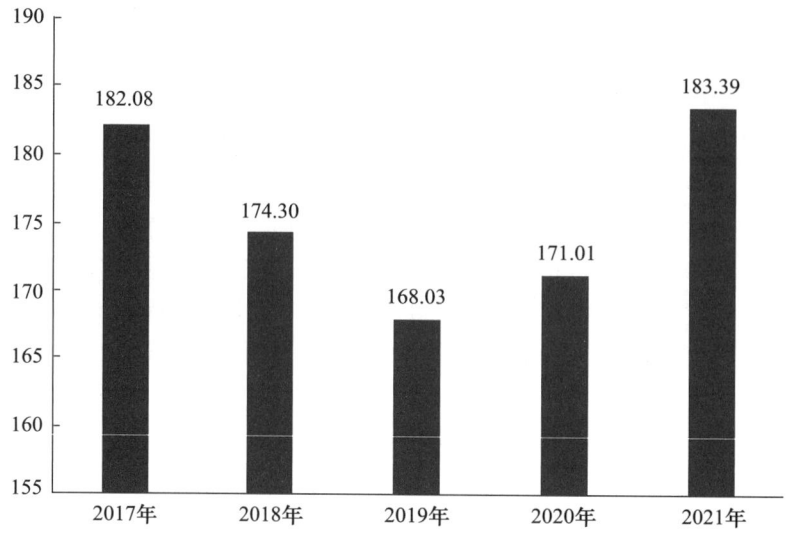

图 1-14　2017—2021 年全球瓷砖产量（亿平方米）

数据来源：中国建筑卫生陶瓷协会、陶瓷世界评论

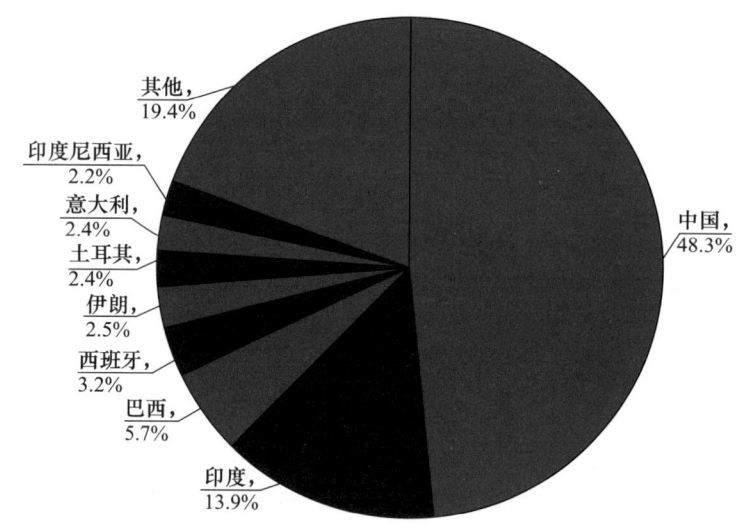

图 1-15　2021 年全球瓷砖产量区域分布

数据来源：中国建筑卫生陶瓷协会、陶瓷世界评论

2. 发达国家技术与规模化更为先进

发达国家如欧美、日本等，建筑卫生陶瓷产业集中度较高，在原材料标准化及生产技术规模化方面已发展较为成熟，在健康、宜居、装饰等功能性陶瓷基新产品开发领域保持较高水准，在先进技术应用、智能化技术融合领域开拓也更为积极。诸如美国科勒公司、美国美标公司、瑞士吉博力集团、日本 TOTO 等国际知名企业，以其较高的生产艺术和品牌价值，长期占据全球高端产品市场。

以具有环境调节功能的陶瓷砖为例，其产品主要包括吸收空气中的硫化物和氮化物来调节空气的湿度、释放芳香、减小水膜润湿角实现自洁等功能。自洁净技术、卫生陶瓷智洁技术由日本TOTO率先推出，前者采用独特、超平滑的陶瓷釉面，不易留存污垢，使得产品能够保持长久洁净，经久耐用，同时其智洁技术产品还具有良好的亲水性，水流可以迅速覆盖产品内壁，冲洗污垢更为轻松。此外，TOTO还具备智净技术与漩动力技术，前者应用电解水除菌技术以保持产品清洁，后者以更少量的水即可完成清洁，以上技术均在保障用户正常使用体验的前提下做到了环境保护。在产品设计领域，以美国科勒公司为例，始终坚持工业产品和艺术相结合，屡获国际工业设计和艺术类殊荣。

我国拥有完备的建筑陶瓷和卫生陶瓷工业体系、世界最大的建筑和卫生陶瓷消费市场，中国建筑陶瓷产品在大型化、薄型化方面走在世界前列，超厚陶瓷板（岩板）也全面得到市场认可，并逐步实现产品的智能化、装配化。陶瓷砖薄型化产品目前主要有陶瓷薄板、超薄外墙砖、地砖和墙砖减薄，我国企业如蒙娜丽莎集团股份有限公司等经过多年创新，已经形成了较为完善的技术，可产生出薄型大板、具备韧性、内含无机纤维的陶瓷板产品，外墙砖产品厚度可低至3.5～5.5毫米，地砖和墙砖已经减薄15%～20%；在工艺技术、装备技术、可靠性方面仍在进行不断探索，薄型化技术已达到国际先进水平。

3. 意大利和中国占据全球装备的主要市场，部分核心技术装备仍被发达国家所掌握

全球建筑和卫生陶瓷装备市场中，意大利约占2/3的主流市场份额，中国占近1/3。其中，意大利萨克米集团在全球陶瓷机械规模以超过40%的占比，居首位，安徽科达洁能股份有限公司和意大利西斯特姆集团分别列第二、三位，三者基本占据全球主要市场。

目前，全球建筑卫生陶瓷装备行业具有整线输出能力的国家只有意大利和中国。其中部分细分领域核心装备技术仍被以意大利为代表的发达国家所掌握。如全球超大陶瓷板材的压机市场基本被意大利占据，作为整机设备中价值高且成本高的陶瓷喷墨打印喷头生产技术仅被部分发达国家掌握。

我国建筑卫生陶瓷机械的整体技术装备水平，从单机设计制造到整线工程的设计整合，已经接近或达到国际先进水平，部分具有自主知识产权的技术处于世界领先水平。如3D打印器型较大的卫生陶瓷技术研发，目前中国正走在国际前列，并有望在全球范围率先实现突破。总体而言，中国建筑卫生陶瓷机械装备技术正不断走向成熟，并以其高性价比的优势逐步替代进口装备，成为国内市场的主流产品。

在建筑卫生陶瓷智能制造发展领域，全球仍处在探索研究阶段，中国现阶段还处于半自动化与自动化阶段，而意大利实现了从自动化到无人化生产的过渡阶段，距智能化标准仍存在较大差距。

（四）工业陶瓷行业

1. 全球产量保持增长，日本和欧美占主导地位

据中国粉体网统计数据，2015年全球工业陶瓷市场规模约为567亿美元，预计到2024年，全球工业陶瓷市场规模将达到1346亿美元。目前，全球最大的工业陶瓷市场是日本，美国和欧盟分别列第二、第三位。日本精细陶瓷协会对日本工业陶瓷作出的预

测显示，日本工业陶瓷市场年平均增长率为7.2%；美国陶瓷工业部门的统计数据显示，美国工业陶瓷总值年平均增长率为9.9%，欧盟年平均增长率约为15%～18%。

2.细分领域装备技术发达国家优势明显，我国在部分细分领域实现技术创新和产业化突破

作为全球最大的工业陶瓷生产国，日本占全球工业陶瓷大约一半的市场份额，日本以其先进的制造设备、优良的产品稳定性等，在工业陶瓷的产业化、民用领域等均占据国际领先地位。美国作为全球第二大工业陶瓷生产国，占据全球市场份额的1/5以上，美国的工业陶瓷在航空航天和核能等高端领域的应用处于世界领先地位。欧盟工业陶瓷市场份额在全球排在第三位，其中主要生产国包括德国、法国、英国、瑞典和意大利，产品在部分细分应用领域和机械装备领域等处于全球领先地位。俄罗斯和乌克兰在结构陶瓷领域和陶瓷基复合材料领域实力雄厚，很多研究成果已投入工业生产。

我国工业陶瓷应用领域十分广泛，如能源、电子电气、电器制造、航空航天、国防军工、冶金、化工、环保等。近十年，我国不断加大对工业陶瓷制品的创新及产业化投入，在多个重点门类的陶瓷材料制备领域实现突破。其中以高温超导陶瓷为代表的诸多技术在尖端工业陶瓷领域的理论研究和实验水平均处于世界前列，但在细分产品、细分技术领域仍有较大差距。除少数领军企业的核心产品达到国际先进水平外，行业综合技术装备水平距离美国道康宁公司、日本NEC、京瓷株式会社、德国肖特集团等众多细分龙头企业存在差距。

高精密碳化硅陶瓷材料领域。欧盟、美国和日本企业垄断全球高端碳化硅陶瓷零部件市场，其中以日本京瓷株式会社和美国CoorsTek两家公司规模最大、产品种类齐全、市场覆盖面广。产品涵盖光刻机、晶圆制造设备、刻蚀机、沉积设备、液晶面板制造装备等高端碳化硅专用的各种陶瓷零部件。荷兰Xycarb、日本Toyo tanso、日本Tokai等企业垄断LED、太阳能、单晶硅等产业用CVD SiC涂层制品。英国Morgan主要占据高纯碳化硅材料市场。

氧化铝陶瓷基板领域。全球氧化铝陶瓷基板领域主要生产企业有日本京瓷株式会社、美国CoorsTek和德国赛琅泰克集团等。其中，日本京瓷、美国CoorsTek主要生产99瓷和96瓷，其高端陶瓷基板占领全球较多的市场份额。

氧化锆结构陶瓷领域。全球氧化锆结构陶瓷领域代表性企业主要有日本京瓷株式会社、美国CoorsTek、德国Rauschert GmbH、英国Morgan等，这些企业品牌优势强、技术水平高、设备先进，特别是高端细分产品，如半导体零件、高端轴承和机械零件等领域技术优势明显。

氮化硅陶瓷领域。国际市场上氮化硅陶瓷轴承球的代表企业有美国CoorsTek和日本TOSHIBA，占有率约占全球市场的91.5%，其中在中、高端陶瓷球市场占有近100%份额。生产工艺采用热等静压烧结工艺，生产的陶瓷球广泛应用于高端精密轴承、风力发电机轴承等，世界前十大轴承市场基本被上述两公司占据。

（五）玻璃纤维及复合材料行业

1.全球玻璃纤维和玄武岩纤维产量上涨

玻璃纤维领域。自2013年开始，全球玻璃纤维产量保持稳定增长态势，2019年全球玻璃纤维产量达到800万吨。其中，我国始终以高于50%的市场占比位居全球产量

首位，并在 2018 年、2019 年占比突破 60%。2017—2019 年全球玻璃纤维产量及我国产量占比情况见图 1-16。

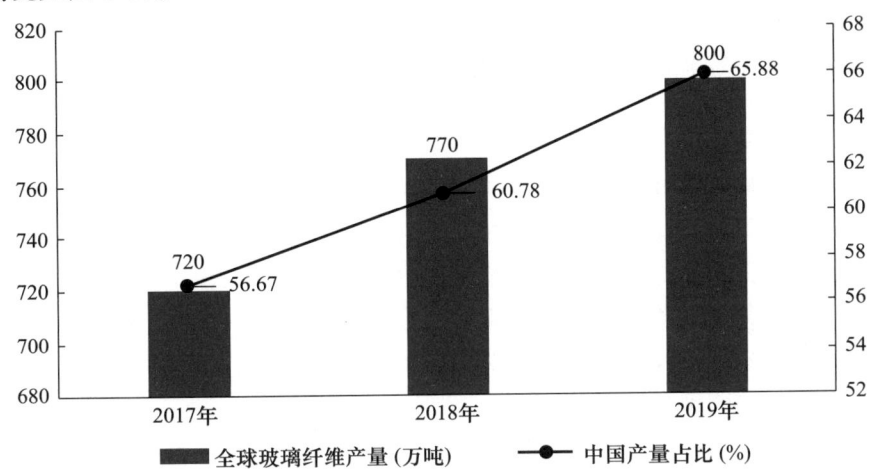

图 1-16　2017—2019 年全球玻璃纤维产量及我国产量占比

数据来源：中国玻璃纤维工业协会

玄武岩纤维领域。据新材料在线统计数据，2019 年，全球玄武岩纤维年产量约为 3 万吨，产量主要来自中国、乌克兰、俄罗斯、美国、德国、比利时等国家。其中，中国玄武岩纤维产量达 1.42 万吨；俄罗斯玄武岩纤维年产量约为 2000～5000 吨，主要应用于军工、油气管道；美国玄武岩纤维年产量约为 3000～5000 吨。

据中国玄武岩产业网统计数据，2015 年全球连续玄武岩纤维的市场价值超过 6841 万美元，到 2020 年全球连续玄武岩纤维市场规模增长至 1.36 亿美元，预计未来几年还会保持持续增长趋势。

目前我国已经成为玄武岩纤维全球主要生产国家之一，并持续在技术创新领域取得突破，2019 年四川玻纤集团有限公司年产 1 万吨玄武岩池窑拉丝生产线点火，使用晶态的非金属矿配合料为原料模拟玄武岩成分进行池窑拉丝生产，这是中国具有完全自主知识产权的第一条连续玄武岩纤维池窑拉丝生产线。2020 年四川谦宜复合材料有限公司 2400 孔大漏板 3500 吨生产线点火，在国内外首次使用优化配制均质化处理后的非纯天然玄武岩原料池窑法拉丝技术。

2. 高端和功能化玻璃纤维领域发达国家依旧占据主导

从产品需求上看，欧美日等发达地区和国家玻璃纤维的生产消费需求仍然较大；从产品性能上看，在高端的风电叶片、交通工具、压力容器等行业使用的高模量、高强度纤维领域，尤其是针对不同用途开发的专用的玻璃纤维产品系列，诸如美国欧文斯科宁公司、康宁公司、日本电气硝子株式会社等公司的相关产品，其出众的性能和质量可靠性以及丰富的产品规格和广阔的产品应用范围，在细分的国际高端市场仍占有较大优势。

近年来我国玻璃纤维工业发展迅速，技术装备水平不断提升，先进技术快速推广，玻璃纤维池窑拉丝技术已基本普及，且池窑拉丝生产技术领域已处于世界领先地位。中国巨石股份有限公司、泰山玻璃纤维股份有限公司和重庆国际复合材料股份有限公司的总体生产技术装备水平已经达到世界领先水平，其余企业的生产技术装备水平在池窑拉丝领域也基本达到世界先进水平。除少数纤维后加工设备、核心控制系统、高端机器人选用国外品牌外，行业内领先企业绝大部分装备均已实现国产化。

我国玻璃纤维织物领域达到国际先进水平，具有完善的玻璃纤维制品门类。该领域内优势企业装备水平较高，但喷气织机、箭杆织机、多轴向织机等纺织装备更多地依赖进口。

3. 复合材料领域日美欧技术装备先进

复合材料是建材领域中产品类别最丰富的领域，目前国际上共有超过 3 万种的产品细分门类。近年来，在全球经济环境不景气等大环境影响下，全球复合材料市场结构正在逐步发生变化，美日欧等发达国家和地区复合材料市场相对饱和，增速较为缓慢。亚太地区由于长期以来人均复合材料消费水平和市场需求空间较大，增速较快，从而总体促进了复合材料行业的稳定增长。

美日欧等国外企业在保证产品性能的前提下，仍可以控制产品的生产能力、成本、自动化程度、质量及成品率等。同时，在保障产品性能和满足工艺要求的情况下，企业通过力学、材料学、美学等工业设计能力，优化产品结构和工艺性能、外形、材料用量、低成本材料替代等，这决定了复合材料产品能否与其他材料或其他企业生产的同类材料进行竞争与替代。

以碳纤维为例，核心生产技术主要掌握在美日欧少数国家手中，日本生产的碳纤维质量和数量均处于世界领先地位，美国是继日本之后掌握碳纤维生产技术的少数几个发达国家之一。全球碳纤维产业具有代表性的企业主要包括日本的东丽集团、帝人株式会社、三菱丽阳株式会社，美国的 HEXCEL、Cytec，还有德国西格里集团等。目前，日本东丽集团已经研制出并投入量产了高性能中模量碳纤维 T1100，其拉伸强度已经超过了 7000 兆帕。

复合材料可渗透到社会生产生活的方方面面。日本三菱化学株式会社携旗下三菱化学先进材料（日本）株式会社共同宣布，开发出耐火、量产、可回收的热塑性复合材料新产品，在实验中能承受 1000℃火焰燃烧超过 5 分钟。这种新产品替代传统热固性的复合材料，可有效解决电动汽车核心组件轻质、耐火、高效生产且易回收的需求问题。德国西门子公司宣布推出全球首款可回收风电叶片，这种可回收叶片采用了独特化学结构的树脂，使得西门子公司在叶片的服役寿命结束时将叶片浸入加热的温和酸性溶液，可将树脂与玻纤、碳纤维、木头、金属等材料分离，与现有的传统风机叶片回收方法不同，这种温和的分离过程保护了叶片材料的特性，分离后的材料可以在新的应用中重复使用。

（六）墙体材料行业

1. 行业技术发展沿三大方向推进，欧美国家装备全球领先

由于全球不同国家及地区的气候条件存在较大差异性，导致了不同国家及地区对墙体材料的需求也不尽相同。总体来说，目前全球墙体材料行业主要呈现以下三个发展趋势：烧结材料自保温化、非烧结材料轻质化和生产尺寸精细化。

烧结材料作为在高温条件下的致密体，除传统的结构功能以外，目前应用于墙体材料中，其主要发展目标为提高自保温性能。例如世界最大的砖生产商——奥地利

Wienerberger，主要产品之一为建筑用面砖，其产品具有保温、隔热、防潮并且绝对防火功能，同时还可以通过设计提高美观性。

非烧结材料因其内部非实心，目前则以轻质化为主要发展目标。在奥地利Wienerberger，非烧结砖同样是其主要产品之一。

尺寸精细化则是针对整体墙体材料提出的要求，随着技术的进步，市场对产品的要求逐步提升，工业不再只是粗略地生产，精益求精成了追求的目标之一。

目前，在全球墙体材料领域，欧洲企业具备较高的装备水平，美国企业紧随其后，二者因其核心部件精度更高且使用寿命更长等优势，领跑全球墙体材料装备领域。就行业内普遍采用的真空挤出机来说，其使用寿命和易损件材料的耐磨性能十分优异，且挤出的成型含水率控制在较低水平，产品相当密实。此外，墙体材料装备领域诸如干燥装备、自动化切条、切坯、分坯、编组、自动化码坯及装出窑技术装备以及自动化分捡、产品自动打包包装等智能化装备，欧美国家均领跑全球。

我国墙体材料行业主要以砖瓦产业为主，并逐渐发展壮大。近年来伴随墙体材料的革新进程与建筑节能工作的深入开展，我国墙体材料行业取得了长足发展，在产品品种、质量和工艺技术装备等方面有了显著提升，特别是主机装备已接近发达国家的一般水平，对于资源和能源的消耗水平亦有较为明显的改善。

2. 装配式建筑成为新的发展趋势

装配式建筑体系是一种新型的具有工业化特色的建筑体系，实现了由传统的现场建造转变为工厂标准化生产的建筑方式。为配套装配式建筑的发展，装配式建筑部品的工厂化生产成为目前国际建材行业的一大研究应用热点。近年来，全球装配式建筑市场发展迅猛，市场规模以较大涨幅呈现逐年递增趋势。相比传统装修施工而言，装配式建筑具有资源节约、环境污染小、质量把控高、施工工艺精简等特点。目前全球装配式建筑主要市场集中在欧美地区和亚洲地区的日本、新加坡等国。

美国作为世界上住宅装配化应用最广泛的国家之一，其装配式建筑占比达到90%。其中大城市以装配式混凝土结构住宅为主，小城镇则以轻钢结构、木结构住宅为主，其建材产品和部品、部件种类齐全，部件通用化水平高，呈现商品化供应，还具备BL质量认证资格，部品、部件品质均存在保证年限。

法国作为世界上推行装配式建筑最早的国家之一，其装配式建筑占比达到85%。法国装配式建筑主要采用预制混凝土装配式框架结构体系，构件同样具备标准化、尺寸模数化的生产能力。

日本作为率先在工厂中批量生产住宅的国家之一，其装配式建筑占比达到90%。在日本的大城市以钢结构和预制混凝土结构为主，在小城镇则以木结构为主，其中木结构占比达40%左右。

瑞典作为世界上住宅装配化应用最早的国家之一，其装配式建筑占比达到80%。瑞典主要采用以通用部品为基础的住宅通用体系，其中90%的住宅为装配式木结构。

丹麦作为世界上第一个将模数法制化的国家，其装配式建筑占比同样达到80%。丹麦装配式建筑行业通过产品目录设计发展住宅体系化，其结构以装配式混凝土结构为主，并已达到结构、门窗、厨卫等构件标准化。

新加坡在20世纪90年代开始普及装配式建筑，到目前其装配式建筑占比达到

70%。其建筑主要为以装配式混凝土结构为主的 15～30 层的单元式高层住宅。

通过政策引导，我国积极推进装配式建筑体系的发展，近些年已经取得了突出的成就。主要城市的建筑装配率已经达到 30% 以上。

（七）非金属矿行业

1. 欧美国家产业规模大、产业链完整、深加工率高

瑞士欧米亚、比利时索尔维、法国 IMERYS 等跨国集团在产业规模、产品品种、市场辐射范围等方面都处于全球非金属矿物材料行业领先地位。国际领先企业的产品与下游企业结合度高，产品开发与下游用户结合紧密，产品深加工率高，从选矿到下游均已达到工业化精深加工水平，且同时具备加工过程的三废处理、密闭全自动装备等先进技术。

瑞士欧米亚是全球知名碳酸钙产品生产商，拥有完整的产业链，包含工艺开发、设备研发、产品生产、技术服务和维护等全方面，产品应用范围覆盖全球。

比利时索尔维作为拥有悠久历史的知名公司，通过应用专业知识和现场技术支持来为全球在矿物加工、矿物精炼和溶剂提取方面的采矿作业提供优化与支持。

我国拥有鳞片石墨、萤石、膨润土等在世界具有突出优势的非金属矿种，近些年来在技术研发和产品生产方面都取得了突出的进步，并形成以黑龙江省鸡西、鹤岗为核心的产业基地。

2. 数字化推进全球先进企业发展

国外领先企业广泛掌握数字矿山技术，具备通过数字化技术对矿体进行精细采掘的能力，使得资源品位、梯级利用规划实现精益化。例如比利时索尔维更加注重提高资源利用效率，广泛采用数字化技术，在减少对环境造成影响的同时，通过数字化和智能化调整选矿配方及最优药剂剂量，以获得最终更好的矿物回收，在大量减少水耗和能耗的同时提高采矿生产率。

绿色矿山建设成为中国矿业开发的必然要求，中国非金属矿山在生态和环境保护、技术进步、智能化和数字化方面提出了更加严格的标准规范，大批小型和落后矿山被关闭。虽然矿山数量大幅度降低，总生产能力受到影响，但产业结构得到明显改善。

3. 全球非金属矿行业技术装备创新研发趋势不谋而合

全球范围内非金属矿行业的技术、装备研发创新的总体趋势和要求是明确且相近的，均以提高资源高效利用率，优化开采加工的工艺技术流程，提升生产过程智能化水平，重视矿物结构等基础研究和新产品、新材料应用及评价研究，持续开发新产品新用途，研发规模化、专用化、数字化、智能化的成套技术与装备以及保障产品安全、环保、质量的标准化，促进产业绿色发展等为目标。

在行业细分领域技术装备方面，美日欧等发达国家及跨国集团以较大优势领跑全球。例如，高纯石墨高温连续提纯炉、超细粉体智能化成套生产技术及装备、物联网在线监测与控制激光粒度粒形系统、非金属矿物微波解离纳米化技术装备等智能化加工领域；重金属污染土壤修复用海泡石基稳定剂制备技术、黏土矿物靶向药物载体制备技术等制备高性能典型矿物功能材料的技术及相关装备领域。

目前，我国正积极推动新技术、新装备的创新研发和推广应用，逐步缩小非金属矿

产业与国际先进水平的差距，助力非金属矿产业的升级换代和推动矿物功能材料等新兴产业的发展。

二、总体需求分析及预测

（一）全球建筑材料需求将继续增长

随着世界人口的持续增多、人们消费水平的逐渐提升以及消费理念的不断改变，加之既有建筑的持续改造，未来全球建筑业仍将呈现出向上发展态势，对建材产品的需求量也将逐步提升。与此同时，碳中和承诺在世界各地区逐步提出，再加上技术的不断创新和数字化智能制造理念的不断融合，建材产业将面临转型挑战，在传统建材的基础上涌现出革命性的改变。以人为本依旧是建筑业的初衷，而与自然共处将成为建筑材料行业又一新的发展方向。

据牛津经济研究院预测，受发达国家从经济衰退中恢复及新兴国家的持续工业化影响，到2030年全球建筑业产出总额较2014年将增长85%左右，复合年均增长率将达到3.9个百分点。其中，中国、美国和印度将成为全球建筑支出主力军，三国合计占全球总增长的比重将超过57%。尽管新冠肺炎疫情对全球范围内的政治因素和金融因素都造成了不同程度的影响，但目前所有的指标都表明，长远来看建筑业仍将进入扩张阶段。此外，除少数国家以外，其他国家的建筑投资增速均超过其国内生产总值（GDP）增速。

从固定资产投资来看，其对建筑材料需求的拉动，近十年以来全球固定资产形成总额除在2020年受疫情影响出现了一定程度的降低以外，连续9年保持稳定的增长态势，这说明全球对于固定资产的投资始终处于逐年递增的趋势，进而可以表明全球对于建材工业的投资也在持续增多。具体情况见图1-17。

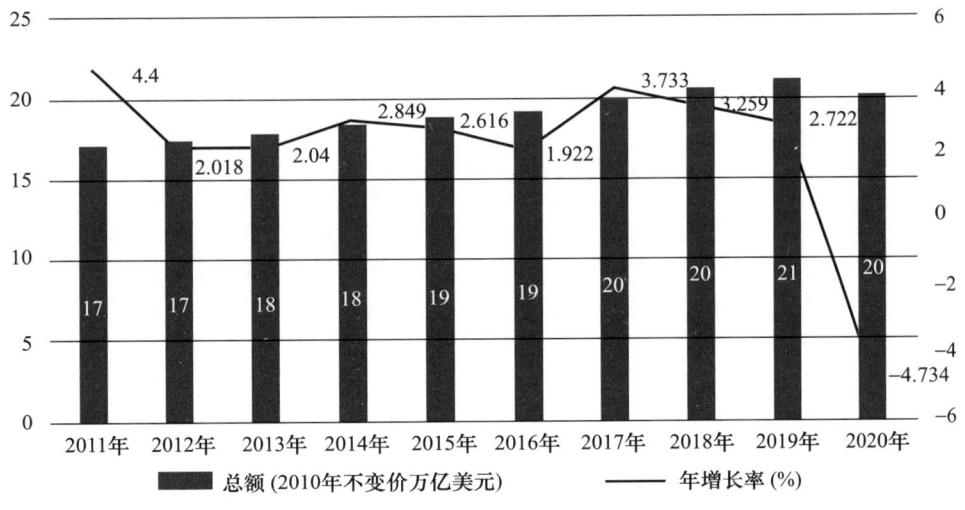

图1-17　2011—2020年全球固定资产形成总额和年增长率

数据来源：世界银行

（二）重点建材产业需求分析及预测

水泥及混凝土、玻璃、建筑卫生陶瓷等重点子行业需求预测见表1-2。

表 1-2 全球重点建材产业需求分析及预测

主要行业	需求分析及预测
水泥及混凝土行业	据统计分析，2022 年全球水泥需求量将同比上涨 1 个百分点，水泥价格将上浮 12.4%，水泥成本将上涨 11.9%。 2022 年全球（不含我国）水泥需求量将上涨 5.4 个百分点，其中中国水泥销量预计将下降 3%；全球水泥成本将同比上涨 12.8%，但考虑到将来原材料、能源、运输和劳动力等方面的成本将继续飙升，2022 年全球水泥行业将面临考验；全球水泥价格将上浮 11%。 尽管按照预期，2022 年全球水泥需求量将继续上涨，但由于成本的大幅度上涨，全球水泥行业的利润率将面临巨大压力。此外，由于物流成本的增加，水泥进口商预计成本上涨幅度将大于水泥生产商，这或多或少会使水泥的进出口贸易受到影响。 我国水泥在 2020—2021 年达到消费峰值，峰值年的熟料消耗量为 16.1 亿~16.2 亿吨。预计到 2025 年熟料消费量为 15.4 亿~15.6 亿吨，水泥需求或呈稳中趋降态势
玻璃行业	据统计，2020 年全球非住宅商用玻璃在多个领域中下降了 11%，新建筑数量也下降了 11%，同时现存建筑的翻修施工需求也减少了 12%。 2021 年住宅市场呈现上涨态势，而商用建筑领域将继 2020 年需求减少 10.5% 之后，再次出现小幅下降，2022 年和 2023 年将出现反弹，预计上升幅度分别为 2.6% 和 0.3%。 在新冠肺炎疫情形势缓和后，住房总体开工数量出现较大反弹，并且还在保持增长态势。其中，独立式住宅上涨 11.5%，除去多单元住宅增长 3.5% 和制造业建筑减少 0.5% 造成的影响，总体保持 6.5% 的增长率。受独立式住宅的推动作用，2021 年住房总体开工数量将以 11% 左右的增长率继续呈现快速增长态势。 此外，相比 2019 年，2020 年的住宅窗户总量增长了 1.5 个百分点，增长的部分主要因为新建筑总量增长 3.2%，现存建筑改造提供了 0.2% 的增加量。考虑到目前新住宅市场继续保持强劲的增长态势，2021 年住宅窗户需求量也将大幅增长 6.8% 左右，2022 年增长率将放缓到 1.8% 左右
建筑卫生陶瓷行业	鉴于世界瓷砖主要生产国的高投资水平，2021 年世界瓷砖产量继续保持增长态势，同时在全球几个关键市场销量飙升的带动下，欧洲国家的瓷砖产量也将恢复至疫情前水平。借此势头，到 2025 年，全球瓷砖产量可能达到 200 亿平方米大关，其中亚洲和非洲的快速增长将对其做出最大贡献。 虽然 2019 年全球瓷砖消费量处于近年的最低水平，但目前几乎所有地区的瓷砖消费都处于恢复上升的态势。此外，国际进出口贸易的流动轨迹逐渐证实瓷砖的生产要依靠市场的趋势，每个大陆的瓷砖产量和消费额逐渐趋于相似。 根据中国建筑卫生陶瓷协会提供的资料，我国建筑陶瓷近年来总产量和需求量保持相对平稳状态。根据预测，2025 年全国陶瓷总产量有望上升至 90 亿平方米，其中国内消费 85 亿平方米左右。以岩板为代表的新型建筑陶瓷产品近几年在国内异军突起，将成为国内外建筑领域应用的热点

数据来源：实地投资研究公司（On Field Investment Research），门窗和玻璃行业联盟（FGIA），《世界陶瓷与评论》，陶瓷世界评论，中国建筑材料工业规划研究院。

三、全球重点企业发展现状

（一）全球重点建材企业介绍

加入世界贸易组织前夕的 2000 年，我国建材进出口商品金额仅为 50 亿美元，国内外建材企业投资合作的规模、数量相对较少且以国内合作为主，全行业外商在华投资企业仅有千余家。当时，原国家建筑材料工业局组织编撰了《世界建材企业百强》，收录了世界建材行业 100 家主要企业，其中我国建材企业中仅有 19 家且国际建材企业也只有少部分与我国有交流合作。

时至今日，我国主要建材产品及年产量已先后跃居世界首位，部分产业技术装备、工艺水平进入世界先进技术行列，建材进出口商品金额已突破 700 亿美元，仅规模以上外商在华投资企业就超过了 1600 家，很多国外建材企业都与我国有了合作，一批国内建材企业也都以不同方式先后走出国门并取得显著成效。

2022 年 11 月，中国建筑材料联合会以建材上市企业发布的年报数据为依据，从经营、效益、成长等三方面对其进行综合评价，发布了《2022 全球建筑材料上市公司综合实力排行榜》，见表 1-3。

表 1-3　2022 全球建筑材料上市公司综合实力排行榜

排名	公司	国家和地区	排名变化
1	中国建材股份有限公司 China National Building Material Company Limited	中国 China	—
2	圣戈班股份公司 Compagnie de Saint Gobain SA	法国 France	↑3
3	安徽海螺水泥股份有限公司 Anhui Conch Cement Company Limited	中国 China	↓1
4	豪瑞股份公司 Holcim AG	瑞士 Switzerland	↓1
5	老城堡有限公司 CRH PLC	爱尔兰 Ireland	↓1
6	新疆天山水泥股份有限公司 Xinjiang Tianshan Cement Company Limited	中国 China	↑70
7	北京金隅集团股份有限公司 BBMG Corporation	中国 China	↓1
8	海德堡水泥股份公司 HeidelbergCement AG	德国 Germany	↓1
9	LG 显示有限公司 LG Display Co.,Ltd.	韩国 South Korea	新增
10	康宁股份有限公司 Corning Incorporated	美国 U.S.A.	新增
11	AGC 株式会社（艾杰旭） AGC Inc.	日本 Japan	↓1

续表

排名	公司	国家和地区	排名变化
12	暹罗水泥有限公司 Siam Cement Public Company Limited	泰国 Thailand	↓1
13	宣伟公司 Sherwin-Williams Company	美国 U.S.A.	↓5
14	沃特兰亭股份公司 Votorantim S.A.	巴西 Brazil	↑1
15	PPG工业股份有限公司 PPG Industries,Inc.	美国 U.S.A.	↓4
16	山特维克公司 Sandvik AB	瑞典 Sweden	↓4
17	西麦斯股份公司 Cemex,S.A.B.de C.V.	墨西哥 Mexico	↓1
18	建设者初源股份有限公司 Builders FirstSource,Inc.	美国 U.S.A.	新增
19	莫霍克工业股份有限公司 Mohawk Industries,Inc.	美国 U.S.A.	↓6
20	亚萨合莱公司 ASSA ABLOY AB	瑞典 Sweden	新增
21	阿克苏诺贝尔有限公司 Akzo Nobel N.V.	荷兰 Netherlands	新增
22	骊住集团 LIXIL Corporation	日本 Japan	↓8
23	西卡股份公司 Sika AG	瑞士 Switzerland	↓3
24	立邦涂料控股有限公司 Nippon Paint Holdings Co.,Ltd.	日本 Japan	↓7
25	信义玻璃控股有限公司 Xinyi Glass Holdings Limited	中国 China	↑12
26	台湾水泥股份有限公司 Taiwan Cement,Ltd.	中国台湾 Taiwan China	↓7
27	欧文斯科宁公司 Owens Corning	美国 U.S.A.	↑4
28	超科水泥有限公司 UltraTech Cement Ltd.	印度 India	↓10
29	华润水泥控股有限公司 China Resources Cement Holdings Limited	中国 China	↓8

续表

排名	公司	国家和地区	排名变化
30	马丁-玛丽埃塔材料股份有限公司 Martin Marietta Materials,Inc.	美国 U.S.A.	↓5
31	火神材料公司 Vulcan Materials Company	美国 U.S.A.	↓8
32	华新水泥股份有限公司 Huaxin Cement Co.,Ltd.	中国 China	↓6
33	亚洲水泥股份有限公司 Asia Cement Corporation	中国台湾 Taiwan China	↓5
34	北京东方雨虹防水技术股份有限公司 Beijing Oriental Yuhong Waterproof Technology Co.,Ltd.	中国 China	↑11
35	唐山冀东水泥股份有限公司 Tangshan Jidong Cement Co.,Ltd.	中国 China	↓11
36	中国海螺创业控股有限公司 China Conch Venture Holdings Co.,Ltd.	中国 China	新增
37	富俊国际股份有限公司 Fortune Brands Home & Security,Inc.	美国 U.S.A.	↓10
38	丹格特水泥有限公司 Dangote Cement PLC	尼日利亚 Nigeria	↓6
39	中国巨石股份有限公司 China Jushi Co.,Ltd.	中国 China	↑18
40	金斯潘集团有限公司 Kingspan Group PLC	爱尔兰 Ireland	↓6
41	福耀玻璃工业集团股份有限公司 Fuyao Glass Industry Group Co.,Ltd.	中国 China	↓2
42	布兹由尼斯股份公司 Buzzi Unicem SpA	意大利 Italy	↓12
43	太平洋水泥株式会社 Taiheiyo Cement Corporation	日本 Japan	↓21
44	信义光能控股有限公司 Xinyi Solar Holdings Limited	中国 China	↓6
45	劲山公司 Turkiye Sise ve Cam Fabrikalari AS	土耳其 Turkey	↓2
46	马斯科集团 Masco Corporation	美国 U.S.A.	↓17
47	英格瓷股份公司 Imerys SA	法国 France	↓6

续表

排名	公司	国家和地区	排名变化
48	中国中材国际工程股份有限公司 Sinoma International Engineering Co.,Ltd.	中国 China	↑ 4
49	中国彩虹显示器件股份有限公司 Caihong Display Devices Co.,Ltd.	中国 China	↑ 14
50	美卓奥图泰集团 Metso Outotec Corporation	芬兰 Finland	↓ 3
51	吉博力股份公司 Geberit AG	瑞士 Switzerland	↓ 7
52	RPM 国际股份有限公司 RPM International,Inc.	美国 U.S.A.	↓ 17
53	TOTO 株式会社 TOTO,Ltd.	日本 Japan	↓ 17
54	博罗有限公司 Boral Limited	澳大利亚 Australia	↓ 5
55	宇部兴产株式会社 UBE Industries,Ltd.	日本 Japan	↓ 22
56	安布贾水泥有限公司 Ambuja Cements,Ltd.	印度 India	↓ 10
57	卡莱尔股份有限公司 Carlisle Companies Inc.	美国 U.S.A.	新增
58	中材科技股份有限公司 Sinoma Science & Technology Co.,Ltd.	中国 China	↓ 4
59	弗莱彻建筑有限公司 Fletcher Building Limited	新西兰 New Zealand	↓ 17
60	维纳博艮股份公司 Wienerberger AG	奥地利 Austria	↓ 7
61	北新集团建材股份有限公司 Beijing New Building Materials Public Limited Company	中国 China	—
62	株洲旗滨集团股份有限公司 Zhuzhou Kibing Group Co.,Ltd.	中国 China	↑ 13
63	中国山水水泥集团有限公司 China Shanshui Cement Group Limited	中国 China	↓ 12
64	维卡股份公司 Vicat SA	法国 France	↓ 14
65	日本板硝子株式会社 Nippon Sheet Glass Company Limited	日本 Japan	—

续表

排名	公司	国家和地区	排名变化
66	东旭光电科技股份有限公司 Tunghsu Optoelectronic Technology Co.,Ltd.	中国 China	↓18
67	詹姆斯哈迪工业有限公司 James Hardie Industries PLC	爱尔兰 Ireland	↓8
68	中建西部建设股份有限公司 China West Construction Group Co.,Ltd.	中国 China	↓4
69	中国天瑞集团水泥有限公司 China Tianrui Group Cement Company Limited	中国 China	↓13
70	洛科威股份有限公司 Rockwool International A/S	丹麦 Denmark	↓8
71	吉林亚泰（集团）股份有限公司 Jilin Yatai（Group）Co.,Ltd.	中国 China	↓31
72	肖特股份公司 Schott AG	德国 Germany	↓5
73	亚洲水泥（中国）控股公司 Asia Cement（China）Holdings Corporation	中国 China	↓18
74	台湾玻璃工业股份有限公司 Taiwan Glass Ind.Corp.	中国台湾 Taiwan China	↑6
75	安朗杰有限公司 Allegion PLC	爱尔兰 Ireland	新增
76	印尼水泥公司 PT Semen Indonesia（Persero）Tbk	印度尼西亚 Indonesia	↓18
77	三和控股株式会社 Sanwa Holdings Corporation	日本 Japan	新增
78	埃泰集团 Etex Group	比利时 Belgium	新增
79	中国南玻集团股份有限公司 CSG Holding Co.,Ltd.	中国 China	↓1
80	什里水泥有限公司 Shree Cement Limited	印度 India	↓14
81	杰温股份有限公司 JELD-WEN Holding Inc.	美国 U.S.A.	新增
82	ACC有限公司 ACC Limited	印度 India	新增
83	江西万年青水泥股份有限公司 Jiangxi Wannianqing Cement Co.,Ltd.	中国 China	↓11

续表

排名	公司	国家和地区	排名变化
84	中国西部水泥有限公司 West China Cement Limited	中国 China	↑1
85	奥镁有限公司 RHI Magnesita NV	奥地利 Austria	↓14
86	奥科宁克集团 Arconic Corporation	美国 U.S.A.	↓26
87	峰会材料股份有限公司 Summit Materials,Inc.	美国 U.S.A.	↓11
88	甘肃上峰水泥股份有限公司 Gansu Shangfeng Cement Co.,Ltd.	中国 China	↓6
89	阿格斯水泥股份公司 Cementos Argos S.A.	哥伦比亚 Columbia	↓20
90	老鹰材料股份有限公司 Eagle Materials Inc.	美国 U.S.A.	↓22
91	艾法史密斯股份有限公司 FLSmidth & Co. A/S	丹麦 Denmark	↓17
92	福莱特玻璃集团股份有限公司 Flat Glass Group Co.,Ltd.	中国 China	↓5
93	广东塔牌集团股份有限公司 Guangdong Tapai Group Co.,Ltd.	中国 China	↓16
94	科达制造股份有限公司 KEDA Industrial Group Co.,Ltd.	中国 China	新增
95	Takara 株式会社 Takara Standard Co.,Ltd.	日本 Japan	新增
96	双龙水泥有限公司 Ssangyong C&E Co.,Ltd.	韩国 South Korea	↓15
97	GCC 股份公司 GCC,S.A.B.DE C.V.	墨西哥 Mexico	↓13
98	得嘉集团 Tarkett Group	法国 France	新增
99	住友大阪水泥株式会社 Sumitomo Osaka Cement Co.,Ltd.	日本 Japan	↓26
100	萨门特控股有限公司 Cementir Holding N.V.	意大利 Italy	↓17

（二）全球建材重点企业特点

1. 整体业绩恢复到疫情前水平

2021年世界经济一度出现企稳复苏迹象，而上游原材料和能源价格的大幅上涨也带动了建筑材料价格的普遍上涨，因此建材企业2021年的营业收入比2020年有明显提升；同时企业为了应对疫情对建材产业造成的不良影响，在其他业务方面严格控制成本和大幅削减开支，这使得大部分企业在2021年取得的净利润都有很大幅度的提高。

从《2022全球建筑材料上市公司综合实力排行榜》来看，上榜企业2021年的平均营业收入为75亿美元，比2020年增加33.2%；平均净利润为7.3亿美元，比2020年增加78.1%。而且有9家企业在2021年实现了净利润的扭亏为盈，分别是德国海德堡水泥股份公司、韩国LG显示有限公司、巴西沃特兰亭股份公司、墨西哥西麦斯股份公司、美国欧文斯科宁公司、中国彩虹显示器件股份有限公司、澳大利亚博罗有限公司、日本板硝子株式会社和法国得嘉集团。

2. 头部企业规模提升和市场转型趋势更加明显

榜单头部企业在收购并购方面表现积极，从收购并购涉及的业务来看，主要呈现出两个决策方向：一是增加原有业务的规模并提升话语权；二是推动原有业务和市场的转型。大部分水泥企业都是以巩固公司自身原有业务和市场为收购、并购案的发展方向，如瑞士豪瑞股份有限公司2021年披露的收购案几乎都集中在预拌混凝土、水泥这些基础建材领域，涉及的投资额占公司总收购投资金额的70%以上；中国新疆天山水泥股份有限公司2021年完成对中国建材集团有限公司旗下4家水泥企业的兼并重组，在水泥业务板块一跃成为中国水泥、熟料产能最大的企业。转变原有业务方向和市场的企业以业务涉及多个建材子行业的综合型企业为主，如法国圣戈班股份公司2021年披露的收购案大部分涉及建筑化学品业务和石膏业务，而撤资和出售的主要集中在玻璃业务和欧洲区的建筑材料分销业务方面。

3. 行业产业链向新业态领域延伸

2021年世界陷入能源危机，直到现在能源供应仍然紧张，能源价格仍然居高不下，碳中和进程不断加速，在此背景下行业企业积极布局和利用清洁能源，并将其作为未来的发展重点。

纵览榜单中的17家玻璃及玻璃制品公司，12家从事太阳能光伏发电相关业务，其中来自中国大陆及港澳台地区的公司有7家。我国已经发展成为全球第一大光伏玻璃生产国，产量占全球70%以上份额。中材科技股份有限公司作为风电叶片行业的龙头企业，2021年风电叶片板块的营业收入占比超过32%，同时公司还积极布局新能源，将新能源汽车和能源储备领域的关键产品——锂电池隔膜作为公司重点培育和发展的业务板块，2021年该板块营业收入同比增长95.4%。

4. 绿色低碳发展成效显现

上榜公司2021年的环境数据相比2020年有明显优化。根据40家上榜公司披露的环境数据来看，大部分公司2021年的业绩增加来源于产量的提高，而能源消耗的增长幅度要低于业绩的增长幅度，同时温室气体单位排放量（二氧化碳当量）在不断降低。以海德堡水泥股份公司为例，2021年水泥熟料产量为1.3亿吨，同比增长3.7%；水泥熟料产品制造消耗的能源同比增长3%，温室气体单位排放量564.8千克，同比减少2%。企业在低碳技术方面的发展也非常积极而富有成效。2021年12月，世界首条利用水泥窑烟气二氧化碳制备混凝土砖生产线在中国华新水泥股份有限公司成功运行，突破了二氧化碳不能快速进入混凝土制品内部进行迁移和反应的技术瓶颈，首次实现了工业化、规模化生产。据测算，以年产1亿块蒸养砖生产线为例，每年将固碳2.6万吨。从清洁能源利用来看，2021年8月，日本板硝子株式会社旗下的皮尔金顿英国公司成功利用氢气完全取代天然气，在浮法玻璃生产线上实现了平板玻璃的生产制造。

第三节 建材行业国际合作发展现状

目前，我国建材产业已具备一定开展国际合作的优势。"宜业尚品、造福人类"的建材行业发展目标和"六零"示范工厂建设的指引，也必将加速推动建材行业的转型升级，为建材行业国际合作注入新动能。在国家战略层面与国际社会持续互联互动的背景下，建材国际合作以国际贸易、国际工程总承包、对外投资为重点，以"引进来"为起点，逐步形成"引进来"与"走出去"并重的发展新格局，对外经济结构也从商品输出为主逐步向资本和技术输出为主过渡。

一、建材行业国际合作的时代背景

（一）建材行业国际合作的发展，面临复杂多变的国际形势

新冠肺炎疫情冲击下，百年变局加速演进，国际环境更趋复杂严峻和不确定。俄乌之间军事冲突的持续胶着与长期化和扩大化，从政治层面导致全球地缘政治格局面临极大挑战、全球政治格局将面临较长的动荡调整期，从经济层面将加剧贸易保护主义，进一步加剧世界能源和粮食紧缺从而导致经济发展面临滞胀；中美贸易摩擦的持续演进并叠加新冠肺炎疫情，导致风险挑战增多，世界面临的不稳定性、不确定性更加突出，世界经济增长动能不足，经济全球化遭遇逆流，单边主义、保护主义、霸权主义对世界和平与发展构成威胁。

风高浪急的国际环境为建材行业国际合作提出了新要求。在这种政治经济新格局下，我国建材行业国际合作面临较为严峻的"双向挤压"态势，一方面，发达国家制造业回流趋势逐渐显著，影响国内建材产业基础向高级化、产业链现代化方向发展；另一方面，以东南亚为代表的新兴经济体和发展中国家大力追赶比拼，对国内建材行业国际合作造成较大冲击。

（二）建材行业国际合作的推进，离不开国家战略层面积极参与各类双边或多边合作

建材行业国际合作的逐步推进，离不开我国在国家战略层面与国际社会持续的互联互动。近年来，我国更加深入地参与到各个领域、各类议题的国际合作和全球治理当中，努力谋求与世界共同发展进步的长久之计。随着"一带一路"建设的由点及面到取得全面进展、"一带一路"绿色发展的提出、区域全面经济伙伴关系协定（RCEP）的持续推进、中非合作论坛的从无到有到稳步发展等，中国在全球经济治理体系中的话语权显著提升，在国际事务中发挥更大的作用，在应对全球性挑战中也承担了更多的责任。

中国参与的代表性的全球及区域性合作机制

1. "一带一路"合作倡议（B&R）

2013年9月和10月，中国国家主席习近平先后提出共建"丝绸之路经济带"和"21世纪海上丝绸之路"的合作倡议。近十年以来，"一带一路"建设从无到有、由点及面，取得了积极进展；"一带一路"建设形成了以基础设施与产能合作为先导、以双边或多边合作共识为先行、以重大合作平台为引领的共建模式。

2. 区域全面经济伙伴关系协定（RCEP）

由东盟十国发起，邀请中国、日本、韩国、澳大利亚、新西兰共同参加（"10+5"），通过削减关税及非关税壁垒，建立15国统一市场的自由贸易协定。RCEP于2022年1月1日正式生效，涵盖约22.7亿人口，有效加深了亚洲经济体之间的经济链接，进一步强化了区域内部产业链与供应链韧性，为构建区域内部统一市场和实现全球繁荣发展注入新动能。

3. 世界经济论坛（WEF）

1971年由瑞士日内瓦大学教授克劳斯·施瓦布（Klaus Schwab）倡议创建，是一个非营利性基金会，因为在瑞士达沃斯首次举办，又被称为"达沃斯论坛"，是以研究和探讨世界经济领域存在的问题、促进国际经济合作与交流为宗旨的非官方国际性机构，总部设在瑞士日内瓦。

世界经济论坛作为一个"世界级"思想交流平台对全球舆论产生重要影响。论坛自成立以来，借助包括年会在内的各种会议形式，成为各国政要、企业领袖、国际组织领导人、专家学者就各种世界重大问题交换意见的重要平台。

4. 二十国集团（G20）

二十国集团由七国集团财长会议于1999年倡议成立，最初为财长和央行行长会议机制。2009年9月举行的匹兹堡峰会将G20确定为国际经济合作主要论坛。G20成员涵盖面广，代表性强，其构成兼顾了发达国家、发展中国家以及不同地域的利益平衡，人口占全球的2/3，国土面积占全球的55%，国内生产总值占全球的86%，贸易额占全球的75%。

5. 亚欧会议（ASEM）

亚欧会议成立于1996年，是亚洲和欧洲间重要的跨区域政府间论坛，旨在通过政治对话、经济合作和社会文化交流，增进了解，加强互信，推动建立亚欧新型、全面伙伴关系。

截至2021年，亚欧会议有45个成员，包括东盟10个成员国、东盟秘书处、中国、日本、韩国、蒙古国、印度、巴基斯坦、欧盟27个成员国及欧盟委员会。亚欧会议成员国有24.7亿人口，约占世界人口的39%，国内生产总值占世界总值的一半多。

6. 中非合作论坛（FOCAC）

为进一步加强中国与非洲国家在新形势下的友好合作，共同应对经济全球化挑战，谋求共同发展，在中非双方共同倡议下，中非合作论坛——北京2000年部长级会议于2000年10月10—12日在北京召开，中非合作论坛正式成立。截至2021年，论坛成员包括中国、与中国建交的53个非洲国家以及非洲联盟委员会。经过20多年的发展，论坛已成为中非开展集体对话的重要平台和务实合作的有效机制，成为新时代引领国际对非合作的一面旗帜。

7. 中国—阿拉伯国家合作论坛（CASCF）

2004年1月30日，时任中国国家主席胡锦涛访问了设在埃及开罗的阿拉伯国家联盟（以下简称阿盟）总部，会见了阿盟秘书长阿姆鲁·穆萨和22个阿盟成员国代表。会见结束后，李肇星外长与穆萨秘书长共同宣布成立"中国—阿拉伯国家合作论坛"，并发表了《关于成立"中国—阿拉伯国家合作论坛"的公报》。论坛旨在加强对话与合作、促进和平与发展。"中国—阿拉伯国家合作论坛"成立19年来已建立起涵盖政治、经济、文化等诸领域的接近20余项合作机制，成为中国同阿拉伯国家开展集体对话与务实合作的重要平台。

8. 金砖国家（BRICS）

2001年，美国高盛公司首次提出BRICs概念，用巴西、俄罗斯、印度、中国四国英文名称首字母组成缩写词。因"BRICs"拼写和发音同英文单词"砖"（bricks）相近，中国媒体和学者将其译为金砖国家。2011年，南非正式加入金砖国家，英文名称定为BRICS。

金砖国家国土面积占世界领土总面积26.46%，人口占世界总人口41.87%。据估算，2020年五国经济总量约占世界的24.42%，贸易总额占世界的16.98%。2021年7月，五国在世界银行的投票权为13.46%，在国际货币基金组织的份额总量为14.82%。

9. 上海合作组织（SCO）

上海合作组织（简称"上合组织"）成立于2001年6月15日，是哈萨克斯坦共和国、中华人民共和国、吉尔吉斯斯坦、俄罗斯联邦、塔吉克斯坦共和国、乌兹别克斯坦共和国在中国上海宣布成立的永久性政府间国际组织。2021年6月15日，上海合作组织迎来成立20周年华诞，截至当前，上合组织的经济总量接近20万亿美元，比成立之初增加了13倍多，对外贸易总额达到6.6万亿美元，比20年前增加了100倍。

二、建材行业"引进来"发展现状

新中国成立以来，在鼓励引进外资和技术的政策支持下，我国建材工业开启了"引进来"的漫长探索之路。在建材工业引进外资和技术的过程当中，首先解决了行业发展资金、技术短缺的问题，通过先进的技术装备的引进消化再吸收，推动了技术设备的自主化进程；其次通过管理经验的学习和持续实践，优化了产业结构，推动建材工业管理现代化进程。

（一）"引进来"发展的政策演进

新中国成立以来，尤其是改革开放之后，为了充分利用来自我国内地以外的，包括外国和港澳台地区的资金、技术、装备以及其他无形资产，中国在改革开放的基本国策之下出台了一系列鼓励和支持引进外资和技术的政策、法律、法规，极大地促进了国内对外资和技术的引进。

1. 引进和利用外资和技术装备的政策探索发展阶段

改革开放前，中国基本上没有在引进和利用外资领域出台政策、法律法规等。1978年，党的十一届三中全会确立对外开放基本国策后，拉开了全面引进和利用外资和技术装备的序幕。我国政府制定并推行对内改革和对外开放的经济发展战略，出台一系列优惠政策，积极主动引进和利用外资和技术装备，并构筑外资法律法规的基本框架。至20世纪80年代中后期，外资和技术装备引进蔚然成风，各地政府竞相出台各类优惠政策，但同时出现外资优惠恶性竞争的不良现象。我国政府对引进和利用外资的政策和实践进行重大调整，调整的重点就是明确引进和利用外资和技术装备的原则、目的和方式，有效抑制了不求经济效益的短期地方政策行为。

1979年7月，我国颁布《中华人民共和国中外合资经营企业法》。1983年5月，国务院在北京召开第一次利用外资工作会议，强调要统一思想认识、放宽政策、加强领导，办好中外合资企业。同年9月，中共中央、国务院发布《关于加强利用外资工作的指示》，重申利用外资、引进先进技术对加快国民经济建设的重要意义。1984年2月，邓小平同志在视察深圳、珠海和厦门三个经济特区时发表重要讲话,充分肯定经济特区所取得的成绩和政策的正确性,明确了进一步扩大对外开放、加快利用外资、引进技术的战略方针。1986年,我国颁布《中华人民共和国外资企业法》。同年10月,中共中央、国务院发布《关于鼓励外商投资的规定》,对外商投资企业,特别是先进技术的企业和产品出口的企业,在税收、土地使用费、劳务费、利润分配、生产经营的外部条件等方面给予特别优惠的政策,并保障企业享有独立的经营自主权,按照国际通行办法进行经营和管理。1987年3月,第六届全国人民代表大会第五次会议通过的《政府工作报告》提出利用外资的三条原则:第一,借外债的总额要有控制,外债结构要合理,要同自己的偿还能力和消化能力相适应;第二,一定要用在生产建设上,重点是出口创汇企业、进口替代企业和先进技术的企业;第三,利用外资要讲求经济效益,创造纯收入。1988年,我国颁布《中华人民共和国中外合作经营企业法》。1991年,我国颁布《中华人民共和国外商投资企业和外国企业所得税法》。

2. 引进和利用外资和技术装备的政策战略转变阶段

1992年,邓小平同志南巡并发展重要讲话,中国对外开放从沿海到内陆全面展开,引进和利用外资的实践驶入了快车道,在原有沿海开放基础上,国家陆续出台了沿边开放、沿江开放和内陆开放等一系列新举措,利用外资的途径也有所拓宽,政策导向逐步从鼓励和优惠政策向互利共赢的开放战略转变,在继续积极引进和利用外资的同时,充分利用国际国内两个市场、两种资源,优化资源配置,对外资实行国民待遇,规范税制,公平税负,引入竞争机制,为中外企业创造平等竞争条件。这在一定程度上推动国内企业参与国际竞争与合作,为20世纪90年代中后期开始的"走出去"探索之路奠定了基础。

我国于1995年6月颁布第一部《外商投资产业指导目录》和《指导外商投资方向暂行规定》,重新划分对外商投资实施鼓励、限制和禁止的产业范围。1997年12月,江泽民同志在全国外资工作会议上首次提出"走出去"这一战略思想。1998年4月,中共中央、国务院发布《关于进一步扩大对外开放,提高利用外资水平的若干意见》,提出多渠道多方式吸引外商投资,实施利用外资多元化的战略。

3. 引进和利用外资和技术装备的政策稳步发展阶段

进入新世纪,我国经济实力显著增强,社会主义市场经济体制初步确立,人民生活总体达到小康水平,协调发展取得显著成绩,对外开放日益扩大。面对日益激烈的国际竞争,统筹国内发展和对外开放要求也更高,引进和利用外资的目的发生了根本性变化,不再以弥补发展资金和技术缺口为主,而是更多地服务于国内产业高质量发展、国内经济结构优化调整、引进高新技术。加入世界贸易组织(WTO),也客观上要求外资领域的法律法规和国际接轨。同时,高质量"引进来"和高水平"走出去"成为中国对外开放基本国策中两个紧密联系和相互促进的方面。2000年以来,中国在引进和利用外资的问题上更加自主和自信,相关的政策也更加成熟和完善。

加入WTO之后,我国政府重新修订了《中华人民共和国外资企业法》和《中华人民共和国中外合作经营企业法》。2002年以来,多次修订了《外商投资产业指导目录》,限制或禁止"两高一资"行业投资,积极引导外资的产业流向。

(二)建材行业"引进来"发展历程及主要特点

经过70余年的曲折发展,我国建材工业在新时代开放型经济体制之下,形成了"引进来"和"走出去"并重的发展新格局;行业利用外资水平持续提升,"引进来"在行业先进技术的提升、企业规模的扩张、产业结构的优化、企业节能降耗水平和竞争力的提升过程中发挥了重要作用。

1."引进来"奠定建材工业腾飞基础,助力新中国成立初期建材工业探索发展之路

受发展政策和国际环境的影响,新中国成立后至改革开放前,国内各行业直接引进国外资本比较少,建材工业也不例外。新中国成立初期建材工业的"引进来"主要以直接引进技术为主,水泥、玻璃、陶瓷、玻璃纤维、混凝土及制品等行业率先引进苏联、美国、欧洲等国家和地区的先进生产技术与装备。

总体来看,计划经济体制下国内建材工业"引进来"发展过程是一个从不会到学会的过程,是从依靠进口设备和外国专家技术指导到采用国产设备自主建设的过程,在硬件建设结出丰硕成果的同时,软件建设也取得了较大成功。在这一过程当中,建材行业职工、专业技术人员表现出的奋进精神和创业方法为后人树立了榜样,为我国建材工业之后的"赶超"发展奠定了坚实的基础。

2."引进来"促进建材工业快速发展,绘就改革开放以来中国建材工业发展新格局

改革开放初期,我国制定了一系列引进和利用外资的政策,向外商、外资陆续开放沿海沿边沿江地区及城市,弥补了发展所需的资金、技术、管理缺口,极大地促进了外向型经济的发展。在此背景之下,大量国外资本纷纷涌入国内建材市场,或投资实体经济,或只做资本投资,形成了中国建材工业的"引进来"发展高潮。改革开放以来,建材工业的"引进来"以直接引进外资和直接引进技术并重发展为主,直接引进外资从出现到快速蓬勃发展,外商独资、中外合资经营、中外合作经营企业比重逐渐增大,外资来源呈现多元化发展,日韩、欧洲、中国香港、中国台湾和美国等国家和地区投资持续增长,外商投资领域逐渐拓宽,从水泥、玻璃、陶瓷等传统行业向建材商贸流通、新材料领域拓展。

总体来看,改革开放到21世纪初期的市场经济体制下我国建材工业"引进来"发展过程是一个行业利用外资水平快速提升并推动行业快速稳定发展、实现"赶超"的过程。依据中国建材网数据,2006年末,外商投资建材企业数量占规模以上建材工业企业数量的10%,建材工业利用外资约80亿美元,外商投资占建材工业资本总额的27.91%、资产总额的21.55%、销售总额的17.1%、利润总额的17.1%。通过直接引进外资和技术,中国建材行业技术水平稳步提升,企业规模迅速壮大,管理水平持续提升,产业结构有所优化,国内建材工业实现了快速发展,水泥、平板玻璃、陶瓷、玻璃纤维等行业的生产规模、技术装备水平均达到国际先进或领先水平。

3."引进来"构建建材工业"双循环"格局,开启新时代建材工业更高水平开放新航程

进入新世纪,特别是2010年以来,我国经济发展水平大幅提升,为了更好地利用国际国内两个市场、两种资源,全面实施"走出去"发展战略,在更广阔的空间进行经济结构和资源优化配置。自2014年起,我国对外直接投资开始超过实际利用外资规模,实现从资本输入国到资本输出国的重大转变。与此同时,作为世界工厂的中国,依靠低成本、高消耗、高排放推动增长的模式基本上已经走到尽头,劳动力成本上升、环境成本上升、服务成本上升等已成为国内外企业公认的事实。

在国家战略层面由资本输入国向资本输出国逐步转变、企业运营层面综合成本持续

上升的双重影响下，水泥、玻璃、建材流通等领域部分外资逐步撤离中国，国内建材工业"引进来"发展高潮逐步趋于理性，向更高水平、更高层次迈进。2010年以来，我国建材工业的"引进来"仍然以直接引进外资和直接引进技术并重发展为主，但利用外资和技术逐步不再以产业规模扩张为主要方向，而是以持续的技术创新、管理创新、"两业"融合创新为主，国内企业也在此过程中发挥了更为积极主动的作用。

2010年以来的中国建材工业"引进来"发展过程，是一个行业利用外资更加注重促进产业优化升级和区域协调发展，在更高层次推动建材行业发展的过程。与此同时，建材行业积极响应"一带一路"倡议，主动实施"走出去"战略，开展国际产业布局、提升全球资源配置能力，从而形成建材工业"引进来""走出去"并重的发展新格局。

三、建材行业"走出去"发展现状

（一）建材行业"走出去"发展环境

建材行业作为国民经济重要的基础产业，凭借成熟的成套技术装备和工程总承包服务积极响应中国"走出去"战略，推进建材行业国际产能合作。"走出去"战略为建材行业拓宽国际市场提供了重要发展机遇，也为企业带来了一定的挑战。

1. 建材企业积极"走出去"，竞争优势明显

目前，我国已成为全球最大的建材生产国和消费国，建材行业形成全球最大规模的产业体系，拥有诸多世界领先的生产技术装备。在对外合作方面独具优势，已与世界130多个国家和地区开展广泛的商贸合作，初步形成了产品出口、工程承包、技术服务、直接投资、劳务合作等全方位、多层次的对外合作格局。经过多年发展，水泥、玻璃、玻璃纤维等行业技术水平和管理水平已经达到了国际先进水平，如中国建材集团有限公司、安徽海螺水泥股份有限公司、中国巨石股份有限公司等企业凭借雄厚的资金实力、领先的技术优势和较为完善的管理稳步开展境外投资，积极拓展境外工程承包业务，加快推进建材行业"走出去"的步伐。

同时，国家在"走出去"过程中，制定了一系列的政策，鼓励和推动行业企业积极走出去，拓宽国外市场，中国"走出去"相关政策文件见表1-4。随着国家"走出去"战略的提出，建材行业积极响应号召，建材行业企业纷纷"走出去"，积极参与国际竞争。尤其在2015年发布的《关于推进国际产能和装备制造合作的指导意见》中，明确指出将建材等12个行业作为推进国际产能和装备制造合作的重点领域，分类实施、有序推进。同时"一带一路"倡议的提出，更有利于促进沿线各国经济繁荣与区域经济合作，基础设施建设和贸易往来将促进国内外要素有序流动、资源高效配置，为国内建材先进技术装备、高效产能和贸易服务"走出去"创造新的发展机遇。

表1-4 中国"走出去"相关政策文件

序号	文件发布时间	文件名称	相关内容
1	2004年	《国务院关于投资体制改革的决定》（国发〔2004〕20号）	文件奠定了中国对外直接投资政策体系转型的基础，为中国制定新的对外直接投资政策提供了明确的转型方向

续表

序号	文件发布时间	文件名称	相关内容
2	2004年	《国家发展改革委 中国进出口银行 关于对国家鼓励的境外投资重点项目给予信贷支持政策的通知》（发改外资〔2004〕2345号）	文件内容体现了中国促进对外直接投资具体配套措施
3	2007年	《关于鼓励支持和引导非公有制企业对外投资合作的若干意见》（商合发〔2007〕94号）	文件规定符合条件的非公有制企业可享受境外加工贸易贷款贴息资金、中小企业国际市场开拓资金以及援外合资合作项目基金、对外承包工程保函风险专项资金、对外承包工程项目贷款财政贴息资金和对外经济技术合作专项资金等的支持
4	2009年	《境外投资管理办法》（商务部令2009年第5号）	文件进一步下放了境外投资开办企业核准权限，简化了核准手续
5	2010年	《关于大力发展对外承包工程意见的通知》（国办发〔2000〕32号）	文件指出：中国完全具备了进一步发展对外承包工程的能力和条件。为了认真贯彻落实中央关于"走出去"的开放战略，提出了要统一思想充分认识发展对外承包工程的重要性，进一步加大开拓国际市场的力度，培育骨干企业，实施大企业战略，建立健全对外承包工程法规，采取各种经济手段支持对外承包工程的发展
6	2012年	《关于加快培育国际合作和竞争新优势指导意见的通知》（国办发〔2012〕32号）	文件指出：加快实施"走出去"战略。鼓励建材等行业到境外建立生产基地。拓展对外承包工程方式和领域，增强承包工程带动国内设备出口能力。以设计咨询、前期规划为先导，带动中国技术和标准"走出去"。增强"走出去"主体实力
7	2014年	《境外投资项目核准和备案管理办法》（中华人民共和国国家发展和改革委令第9号）	文件中大幅度放宽了境外投资项目的核准权限，缩小核准范围，中方投资10亿美元以下项目一律实行备案，同时简化程序、明确时限，提高了境外投资项目核准和备案的规范化和便利化水平
8	2014年	《境外投资管理办法》（商务部令2014年第3号）	新修订的境外投资管理办法改变了对境外投资开办企业由商务部和省级商务主管部门全面核准的方式，实行"备案为主、核准为辅"的管理模式，并最大限度地缩小核准范围，缩短核准时限

续表

序号	文件发布时间	文件名称	相关内容
9	2015年	《国务院关于推进国际产能和装备制造合作的指导意见》（国发〔2015〕30号）	文件对包括建材生产线、大型建筑施工装备、大型建筑机械在内的产业给予支持，帮助这些产业"走出去"，并对上述产业利用国内装备在境外建设上下游生产线、企业境外并购、建立海外研发中心等给予政策支持和指导规范
10	2016年	《建材工业发展规划（2016—2020年）》（工信部规〔2016〕315号）	文件指出：建材工业要结合"一带一路"建设战略实施，做好引进来和走出去，要按照互利共赢原则，鼓励行业骨干企业结合自身优势，通过资本运用，以兼并重组、参股入股等方式参与国际市场的投资与经营。在拓展国际合作路径方面，推广跨境电商+海外仓、连锁超市等发展模式，加快建立海外物流贸易中心，扩大海外营销网络，将出口产业链向境外批发和零售环节延伸，形成直销、海外子公司互为补充的全球销售网络是重中之重
11	2021年	《国务院办公厅关于加快发展外贸新业态新模式的意见》（国办发〔2021〕24号）	文件指出：运用数字技术和数字工具推动外贸全流程各环节优化提升，培育一批优秀海外仓企业。支持综合建设—运营—移交（BOT）、结构化融资等投融资方式多元化投入海外仓建设
12	2022年	《国家发展改革委等部门关于推进共建"一带一路"绿色发展的意见》（发改开放〔2022〕408号）	文件部署了绿色基础设施、绿色能源、绿色交通、绿色产业、绿色贸易、绿色金融、绿色科技、绿色标准和应对气候变化等绿色发展重点领域合作，明确了推进境外项目绿色发展、完善支撑保障体系、加强组织实施等重点任务

2.投资服务管理体系不完善，影响我国建材行业"走出去"

总体来看，建材行业实施"走出去"仍处于起步阶段，境外投资服务管理体系尚不健全。境外投融资制度不完善、境外投资中介服务平台未建设完善、投资企业对境外投资风险的防范能力有限、企业国际化经营复合型人才缺乏等因素都制约着我国建材企业"走出去"。尤其是民营企业，在"走出去"过程中受到贷款难、融资难、抗风险能力弱等方面的约束，影响其"走出去"的步伐。

3.新兴国家市场空间大，为建材企业"走出去"提供机会

新兴国家在加速工业化和城市化发展过程中需要加大基础设施投资建设，同时基础设施建设是"一带一路"沿线国家和地区优先建设的重点领域。基础设施建设离不开建材行业的支持，但其国家建材行业的发展存在建设工程相对缓慢、技术装备水平有待提升等问题，与大量基础设施建设的需求不匹配。这为中国建材行业"走出去"提供了市场空间。

4. 国外政治、文化、标准不同等给企业"走出去"带来风险和挑战

在国际贸易保护主义抬头、逆全球化思潮暗流涌动的复杂经贸环境下，建材行业国际化发展困难重重。受国际政治环境和文化差异影响，建材企业"走出去"面临政治风险、文化风险、经营性风险等挑战。例如，建材企业工程总承包和海外建厂投资周期较长，受一些发展中国家政治体制不稳固、部分发展中国家民族融合程度不同等影响，项目在建设、运营期间遭遇风险事件的不确定性加大，为建材企业"走出去"带来了一定的风险和挑战。

同时，在行业标准、属地化管理等方面，企业也面临着挑战。例如，在国外建厂，往往由建设项目所在国国情及建设项目业主的意见来确定项目采用的设计标准，国际标准和国内行业标准的不一致无疑会为我国建材企业在国际项目服务质量、服务过程等带来一定的挑战。

（二）建材行业"走出去"发展取得丰硕成果

我国建材行业实施"走出去"战略以来，随着技术装备水平、建材产品质量与功能的不断提升，对外合作得到较快发展，在技术、服务和资本"走出去"方面均取得了显著的成绩。

在技术和服务"走出去"方面，我国水泥、玻璃、玻璃纤维、陶瓷、石材加工以及墙体材料等产业的成套技术装备已经达到世界先进水平，我国建材企业能够为国外客户提供成套设备的"一条龙"服务和工程总承包服务，国外工程和技术服务已成为建材工业"走出去"战略实施的重要标志。此外，我国建材企业加大了建材与电子商务的融合发展，以成熟的电子商务平台和互联网技术支持建材"走出去"。

在资本"走出去"方面，建材企业对外投资力度不断加大，境外收购企业、投资建厂步伐明显加快，已涉及水泥、玻璃、玻璃纤维、建筑卫生陶瓷、石材等多个行业。中国建材集团有限公司等大型企业集团是建材企业实施"走出去"的典型代表。一些优秀民营企业也积极探索和实践，主动对接"一带一路"沿线国家的基础设施建设需求，积极"走出去"。

（三）建材行业"走出去"发展模式持续创新

建材行业"走出去"的发展模式不断创新。主要分为产品出口—网点营销—技术装备出口—工程总承包—海外投资建厂五个阶段。

建材行业企业实现"走出去"的最早模式是以产品出口的形式"走出去"。产品"走出去"的初期阶段是以建筑卫生陶瓷产品和非金属矿初加工产品居多。中期阶段形成了网点式"走出去"，企业在海外设立销售公司或办事处，既服务当地代理商和客户，也寻求机会出口销售自身的产品。随着我国水泥、玻璃、玻纤、陶瓷、石材加工以及墙材等产业的成套技术装备已经达到世界先进水平，为我国建材企业资本"走出去"奠定了坚实的基础，我国建材企业发挥国内资金、技术优势，进一步拓展国际市场，加快建材行业"走出去"，推动了建材行业由产品输出向产业输出转型，由产品和技术装备出口为主，向资本、服务、运营一体化输出转变。

目前，建材行业已进入技术装备出口带动企业海外建厂阶段，在境外建立建材专业园区的模式也进一步带动建材企业出口产品和技术，逐步形成以投资带动贸易，以工程带动装备技术合作的发展模式，为目的地国提供集产品出口、对外工程总承包、技术服务支持、劳务合作等为一体的全方位、多层次的服务。

（四）建材行业"走出去"特点显著

我国作为全世界唯一拥有联合国产业分类中全部工业门类的国家，尤其是建材工业经过几十年的快速发展，建材产品生产、装备制造已形成一套完整产业链体系，建材行业在积极"走出去"的过程中，根据投资主体、发展方式、发展范围等不同，形成了一些显著特点。

1. 国企中，特别是央企率先"走出去"，民营企业紧跟其后

国企和央企凭借较强的经济实力和技术实力率先"走出去"，通过不断的努力，涌现出了一批具有国际竞争力的骨干企业。例如，中国中材国际工程股份有限公司已成为全球最大的水泥技术装备与工程服务供货商。经过几十年的发展，民营企业技术和经济实力逐步壮大，也在积极探索和实践"走出去"战略，如红狮控股集团有限公司先后在印度尼西亚、尼泊尔等4个"一带一路"沿线国家投资了8个水泥生产线建设项目，老挝万象、尼泊尔红狮希望、印尼任抹等项目相继投产，境外投资项目备案金额达42.2亿美元。

2. "走出去"涉及范围变大

建材企业对外投资力度不断加大，境外投资建厂已涉及水泥、平板玻璃、玻璃纤维、墙体材料、石灰、石材等多个行业。工程总承包的范围也由传统的水泥、玻璃拓展到环保、余热发电等行业。

3. 单一企业向集群式方式"走出去"

建材行业企业"走出去"方式逐渐由单一企业向集群式方式转变。集群式"走出去"能够增强企业间的有效合作，发挥资源共享效应，从而能够大大降低建材企业海外投资和运营风险，提升产业企业竞争力。河北沙河地区的玻璃企业采取积极配合、互相帮助、抱团发展的做法，选取特种超薄工艺玻璃作为海外主营产品突破口，向俄罗斯、美国等140多个国家出口。

4. 园区建设成为重要的发展模式

园区建设和产业集聚成为中国建材企业"走出去"的重要依托。其特点一般都是以企业作为经营主体，通过购买和租赁的方式获得建设用地，并主要通过对外租赁和出售土地的方式进行运营，如埃塞俄比亚东方产业园、柬埔寨西哈努克港经济特区和中柬贡布（泰文隆）工业经济特区等。大量中方企业，尤其是中小型企业以产业园为载体、形成产业集聚、抱团出海的发展模式，这种模式在产业链发展方面具有十分明显优势，对我国中小型企业"走出去"非常有益处。

5. "走出去"服务模式逐渐创新

依托国内建材成套技术装备、标准与工程服务业竞争优势，为巩固水泥、平板玻璃、玻璃纤维等工业在技术装备、工程服务、生产能力、市场占有率等方面的原有优势，卫生陶瓷、玻璃幕墙、部品化墙体材料和屋面材料等领域建材企业针对个性化需求，积极开展服务型制造，由提供单一产品向提供服务和整体解决方案转变。如2015年，长沙远大住宅工业集团股份有限公司实现了预制混凝土构件工厂在苏里南首都帕拉马里博市的成功投产。此后，该公司先后与波兰、俄罗斯联邦鞑靼斯坦共和国等签约，以预制混凝土构件工厂建设为基础，开发、生产、建设政府保障房及住宅小区项目。

第二章

国际贸易发展：建材产品进出口与贸易新发展

国际贸易是指跨越国境的货品和服务交易，一般由进口贸易和出口贸易所组成，是建材行业国际合作的重要组成部分。改革开放以来，随着中国建材行业的稳步快速发展，建材产品进出口贸易也实现了大幅增长，建筑卫生陶瓷、建筑用石、建筑技术玻璃、非金属矿等主要产品出口增幅较大，技术装备出口成为亮点，出口建材初级制成品和深加工制品比重持续扩大，我国基本实现了建材产品国际贸易的良性发展，与国内建材产业的互补性不断加强。建材行业进出口贸易的稳步发展与日益复杂的国际贸易形势交错的土壤，也推动国内建材企业不断适应新环境新变化，加快制造业服务化转型升级，从而衍生出国际贸易的新发展特点。

本章在收集大量建材行业国际贸易数据基础上，对主要建材产品进出口情况、与主要贸易国进出口情况展开了详尽的数据分析，并对近年来建材行业国际贸易所逐渐显现的新特点进行了总结。

第一节 国际贸易现状分析

"十三五"时期，我国积极扩大开放，持续优化口岸营商环境，不断培育外贸发展新优势，全国进出口总值达到146.4万亿元，增长17.2%，外贸进出口总值年均增长6.5%，中国货物贸易第一大国的地位得到持续巩固。

2021年，面对复杂严峻的国际环境和国内新冠肺炎疫情散发等多重考验，在以习近平同志为核心的党中央坚强领导下，国民经济持续恢复发展，改革开放创新深入推进，民生保障有力有效，构建新发展格局迈出新步伐，高质量发展取得新成效，实现了"十四五"规划的良好开局。

2021年，根据国家统计局数据，中国货物进出口总额快速增长，贸易结构持续优化。全年货物进出口总额 39.1 万亿元，比上年增长 21.4%。其中，出口 21.7 万亿元，增长 21.2%；进口 17.4 万亿元，增长 21.5%。进出口相抵，贸易顺差 4.4 万亿元。一般贸易进出口增长 24.7%，占进出口总额的比重为 61.6%，比上年提高 1.6 个百分点。民营企业进出口增长 26.7%，占进出口总额的比重为 48.6%，比上年提高 2 个百分点。12 月份，货物进出口总额 3.8 万亿元，同比增长 16.7%。其中，出口 2.2 万亿元，增长 17.3%；进口 1.6 万亿元，增长 16%。进出口相抵，贸易顺差 0.6 万亿元。2017—2021 年我国对外货物贸易进出口总额及其年增长情况见图 2-1、图 2-2。

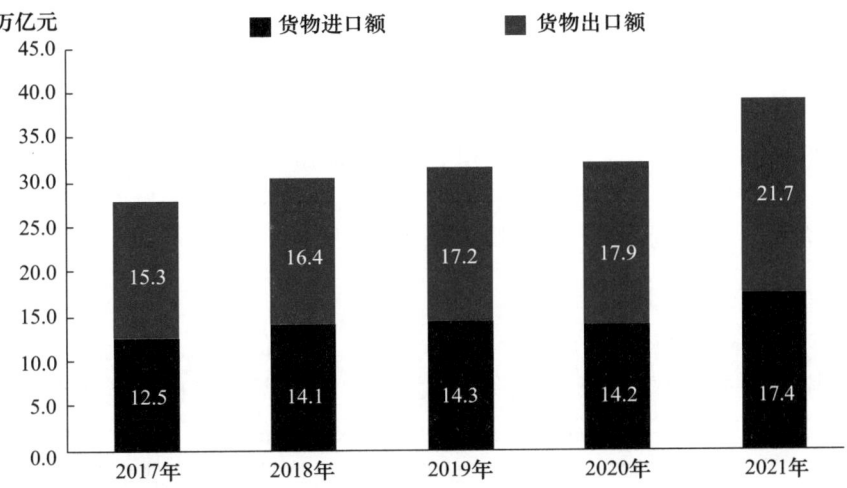

图 2-1　2017—2021 年我国对外货物贸易进出口总额
数据来源：国家统计局、中国建筑材料联合会

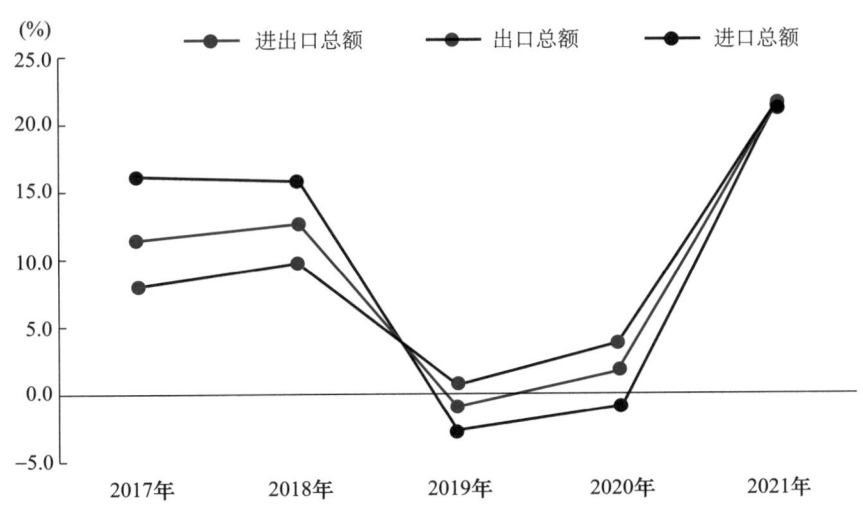

图 2-2　2017—2021 年我国对外货物贸易进出口总额年增长率
数据来源：海关总署、中国建筑材料联合会

世界经济有望复苏带动贸易增长，国内经济恢复平稳增长也给外贸发展提供了有力支撑。随着以国内大循环为主体、国内国际双循环相互促进的新发展格局加快形成，高水平对外开放不断推进，新的国际合作和竞争新优势不断形成，中国外贸基本盘稳定，对外贸易的稳定增长也为建材及非金属矿商品进出口提供了有利的支撑。

一、建材产品出口情况

2015年，全国建材及非金属矿商品出口金额突破380亿美元，达到历史高点后进入平稳波动阶段；2021年，建材及非金属矿商品出口金额达到468.9亿美元，再创新高。未来，建材商品出口有望继续保持增长，但在近年来国际形势复杂多变的情况下，汇率变动对国际贸易的影响将更加显著。

随着中国建材行业的不断发展，建材产品对外贸易结构持续改善，与国内建材产业的互补性不断加强。近年来，国内出口建材初级制成品和深加工制品比重持续扩大，与20世纪八九十年代相比，实现了进口、出口结构的逆转，实现了国家贸易的良性发展。至2021年，中国建材及非金属商品中资源类产品出口比重为10.4%，初级制成品为63.6%，深加工制品为26%，建材出口不断优化。

二、建材产品进口情况

2021年，全国建材及非金属矿商品进口金额287.3亿美元，同比增长37.3%。近些年来，我国进口建材初级制品比重持续扩大，深加工制品进口也持续增长。当前进口深加工制品产品主要为技术含量较高以及作为进口成套设备（如飞机、汽车等的零配件为主）的纤维制品和技术玻璃类产品等。至2021年，建材及非金属商品中，进口的资源类产品比重为58.4%，初级制成品为12.6%，深加工制品为29%。

三、建材主要行业进出口情况

（一）水泥及水泥制品行业

2021年，我国水泥和水泥熟料出口金额有所下降，进口金额增长；水泥制品进出口金额均保持增长。

2021年我国出口水泥和水泥熟料219.9万吨，比上年下降29.7%；出口金额1.8亿美元，比上年下降17.8%，出口数量和金额连续五年下降。2021年我国进口水泥和水泥熟料商品3130.4万吨，比上年下降15.2%；进口金额16.2亿元，同比增长6.5%，其中大部分为水泥熟料进口。

近年来，受水泥产业国际转移、经济发展速度放缓等因素影响，许多国家和地区都不同程度地出现了水泥产能过剩的情况，其中，越南、泰国、印度尼西亚等东南亚各国水泥产能已经出现较为明显的过剩，出口动力继续增强。在价格及市场需求吸引下，我国已经成为东南亚各国主要出口目的国。我国水泥熟料进口在连续三年大幅增长后，2021年进口水泥熟料总量为2771.9万吨，比上年下降16.8%，水泥熟料商品进口主要来自越南、印度尼西亚、泰国和日本。其中，从越南进口熟料2235.4万吨，占我国熟料进口总量的80.6%；其次是韩国、日本和印度尼西亚，分别占6.6%、5.9%和3.9%。2021年我国进口水泥熟料总量比上年减少559.9吨。

2017—2021年我国水泥和水泥熟料进出口数量及金额增长率见图2-3、图2-4。

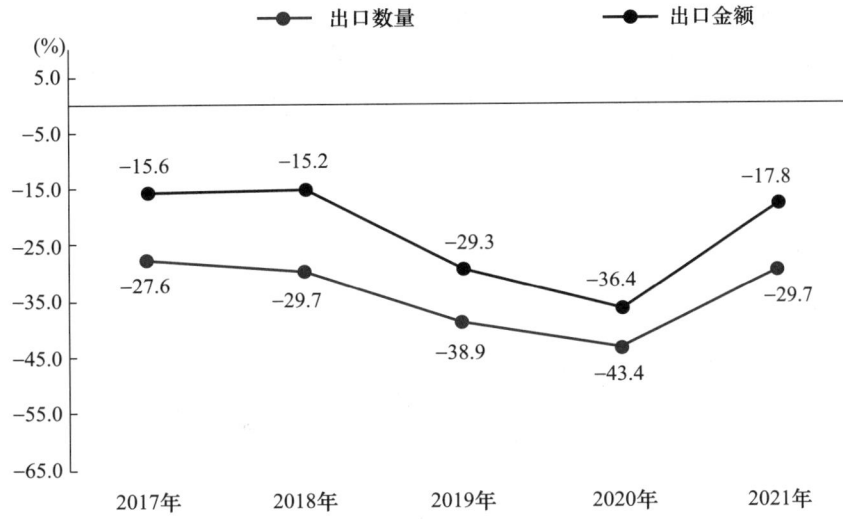

图 2-3 2017—2021 年我国水泥和水泥熟料出口数量及出口金额增长率
数据来源：海关总署、中国建筑材料联合会

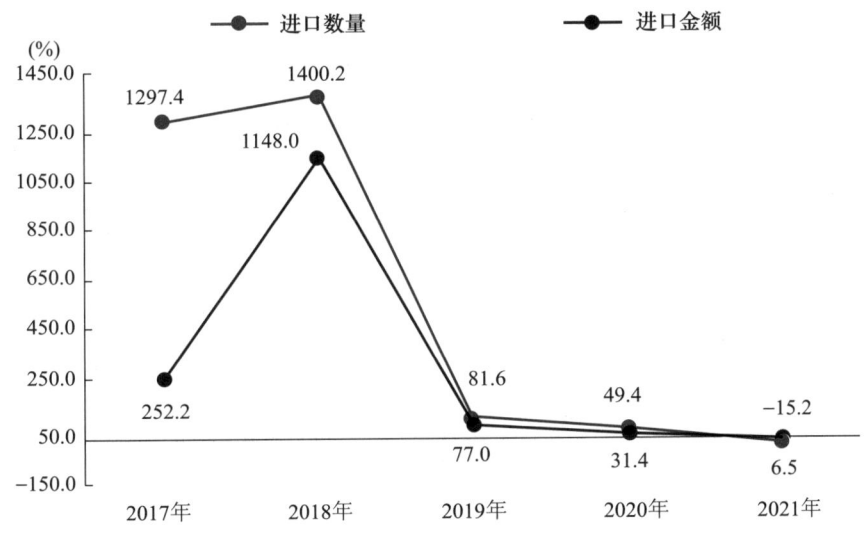

图 2-4 2017—2021 年我国水泥和水泥熟料进口数量及进口金额增长率
数据来源：海关总署、中国建筑材料联合会

2021 年我国出口水泥制品 399.1 万吨，比上年增长 14.9%，出口金额 36.6 亿美元，比上年增长 24.5%，出口金额连续五年保持增长。2021 年我国进口水泥制品较少，进口数量 3.6 万吨，比上年增长 8.9%，进口金额 0.5 亿美元，比上年增长 57%。2017—2021 年我国水泥制品进出口数量及金额增长率见图 2-5、图 2-6。

（二）建筑技术玻璃行业

2020 年，受国际疫情影响，我国建材商品上半年国际贸易额均出现下降，下半年随着国际市场恢复及汇率变化恢复增长，从对外贸易商品结构看，我国出口商品涵盖种类较多，进口商品则主要集中在优质平板玻璃原片以及电子、航空等领域用技术玻璃。从建筑技术玻璃商品流向看，东盟成员国为当前我国最大贸易伙伴，出口数量占比达到

26.5%，出口金额占比 16.8%，其中向越南出口数量最多，占出口量的 11.9%；我国从东盟进口建筑技术玻璃数量占进口总量的 77.4%，但从韩国、中国台湾、日本进口商品金额占进口额的比例分别为 37.1%、23.8%、13%，位居前三位。

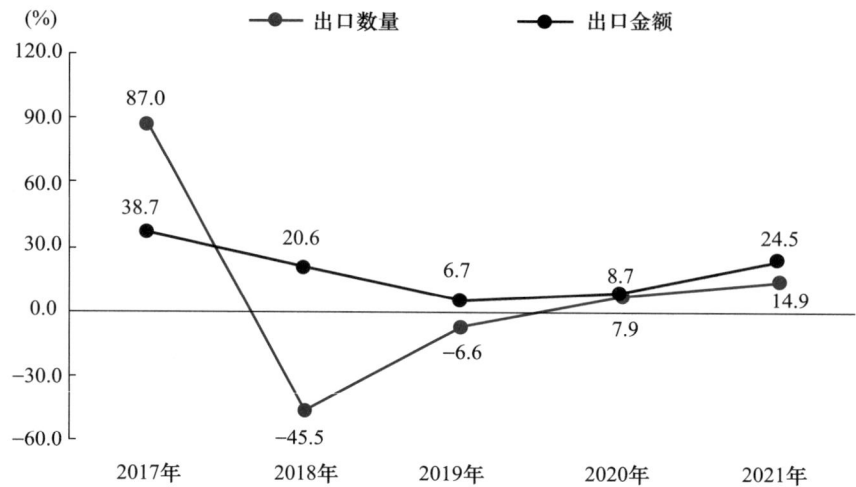

图 2-5 2017—2021 年我国水泥制品出口数量及出口金额增长率
数据来源：海关总署、中国建筑材料联合会

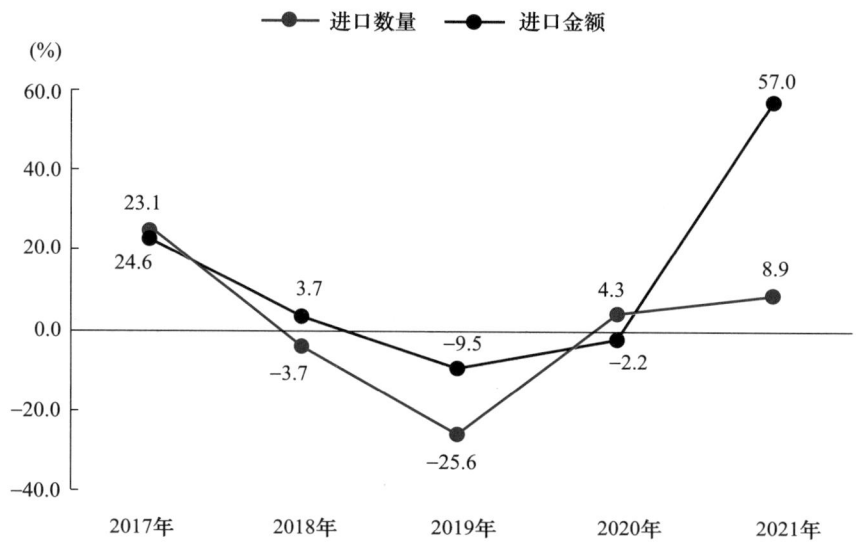

图 2-6 2017—2021 年我国水泥制品进口数量及进口金额增长率
数据来源：海关总署、中国建筑材料联合会

2021 年国际贸易保持稳定，进出口金额均保持增长。我国出口建筑技术玻璃商品 497.5 万吨，比上年下降 2.8%；出口金额 81.1 亿美元，比上年增长 21.6%，出口金额连续四年保持增长；中国进口建筑技术玻璃商品 116.7 万吨，比上年增长 12%；进口金额 63.6 亿美元，比上年增长 6.1%。2017—2021 年我国建筑技术玻璃进出口数量及金额增长率见图 2-7、图 2-8。

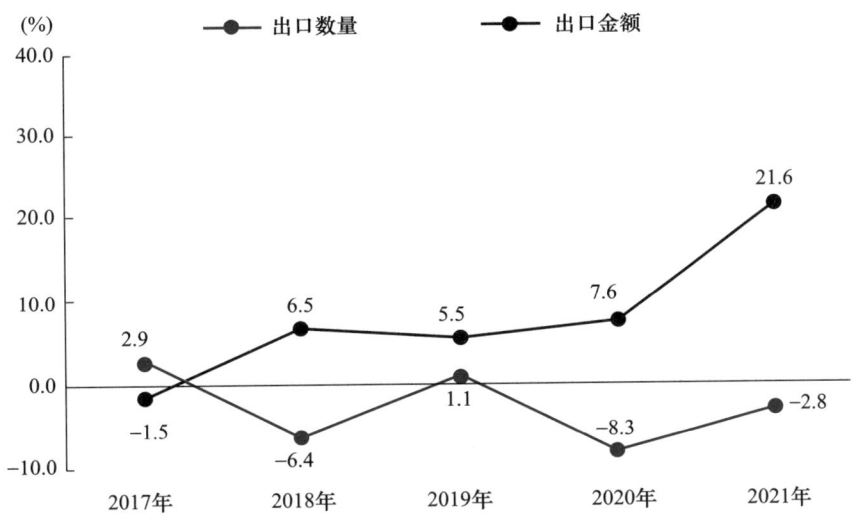

图 2-7　2017—2021 年我国建筑技术玻璃出口数量及出口金额增长率
数据来源：海关总署、中国建筑材料联合会

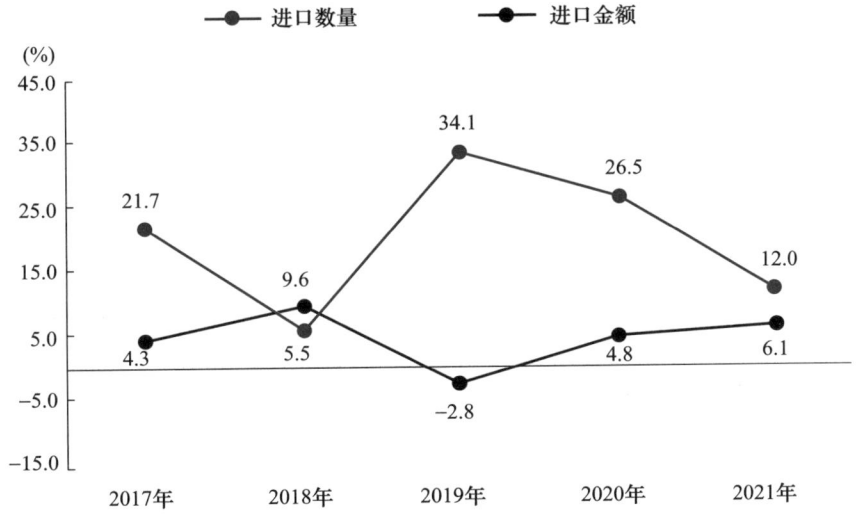

图 2-8　2017—2021 年我国建筑技术玻璃进口数量及进口金额增长率
数据来源：海关总署、中国建筑材料联合会

（三）建筑卫生陶瓷行业

2021 年我国建筑卫生陶瓷商品出口金额 139.9 亿美元，比上年增长 7.7%。其中，陶瓷砖出口 5.94 亿吨，比上年下降 4.2%，出口金额 39.9 亿美元，比上年下降 1.5%；卫生陶瓷出口 1.1 亿件，比上年增长 16.3%，出口金额 98.5 亿美元，比上年增长 12%，除 2020 年出口量因疫情冲击出现小幅下降外，卫生陶瓷出口量自 2017 年以来一直保持增长，基本不受国际贸易形势的影响，主要原因在于我国卫浴产品以质优价美的优势在国际上拥有绝对竞争力。

2021 年，在疫情反复、全球经济复苏曲折的背景下，我国建筑卫生陶瓷产品对外出口贸易呈现以下特点：一是我国在建筑陶瓷产品和卫生陶瓷产品出口量上依旧保持着第一大国的位置，对维持全球卫生陶瓷市场的供需平衡提供了强有力的保障；二是我国陶瓷砖出口量略有上涨，整体维持稳定，出口平均单价继续稳步上涨；三是受疫情影响，海外经济复苏受阻、生产无法正常进行，产能无法得到充分释放，难以持续满足刚性的市场需求，海外订单源源不断地发往中国，国内卫生陶瓷出口顺势扩张，出口额同时实现两位数的增长；四是出口陶瓷砖有近八成流向发展中国家，尤其是"一带一路"沿线国家，出口卫生洁具超过五成流向发达国家和地区，出口流向地区总体份额格局没有大的变动。

2021年我国建筑卫生陶瓷商品进口金额3.3亿美元，比上年增长25.7%。其中进口陶瓷砖672.1万平方米，比上年下降16.2%，进口金额1.7亿美元，比上年增长12.3%；进口卫生陶瓷206.2万件，比上年增长19.5%，进口金额1.5亿美元，比上年增长44.1%。

2017—2021年我国陶瓷砖和卫生陶瓷进出口数量及金额增长率见图2-9～图2-12。

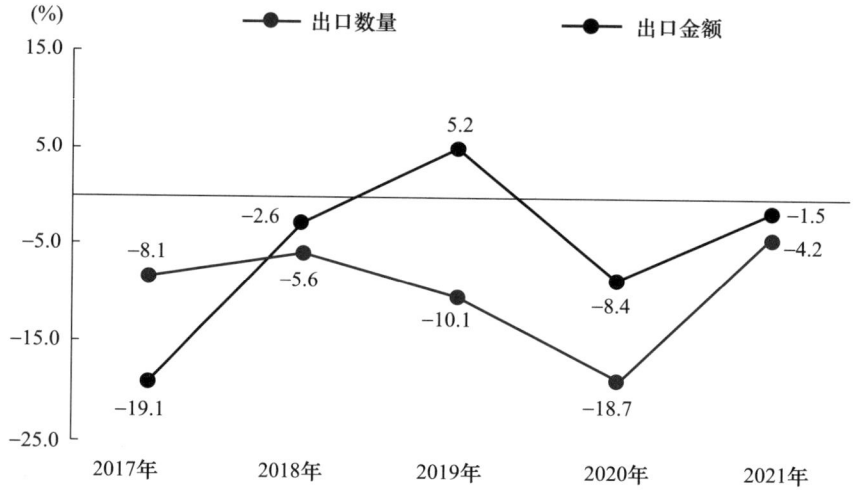

图2-9　2017—2021年我国陶瓷砖出口数量及出口金额增长率
数据来源：海关总署、中国建筑材料联合会

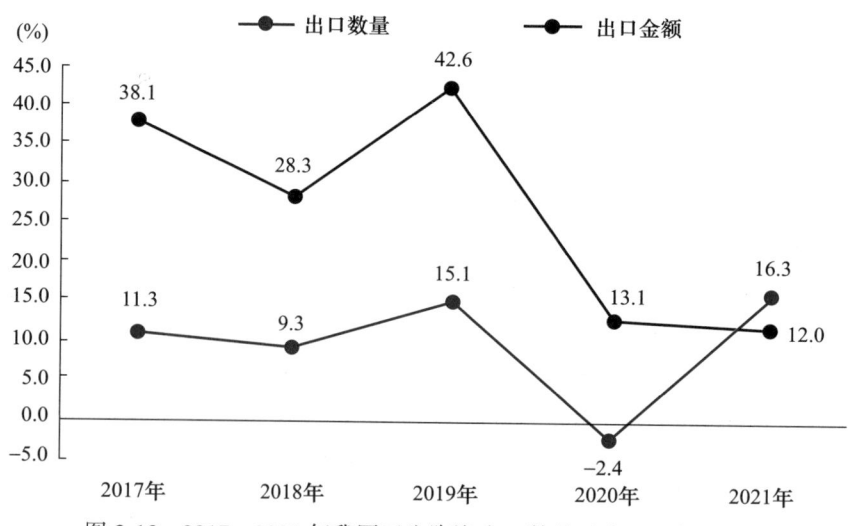

图2-10　2017—2021年我国卫生陶瓷出口数量及出口金额增长率
数据来源：海关总署、中国建筑材料联合会

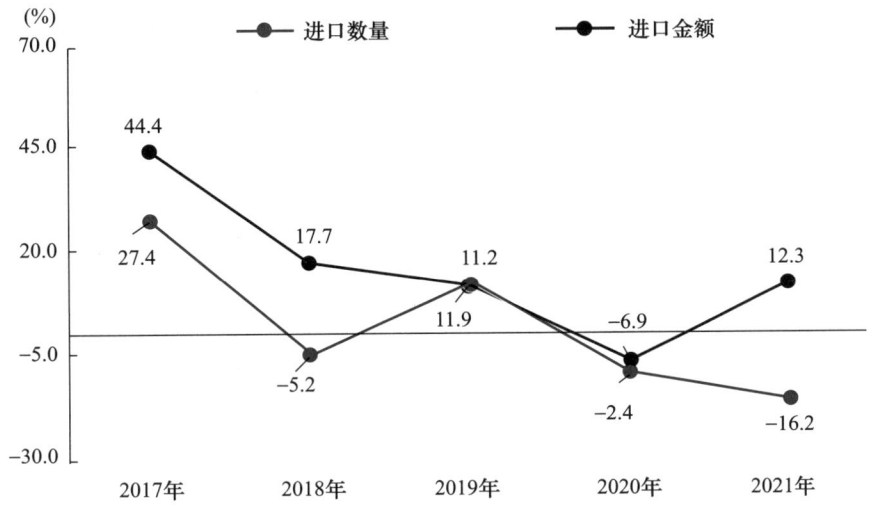

图 2-11　2017—2021 年我国陶瓷砖进口数量及进口金额增长率
数据来源：海关总署、中国建筑材料联合会

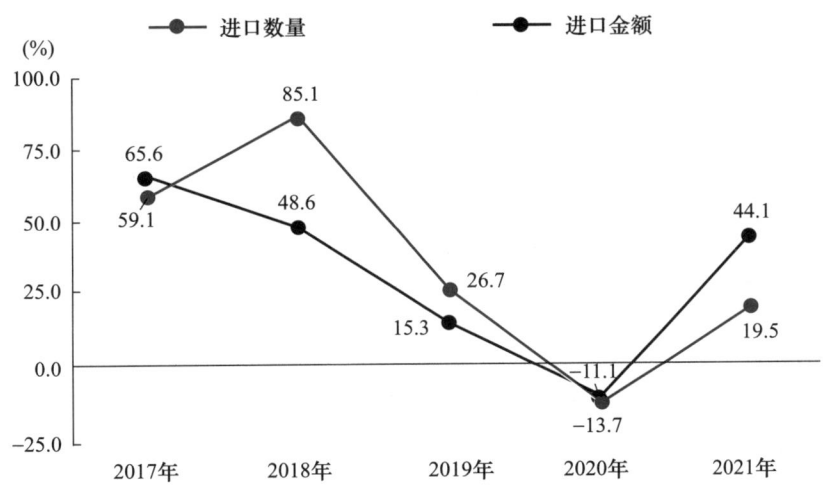

图 2-12　2017—2021 年我国卫生陶瓷进口数量及进口金额增长率
数据来源：海关总署、中国建筑材料联合会

（四）建筑用石开采与制造行业

建筑用石开采与制造出口商品数量及金额同比下降。2021 年我国出口建筑用石商品 906.9 万吨，比上年下降 5.7%，出口金额 65.2 亿美元，比上年下降 2.3%。其中，出口建筑用石制品 649.2 万吨，比上年下降 10.2%，出口金额 58.8 亿美元，比上年下降 0.9%。

建筑用石开采与制造进口商品数量及金额同比增长。2021 年我国进口建筑用石料及制品 1350.1 万吨，比上年增长 10%，进口金额 31.5 亿美元，比上年增长 27.2%；进口商品以荒料为主，2021 年进口荒料 1224.9 万吨，比上年增长 9.7%，进口金额 27 亿美元，比上年增长 24.7%。

2017—2021 年我国建筑用石开采与制造商品进出口数量及金额增长率见图 2-13、图 2-14。

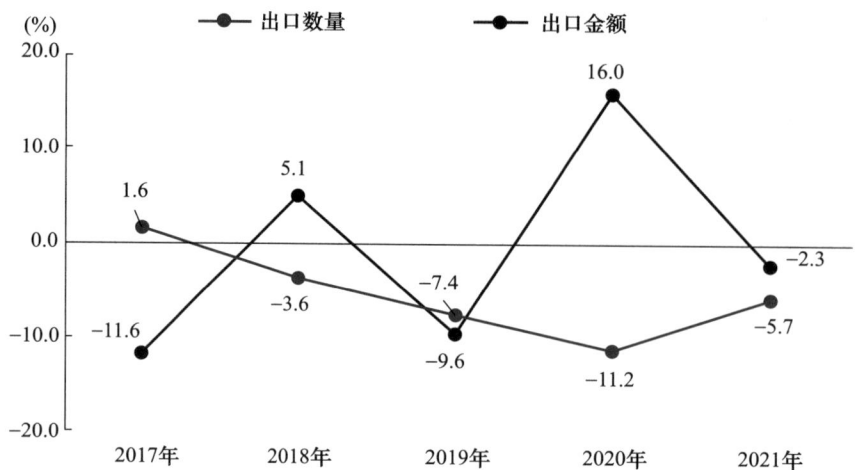

图 2-13　2017—2021 年我国建筑用石开采与制造商品出口数量及出口金额增长率
数据来源：海关总署、中国建筑材料联合会

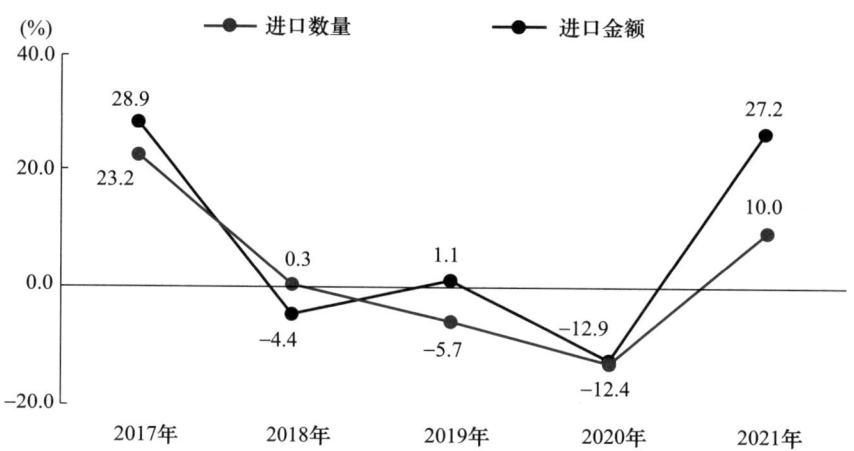

图 2-14　2017—2021 年我国建筑用石开采与制造商品进口数量及进口金额增长率
数据来源：海关总署、中国建筑材料联合会

（五）砖瓦及建筑砌块行业

砖瓦及建筑砌块行业商品出口数量及金额有所增加，商品进口数量及金额大幅下降。2021 年我国出口砖瓦和建筑砌块商品 120 万吨，比上年增加 20.2%，出口金额 15.1 亿美元，比上年增加 56.8%，出口金额连续三年保持快速增长。2021 年进口砖瓦和建筑砌块商品 830.7 吨，比上年下降 71.3%，进口金额 97.7 万美元，比上年下降 34.6%，进口额创 1992 年以来新低。2017—2021 年我国砖瓦及建筑砌块进出口及其增长情况见图 2-15、图 2-16。

（六）矿物纤维和复合材料行业

2021 年我国出口矿物纤维和复合材料类商品（此类商品除玻璃纤维及制品外，还包括其他矿物纤维及制品，如玄武岩纤维等）169.3 万吨，比上年增长 25.6%，出口金额 32.4 亿美元，比上年增长 45.8%。

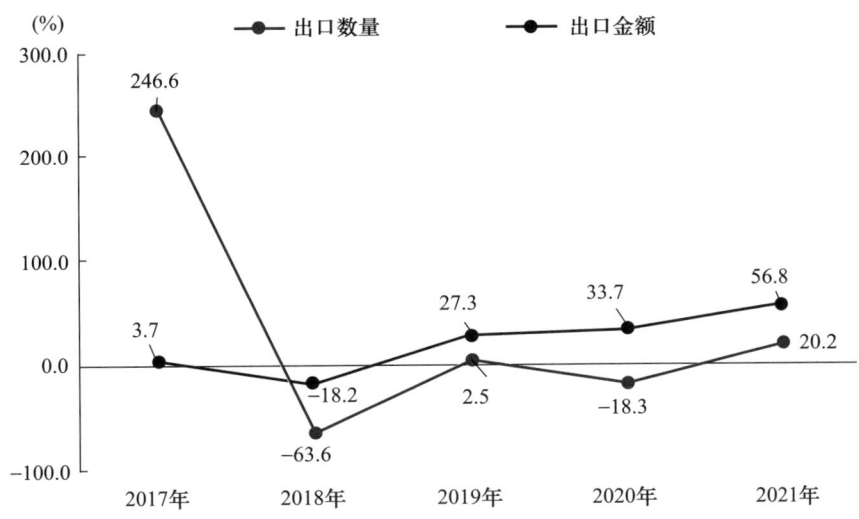

图 2-15 2017—2021 年我国砖瓦及建筑砌块出口数量及出口金额增长率
数据来源：海关总署、中国建筑材料联合会

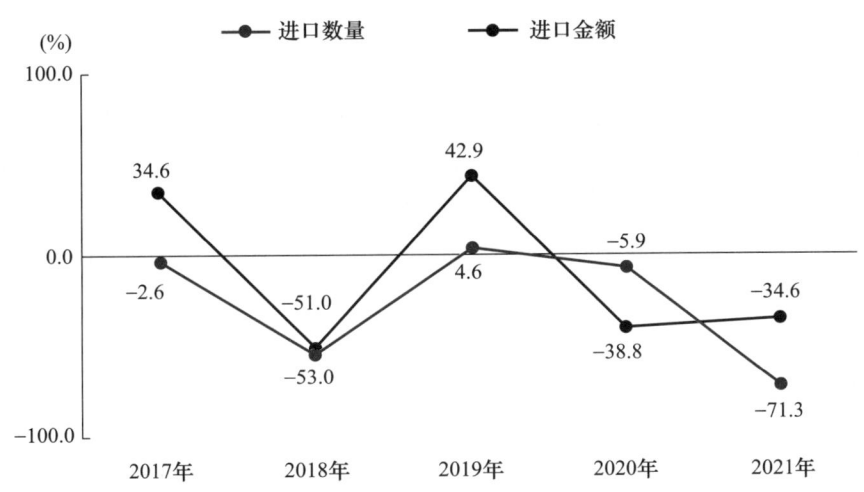

图 2-16 2017—2021 年我国砖瓦及建筑砌块进口数量及进口金额增长率
数据来源：海关总署、中国建筑材料联合会

2021 年我国进口矿物纤维和复合材料商品 21.6 万吨，比上年下降 1.2%，进口金额 18.8 亿美元，比上年增长 17.8%。

（七）其他非金属矿采选和制品工业

其他非金属矿采选和制品工业进出口商品统计范围主要有：石墨、滑石、石棉和石棉制品、云母和云母制品、宝石玉石矿、萤石、磨料矿、其他非金属矿、其他非金属矿物制品等。

2021 年我国其他非金属矿商品出口金额 67.2 亿美元，比上年增长 46.3%，非金属矿商品进口金额 145.7 亿美元，比上年增长 71.2%。

其中，萤石出口量 20.9 万吨，比上年增长 19.1%，出口金额 8758.5 万美元，比上年增长 35.7%；石棉制品出口量 6.9 万吨，比上年增长 29.7%，出口金额 4.8 亿美元，比上年增长 34.6%；云母制品出口 1.7 万吨，比上年增长 27.9%，出口金额 8849.5 万美元，比上年增长 40.2%。2017—2021 年我国建材其他非金属矿采选和制品进出口金额增长率见图 2-17。

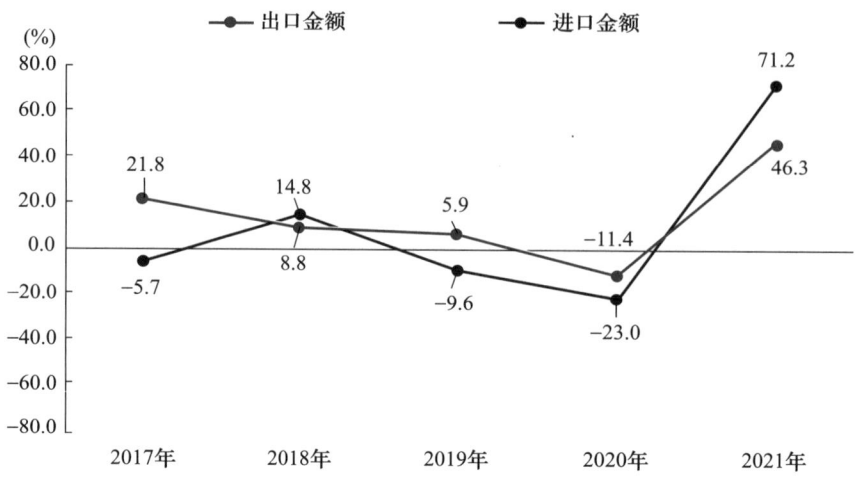

图 2-17　2017—2021 年我国建材其他非金属矿采选和制品进出口金额增长率
数据来源：海关总署、中国建筑材料联合会

采选业产量下降，深加工制品产量产值增加，非金属矿行业的结构持续优化以及新能源产业发展，石墨、石英、叶腊石等矿产品需求快速增长，深加工产品的比重和价格上涨，吨产品效益提升。

2021 年，非金属矿产品价格普遍比去年同期上涨约 10%～15%，比如石墨受到供需关系紧张的影响，价格同比增长超过 40%。

第二节　主要贸易地区进出口情况分析

一、我国与 RCEP 国家和地区建材贸易情况

（一）我国与 RCEP 国家总体贸易情况

RCEP 即区域全面经济伙伴关系，由东盟十国发起，邀请我国、日本、韩国、澳大利亚、新西兰共同参加（"10+5"），通过削减关税及非关税壁垒，建立 15 国统一市场的自由贸易协定。历时 8 年"长跑"，这个涵盖东盟十国、日本、韩国、澳大利亚、新西兰和我国的全球最大的区域全面经济伙伴关系协定，于 2020 年 11 月 15 日正式签署。RCEP 涵盖约 22.7 亿人口，所涵盖区域成为世界最大的自贸区。其中最为直观的一个特征是，RCEP 拥有全球最有增长潜力的两个大市场，一个是 14 亿人口的中国市场，一个是 6 亿多人口的东盟市场。

2020 年，我国与其他 14 个 RCEP 成员国进出口总值 10.2 万亿元人民币，增长 3.5%，占同期我国进出口总值的 31.7%。其中，出口 4.83 万亿元，增长 5%；进口 5.37 万亿元，增长 2.2%。从贸易伙伴看，东盟是中国第一大贸易伙伴，进出口值 4.74 万亿元，增长 7%；日本、韩国是我国第四和第五大贸易伙伴，进出口值分别为 2.2 万亿元、1.97 万亿元，

分别增长 1.2% 和 0.7%；对澳大利亚进出口 1.17 万亿元，下降 0.1%；对新西兰进出口 1255.3 亿元，下降 0.4%。

2021年，我国与其他 14 个 RCEP 成员国进出口总值 12.07 万亿元人民币，增长 18.3%，占同期中国外贸总值的 30.9%。其中，出口 5.64 万亿元，增长 16.8%；进口 6.43 万亿元，增长 19.7%。

（二）我国与 RCEP 国家建材贸易进出口情况分析

1. 我国建材主要产品从 RCEP 国家进口情况

2020年，我国从 RCEP 国家进口建材及非金属矿商品 77.6 亿美元，同比增长 1.4%，考虑汇率因素实际增长 9.3%。考虑汇率因素，水泥熟料、建筑玻璃、石灰石、砂石和其他非金属矿采选和制品进口金额占建材进口商品总额比重较大。其中，水泥熟料进口金额占比 16.3%，数量增长 49.2%，近年来增长较快；建筑玻璃进口金额占比 40.6%，数量增长 12%；石灰石进口金额占比 1.2%，数量增长 142.2%；砂石进口金额占比 2.5%，数量增长 20.1%；其他非金属矿采选与制品进口金额占比 19.1%。2020年我国从 RCEP 国家进口建材商品金额占比见图 2-18。

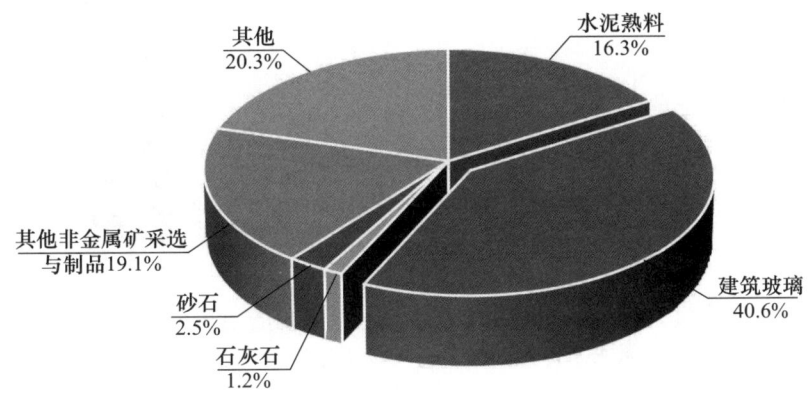

图 2-18 2020 年我国从 RCEP 国家进口建材商品金额占比
数据来源：海关总署、中国建筑材料联合会

2021年，我国从 RCEP 国家进口建材及非金属矿商品 103 亿美元，同比增长 32.7%，平均价格增长 8.7%。考虑汇率因素，水泥熟料、建筑玻璃、技术玻璃、玻璃纤维及制品、宝石玉石矿、叶腊石等商品进口金额占建材进口商品总额比重较大。

（1）水泥和水泥熟料进口情况

2017年以来，我国水泥和水泥制品行业进口数量快速增长，2018年后进口商品规模逐渐超越出口商品规模，到 2020 年进口规模远远大于出口规模，其中水泥熟料进口占绝大部分。

2015年我国水泥熟料进口量较少。随着进出口结构的不断优化，受国内市场需求增加和价格上涨的双重影响，我国水泥熟料进口量连续三年呈现大幅度上升趋势。2018年水泥熟料进口出现爆发性增长，达到 1266.6 万吨，增长率为 1354.6%。原因是 2018年我国水泥行业大力推进供给侧结构性改革，全面贯彻落实"错峰生产"产业政策、推进行业自律等措施，在有效化解产能严重过剩和减少污染排放的同时，维系了大部分区域市场的供需动态平衡，水泥价格大幅回升，在沿江沿海市场水泥熟料局部出现阶段性紧张和价格处于高位的背景下,刺激了东南亚国家过剩水泥向我国的输出。2020年我国正式加入RCEP,2020年水泥熟料进口量占全国水泥和水泥熟料进口总量的89.7%,水泥进口约占10.2%。2021年,我国从RCEP协定国进口的水泥熟料数量约占进口总量的88.4%,比例略有下降,水泥进口量约占11.6%。2015年和2020年我国水泥和水泥制品进出口数量对比见图2-19。2017—2020年我国水泥熟料进口及增长率见图2-20。2015年、2020年我国水泥和水泥制品自RCEP进口数量占比分别见图2-21、图2-22。

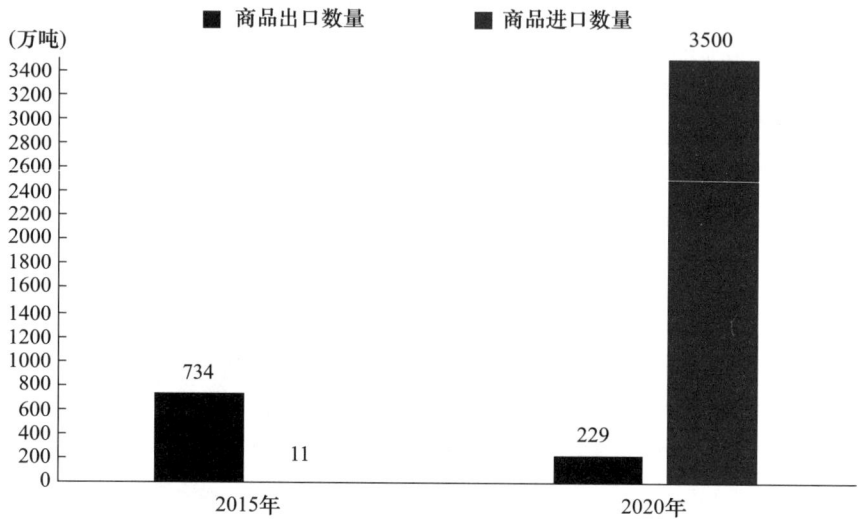

图2-19 2015年和2020年我国水泥和水泥制品进出口数量对比
数据来源:海关总署、中国建筑材料联合会

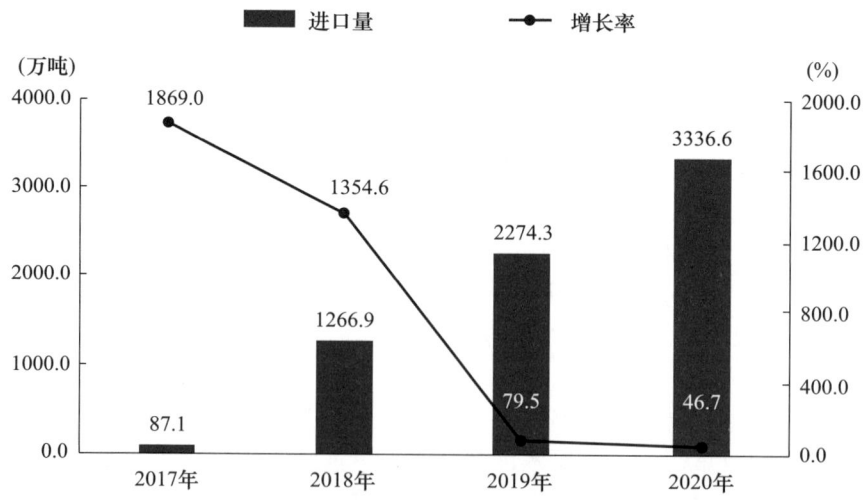

图2-20 2017—2020年我国水泥熟料进口量及增长率
数据来源:海关总署、中国建筑材料联合会

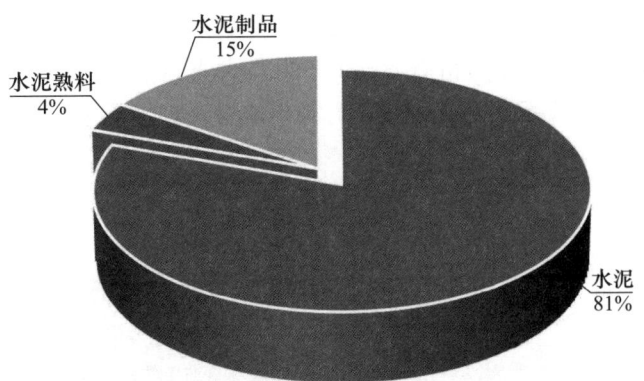

图 2-21　2015 年我国水泥和水泥制品自 RCEP 进口数量占比
数据来源：海关总署、中国建筑材料联合会

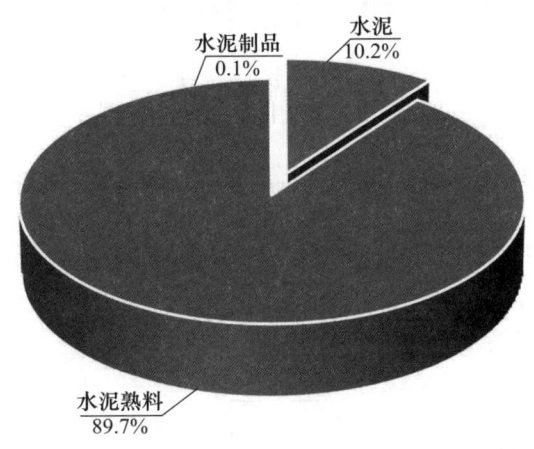

图 2-22　2020 年我国水泥和水泥制品自 RCEP 进口数量占比
数据来源：海关总署、中国建筑材料联合会

2020 年我国水泥熟料进口总量为 3336.6 万吨，从来源产地看，主要集中在东南亚地区。近年来，受水泥产业国际转移、经济发展速度放缓等因素影响，许多国家和地区都不同程度地出现了水泥产能过剩的情况，其中，越南、泰国、印度尼西亚等东南亚各国水泥产能已经出现较为明显的过剩，出口动力继续增强。在价格及市场需求吸引下，我国已经成为东南亚各国主要出口目的国，我国水泥熟料进口已经连续三年大幅增长。其中从 RCEP 国家进口水泥熟料 3135.3 万吨，比上一年增长 46.6%，且主要来自越南、印度尼西亚、泰国、日本和韩国。其中，从越南进口水泥熟料最多，2020 年从越南进口熟料 1975.6 万吨，占熟料进口总量的 59.4%；其次是从印度尼西亚进口 333.6 万吨，占比 10.0%；从泰国进口 329.5 万吨，占比 9.9%；从日本进口占比 8.2%。2020 年我国水泥熟料主要进口国家及占比情况见图 2-23。

2020 年，从越南进口水泥熟料 1975.6 万吨，占水泥熟料进口总量的 59.4%，主要为山东、江苏、上海、福建、浙江等地区进口水泥熟料。其中，山东占比 24.5%，江苏占比 23.8%，上海占比 18.8%，福建占比 16%，浙江占比 5.6%；从印度尼西亚进口水泥熟料 333.6 万吨，占水泥熟料进口总量的 10.0%，主要流向江苏、上海。其中，江苏占比 41.7%，上海占比 36.7%；从泰国进口水泥熟料 329.5 万吨，占水泥熟料进口总量的

9.9%，主要流向上海、浙江、江苏。其中，上海占比30.8%，浙江占比25.9%，江苏占比25.2%；从日本进口的水泥熟料有272.7万吨，占水泥熟料进口总量的8.2%，主要流向江苏、上海。其中，江苏占比32.3%，上海占比20.5%。

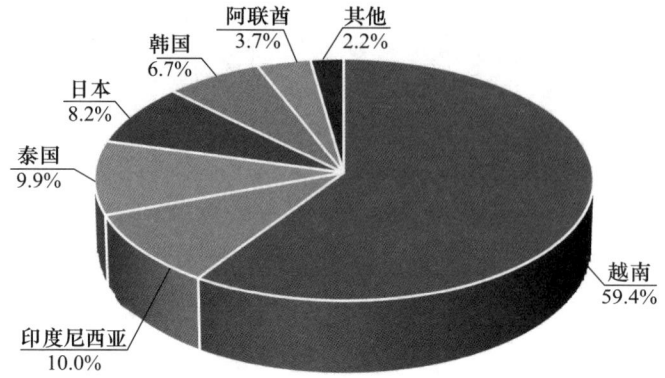

图2-23 2020年我国水泥熟料主要进口国家及占比
数据来源：海关总署、中国建筑材料联合会

2021年，我国水泥熟料进口总量为2771.9万吨，同比下降16.8%，从RCEP国家进口水泥熟料2720.2万吨，比上一年下降13.2%。其中，从越南进口水泥熟料2235.4万吨，占熟料进口总量的80.6%，进口比重增长；其次是从韩国进口182.0万吨，占比6.6%，从日本进口164万吨，占比5.9%，从印度尼西亚进口106.8万吨，占比3.9%。

（2）建筑玻璃进口情况

建筑技术玻璃行业是我国建材行业的重要组成部分，近年来其规模以上行业产值占规模以上建材行业总产值的比重为5%～6%，出口数量占国内产量的11%左右，其产品广泛应用于建筑、工业领域，行业发展受到国内投资、消费市场以及国际市场的综合影响。

2020年，我国从RCEP国家进口建筑玻璃65.4万吨，同比下降1.4%；进口金额5.7亿美元，同比增长11.4%。其中，进口主要来源国家和地区为马来西亚占比50%、韩国占比20%、中国台湾占比14%、日本占比11%和泰国占比5%。2020年我国建筑玻璃自RCEP主要进口国家和地区及其占比见图2-24。

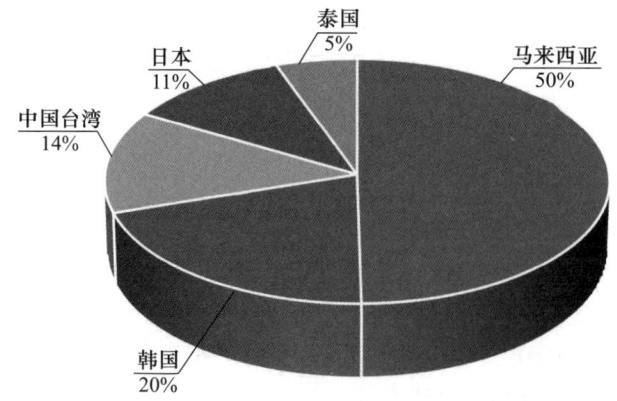

图2-24 2020年我国建筑玻璃自RCEP主要进口国家和地区及其占比
数据来源：海关总署、中国建筑材料联合会

2020年，我国从马来西亚进口建筑玻璃44.4万吨，占建筑玻璃进口总量的50%，主要流向广东、安徽、浙江、广西等地区；从韩国进口建筑玻璃18万吨，占建筑玻璃进口总量的20%，主要流向重庆、广东、江苏、湖南；从日本进口的建筑玻璃有10万吨，占建筑玻璃进口总量的11%，主要流向广东、福建、江苏、上海。此外，从中国台湾地区进口建筑玻璃12.1万吨，占建筑玻璃进口总量的14%，主要流向广东、安徽、重庆、福建。

2021年，我国从RCEP国家进口建筑玻璃94.3万吨，同比增长14.5%；进口金额40.6亿美元，同比增长13.1%。其中，进口主要来源国家和地区为马来西亚占比39.7%、韩国占比24.1%、越南占比15.5%、中国台湾占比11.8%和日本占比10.7%。

（3）石灰石进口情况

2020年，我国从RCEP国家进口石灰石572.7万吨，同比增长146.9%；进口金额9216.3万美元，同比增长126.3%。其中，进口主要来源国家为越南，占比99.9%；从越南进口石灰石571.5万吨，主要流向为河北、福建、江苏、山东、浙江、北京、广东等地区。2020年我国自RCEP国家进口的石灰石主要流向地区及占比见图2-25。

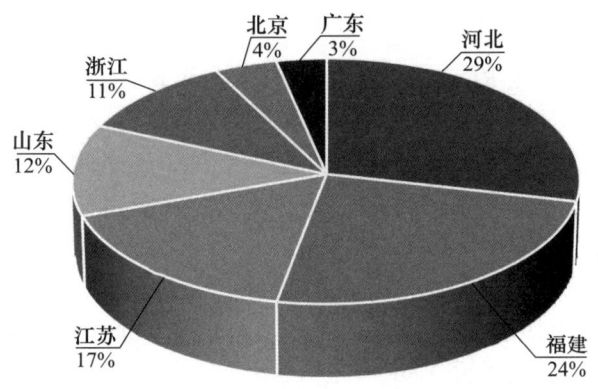

图2-25 2020年我国自RCEP国家进口的石灰石主要流向地区及占比
数据来源：海关总署、中国建筑材料联合会

2021年，我国从RCEP国家进口石灰石27.3万吨，同比下降95.2%，数量明显下降；进口金额652.6万美元，同比下降92.9%。其中，进口主要来源国家为越南，占比96.3%。

2. 我国建材主要产品出口至RCEP国家情况

2020年，我国出口至RCEP国家建材及非金属矿商品152.1亿美元，同比增长15.1%，考虑汇率因素，实际增长2.2%。水泥制品、技术玻璃、玻璃纤维及制品、建筑陶瓷、卫生陶瓷、建筑用石制品和其他非金属矿采选和制品占建材出口商品总额比重较大。其中，水泥制品出口金额占比6.8%，数量增长12.7%，价格增长9.6%；技术玻璃出口金额占比9.2%，数量增长8.2%，价格下降0.9%；玻璃纤维及制品出口金额占比4.6%，数量增长0.8%，价格下降0.2%；建筑陶瓷出口金额占比14.1%，数量下降7.1%，价格增长0.8%，陶瓷砖出口最多；卫生陶瓷出口金额占比19.4%，数量下降1.6%，价格增长22.5%，瓷质卫生设备出口最多；建筑用石制品出口金额占比20.8%，数量下降4.1%，价格增长32.5%，花岗石制品出口最多，价格涨幅最大；其他非金属矿采选与制品出口金额占比10.7%，数量增长9.8%，价格下降3.5%，石墨出口最多。除水泥制品出口量价齐升，好于2019年以外，其他占比较大的商品均出现不同程度的价格或者出口量下降。2020年我国出口至RCEP国家建材商品金额占比见图2-26。

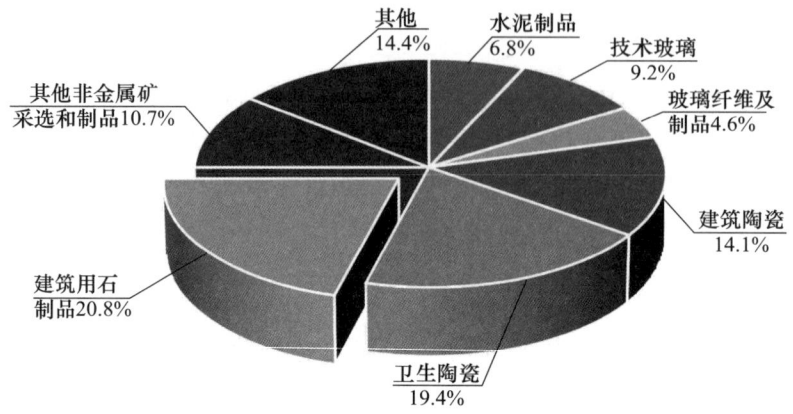

图2-26　2020年我国出口至RCEP国家建材商品金额占比
数据来源：海关总署、中国建筑材料联合会

2021年，我国出口至RCEP国家建材及非金属矿商品168.7亿美元，同比增长10%，考虑汇率因素，实际增长11.7%。水泥、水泥制品、平板玻璃、技术玻璃、玻璃纤维及制品、卫生陶瓷、砖、黏土、建筑用石采选品、建筑用石制品、防水材料、隔热材料、隔声材料、石墨、滑石和其他非金属矿采选和制品占建材出口数量占比较大。

（1）水泥制品出口情况

在水泥与水泥制品出口中，以水泥制品商品出口为主，占比最大，增长较快。随着国内水泥熟料的需求快速增长，水泥价格不断走高，加之国内水泥行业供给侧结构性改革和环保政策推行，水泥熟料出口至RCEP国家数量已由2015年的占比26%下降到2020年的占比9.4%，出口数量快速下降，而水泥制品出口至RCEP国家数量从2015年占比32%增长到2020年的41.2%，出口结构不断优化。2021年水泥制品商品出口至RCEP国家数量占比37.6%。2015年、2020年我国水泥和水泥制品出口至RCEP国家数量占比分别见图2-27、图2-28。

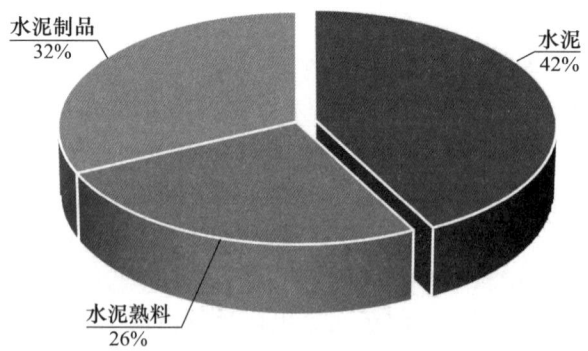

图2-27　2015年我国水泥和水泥制品出口至RCEP国家数量占比
数据来源：海关总署、中国建筑材料联合会

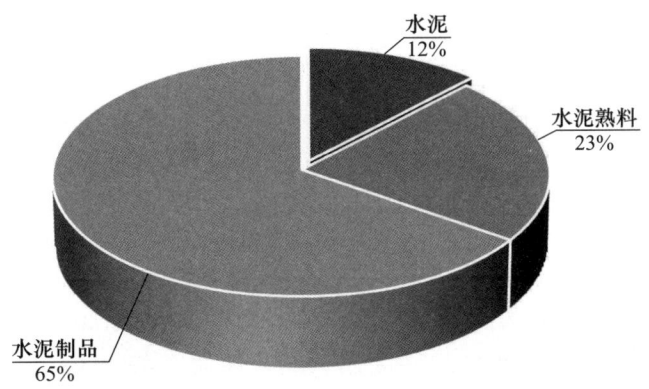

图 2-28　2020 年我国水泥和水泥制品出口至 RCEP 国家数量占比
数据来源：海关总署、中国建筑材料联合会

（2）技术玻璃出口情况

2020 年，我国出口到 RCEP 国家的技术玻璃总量 148.8 万吨，占技术玻璃出口总量的 52.3%，同比增长 33%，出口金额 14.1 亿美元，同比增长 8%。其中，出口主要目的国有越南、韩国、泰国、马来西亚、澳大利亚等。

2020 年，我国出口至越南的技术玻璃 48.9 万吨，占技术玻璃出口总量的 17.2%，主要出口发货地为江苏、浙江、广东、安徽等地区；出口至韩国技术玻璃 27.9 万吨，占技术玻璃出口总量的 9.8%，主要出口发货地为安徽、江苏、河南；出口至泰国技术玻璃 23.2 万吨，占技术玻璃出口总量的 8.2%，主要出口发货地为江苏、安徽；出口至马来西亚的技术玻璃 15.2 万吨，占技术玻璃出口总量的 5.3%，主要出口发货地为安徽、山东。2020 年我国技术玻璃出口主要国家和地区及其占比见图 2-29。

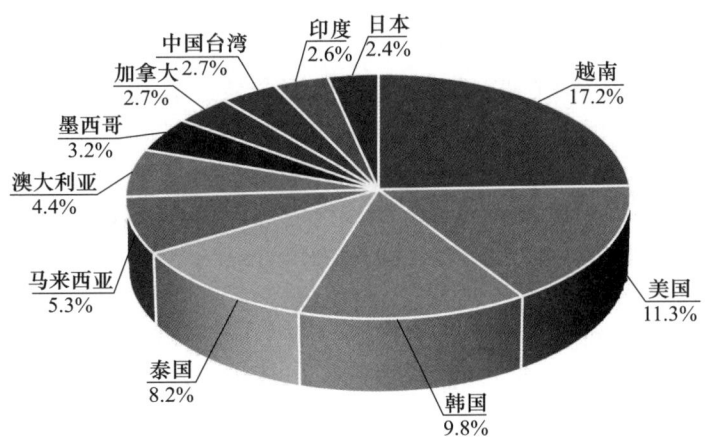

图 2-29　2020 年我国技术玻璃出口主要国家和地区及其占比
数据来源：海关总署、中国建筑材料联合会

2021 年，我国出口至 RCEP 国家技术玻璃总量 145 万吨，同比下降 2.6%，占出口总量的 48.5%，出口金额 16.5 亿美元，同比增长 17%。其中，出口主要目的国有越南、韩国、泰国、马来西亚、澳大利亚、日本等。

（3）建筑卫生陶瓷出口情况

2020 年，我国出口至 RCEP 国家的建筑陶瓷产品，主要是以陶瓷砖为主，占比 92.1%。出口至 RCEP 国家陶瓷砖 604.2 万吨，同比下降 14.3%；出口金额 20.8 亿美元，同比下降 6.7%，出口主要目的国有菲律宾、韩国、印度尼西亚、泰国、澳大利亚、柬埔寨和马来西亚等。

2020 年，我国出口至菲律宾的陶瓷砖 105.2 万吨，占陶瓷砖出口总量的 10.5%，主要出口发货地为广东、福建地区；出口至韩国的陶瓷砖 89.0 万吨，占陶瓷砖出口总量的 8.8%，主要出口发货地为广东、福建、辽宁地区；出口至印度尼西亚的陶瓷砖 82.1 万吨，占陶瓷砖出口总量的 8.2%，主要出口发货地为广东地区；出口至澳大利亚的陶瓷砖 58.37 万吨，占陶瓷砖出口总量的 5.8%，主要出口发货地为广东、福建地区。2020 年我国陶瓷砖出口主要 RCEP 国家占比见图 2-30。

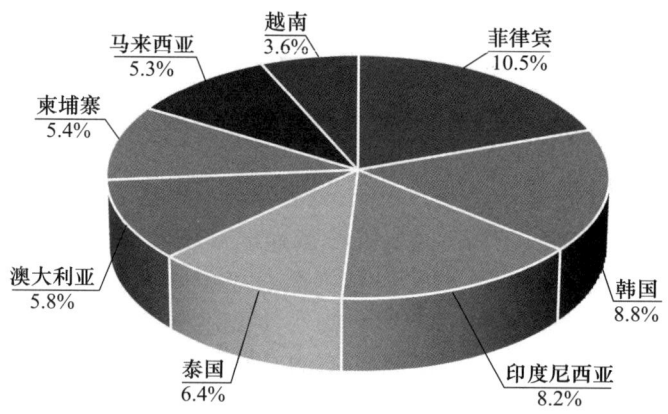

图 2-30　2020 年我国陶瓷砖出口主要 RCEP 国家占比
数据来源：海关总署、中国建筑材料联合会

2020 年，我国出口至 RCEP 国家的卫生陶瓷产品，主要是以瓷质卫生设备为主。全年出口至 RCEP 国家的卫生陶瓷 44 万吨，占卫生陶瓷出口总量的 26%，其中出口至 RCEP 国家的瓷质卫生设备 43.2 万吨。卫生陶瓷产品出口主要目的国有美国、韩国、尼日利亚、沙特阿拉伯等，出口至 RCEP 国家地区的卫生陶瓷相对较少。

2021 年，我国出口至 RCEP 国家的建筑卫生陶瓷产品是以陶瓷砖为主，占出口至 RCEP 国家的建筑卫生陶瓷产品总量的 92.5%。2021 年出口至 RCEP 国家的陶瓷砖 725.4 万吨，同比增长 10.3%；出口金额 24.7 亿美元，同比增长 9.4%。出口主要目的国有菲律宾、印度尼西亚、韩国、泰国、澳大利亚、柬埔寨和马来西亚等。

（4）建筑用石出口情况

2020 年，我国出口至 RCEP 国家的建筑用石产品，主要是以花岗石制品出口为主，占出口至 RCEP 国家建筑用石总量的 68.4%。其中，2020 年出口至 RCEP 国家的花岗石制品 238.2 万吨，同比下降 18%；出口金额 21.3 亿美元，同比增长 33.7%。我国建筑用石产品出口主要目的国有韩国、德国、日本、美国、越南等。2020 年我国花岗石制品出口主要国家占比见图 2-31。

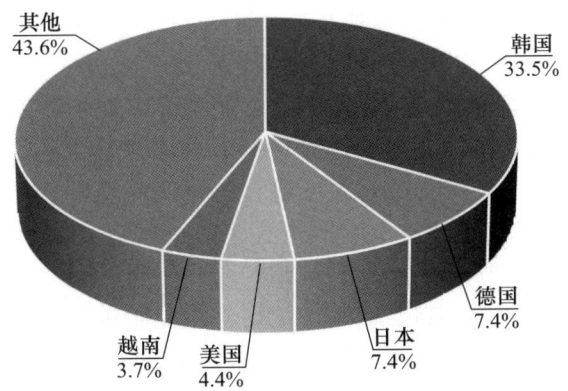

图 2-31　2020 年我国花岗石制品出口主要国家占比
数据来源：海关总署、中国建筑材料联合会

2021年，我国出口至 RCEP 国家的建筑用石产品，主要是以花岗石制品出口为主，占出口至 RCEP 国家建筑用石总量的 74%。其中，2021 年出口至 RCEP 国家的花岗石制品 230 万吨，同比下降 3.5%；出口金额 20.1 亿美元，同比下降 6.8%；出口主要目的国有韩国、日本、越南等。

二、我国与欧盟国家和地区建材贸易情况

（一）我国与欧盟国家及地区总体贸易情况

欧盟是由欧洲共同体发展而来的，总部设在比利时首都布鲁塞尔。欧盟共有 27 个成员国，法国、德国、意大利、荷兰、比利时、卢森堡为创始成员国，其他国家有丹麦、爱尔兰、希腊、西班牙、葡萄牙、奥地利、芬兰、瑞典、波兰、捷克、匈牙利、斯洛伐克、斯洛文尼亚、塞浦路斯、马耳他、拉脱维亚、立陶宛、爱沙尼亚、保加利亚和罗马尼亚。2018 年 11 月，欧盟各成员国首脑在布鲁塞尔的特别峰会上通过了英国退出欧盟的条约，英国退出欧盟。根据脱欧条约，到 2020 年底为过渡期，这段时间英国仍将留在欧盟内部市场和关税同盟内。

我国与欧洲国家经贸纽带紧密，2020 年克服新冠肺炎疫情影响，展现出强大韧性。我国与欧盟贸易额增长 4.9%，达 6495 亿美元，我国在 2020 年首次超越美国，成为欧盟最大贸易伙伴。双方企业投资信心不减，欧盟对华直接投资 57 亿美元，我国对欧直接投资 47 亿美元。这也为我国与欧盟国家建材商品贸易提供了良好的大背景。

2021 年，尽管面临的形势比较复杂严峻，但是中欧之间的经贸合作还是延续了快速发展的势头，双边贸易的"量"和"质"都有了提升。"量"的方面，中欧之间贸易额突破了 8000 亿美元，创历史新高，我国保持欧盟第一大贸易伙伴地位，欧盟是我国第二大贸易伙伴；"质"的方面，双边贸易结构持续优化，航空航天、生物、光电、电子、材料等领域的贸易增速超过了 30%；双向投资稳中有进，中欧双向投资规模累计超过了 2700 亿美元，在金融、疫苗研发、新能源、电动汽车、物流等领域投资合作非常活跃，我国对欧投资保持逆势增长。

（二）我国与欧盟国家及地区进出口情况分析

1. 我国建材主要产品从欧盟国家及地区进口情况

我国从欧盟国家及地区进口建材商品总体保持稳定。从 2015 年进口金额 24 亿美元，

到 2020 年进口金额 26.1 亿美元，增长 2.1 亿美元，进口金额保持平稳，进口商品的主要欧盟国家为比利时、德国、意大利、葡萄牙、法国、西班牙等。

2020 年，我国从欧盟国家进口建材及非金属矿商品 26.1 亿美元，同比下降 5.8%，考虑汇率因素，实际下降 7.2%。考虑汇率因素，技术玻璃、陶瓷砖、大理石荒料、其他非金属矿采选和制品和钻石进口金额占建材进口商品总额比重较大，非工业用钻石进口金额最多。其中，建筑玻璃进口金额占比 7.7%，数量增长 20%，价格下降 1.2%；技术玻璃进口金额占比 8.9%，数量增长 8.2%，价格下降 0.9%；建筑陶瓷进口金额占比 4.7%，数量下降 15.7%，价格增长 5.4%，主要为陶瓷砖进口；大理石荒料进口金额占比 12.3%，数量下降 31.3%，价格增长 8.6%，主要以饰面用大理岩进口为主；其他非金属矿采选与制品进口金额占比 48.3%，数量增长 3.5%，价格增长 1.1%，其中以石棉制品和石棉密封制品进口为主；宝石、玉石矿中钻石进口金额占比 35%，数量增长 5.2%，价格增长 1.1%，金额占比最高。除了其他非金属矿采选与制品和钻石出口量价齐升，好于去年以外，其他占比较大的商品均出现不同程度的价格或者进口量下降。2020 年我国从欧盟国家进口建材商品金额占比见图 2-32。

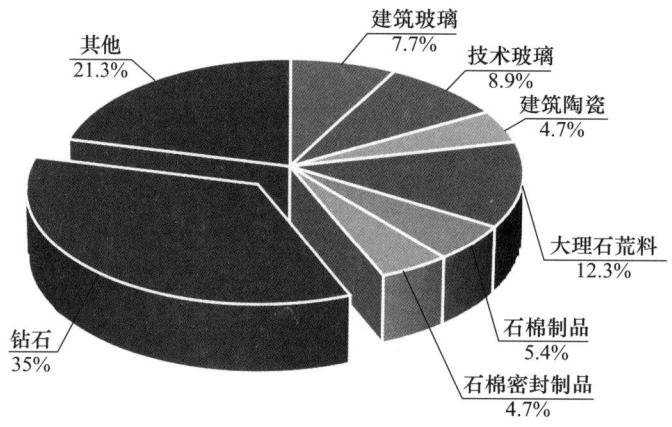

图 2-32　2020 年我国从欧盟国家进口建材商品金额占比
数据来源：海关总署、中国建筑材料联合会

2021 年，我国从欧盟国家进口建材及非金属矿商品 38.8 亿美元，同比增长 48.6%，考虑汇率因素，实际增长 44.2%。考虑汇率因素，建筑玻璃、技术玻璃、玻璃纤维及制品、建筑陶瓷、大理石荒料、其他非金属矿采选和制品和钻石进口金额占建材进口商品总额比重较大，非工业用钻石进口金额最多。

2. 我国建材主要产品出口至欧盟国家及地区情况

我国出口至欧盟国家及地区建材商品总体呈下降趋势。从 2015 年出口金额 39.9 亿美元，占全年出口金额比重 10.4%，下降到 2020 年出口金额 35.2 亿美元，占全年出口金额比重 9.1%，下降 4.7 亿美元。由于近些年国家间各种组织的形成，我国出口到欧盟国家及地区的商品有所下降，出口商品的主要欧盟国家为德国、英国、比利时、荷兰、西班牙等国家。

2020 年，我国出口至欧盟国家建材及非金属矿商品 35.2 亿美元，同比下降 14.7%，考虑汇率因素，实际下降 6.9%。考虑汇率因素，水泥制品、技术玻璃、卫生陶瓷、建筑用石制品中花岗石制品出口金额占建材出口商品总额比重最大。其中，水泥制品出口金额占比12.4%，数量下降16.6%，价格下降7.5%；技术玻璃出口金额占比12.3%，数量下降1.3%，价格增长5.2%；卫生陶瓷出口金额占比26.4%，数量增长7.4%，价格下降23.8%，瓷质卫生设备出口最多；建筑用石制品出口金额占比17.6%，数量下降7.5%，价格增长0.9%，花岗石制品出口最多。2020年我国出口至欧盟国家的建材商品金额占比见图2-33。

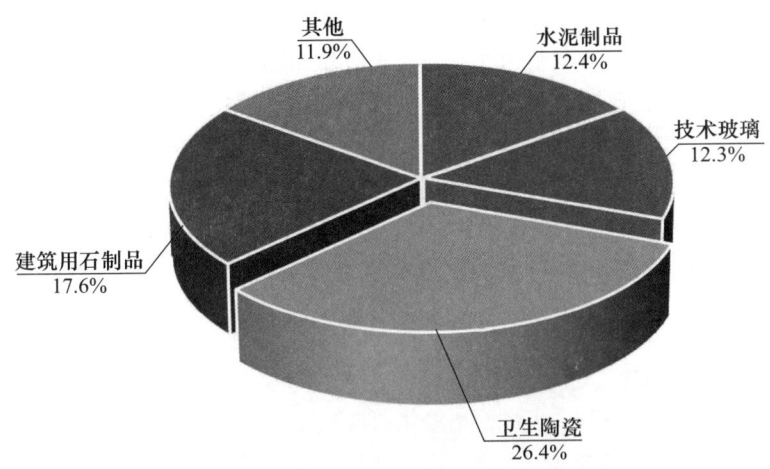

图2-33 2020年我国出口至欧盟国家的建材商品金额占比
数据来源：海关总署、中国建筑材料联合会

2021年，我国出口至欧盟国家的建材及非金属矿商品45.6亿美元，同比增长29%，考虑汇率因素，实际增长32.2%。考虑汇率因素，水泥制品、技术玻璃、玻璃纤维纱、瓷质卫生设备、花岗石制品、宝石玉石矿出口金额占建材出口商品总额比重相对最大。

三、我国与北美国家和地区建材贸易情况

（一）我国与北美国家及地区总体贸易情况

北美通常指的是美国、加拿大和格陵兰岛等地区，是世界上经济最发达的大洲，其人均GDP超越了欧洲。北美最主要的两个国家——美国和加拿大均为发达国家，其经济一体化水平也很高。其中，我国和美国作为全球最大的两个经济体，2020年对美国出口增加，我国在2020年再次成为美国最大的贸易伙伴，超越加拿大和墨西哥。我国与北美国家建材贸易主要以美国为主。

国家统计局数据显示，2018—2021年四年间，中美之间的贸易规模分别为6335.19亿美元、5415.60亿美元、5869.79亿美元和7557.76亿美元。可以看出，中美贸易战之后的2019年和2020年，中美贸易额的确受到了影响，但在2021年又出现大幅反弹，并创下了新的历史纪录。

（二）我国与美国进出口情况分析

1. 我国建材主要产品从美国进口情况

我国从美国进口的建材商品从2015年进口金额10.1亿美元到2020年进口金额11.3亿美元，增长1.2亿美元，总体保持稳定。

2020年，我国从美国进口建材及非金属矿商品11.3亿美元，同比下降14.7%，考

虑汇率因素，实际下降1.3%。考虑汇率因素，水泥熟料、建筑玻璃、技术玻璃、玻璃纤维及制品、碳纤维及制品、大理石荒料、花岗石荒料、钻石、叶腊石等进口金额占建材进口商品总额比重较大，非工业用钻石和建筑玻璃进口金额最多。其中，水泥熟料进口金额占比6.4%，数量增长46.5%，价格下降12%；建筑玻璃进口金额占比24.1%，数量增长14.5%，价格下降5%；技术玻璃进口金额占比4.2%，数量下降13.3%，价格下降0.1%；玻璃纤维及制品进口金额占比4.4%，数量下降2.7%，价格增长5%；碳纤维及制品进口金额占比3.1%，数量增长4.5%，价格增长3.4%；大理石荒料进口金额占比5.8%，数量下降27%，价格增长9.7%，主要以饰面用大理岩进口为主；花岗石荒料进口金额占比4.4%，数量增长6.5%，价格下降6.6%，主要以建筑用花岗岩进口为主；宝石、玉石矿中钻石进口金额占比28.1%，数量下降20.8%，价格下降3.7%，金额占比最高；叶腊石进口金额占比3.5%，数量下降9.8%，价格下降31.7%。除碳纤维及其制品出口量价齐升，好于去年以外，其他占比较大的商品均出现不同程度的价格或者进口量下降。2020年我国从美国进口建材商品金额占比见图2-34。

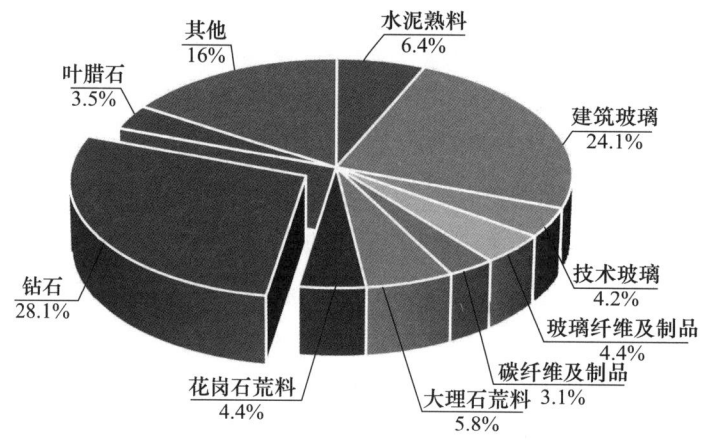

图2-34　2020年我国从美国进口建材商品金额占比
数据来源：海关总署、中国建筑材料联合会

2021年，我国从美国进口建材及非金属矿商品12.8亿美元，同比下降12.7%，考虑汇率因素，实际下降7.2%。考虑汇率因素，建筑玻璃、技术玻璃、玻璃纤维及制品、碳纤维及制品、黏土和砂石、石英和石英岩、石棉制品等进口金额占建材进口商品总额比重较大。

2. 我国建材主要产品出口至美国情况

我国出口至美国的建材商品总体呈下降趋势。从2015年的出口金额45.8亿美元，占全年出口金额比重12%，下降到2020年的出口金额36亿美元，占全年出口金额比重9.3%，下降了9.8亿美元。由于近些年美国对我国贸易战的影响，以及美国要求中国2020年减少2000亿美元的贸易顺差，中国出口美国的建材商品有所下降。

2020年，中国出口至美国的建材及非金属矿商品36亿美元，同比下降5%，考虑汇率因素，实际下降8.3%。考虑汇率因素，水泥制品、技术玻璃、玻璃纤维及制品、卫生陶瓷、大理石制品、花岗石制品出口金额占建材出口商品总额比重最大。其中，水泥制品出口金额占比12.3%，数量增长10%，价格增长14.9%；技术玻璃出口金额占比

15.9%，数量下降 4.6%，价格增长 10.2%；玻璃纤维及制品出口金额占比 6.6%，数量下降 16.9%，价格下降 3.4%；卫生陶瓷出口金额占比 28.2%，数量增长 5.9%，价格增长 5.6%，以瓷质卫生设备出口为主；建筑用石制品出口金额占比 18.8%，数量增长 1.9%，价格下降 2.9%，大理石制品出口最多。2020 年我国出口至美国建材商品金额占比见图 2-35。

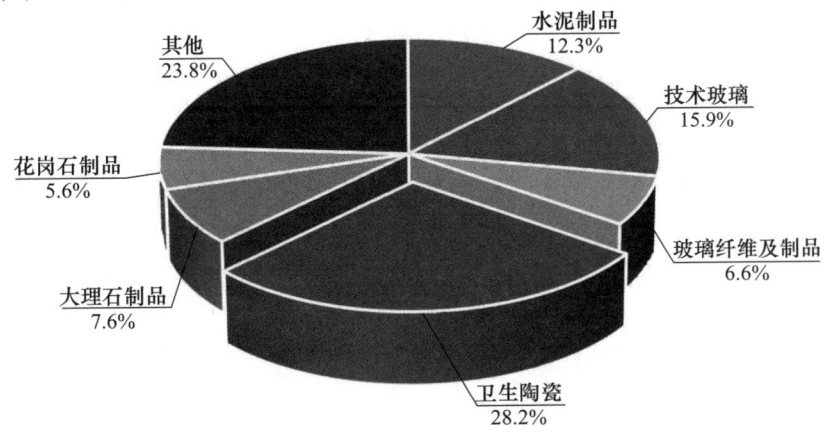

图 2-35　2020 年我国出口至美国建材商品金额占比
数据来源：海关总署、中国建筑材料联合会

2021 年，我国出口至美国的建材及非金属矿商品 47.8 亿美元，同比增长 32.8%，考虑汇率因素实际下降 0.2%。考虑汇率因素，水泥制品、技术玻璃、玻璃纤维及制品、卫生陶瓷、大理石制品、花岗石制品出口金额占建材出口商品总额比重依旧最大。

四、我国与非洲国家和地区建材贸易情况

（一）我国与非洲国家及地区总体贸易情况

我国和非洲有着浓厚的传统友谊和良好的合作关系，经受住了时间和国际风云变幻的考验，堪称发展中国家间关系的典范，并在新形势下得到进一步巩固和加强。

2015 年 12 月，国家主席习近平在中非合作论坛约翰内斯堡峰会开幕式上发表了题为《开启中非合作共赢、共同发展的新时代》的致辞，全面阐述了中国发展对非关系的新理念、新政策、新主张，重点实施工业化等"十大合作计划"。

2018 年中非合作论坛北京峰会为中非合作未来奠定了新的发展基调，中非贸易也见证了新一轮增长态势。南非、安哥拉和尼日利亚依然是我国在非洲的前三大贸易伙伴，而南非和尼日利亚作为非洲前两大经济体，也依然是我国出口非洲最重要的目的国。

近年来，中非双边贸易逐步回稳，体现出中非贸易的韧性。商务部发布的中非经贸合作数据显示，2021 年我国同非洲地区全年双边贸易总额达 2542 亿美元，同比增长 35%，创下 2014 年以来新高。其中，我国自非洲进口 1059 亿美元，对非洲出口 1483 亿美元，分别同比增长 43.7% 和 29.9%。我国已连续 13 年保持非洲最大贸易伙伴国地位。2021 年我国对非全行业直接投资额 37.4 亿美元，同比增长 26.1%。其中非金融类投资额 35.6 亿美元，同比增长 34%。2021 年我国在非洲承包工程新签合同额 779 亿美元，同比增长 14.7%；完成营业额 371 亿美元，同比下降 3.2%。从长远来看，非洲国家仍将是我国主要的原材料进口地，主要大宗商品的贸易量保持基本稳定，为中非建材贸易打下良好基础。

（二）我国与非洲国家及地区进出口情况分析

1. 我国建材主要产品从非洲国家及地区进口情况

我国从非洲国家及地区进口建材商品金额总体呈下降趋势。从 2015 年进口金额 41.8 亿美元，到 2020 年进口金额 35.4 亿美元，在汇率增长的国际背景下，进口额下降 6.4 亿美元。进口商品的主要非洲国家为南非、埃及、博茨瓦纳、安哥拉、纳米比亚、马达加斯加等。

2020 年，我国从非洲国家进口建材及非金属矿商品 35.4 亿美元，从南非进口商品金额最大，其次为博茨瓦纳和埃及。考虑汇率因素，从南非进口金额最多的商品为钻石；从博茨瓦纳进口金额最多的商品也为非工业用钻石；从埃及进口金额最多的商品为玻璃纤维及制品、大理石荒料。从南非进口钻石金额占比 98.5%，价格稍有增长；从博茨瓦纳只进口钻石，其中非工业用钻石金额占比高达 97%，其他工业用钻石进口金额占比 3%，量增价减；从埃及进口建筑玻璃金额占比 10.7%，进口大理石荒料金额占比 87.9%。2020 年我国从非洲国家进口建材商品金额占比见图 2-36。

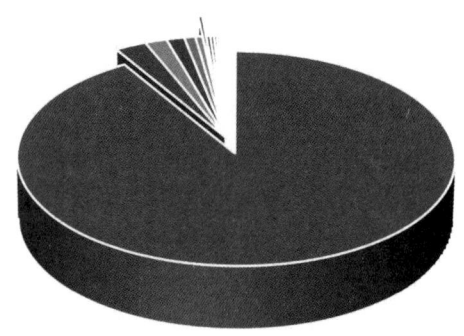

图 2-36　2020 年我国从非洲国家进口建材商品金额占比
数据来源：海关总署、中国建筑材料联合会

2021 年，我国从非洲国家进口建材及非金属矿商品 50.1 亿美元，从南非进口商品金额最大，其次为博茨瓦纳和埃及。考虑汇率因素，从南非进口金额最多的商品为钻石；从博茨瓦纳进口金额最多的商品也为非工业用钻石；从埃及进口金额最多的商品为建筑用石、玻璃纤维及制品等商品。

2. 我国建材主要产品出口至非洲国家及地区情况

我国出口至非洲国家及地区建材商品减少，出口额总体呈下降趋势。从 2015 年出口金额 31.6 亿美元下降到 2020 年出口金额 26.7 亿美元，下降 4.9 亿美元。建材商品出口的主要非洲国家及地区为尼日利亚、南非、加纳、吉布提、肯尼亚等。

2020 年，考虑汇率因素，我国出口至尼日利亚金额最多的商品为卫生陶瓷，出口金额占比 77.5%，量减价增；出口至南非金额最多的商品和金额占比分别为：水泥制品出口金额占比 8.4%、技术玻璃出口金额占比 13.5%、建筑陶瓷出口金额占比 26.5%、卫生陶瓷出口金额占比 18.8%、建筑用石制品出口金额占比 6.2%；出口至加纳金额最多的商品和金额占比分别为：建筑玻璃出口金额占比16.4%、卫生陶瓷出口金额占比37.6%、砖出口金额占比10.2%、大理石制品出口金额占比8.2%。出口至非洲主要国家的建筑基础材料水泥制品、建筑用石制品、玻璃、陶瓷最多，陶瓷产品出口大多量价齐增，水泥制品、石材、玻璃等多数产品量减价增。2020年我国出口至非洲主要国家的建材商品金额占比见图2-37。

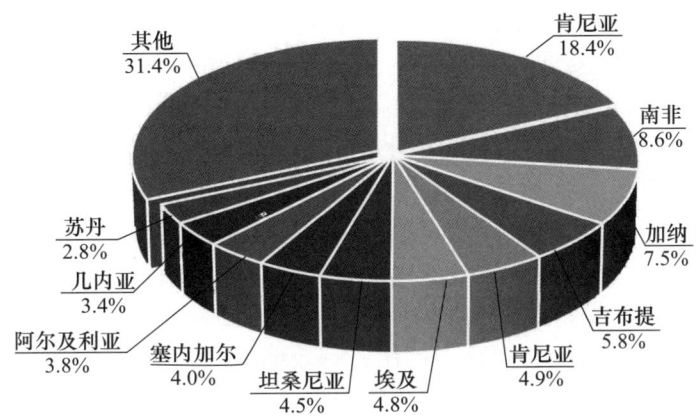

图2-37 2020年我国出口至非洲主要国家的建材商品金额占比
数据来源：海关总署、中国建筑材料联合会

2021年，我国出口至非洲国家的建材及非金属矿商品28.3亿美元，出口至尼日利亚的商品金额为5.2亿美元，金额占比最大，其次为南非和加纳。

第三节 国际贸易新特点

一、行业标准国际化之路探索不断，对建材国际合作技术支撑作用越发显著

我国已经成为世界上最大的建筑材料生产国和消费国，主要建材产品水泥、平板玻璃、建筑卫生陶瓷等产量位居世界第一。作为多个主要子产业产量占到世界总产量50%以上的建材大国，必须具备多种形式的国际合作与贸易渠道，并在国外有一定的市场份额、在国际建材相关组织中有一定的席位和影响力、在国际标准制定等国际性活动中有一定的话语权，这才是建材大国向建材强国迈进之路上的作为与责任。为此，在国家宏观政策引领和行业国际合作内生动力的双轮驱动下，建材行业标准建设步伐加快，同时随着产业国际化进程的推进，建材行业也逐步开启行业标准国际化的探索之路，并认真思考标准国际化的方向。

（一）行业标准建设步伐加快，有力支撑建材行业持续快速发展

"十三五"以来，建材行业标准化工作深入贯彻国家标准管理委员会与工业和信息化部关于标准化工作的各项战略部署，在规范市场秩序与提升工程、产品和服务质量方面发挥了积极作用，为建材行业持续快速发展做出了有力支撑。

标准组织体系进一步完善。建材行业共有15个全国专业标准化技术委员会、21个分技术委员会和4个行业专业标准化技术委员会，覆盖水泥、水泥制品、墙体材料与道路用建筑材料、工业陶瓷、建筑用玻璃、建筑卫生陶瓷、工业玻璃、非金属矿及产品、人工晶体、石材、玻璃纤维、绝热材料、纤维增强材料、轻质装饰装修材料、建材装备及综合类等全领域。

标准制、修订工作卓有成效。围绕技术进步、需求变化及行业快速发展需要,"十三五"期间共发布了356项国家标准、327项行业标准,进一步强化标准高质量供给,有效满足行业需求;团体标准取得突破,聚焦行业新材料、新技术、新装备,发布90余项团体标准,政府主导制定的标准与市场自主制定的标准协同发展、协调配套的新型标准体系基本建立,有31项中国建筑材料协会标准荣获"工信部团体标准应用示范项目"。

对口ISO国际标准化组织。目前,水泥、建筑玻璃、石材、建筑卫生陶瓷等11个领域有其对应国际对口ISO标准化组织,而墙体屋面及道路用建筑材料、工业玻璃、建材装备、人工晶体、建材行业建筑材料及构件环境条件与环境试验领域、环境友好与有益健康建筑材料6个领域尚无国际对口ISO国际标准化组织。

标准国际化方面,主持制定ISO国际标准发布12项、立项12项。完成英文版标准翻译40余项,并在海外工程项目中使用,有效地推进建材标准"走出去"。

在取得成绩的同时,建材行业标准化工作仍存在不足之处,如标准体系支撑行业绿色低碳安全高质量发展的能力有待进一步提升,推动新材料、新技术、新装备等相关技术创新成果向标准转化的力度尚需进一步加强,标准国际化服务能力与"一带一路"建设需求之间仍有差距,高端标准化人才和国际标准化人才培养仍需进一步强化等。

(二)行业标准国际化之路探索不断,为建材国际合作长远发展奠定基础

截至2022年4月,建材行业标准总数2427项。其中,国家标准964项(39.7%),行业标准1290项(53.2%),团体标准173项(7.1%)。已发布英文版标准总数50项。截至2022年8月,建材行业对口国际标准总数518项,已转化191项,已列入翻译计划30项,待转化33项,建材行业国际标准转化率达87.01%。

标准化对经济和社会发展的技术支撑作用越来越明显。中国建材产品出口和技术装备输出打破国外的技术性贸易壁垒,在国际贸易、工程服务和对外投资中取得主动权,重要着眼点就在于实质性地参与国际标准化活动。近年来,越来越多有远见卓识的企业和行业组织纷纷加入到制定国际标准、翻译标准外文版、对口国际标准转化的行列中来。下一步将开展常态化的国际标准动态跟踪,围绕重点领域开展标准比对研究,依据中国实际发展情况积极采用国际标准,推动成熟适用的国际标准尽快转化应用。促进内外贸质量标准、检验检疫和认证认可相互衔接,以满足产品国际贸易的需要。减少国际贸易规则壁垒,同时注重国际专业人才的培养,培养专业能力和大局意识。

二、建材产品国际认证起步发展,困境中蓄力前行

在"走出去"战略的大背景下,虽然中国建材产品国际认证起步较晚,面临诸多困难,但是认证机构和企业都纷纷在探索中不断推进产品国际认证发展。

(一)建材产品国际认证的特点

1. 各国标准不同,缺乏普遍适用的统一标准

在电器产品领域,国际电工委员会(IEC)制定了合格评定体系,我国也积极参与,在国内建立了健全的评定体系制度,同时达成了国际上的广泛互认。相比较而言,我国

在建材领域缺乏国际性的互认框架和体系，目前欧盟（EN 标准）、英国（BS 标准）、北美（ANSI/ASTM/UL/CSA 等标准）、澳新（AS/NZS 标准）等地区对于建材产品分别有着不同的标准和要求，除上述地区之外，东南亚和非洲等国家标准多以国际标准化组织（ISO）或者美国标准为基础制定。各国标准不同为我国建材企业出口造成了阻碍。多市场发展的企业通常需要分别进行多国认证，大量增加了时间和成本，企业需要根据不同标准对产品进行调整。

2. 我国认证检测及审厂机构难以取得授权

由于各国有着不同的标准和管理体系，通常获得授权的第三方认证、检测、审厂机构局限于本国机构。例如欧盟的 CE 认证，只有欧盟的 27 个成员国国内的授权公告机构可进行认证、检测和审厂。国内虽然有部分实验室有条件进行部分欧盟 EN 标准的检测项目，但在没有授权或合作的情况下依然不被认可。澳大利亚和新西兰的 AS/NZS 标准需要由澳大利亚实验室联盟（NATA）中的成员实验室进行检测，我国虽然也有极少数实验室成功成为 NATA 认可实验室，但覆盖标准范围仍然不足。在这种情况下，信息门槛较高，我国建材企业通常难以辨别哪些机构是授权机构，如果选择不当，未经授权的第三方机构出具的认证证书或检测报告不被认可，会给企业造成巨大损失。

3. 隐形强制性认证门类多

与清关需求的明确强制性认证（例如欧盟 CE、东南亚国家强制认证清单、澳大利亚 WaterMark 等）相比，海外各国针对建材产品有诸多隐形强制性认证。此类认证体系多由官方机构或相应行业协会制定并管理，例如北美 CSA（加拿大标准协会），美国 MPI（美国油漆协会）、澳大利亚 CodeMark、ACRS（澳大利亚钢材协会）等，未经认证的产品也可以在市场上流通，但难以与认证产品进行竞争，大多数大型项目中也会限制未认证产品的使用，在实质上也是门槛性质的认证。

4. 建材产品国际绿标认证成为大势所趋

2020 年 9 月，国家主席习近平向国际社会作出"中国将力争在 2030 年前实现碳达峰，在 2060 年前实现碳中和"的承诺。随着中国碳达峰碳中和、"十四五"规划和 2035 远景目标的推进，越来越多的人开始关注低碳生活、可持续发展及绿色市场。相关政策的出台及消费者绿色意识的增强，使得越来越多的企业寻求产品的绿色认证，以证明其产品是可持续的、对人类健康和生态环境是无害的。

同时，随着国际社会对绿色市场的关注，国际绿标认证也已经成为优质企业和产品打破绿色壁垒，走出国门的"绿色护照"。产品的国际绿标认证可以帮助企业让自己的产品与绿色市场相连接，为那些寻求以其产品参与绿色建筑评级工具的制造商提供必要的证据，同时帮助制造商根据健康和可持续发展的优势或特点区分其产品，并简单有效地向终端用户和绿色环保专业人士展示产品的优势或特点。

目前，建材产品类适用于全球绿色项目评级工具的国际绿色标识认证最常见的分为四大类：一是室内环境质量——VOCs（挥发性有机化合物、甲醛）等排放的认证；二是可持续产品（第三方）认证，例如产品绿色等级认证、LCA 生命周期评估；三是环保产品声明（EPD），符合 EN15804 或 ISO14025 标准和要求的认证；四是材料健康透明度、成分危害和优化报告，例如产品健康声明等相关认证。除此之外，还有一些其他的国际绿色标识认证，比如用于"生态环保评级"的碳足迹报告、用于生产厂商自我宣称验证绿色标识等。

（二）认证机构和建材企业都纷纷在探索中不断推进产品国际认证发展

目前，无论是建材产品的国际认证还是国际绿标认证，由于发证机构都是海外机构，且仅有少数官方机构在我国设立了办事机构，这使我国建材企业出口申请国际认证的过程中遇到了不少难题。比如，大部分的国际认证与检测服务分离，需要多方联系，而且难以分辨是否是有效的授权机构；亦或是由于沟通不顺畅，流程不明晰导致企业难以顺利取证，浪费了大量的时间与资金成本等。面对诸多困难，仍有不少建材企业积极做好认证规划，以期提升企业海外知名度，获取抢占海外市场先机的优势。

同时，一些认证机构也积极探索国际认证之路，坚持以为行业提供优质服务为己任，与所有的建材企业一同探求建材强国之路。国家建筑材料展贸中心（简称"中心"）自2019年以来大力拓展海外官方认证渠道，先后与澳大利亚、新西兰、美国、加拿大、英国、西班牙、菲律宾、马来西亚、日本等数十个国家的官方认证和检测机构建立了良好的联系与合作关系，同时与 SAI Global、CMI、INTERTEK、TECNALIA、OTC 等多家官方认证检测机构签署了代理合作协议；2021年，为了进一步拓宽国际认证业务渠道，顺应全球绿色环保、节能减排的"双碳"发展大趋势，中心和澳大利亚全球绿标有限公司签署了中国大陆地区独家代理协议，并设立了中国办事处；2022年，中心还以澳洲、北美和欧盟三大主要市场为基础，重点为企业突破了以整体房屋体系为基础的国际认证解决方案。

三、"跨境电商 + 海外仓"，助推建材行业传统国际贸易良性发展

改革开放以来，我国建材行业国际贸易发展迅速。但交易周期长、关联方多、外汇结算周期长、风险控制难、物流专业化程度高、获客成本高等问题始终存在，这也制约了传统建材国际贸易的进一步快速发展。

日益复杂的国际贸易新形势、"一带一路"倡议的全面实践、供给侧结构性改革的加快推进、制造业服务化的趋势走向以及业务国际化信息化的快速发展，催生以中建材集团进出口公司为代表的传统建材外贸公司，通过"互联网+"将传统外贸优势与现代电子商务有机结合，积极探索并搭建了一批现货交易的跨境电子商务平台，并在全球范围内布局本地化的海外仓储、物流系统，同时通过持续的商业模式创新，不断提升外贸综合服务水平，将以资源能源消耗为主的传统建材进出口产业与现代服务业、物流业、金融保险业等融合，推动建材产品国际贸易在更广领域、更深层次探索良性发展之路。

（一）跨境电商平台创新，凸显建材外贸综合服务优势

跨境建材电子商务平台，对外实现海外客户对建材产品及设备的在线购买，并利用其在全球范围内布局的本地化海外仓储、物流系统实现货品的及时运输、配送；对内通过服务创新和管理创新，将生产、质量检验、报关报检、跨境物流、出口结算、保险金融等各环节整合到电商平台之上，发挥自身积累的资源优势，为国内建材企业，尤其是中小型建材企业提供一站式外贸服务。

总体而言，跨境建材电子商务平台将大量线下资源、客户和渠道转化为互联网电商模式，让外贸交易基本在网上完成，并提供专业化和个性化的综合增值服务。这样做可以在一定程度上促进建材行业由产品分散、市场及交易零散升级为客户集中、市场集中、

交易快捷的成熟行业，降低国内生产企业的国际贸易进入门槛，提高国际客户对"中国制造"的认可度，同时通过规模化采购和集约物流，降低采购成本和运输成本，为海外买家节约采购周期，缩短资金占压成本，并提升购买效率和便利性。

（二）"跨境电商＋海外仓"，引领建材外贸综合服务模式创新

海外仓是以仓储为核心的综合物流配套体系，包括大宗货物运输、海内外贸易清关、精细化仓储管理、个性化订单管理、包装配送以及综合信息管理等内容。海外仓的建设已经成为跨境电商发展的重要环节和服务支撑，对中国建材产业外贸发展方式的转型升级起到一定的促进作用，在拓展建材产品国际营销网络、提升建材外贸企业竞争优势等方面发挥了积极的作用。

"跨境电子商务＋海外仓"这种电商平台配套全球布局本地化海外仓储的外贸新模式的探索，对于建材国际市场的深耕具有重要意义。通过电子商务平台，供应链的产业结构得到了有效整合，国内中小企业能够抱团出海，而海外仓则把优质的现货更快地呈现给海外企业级买家，突破了跨境电商在物流和仓储方面的瓶颈，为建材产品及装备进出口贸易注入了新的活力。

易单网：建材行业跨境电子商务平台的探索

易单网是中建材国际贸易有限公司在传统外贸基础上升级转型而来的，基于现代服务业理念将供应链整合，通过线上线下相结合的形式，打造专注于材料及设备的B2B产业跨境电商平台和外贸综合服务平台，并于2011年正式上线。易单网主要涉及外贸出口代理、供应链金融、信保服务、物流服务和全球营销推广服务等功能业务。

外贸出口代理服务。中建材国际贸易经过数十年的发展，在外贸领域积累了大量经验，规范的操作流程使得企业长久保持着海关A级资质，享受绿色快速通关通道，与海关系统对接，办理海运及贸易在线通关手续。易单网与中信银行合作，与其国际业务系统直连，将出口收汇、款项确认、结汇、解付入账等涉及多环节、多部门的业务实现在线操作，为客户节省了大量时间，提高了资金周转效率。

供应链金融服务。易单网联合建设银行，为客户提供基于供应商会员交易记录和信用的供应链融资服务——"E点通"贷款业务，全在线模式便捷操作。贷款期限为一年，授信额度申请无上限限制。

信保服务。易单网与中国出口信用保险公司合作，通过对接系统，为易单网用户提供在线信用保险服务。会员企业将获得更加优惠的信保费率，全程在线操作，使操作更加简单、便捷。

物流服务。易单网依托中建材国际贸易数十年的进出口业务，与国内外各港口、船运公司和大型代理都建立了长期、紧密的合作关系，在此过程中，易单网自主开发了公开的海运竞价系统——易单海运网，通过该系统，易单网用户可以获得更具竞争力的运费服务价格，大大节省了货物的运输成本。易单网走出"跨境电商＋海外仓"的新模式，已经在25个国家建立了26个海外仓。

全球营销推广服务。为了帮助国内的中小企业走出去，易单网凭借其丰富的国外客户资源，为其注册用户提供全方位外贸解决方案。帮助国内工厂打造线上品牌店铺，匹配国外采购商，由专业的外贸人员协调采购商和工厂，跟踪订单执行的全过程。目前平台包含1500个品类，20多万产品，与国内3万多优质工厂建立合作关系。

第三章

"引进来"发展：建材行业外资与技术装备引进

新中国成立以来，尤其是改革开放至今，我国建材工业发展取得了巨大进步，外资和技术装备的引进、消化和吸收对建材工业追赶世界先进水平发挥了巨大的作用。在改革开放基本国策的影响下，越来越多的外资企业和国外先进技术装备涌入建材行业，一方面促进了中国建材行业技术装备的自主化进程，另一方面引进了先进的管理经验、优化了产业结构，两方面的共同作用推动了中国建材工业的现代化进程。

本章将时间点追溯到新中国成立初期，全景展现了新中国成立以来至今70余年建材行业外资和技术装备引进发展的历程，并选取了部分重点外资企业，描述了其在中国的总体发展情况。

第一节 主要行业外资和技术装备引进发展情况

新中国成立以来至改革开放初期，中国建材工业先进技术主要是通过引进国外先进技术装备后消化、吸收、创新取得的，外资引进也对建材工业产业结构的优化发展起到了促进作用，水泥、平板玻璃、建筑卫生陶瓷、玻璃纤维等主要产业的发展基本都遵循这一发展路径。进入新世纪，中国建材工业一些领域的发展开始从"跟随"转向"追赶"，新型干法水泥、洛阳浮法玻璃、建筑卫生陶瓷、玻璃纤维、混凝土及制品、墙体材料、耐火材料等都取得了长足的发展与进步，部分产品生产线规模和水平达到了国际先进水平，一些产业的技术装备开始走向国际，在世界建材工业中的地位不断加强。在这个过程中，引进、消化、吸收与创新实践，对中国建材工业的发展起到了积极引领、规范和促进作用。

一、水泥行业外资和技术装备引进发展情况

（一）困境中引进湿法水泥生产技术，满足国家经济建设发展需要

新中国成立以来，为满足国家经济建设发展需要，水泥行业在面临基础产业百废待

兴、国际形势复杂多变的困境中率先开启了外资和技术装备引进发展之路，接受了苏联和东欧国家的资金、技术和设备援助，改扩建和新建了一批重点水泥企业，积极学习和推广湿法水泥生产技术，为我国水泥工业发展奠定了坚实基础。

20世纪50年代，我国先后购买了民主德国的18套湿法回转窑和3条立波尔窑生产线成套设备、罗马尼亚的12套湿法回转窑生产线成套设备、捷克斯洛伐克的6套湿法回转窑生产线成套设备和丹麦的2套大型湿法回转窑生产线成套设备。这一时期，我国在引进国外技术装备基础上先后建设了大同、永登、昆明、江油、耀县、巢湖、江山、贵州、庐山、柳州等十个水泥厂。1953年，为适应国家经济建设发展需要，建材行业主管部门更是拿出占当年建材投资总额78%的费用用于水泥行业建设。

为配套推进水泥产业发展，1973年北京市建筑工程局从捷克斯洛伐克引进了立轴强制式搅拌机，建立了全国第一个混凝土搅拌站。

（二）从引进外资、技术到自主创新，新型干法水泥生产技术装备逐渐成熟并实现国产化

改革开放以来，我国建材行业进入快速增长期，吸引外资和技术装备的范围和规模不断扩大，有力地促进了中国水泥行业新型干法技术设备自主化进程，并通过引进先进管理经验、优化产业结构进而推动了建材工业的现代化进程。

20世纪80年代，以日本小野田水泥公司、韩国大宇公司等为代表的日韩实业资本，以法国拉法基公司、瑞士豪瑞公司、德国海德堡水泥公司和意大利水泥公司为代表的欧洲实业资本，以中国香港长江集团、中国香港瑞安集团为代表的中国港台实业资本先后进入内地市场。到20世纪90年代中后期，国家建材局和地方政府吸引外资近20亿美元，包括世界银行贷款、亚洲银行贷款、外国政府贷款和外商直接投资，建成12条预分解新型干法水泥生产线。此阶段，由中央批准建设的大中型水泥项目中90%以上是"三资"企业，外资在沿江沿海建成了一批中外合资的大型预分解窑生产企业。截至1995年年底，在外经贸部登记的中外合资水泥企业就有50多家。

直接引进外资的同时，我国水泥工业从1978年开始，相继从日本、丹麦、罗马尼亚、澳大利亚、法国、德国等国家引进了日产2000吨、日产3200吨和日产4000吨大型预分解窑的成套技术设备，冀东、宁国、柳州、珠江、淮海等水泥厂一系列大型预分解生产线相继建成投产，这是国内水泥工业在发展新型干法道路上跨出的重要一步，使新型干法的研究设计、安装施工和生产管理等技术水平得到全面提升，为逐步提高中国水泥技术水平奠定了基础。我国水泥工业技术也从新中国成立初期的湿法立窑生产发展到新型干法旋窑生产，新型干法水泥生产技术装备逐渐成熟并实现国产化。

改革开放至20世纪末期中国水泥工业"引进来"大事记

1979年，国家建材行业主管部门购买日本石川岛播磨重工株式会社日产4000吨水泥熟料新型干法生产线设备，建设冀东水泥厂，这套设备是当时世界上最先进的水泥生产设备。之后下半年，安徽海螺水泥集团前身宁国水泥厂又购买了一套日本三菱重工株式会社成套设备。

1985年，日本小野田水泥公司在大连开始投资建厂的前期工作，次年斥资3000万美元在北京注册了"太平洋水泥中国投资有限公司"。

1987年，安徽海螺水泥集团的前身宁国水泥厂建成投产，该厂引进的是第二套成套（矿山、包装除外）日产4000吨熟料预分解窑新型干法生产设备。

1989年，大连小野田水泥有限公司成立，该公司系中日合资企业，是由日本太平洋水泥株式会社和中国华能综合产业公司两方合资建设经营的一座大型水泥生产企业。1992年，第一条吸引外资建设的"大连华能－小野田水泥有限公司"日产4000吨熟料预分解窑新型干法生产线建成投产。

1992年，安徽铜陵水泥厂举行开工庆典大会，铜陵水泥厂是中国建材行业的大型现代化股份制企业，是国内水泥工业第一个使用世界银行贷款的大型水泥项目。

1994年，由中技国际投标公司负责招标采购、亚洲开发银行贷款、德国KHD洪堡公司供货的广东英德水泥厂节能技改项目正式开工建设。

1995年，中国当时最大的水泥熟料生产线——大宇（山东）水泥有限公司的厂区暨矿山工程在泗水举行开工典礼。该项目由韩国大宇株式会社独资，总投资为3亿美元，年生产能力240万吨水泥，产品的70%将销往日本、新加坡等地。

1996年，安徽铜陵海螺水泥有限公司日产4000吨熟料生产线建成点火。该生产线主机设备从丹麦史密斯公司引进，具有自动化程度高、能耗低、环境保护效果好等特点，技术装备达到20世纪90年代初世界先进水平。

1998年，安徽海螺集团有限责任公司引进川崎重工技术，建成了中国首套水泥纯低温余热发电机组，经过近十年运行消化吸收实现了技术集成和设备国产化。水泥生产中的废气余热用作热源，解决了工厂近2/3的用电量，废气温度、含尘浓度也大大降低，环保与经济效益十分显著。

（三）从跟跑到并跑再到局部领跑，外资和技术引进逐步服务于水泥工业高质量发展

新中国成立初期开始，至20世纪末，经过近半个世纪的发展，中国水泥工业从早期的湿法立窑生产技术发展到现在的新型干法旋窑生产技术，从日产几百吨到2000吨、5000吨，再到现在的日产10000吨，基本实现了从引进到跟、并跑，再到局部领跑的跨越，水泥行业整体技术装备水平基本达到了世界领先或先进水平，具备了走出国门参与国际竞争的坚实基础。

进入21世纪以来，国家号召走新型工业化道路、高质量发展道路，水泥工业外资和技术大规模引进的局面也有所转变，主体和形式更多样化，高质量发展逐步成为水泥行业国际合作过程中所关注的重点。

引进外资方面，随着我国加入世界贸易组织（WTO），国内投资环境进一步改善，以美国金融资本、中国台湾实业资本为代表的越来越多样化的资本涌入水泥行业。摩根斯坦利投资银行入股山东山水水泥集团有限公司；私募基金KKR入股天瑞水泥集团有限公司；高盛投资银行入股红狮控股集团有限公司；中国台湾水泥公司在福州动工兴建年产150万吨水泥的福州台泥水泥研磨厂，并在长乐洋屿港区兴建一座配套的熟料专用码头；亚洲水泥公司按T型发展战略先后在江西九江、湖北武汉、四川成都建厂，又通过股市收购，增股山东山水水泥集团有限公司。

引进技术方面，在市场经济驱动和高质量发展导向下，水泥企业纷纷采取与国际知名技术装备公司合作的方式开发绿色低碳技术与装备。安徽海螺水泥股份有限公司与日本川崎重工公司组建合资公司，合作生产余热发电锅炉，在此基础上又合作生产立式辊磨和水泥窑协同处置城市生活垃圾的各种设备；中国中材国际工程股份有限公司与德国

Hazemag 公司签订合作协议，共同开发绿色低碳水泥装备。

二、平板玻璃行业外资和技术装备引进发展情况

（一）引进受挫，自主试验成功

新中国成立初期，国内工业发展对平板玻璃产品需求大幅提升，我国恢复与改造了大连玻璃厂、秦皇岛耀华玻璃厂、沈阳玻璃厂，并重新建设上海耀华玻璃厂，当时玻璃厂均采用"引上法"工艺技术。1952 年，上海耀华玻璃厂利用进口的引上机和其他设备建成的二机垂直引上窑投产。

1959 年，英国皮尔金顿公司浮法玻璃发明成功，轰动了国际玻璃界，各国竞相购买英国专利技术，建设浮法玻璃生产线。我国曾进行了几次尝试，均没有取得进展。为此，从 1960 年开始，我国玻璃科技工作者自力更生、自主研发玻璃浮法工艺，直到 1971 年 9 月，国内第一条浮法工业试验线在洛阳玻璃厂诞生。之后经过多年科技攻关，浮法玻璃生产线日熔化能力由 250 吨扩大到 400 吨，引进、消化、吸收了退火窑、混合机等配套技术和设备，解决了浮法玻璃新成分、电浮法玻璃以及浅池等技术问题，使中国洛阳浮法玻璃工艺更加完善，产品质量得到改善。

1976 年，洛阳玻璃厂和蚌埠玻璃设计院先后同比利时考贝尔科麦克斯公司、瑞典荣格斯公司、芬兰太姆格拉斯公司进行技术商务谈判，引进钢化玻璃热处理炉 2 台，弯钢化全自动预处理线和弯夹层玻璃生产线各 1 条。1981—1985 年期间，上海市与英国皮尔金顿公司合资建设日熔化量 700 吨熔窑浮法线，深圳蛇口工业区中、美、泰三方合资兴建日熔化量 500 吨熔窑浮法线，这两条生产线的主要技术装备分别由英国皮尔金顿公司和美国 PPG 提供。1983 年，上海耀华玻璃厂与英国皮尔金顿公司在上海成立上海耀华皮尔金顿玻璃股份有限公司，这是国内平板玻璃制造业的第一个合资公司。

（二）技术提升，合资企业陆续投资建厂

20 世纪 80 年代中后期，部分平板玻璃厂开始从国外引进具有国际先进水平的加工玻璃生产线。1984 年，深圳光华中空玻璃工程公司成立，它是全国首家生产中空玻璃的中外合资企业，引进了国内第一条中空玻璃生产线。之后上海耀华玻璃厂和通辽玻璃厂分别从国外引进中空玻璃生产线。为缩小中国洛阳浮法玻璃技术与世界先进水平之间的差距，1990 年，经与美国 TOLEDO 签署熔窑技术的转让合同，此后国内熔窑技术在生产中取得良好成效。在不断完善中国洛阳浮法玻璃工艺技术的同时，合资企业陆续投资建厂，促进了中外玻璃企业发展。1994 年 6 月，上海建材（集团）有限公司与美国福特公司签署合同，合资成立上海福华玻璃有限公司。

（三）技术装备提升，多元化合作

中国洛阳浮法玻璃工艺技术不断完善提高。通过引进国外玻璃生产设备和管理经验，促进了中国玻璃行业的快速发展。以美国泰克曼工程公司、芬兰格拉司通、瑞士 Bystronic、奥地利 Lisec 等为代表的国外专业供应商把世界最先进的技术和设备带到中国。国外先进技术和设备的引进促进了中国玻璃装备制造水平的提高，中国成为世界最大的玻璃机械生产国和出口国。在此期间，玻璃行业中外合作多元化发展。2006 年 9 月，上海耀皮玻璃股份公司和皮尔金顿（意大利）有限公司合资建设的常熟浮法

一线项目点火试生产。2011年，由日本AGC全资的旭硝子显示玻璃（深圳）有限公司成立。2012年由德国肖特集团与浙江新康药用玻璃有限公司合资成立的肖特新康药品包装有限公司成立，主要研发管制药用玻璃容器，是当时中国医药玻璃包装行业最大外资项目。

三、建筑卫生陶瓷行业外资和技术装备引进发展情况

（一）探索中初建工业化生产体系，为行业大规模外资和技术引进奠定工业化基础

我国陶瓷行业具有悠久历史。早在五千年前我国就发明了陶器，并在商代中期出现了早期的瓷器。明清时期，陶瓷产品伴随着中国文化开始远销世界各地，对中华民族传统文化的传播起到了巨大作用。但是随着工业革命时代的到来，欧美国家的陶瓷行业率先采用机械进行工业化生产，提高了陶瓷生产效率，优化了陶瓷生产工艺，并将艺术与工业紧密结合，世界陶瓷工业也从手工业向近代陶瓷工业逐步转变，世界陶瓷生产的中心也随之从中国转移到日本和欧洲等国家与地区。

新中国成立初期的二十几年，面对落后于世界陶瓷产业发展的局面，经过恢复、扩建、合并、新建等措施，我国建筑卫生陶瓷工业面貌开始发生变化，初步建立了较为完备的陶瓷工业化生产体系，这为改革开放之后的大规模外资和技术引进奠定了产业基础。这期间主要是以艰难的自主研发创新为主，当然也不乏引进国外技术的身影，1975—1978年，我国有5家重点企业分别从意大利、日本与联邦德国引进压机、泥浆泵、修坯装匣机、自动施釉线、自动包装机等，为改进我国建筑卫生陶瓷生产机械设备提供了基础。

（二）大规模外资和技术引进潮，再造我国建筑卫生陶瓷工业化体系

如果说新中国成立初期，我国依靠自身艰苦奋斗初步建立了建筑卫生陶瓷的工业化生产体系，那么改革开放之后大规模的外资和技术引进，相当于对刚入门的建筑卫生陶瓷工业化生产体系进行了再造，最终推动形成了完备的建筑陶瓷和卫生陶瓷工业生产体系，以及世界最大的建筑陶瓷和卫生陶瓷消费市场。

改革开放以来，中国建筑卫生陶瓷工业吸引外资的力度很大。以美国标准公司、日本东陶机器株式会社等为代表的世界知名企业以合资方式进入中国，各种各样"合资"风潮，由南而北，从广东、福建、上海及周边、山东乃至各陶瓷产区蜂拥而起。

与此同时，建筑卫生陶瓷生产技术装备的引进也在20世纪80至90年代达到了高潮。广东佛山耐酸陶瓷厂从意大利引进我国第一条全自动陶瓷墙地砖生产线，揭开了我国建筑卫生陶瓷工业大规模引进技术装备、与国际接轨的序幕。这个时期，我国约有450多家企业分别从意大利、德国和日本等国引进建筑卫生陶瓷生产线或自动压砖机、辊道窑、中高压注浆成型机等关键设备，其特点是由引进单机发展到引进整条生产线、由单独引进发展到联合引进、由单纯引进硬件发展为硬件和软件一起引进。通过对引进技术装备的消化、吸收、创新，我国现代建筑陶瓷砖的技术装备已能全部配套生产，800吨、1000吨、1600吨自动压砖机已推广应用，成功研制出宽断面吊顶辊道窑，8吨、14吨、15吨大磨机和全套原料加工设备，600吨液压全自动压砖机，施釉线等，从而提高了我国建筑卫生陶瓷的现代工业化生产水平。

| 第 三 章 |　　"引进来"发展：建材行业外资与技术装备引进

改革开放至 20 世纪末期我国建筑卫生陶瓷工业"引进来"大事记

1984 年中美合资的华美洁具有限公司成立于广东清远，1987 年投产，美国标准公司进入我国建筑卫生陶瓷领域。

1985 年，淄博市博山建陶厂率先从意大利引进萨克米自动压砖机和自动化施釉印花生产线。随后，淄博建筑陶瓷厂、齐鲁建陶厂等一批企业掀起了学习先进技术、引进先进设备的热潮，促进了山东地区现代建陶工业的快速发展。

1986 年，佛山市石湾工业陶瓷厂从日本引进全国第一条彩釉锦砖（彩釉马赛克）自动化生产线，并于 1987 年 7 月投产；佛山市石湾美术陶瓷厂从日本引进全国第一条年产 500 万件的琉璃瓦生产线，生产日式与西式琉璃瓦。

1989 年，佛山市陶瓷工贸集团公司、日本乐华株式会社、香港圆方国际有限公司三方合资建成铺石砖（广场砖）生产线，开始生产用于广场的仿石砖；石湾瓷厂从日本引进的日产 2000 平方米彩釉锦砖生产线也正式投产。

1992 年大陆与台湾地区合资诺贝尔集团有限公司在杭州余杭成立。

1994—1995 年，北京建筑材料集团总公司与日本东陶机器株式会社在前期成功合作的基础上，先后合资组建了北京东陶有限公司和东陶机器（北京）有限公司。

1995 年，科勒（中国）投资有限公司成立佛山独资厂，年生产超过一百万件陶瓷。

1997 年，北京兴明泰陶瓷有限公司建成投产。该公司是北京建筑材料集团总公司与泰国水泥（大众）有限公司合资的企业，其产品为具有国际 20 世纪 90 年代先进水平的 COTTO（高陶）品牌的彩釉内墙砖。

（三）外资和技术引进双驱动，助推我国陶瓷工业迈向新台阶

进入新世纪以后，中国建筑卫生陶瓷工业引进外资的力度依然很大。许多世界品牌企业以独资或合资的方式进入中国设厂投产，市场涌现了和成卫浴、美国美标、科勒、伊奈、乐家、杜拉维特等多个知名品牌，带动了中国建筑卫生陶瓷生产工艺技术与装备水平提高，惠达、箭牌、九牧、恒洁等一批国内知名品牌也迅速崛起。此时建筑卫生陶瓷行业引进国外技术主要集中于引进国外自动化、半自动化生产线，推动滚压成型、注浆成型、直接印花、自动上釉等先进技术代替人工，提升装备智能化、自动化生产水平。通过引进消化吸收，全行业技术水平、产品质量、创新能力、装备制造能力都已经达到或接近世界先进水平，中国也逐渐成为世界陶瓷砖产量第一大国。

四、玻璃纤维及制品行业外资和技术装备引进发展情况

（一）借鉴国外技术，实现从无到有

改革开放以前，我国玻璃纤维及制品行业发展缓慢，产量较少。通过借鉴苏联玻璃纤维生产设计，中国玻璃纤维行业成功实现起步发展。1957 年，重工业部、建工部组团赴苏联考察学习玻璃纤维生产技术，形成了我国第一本关于玻璃纤维研究、设计、生产的较为完整的技术资料，也是我国进行第一批玻璃纤维工厂设计的基础资料。1959 年，上海耀华厂拉丝车间建成投产，该厂设计采用的工艺和设备，基本上是依据在苏联学习的经验基础上进行设计，标志着我国玻璃纤维工业体系建设的开始。此后，逐步建立起以上海耀华玻璃厂、杭州玻璃总厂、陕西玻纤总厂、四川玻纤厂、常州天马 253 厂等 16 家大中型玻璃纤维企业为骨干的较为完整的玻璃纤维工业体系，我国玻璃纤维工

业实现了从无到有的过程。在此阶段，我国的玻璃纤维工艺技术以球法坩埚拉丝为主，1977年生产玻璃纤维3.4万吨。

（二）引进消化吸收，逐步实现国产化

改革开放以来，我国引进国外先进的池窑拉丝技术与装备，科研单位与生产厂家联合攻关，消化、吸收引进技术，逐步实现国产化，使中国玻璃纤维工业的生产工艺技术与装备，以及各类玻璃纤维制品的配套技术得到提高。

1984年，重庆玻璃纤维厂引进了一条年产1800吨的波歇窑生产线，于1986年11月投产，投产后生产短切毡和无捻粗纱共13个品种，产品出口创汇200多万美元。此外，还有近10家玻璃纤维企业分别从美国、英国、日本、德国、瑞士等国家，全线或局部引进了玻璃纤维生产技术和装备，推动了中国玻璃纤维工业技术的进步。1987年7月，珠海经济特区玻璃纤维企业有限公司与日本国日东纺绩株式会社、三井物产株式会社签定引进年产4000吨无碱玻璃纤维池窑项目合同，该生产线是中国玻璃纤维工业首次全套从国外引进的无碱玻璃纤维制品生产线，开始了中国池窑法生产玻璃纤维的新征程。

东莞南方玻璃纤维制品有限公司从美国原丝公司引进一座年产4000吨无碱玻璃纤维池窑，于1990年4月建成投产。成都玻璃纤维厂与中国长城工业公司、美国玻璃原丝公司合资兴建成都华原玻璃纤维有限公司，全套引进美国的技术与设备，建成一条年产800吨的无碱组合炉生产线，于1993年5月投产。贵州凯里玻璃厂与美国玻璃原丝公司合资成立凯原玻璃纤维有限公司，全套引进美国专业设备及软件技术，建设一条无碱组合炉生产线，设计年生产能力为800吨。

"万吨无碱玻璃纤维池窑拉丝"项目列入国家"八五"行业重点基本建设项目。经过努力，1997年，我国首条万吨级无碱玻璃纤维池窑拉丝生产线在泰山玻璃纤维公司投产，标志着池窑万吨级技术有了新的突破，打破了国外对我国玻璃纤维池窑技术的垄断。1998年，第一条完全国产化技术与装备的7500吨池窑生产线在杭州新兴玻璃纤维有限公司建成投产，标志着我国全面掌握全套生产技术与装备，为国内玻璃纤维工业发展奠定了基础。1999年，国产玻璃纤维产量达到20.6万吨。

（三）成为玻璃纤维大国，创新提升竞争力

进入21世纪，我国玻璃纤维工业继续走科学发展之路，采取"引进+吸收"策略提升玻璃纤维企业生产力。

2004年，上海恒豪工贸有限公司从国外引进玻璃纤维增强石膏成型品（GRG）产品技术，成功应用在上海东方文化艺术中心项目，这是国内第一个玻璃纤维增强石膏成型品项目。2005年，巨石集团有限公司和德国P-D英特格拉斯技术公司共同投资组建了巨石攀登电子基材有限公司，该公司综合巨石集团有限公司的电子级玻璃纤维纱生产技术和德国P-D英特格拉斯技术公司的玻璃纤维电子布制造技术，充分利用双方市场优势、资本优势，提升了企业竞争力。2007年，中国玻璃纤维产量达到160万吨，跃居世界第一。2008年中国玻璃纤维的使用量和出口量成为世界第一。

通过技术创新，大力发展万吨池窑，持续提升池窑产能与池窑技术创新，我国玻璃纤维企业生产力有了长足的进步，已成为世界玻璃纤维第一生产大国与消费大国，也成为全面掌握单元池窑、马蹄焰池窑、全电熔池窑生产玻璃纤维技术的国家。

五、建材其他行业外资和技术装备引进发展情况

除水泥、平板玻璃、建筑卫生陶瓷、玻璃纤维及制品等主要产业外，建材其他行业也通过资金和技术装备引进获得了长足的发展。

耐火材料产业：新中国成立初期，国家投资近亿元改建了唐钢、太钢、鞍钢等一批耐火材料厂，同时将山东、河北、上海等地的几个玻璃砖瓦厂改建成耐火材料厂，还在苏联援建项目中新建了具有较高机械化水平的鞍钢大石桥镁矿镁砖厂。改革开放初期，我国从奥地利引进超高温重油竖窑、从德国引进2200吨全自动液压机、从日本引进3000吨全自动液压机，标志着中国重点耐火材料企业装备水平上了一个台阶。21世纪以来，营口青花集团从日本三石深井公司和德国莱斯公司先后购进10台2000吨全自动液压机和机械手，还从德国购进了爱力许混砂机；瑞泰科技股份有限公司等骨干企业也陆续配置了国外先进的成型、混碾及热工装备。

混凝土制品产业：1957年10月兴建的华新厂石棉水泥管生产线，全套采用奥地利设备，是新中国在20世纪50年代从西方国家引进的少数建材项目之一；20世纪90年代，又从丹麦、意大利、德国、美国等引进立式径向挤压法、立式振动法和芯模振动液压成型设备生产钢筋混凝土管材。

干混砂浆产业：福建南方路面机械股份有限公司（以下简称"南方路机"）与美国特雷克斯（中国）投资有限公司合资，成立了特雷克斯/南方路机移动破碎设备（泉州）有限公司，2011年南方路机引进日本寿技研公司的专利技术，涉足干式制砂领域。2011年引进台湾先进技术，为建筑垃圾资源化处理难题提供全套解决方案和设备，做到所有的废弃物全部回收利用，实现零排放。

烧结装饰砖产业：大连太平洋公司从美国斯蒂尔公司引进设备和技术建成了年产7500万块烧结装饰砖生产线，经过多年发展，达到了年产装饰砖3000万块、薄型砖1000万片的生产能力。2002年，秦皇岛晨砻公司引进了两条意大利柏岱斯蒂公司的全自动生产线，两条线的年生产能力达2.5亿块装饰砖，以页岩为主要原料，生产高档清水墙装饰砖。2008年新疆城建（集团）股份有限公司引进了德国凯乐公司的年产3亿块烧结装饰砖与烧结保温空心砌块生产线，采用了立式粉碎、机器人码坯、干燥与烧成节能新技术与装备等。先进烧结砖工艺技术和装备的引进，全面提升了我国砖瓦工业的技术装备水平。

第二节　重点外资企业在我国的发展情况

随着改革开放等基本国策的确立，面对广阔的市场前景和丰富的资源储备，外国企业纷纷涌入我国，同时也使我国迈向国际合作发展的新阶段。在这时代的浪潮中，不乏国际知名建材企业的身影，以瑞士豪瑞集团、日本AGC株式会社、美国科勒公司、美国欧文斯科宁公司、丹麦洛科威集团等为代表的国外知名建材企业集团凭借自身技术与经验的优势，以及国际化发展理念，融入中国，扎根中国，推动我国及世界建材行业大步前进。

一、瑞士豪瑞集团

1912年，豪瑞集团成立于瑞士，发展至今，作为全球领先的水泥、骨料、预拌混凝土、

沥青以及相关领域服务供应商,在约 70 个国家和地区拥有 2300 个站点及 7 万名员工。

作为当今世界上最大的水泥市场,豪瑞集团参与我国水泥工业的发展可以追溯到 20 世纪 90 年代,当时主要通过技术转让的形式实现经验分享,其中涉及包括环境管理等水泥生产各个环节。1995 年,豪瑞集团成为苏州金猫水泥有限公司的股东,开始在中国进行战略投资;同年,在北京成立代表处。1999 年,豪瑞集团成为华新水泥股份有限公司的战略投资者,此后又将所持的金猫股份出售给华新水泥股份有限公司。

2008 年,豪瑞集团通过定向增发扩大了在华新水泥股份有限公司的持股量,成为其最大股东。曾经的北京代表处也升级成为豪瑞管理顾问(中国)有限公司,支持豪瑞集团与华新水泥股份有限公司的合作,并进一步加强豪瑞集团在我国的业务活动。建立伙伴关系之后,豪瑞集团分享了成熟的技术和成功的管理经验,并结合我国国情,帮助华新水泥股份有限公司在技术创新、节能减排、环境保护以及可再生资源利用上取得了丰硕的成果。华新水泥股份有限公司年产量稳步增长,主要经济指标连年攀升,现已发展为涉足水泥、混凝土、骨料、环保、装备制造及工程、新型建筑材料等领域全产业链一体化发展的全球化建材集团,跃居全球十大水泥企业之一,年水泥产能超 1.1 亿吨,在全国十余个省市及海外拥有 280 余家分公司。

2015 年,豪瑞集团完成与法国拉法基集团的合并。作为当年世界建材行业最大的一起并购案,一度改变了全球水泥行业的格局。两者合并后,企业也于 2021 年最终更名为豪瑞集团。合并前的拉法基集团水泥业务早在 1994 年已进入我国市场,成立了第一家合资公司,即位于北京怀柔区的兴发水泥公司。随后,相继于 1996 年成立上海拉法基石膏建材有限公司、2002 年设立都江堰拉法基水泥有限公司、2005 年成立拉法基瑞安水泥有限公司等。拉法基集团凭借其擅长运营和管理的优势,多以投资建厂、收购或合资的方式,重点布局西南地区。拉法基集团与其合作伙伴在我国的总投资额超过 4 亿美元,共建立合资或独资企业十余家。

当今的豪瑞集团在华采用更多的合作方式,与各地政府部门和行业组织在多个方面展开合作,利用豪瑞集团的国际经验为我国水泥工业的整体发展做出贡献,以可持续的方法解决与建筑及建设相关的技术、环境、社会责任和经济问题。例如,协助湖北省发展和改革委员会设计碳排放交易体系,作为唯一一家外国公司获邀参与中国建筑业低碳产业研究等。

二、日本 AGC 株式会社

1907 年,AGC(原"旭硝子")株式会社(以下简称 AGC)成立于日本,是日本材料领域制造业的代表之一。目前,AGC 的主要业务涵盖玻璃、化学、电子、工业陶瓷等领域,许多产品的占有率世界第一,且近年来开始了在生命科学领域的投资,以期培育未来支柱产业。就玻璃产业而言,AGC 是一家综合涵盖了建筑、汽车、显示器、半导体、电子部件、医疗、消费等领域的公司,玻璃产品的总销售额位居世界前列。

早在 1916 年,AGC 已开始从辽宁和青岛进口作为玻璃原料的盐,这是 AGC 与我国最初的商业往来,是一种纯粹的贸易型合作。

在改革开放之前,中日贸易协定于 1974 年签署,自此双方建立了正式的基于外交关系的贸易体系。1977 年,AGC 接到了来自中国国际贸易促进协会的项目洽谈意向,希望 AGC 向中国陕西彩色显像管总厂（咸阳）出口彩电（显像管）阀门制造工厂和技术。AGC 坚信，支持中国的发展必将带动集团的发展，并于中国改革开放初始的 1978 年签署了该项目合作协议。作为 AGC 在我国的第一个大型工厂和技术出口项目，项目团队人员通力协作，积极解决各种难题，并适当控制成本，项目圆满成功，并获得电子工业部以及全国各地电视阀门行业的关注和信任。随后 AGC 先后接到成都黑白及彩色阀门的工厂订单，接到增设咸阳工厂订单，受邀救援深圳中康公司，在上海成立彩色电视阀门制造合资公司。自此，AGC 开启了在华"工厂和技术提供型"投资，1978 年向山东省石化联合工厂出口化学相关设备并提供技术，1979 年向河北省浮法玻璃出口设备并提供技术，1984 年完成上海离子交换膜法烧碱的设备出口与技术提供，同年为中国化工建设总公司提供电解槽技术，1986 年向辽宁锦西提供化学相关的设备出口和技术等。

1992 年，我国进入新一轮改革开放高潮，AGC 借此契机，以"合资建厂"的方式开始直接投资中国企业。同年，由中国、美国、日本共同出资兴建，AGC 成立了用于建筑、汽车玻璃的广东浮法玻璃公司和大连浮法玻璃公司，从日本持续引进最新设备，派遣熟悉工厂现场的管理人员，对中国技术人员进行持续稳步的培训。1993 年，淄博旭硝子电溶材料公司（现淄博艾杰旭刚玉材料有限公司）成立，公司的主要电炉和加工设备从日本进口，一些外围设备机器由 AGC 设计并在中国生产，2003 年公司在当地设立研发中心，积极引进日本开发的新技术在中国进行应用，该公司也成为 AGC 在中国合资事业的成功代表。

2000 年以后，AGC 加速在华投资步伐。在汽车玻璃领域，先后于 2003 年在秦皇岛（1995 年合资）、2004 年在苏州（汽车加工玻璃为 2016 年）、2008 年在佛山成立独资汽车玻璃工厂。在显示器玻璃领域，AGC 先后设立了生产显像管玻璃及相关玻璃材料的上海旭电子玻璃有限公司、北京旭硝子电子玻璃有限公司等，前者通过生产当时全球最先进的大尺寸产品，为中国电视和显像管行业的发展做出了巨大贡献。2000 年后期，电视从显像管时代进化到平板电视时代，AGC 开始转向投资液晶玻璃，并在 2010 年后相继在昆山和深圳进行大规模投资。

近年来，中国不断涌起开拓创新的浪潮，为了顺应时代的潮流，AGC 在既有的擅长领域保持发展以外，在中国的新兴增长领域开展投资。例如在半导体的电子技术、氟素技术、生命科学等领域，AGC 与中国领先公司和学术界合作，将自有的各种材料技术术应用于中国新兴领域。

三、美国科勒公司

创立于 1873 年的科勒公司是迄今美国最庞大的家族企业之一，其业务和企业遍布世界各地。截至 2021 年，科勒公司在全球拥有超过 50 家工厂及 3.5 万名员工。公司核心业务包含厨房卫浴、动力系统、知名酒店和世界级高尔夫球场以及家具及室内装饰，旗下品牌 30 多个。

早在 20 世纪 20 年代末，科勒公司就与中国结下了深厚渊源。许多当年著名的商用和住宅项目、公共设施等就已经使用了科勒公司产品，比如上海的国际饭店、锦江饭店等。

1995 年，科勒公司中国办事处在香港设立，自此科勒正式进军中国市场。随后至 1998 年间，科勒公司在中国开设了三家卫浴产品独资生产厂，分别是佛山陶瓷厂、北京龙头厂以及上海铸铁与亚克力厂。

1999年,科勒公司将中国总部设在上海,并正式拥有在中国生产全线卫浴产品的能力。2001年,科勒成为我国高端卫浴市场销售第一的品牌。2002年,科勒(中国)投资有限公司在上海成立,正式作为科勒公司亚太区总部。

2003年,科勒公司全球动力系统落户中国,在常州建立了独资工厂,主要生产交流发电机等。

2005年,具备先进生产技术和工艺的南昌龙头工厂落成,标志着科勒公司在中国的发展进入提速阶段,完整全面的布局极大地提升了对中国市场,特别是中西部市场的快速反馈和服务能力。

2007—2008年,科勒公司先后在常熟建立工厂生产橱柜产品,正式在中国推出橱柜业务;在重庆设立工厂生产发电机及发动机设备;在上海金桥开发区成立了科勒电子厂;在珠海成立了厨卫产品有限公司,主要生产水槽和不锈钢产品;在中山成立了卫浴有限公司,主要生产淋浴房、淋浴盆、整体浴室、蒸汽房和浴缸等产品。2011年,科勒淄博有限公司正式成立,其办公室荣获美国LEED金级绿色认证。

2015年,科勒厨卫集团亚太研发中心在上海宝山落成,具备一流的实验室测试能力,是亚太地区屈指可数的超一流研发基地,该中心还获得了中国合格评定国家认可委员会(CNAS)认证,具备扩展到全球标准实验室的能力。

2018年,科勒(中国)投资有限公司与武进国家高新区签署协议,科勒项目将落户该园区,主要从事净水设备、浴霸、隐藏式水箱、装配式整体卫浴相关产品的研发、生产及销售。同年,辽宁苏泊尔陶瓷工业有限公司更名为沈阳科勒卫浴有限公司,此次变更,投资人由辽宁苏泊尔卫浴有限公司更换为科勒(中国)投资有限公司,经营范围更换为卫生陶瓷、工业陶瓷、建筑陶瓷及配件的制造及销售等领域。

截至2021年,科勒公司在中国已经拥有12家厨卫工厂,涵盖陶瓷洁具、龙头、浴缸、淋浴房、水槽、净水、橱柜衣柜等产品品类。这些年来,许多重大工程项目选择科勒品牌作为厨卫合作伙伴。例如,2008年北京奥运会、2010年上海世博会等;在高端商业、甲级写字楼、五星级酒店项目中也不乏科勒品牌的身影,如上海金茂大厦、上海中心大厦、北京大兴机场、钓鱼台国宾馆、上海前滩香格里拉酒店等;科勒公司与全国超百家大型房地产商建立了战略合作关系。

此外,科勒积极担当社会责任,在力所能及范围内投身于解决环境治理等问题。2014年,第一个科勒希望厨房项目在湖南省临湘市羊楼司镇中心小学落成,除标准的厨房设备外,科勒另捐赠净饮机和无铅龙头,改善了孩子们的用餐环境与饮水卫生;截至2015年,科勒公司已先后在河北衡水、陕西榆林、云南昆明晋宁、宁夏中宁县以及山东聊城东阿县共建5个科勒林,共计23万棵树,为中国的环保事业贡献力量。

四、美国欧文斯科宁公司

1938年,欧文斯科宁公司成立于美国,作为玻璃纤维池窑技术的发明者和推广者,是全球第一家实现玻璃纤维产品量化生产的企业。公司致力于推动保温材料、屋面系统和玻璃纤维复合材料的开发、生产和销售,并在领域内处于市场领先水平。

1997年,欧文斯科宁(中国)投资有限公司在上海浦东成立,2003年被评定为"跨国公司地区总部",十年后升级为亚太地区总部。在技术领域,2012年,欧文斯科宁公司在浦东设立了亚太研发中心,研发人员涵盖力学、保温、燃烧、化学分析等多个应用领域,充分利用欧文斯科宁公司的全球研发经验,并结合中国客户的实际需求,在建筑材料及复合材料业务上研发更多适合本地市场的绿色和节能产品,为客户提供技术支持、解决和应用方案。

2018年,欧文斯科宁公司收购国内知名岩棉制造企业安徽广德施可达岩棉股份有限公司,这是其在中国保温材料业务领域的第一个收购项目。有数据显示,2019年欧文斯科宁公司在中国区的营业收入已占全球总收入的7%,且其在华布局还在稳步提升。

经过多年在华发展,欧文斯科宁公司根据中国所面临的环境与节能的挑战,打造出专供中国市场的玻璃棉、岩棉、挤塑泡沫板、橡塑、泡沫玻璃等保温产品,以及塑料涂膜织物和多层复合增强塑料基材等屋面产品,并成为中国首家通过欧洲矿棉制品验证委员会(EUCEB)认证的玻璃棉生产商。此外,欧文斯科宁公司在将创新产品与技术引入中国的同时,先后参加了近40本规范和标准的编制工作,例如《严寒和寒冷地区居住建筑节能设计标准》(JGJ 26)等,助力提升了中国的建筑节能标准水平。

如今,欧文斯科宁中国公司已集聚了人力资源、法律、财务、信息服务、研发等功能性部门,对在亚太区投资的所有实体业务及直接或间接报告的工厂进行管理和提供服务。在中国,95%以上的地标性建筑、20多个交通枢纽和干线机场、80%的国际五星级酒店、超2万个现代化工业厂房,以及80%的核电项目、超40个石油化工项目、超8000千米热力管网建设中都能看到欧文斯科宁公司产品的足迹。

五、丹麦洛科威集团

1909年,洛科威集团成立于丹麦,自1937年以来致力于岩棉的生产及相关领域解决方案的开发。

2010年,洛科威集团进入我国,收购了当时我国岩棉行业的领头羊西斯尔(CSR)集团在亚洲的保温隔热材料业务,正式开启了其在中国发展的新篇章。洛科威集团拥有对我国岩棉保温行业熟悉的员工团队,凭借其多年的岩棉生产、销售和技术经验以及全球化的生产模式,洛科威中国公司在岩棉生产工艺上向前迈进了一大步。

2018年,洛科威集团宣布完成对扬州科沃节能新材料有限公司的收购,主要生产制造各类建筑用岩棉制品,目前拥有两条先进的岩棉生产线,具备年产5万吨岩棉制品的生产能力。

洛科威中国公司一直大力推进中国地区的多元化业务,公司在广州、扬州拥有年产能11万吨的岩棉生产基地,在北京、上海、广州和香港等核心城市设有分公司。

在通用建筑保温以及工业隔热等领域,除各种岩棉制品和解决方案外,洛科威集团近年来还积极研发各种多元化的应用和解决方案,同时兼顾与环境和平共处,应对诸如能源消耗、噪声污染、火灾威胁等严峻问题带来的挑战,减少建筑碳足迹,促进社会绿色可持续发展。

第四章

"走出去"发展：建材行业对外投资和服务

对外投资和服务是新世纪以来中国建材行业践行"走出去"发展战略、积极开展国际合作的重要领域。近年来，建材行业在国际工程总承包服务、对外投资与国际产能合作等领域取得了显著的成绩，输出资本、技术、服务的同时，积极创新工程总承包服务模式、提升服务水平、拓展服务领域，全面探索在不同资本输出目的国所设立的企业的属地化经营与可持续发展路径。当前，我国建材行业以"一带一路"建设为重点，加快培育国际经济合作，提升竞争优势，加大对外绿色低碳投资，推动绿色低碳技术装备、绿色产品、绿色服务"走出去"，促进先进绿色低碳产能输出。

本章对我国建材行业对外投资和服务领域的发展历程、发展现状、发展趋势、行业政策、企业 ESG 及可持续发展等内容进行了全面的总结，并对建材对外投资领域所涉及的重点国别的政策环境、市场环境与产业环境进行了全面分析。

第一节 国际工程总承包

一、发展历程

（一）建材行业国际工程总承包发展历程

EPC 是国际通行的工程建设项目组织实施方式，EPC 的核心在于通过设计和施工过程的组织集成，促进设计与施工的紧密结合，以达到为项目增值的目的。工程总承包作为国际通行的建设项目组织实施方式，在发达国家已有上百年的发展历史，1999 年国际咨询工程师联合会（FIDIC）编写《设计采购施工（EPC）交钥匙工程合同条件》，确认了 EPC 模式在工程承包体系的独立位置。国内建材行业开展国际工程总承包（EPC）主要经历了三个阶段。

1. EPC 起步阶段（2005 年之前）

20 世纪 80 年代，国内首先从选定的几家具有一定规模和市场影响力的建材设计单位开始试点 EPC 模式，并逐步进行推广。20 世纪 90 年代，有关单位开始给符合条件的设计单位颁发工程总承包资格证书，扩大了参与 EPC 的经济主体，这个阶段众多建材企业积极探索 EPC 模式，为进入国际市场做足准备。2001 年 12 月，整合了国内多家水泥工程设计、安装、施工企业的中国中材国际工程股份有限公司（简称"中材国际"）应运而生。2002 年，中材国际下属中材建设有限公司（以下简称"中材建设"）承包建设多米尼加水泥厂项目，这是我国第一家进入国际水泥工程总承包市场的企业；接着中材建设于 2004 年承包建设阿尔巴尼亚水泥厂项目，这是国内第一个把我国大型水泥成套设备出口到欧洲市场的项目。2005 年，中材国际承接了沙特 SCC 两条日产 10000 吨新型干法水泥熟料生产线项目，这是当时世界水泥工业装备制造与供货、工程建设行业单笔金额最大的项目之一，显示出我国水泥技术装备在国际市场上具有较强的竞争能力。

随着我国水泥、浮法玻璃等技术装备出口到东南亚、中东、非洲和欧洲等地区的很多国家，水泥成套技术装备及工程建设服务出口规模逐年扩大，建材行业生产技术水平和装备制造能力不断提高，建材企业也在国际工程总承包市场中把握机会、相继承接了许多国际工程总承包项目，此阶段为我国建材行业 EPC 起步阶段。这个阶段我国建材行业在国际水泥工程技术装备及工程服务市场的份额已达到 20% 以上。

2. EPC 发展阶段（2006—2015 年）

中国建材技术装备有限公司联合成都建筑材料工业设计研究院有限公司与阿联酋联合水泥公司签订的 UCC 日产 10000 吨水泥熟料生产线建设的总承包项目于 2007 年验收，这是中国第一条日产 10000 吨水泥熟料生产线出口项目。这一单线规模最大项目的建成投产，标志着中国水泥生产工艺技术和装备大型化及大型总承包工程迈上了一个新台阶。凭借着雄厚的资金和技术实力，中国建材国际工程集团有限公司、秦皇岛玻璃工业研究设计院有限公司和南京凯盛国际工程有限公司等企业纷纷投入海外工程总承包市场。

在此期间，中华人民共和国住房和城乡建设部印发的《建设项目工程总承包合同示范文本（试行）》使国内的 EPC 总承包模式首次拥有了可以与国际咨询工程师联合会（FIDIC）编写的《设计采购施工（EPC）交钥匙工程合同条件》比肩的合同范本；《国务院关于化解产能严重过剩矛盾的指导意见》（国发〔2013〕41 号）指出要拓展对外工程承包领域，提升对外承包工程质量和效益。政策的指引推动建材行业由国内 EPC 市场转向国外 EPC 市场。此阶段为我国建材行业 EPC 快速发展阶段。这个阶段我国建材成套技术装备出口规模不断扩大，水泥建设工程服务已占全球 50% 以上的市场份额。

3. EPC+M、EPC+OM、EPC+F 等模式创新阶段

进入"十三五"时期，我国水泥、平板玻璃、玻璃纤维、陶瓷等产业的成套技术装备水平已达到世界先进或领先水平，水泥和平板玻璃成套技术装备和工程总承包服务占据国际市场的主要份额。以中国建材集团有限公司为代表的水泥工程建设总承包占全球市场份额的 65%，平板玻璃工程项目占全球市场份额的 90%。国外工程和技术服务已成为建材工业"走出去"战略实施的重要标志。同时，经过多年发展，我国建材行业 EPC 模式越来越成熟，根据项目的不同，EPC 模式逐渐向 EPC+F（融资）、EPC+O（运营）、EPC+S（监管）、EPC+F+O（融资+运营）、EPC+OM（运营管理）、EPC+I（投

资）、EPC+BOT（建设—经营—转让）、EPC+PPP（公共私营合作）模式发展。

（二）建材行业国际工程总承包取得成绩

从 2007 年开始，我国水泥、平板玻璃、建筑陶瓷等行业在全国制造业中已率先实现了从产品出口向大型成套技术装备出口的跨越，其先进性、可靠性和优异的性价比得到国际业界的好评。在承接发展中国家的大型新型干法水泥熟料生产线建设项目的工程总承包过程中，中材国际工程股份有限公司已占据主导地位，洛阳浮法玻璃成套技术装备也出口东南亚、中东、非洲、欧洲等地区。

中华人民共和国商务部发布的《2020 年度中国对外承包工程统计年报》统计信息显示，2020 年，我国企业在 99 个国家（地区）新签工业建设类项目合同 1623 份，新签合同额 139.1 亿美元。工业建设包括我国企业承建的钢铁和有色金属加工企业、化学品企业、建材企业、食品和饮料加工企业、制药企业等项目的建设。其中，2020 年对外承包工业建设类项目新签合同额中建材企业占 13.3%，我国对外承包建材项目总金额达到 18.5 亿美元。

中国建材集团有限公司、安徽海螺集团有限责任公司、中节能东方双鸭山建材设备有限公司等企业已能够为国外客户提供成套设备的一条龙服务和工程总承包服务。中国建材集团有限公司旗下的水泥工程建设总承包占全球水泥行业 65% 的建设市场，平板玻璃工程建设项目占全球 90% 的市场份额；中节能东方双鸭山建材设备有限公司在海外总承包了 30 多条砖瓦生产线，为我国在国际上赢得了市场，也为行业"走出去"奠定了良好的基础；在 2019—2021 年间，中材国际工程股份有限公司连续 3 年上榜美国《工程新闻记录》（ENR）"全球最大 250 家国际承包商"榜单，2021 年，中材国际工程股份有限公司以 12.98 亿美元境外工程收入位列中国入榜企业第 13 位，全球入榜企业第 60 位。

二、工程总承包政策

工程总承包是国际通行的建设项目组织实施方式，有利于实现设计、采购、施工等各阶段工作的深度融合，提高工程建设水平，推动产业转型升级，助力国内企业"走出去"。为此，国家在对外及对内工程总承包方面均制定了一些相关政策，具体内容见表 4-1、表 4-2。

表 4-1　中国对外承包工程部分相关管理文件

序号	发布机构	文件名称	文件主要内容
1	中华人民共和国国务院	《对外承包工程管理条例》中华人民共和国国务院令第 527 号	文件指出：国家鼓励和支持开展对外承包工程，提高对外承包工程的质量和水平；对外承包工程的单位应当依照本条例的规定，取得对外承包工程资格
2	中华人民共和国商务部、中华人民共和国住房和城乡建设部	《对外承包工程资格管理办法》中华人民共和国商务部、中华人民共和国住房和城乡建设部令 2009 年第 9 号	文件指出：对外承包工程的单位依据本办法取得对外承包工程资格，领取《中华人民共和国对外承包工程资格证书》后，方可在许可范围内从事对外承包工程

续表

序号	发布机构	文件名称	文件主要内容
3	中华人民共和国商务部办公厅	《商务部办公厅关于做好对外承包工程项目备案管理的通知》商办合函〔2017〕455号	文件指出：对外承包工程项目投（议）标核准取消后，商务主管部门对一般项目实行备案管理，对在与我无外交关系国家（地区）承揽的项目、涉及多国利益及重大地区安全风险的项目仍按照特定项目管理
4	中华人民共和国商务部等19部门	《关于促进对外承包工程高质量发展的指导意见》商合发〔2019〕273号	文件指出：鼓励企业依托建材等行业的产业优势，特别是发挥上述行业在技术研发、装备制造等方面的全产业链优势，以及产品价格合理、服务高效快捷的比较优势，推动对外承包工程领域不断拓宽、层次逐步提高
5	中华人民共和国商务部等19部门	《关于促进对外设计咨询高质量发展有关工作的通知》商合函〔2021〕1号	文件指出：鼓励有实力、有条件的对外设计咨询企业采取联合经营、并购重组等方式延展业务链条，培育综合性多元化服务能力。鼓励有条件的设计咨询企业联合国内投资、建设施工、装备制造企业和金融机构共同开拓国际市场，共享市场网络和资源，建立合理成本分担和利益分配机制，加强深度融合，形成对外承包工程上下游产业合力
6	中华人民共和国商务部办公厅	《关于加强对外承包工程项目报告工作的通知》商办合函〔2021〕204号	文件指出：对外承包工程企业及其他单位应当及时报告对外承包工程项目开展情况

表4-2 中国对内承包工程部分相关管理文件

序号	发布机构	文件名称	文件主要内容
1	建设部	《建设部关于培育发展工程总承包和工程项目管理企业的指导意见》建市〔2003〕30号	文件指出了推行工程总承包和工程项目管理的重要性和必要性，明确了工程总承包的基本概念和主要方式
2	中华人民共和国国务院	《关于加快振兴装备制造业的若干意见》国发〔2006〕8号	文件指出：发挥市场导向和政策支持的作用，形成一批跨行业、跨地区的集系统设计、系统集成、工程总承包和全程服务为一体的工程公司，参与国家重点工程项目的建设和管理，并积极开拓国外市场。鼓励企业通过自主开发、引进技术消化吸收以及国际合作、并购、参股国外先进的研发、制造企业等方式掌握核心技术

续表

序号	发布机构	文件名称	文件主要内容
3	中华人民共和国住房和城乡建设部	《住房城乡建设部关于推进建筑业发展和改革的若干意见》建市〔2014〕92号	文件提出：要加大工程总承包推行力度。倡导工程建设项目采用工程总承包模式，鼓励有实力的工程设计和施工企业开展工程总承包业务。推动建立适合工程总承包发展的招标投标和工程建设管理机制，调整现行招标投标、施工许可、现场执法检查、竣工验收备案等环节管理制度，为推行工程总承包创造政策环境。工程总承包合同中涵盖的设计、施工业务可以不再通过公开招标方式确定分包单位
4	中华人民共和国住房和城乡建设部	《住房城乡建设部关于进一步推进工程总承包发展的若干意见》建市〔2016〕93号	文件要求开展工程总承包试点，并明确了联合体投标、资质准入、工程总承包商承担的责任等问题
5	中华人民共和国住房和城乡建设部	《关于发布国家标准〈建设项目工程总承包管理规范〉的公告》中华人民共和国住房和城乡建设部公告第1535号	文件对总承包相关的承发包管理、合同和结算、参建单位的责任和义务等方面作出了具体规定
6	中华人民共和国住房和城乡建设部、国家市场监督管理总局	《住房和城乡建设部市场监管总局关于印发建设项目工程总承包合同（示范文本）的通知》建市〔2020〕96号	《示范文本》由合同协议书、通用合同条件和专用合同条件三部分组成。《示范文本》适用于房屋建筑和市政基础设施项目工程总承包承发包活动
7	中华人民共和国工业和信息化部等部门	《关于进一步促进服务型制造发展的指导意见》工信部联政法〔2020〕101号	文件指出：鼓励制造业企业提高资源整合能力，提供一体化的系统解决方案，开展总集成总承包服务。支持制造业企业依托核心装备、整合优质产业资源，建设"硬件+软件+平台+服务"的集成系统，为客户提供端到端的系统集成服务。支持有条件的制造业企业发展建设—移交（BT）、建设—运营—移交（BOT）、建设—拥有—运营（BOO）、交钥匙工程（EPC）等多种形式的工程总承包服务，探索开展战略和管理咨询服务
8	中华人民共和国住房和城乡建设部	《住房和城乡建设部等部门关于推动智能建造与建筑工业化协同发展的指导意见》建市〔2020〕60号	文件提出：加快培育具有智能建造系统解决方案能力的工程总承包企业，统筹建造活动全产业链，推动企业以多种形式紧密合作、协同创新，逐步形成以工程总承包企业为核心、相关领先企业深度参与的开放型产业体系

续表

序号	发布机构	文件名称	文件主要内容
9	中华人民共和国住房和城乡建设部	《住房和城乡建设部关于建设工程企业资质管理制度改革方案》建市〔2020〕94号	文件明确：积极培育全过程工程咨询服务机构，为业主选择合格企业提供专业化服务。大力推行工程总承包，引导企业依法自主分包

三、重点行业国际工程总承包发展现状

（一）水泥行业

EPC国际工程业务是我国水泥行业对外服务的亮点，已在80多个国家承建了300多个大型水泥工程项目，并提供工程设计、施工、安装、调试服务，甚至是投产后的企业生产运行管理服务。在发展过程中，逐渐形成了EPC+F（融资）、EPC+OM（运营管理）、EPC+BOT（建设—经营—转让）等创新服务模式。

1. 中国中材国际工程股份有限公司

中材国际依托国际领先的、拥有自主知识产权的新型干法水泥熟料生产线工艺技术以及完整的水泥技术装备工程服务"全产业链"资源，以国际工程为载体，带动我国产品、技术、标准、资本等全要素输出，成为全球水泥工程市场极具竞争力的总包商。2021年，公司上榜美国《工程新闻记录》（ENR）"全球最大250家国际承包商"榜单，位列中国入榜企业第13位，全球入榜企业第60位；2021年境外工程营业额达83.67亿元。

公司旗下拥有多家水泥专业甲级设计研究院、工程建设公司、装备制造公司，这些实体资源是实施总承包系统服务的基础，奠定了中材国际水泥工程总承包业务的海外市场份额占有率连续14年全球第一的位置。中材国际承接的阿联酋UCC项目是我国建材企业在海外总承包建成投产的第一条具有自主知识产权的万吨水泥熟料生产线，打破了欧洲企业长期主导国际大规模水泥工程建设市场的局面。中材国际在沙特总承包的5条水泥熟料生产线建设项目是其大规模进入国际市场的开端，沙特项目的成功打破了近百年来西方发达国家对全球水泥技术装备市场的垄断，标志着我国水泥技术装备成为全球水泥技术装备及工程的重要参与者。埃及GOE的6条日产6000吨水泥熟料生产线是世界水泥行业迄今在同一地点、同一时间、同步建设的最大规模水泥熟料生产线。保加利亚Devnya日产4000吨水泥熟料生产线，采用欧盟标准及"本土化"模式建设完成，项目获得了保加利亚年度最佳建筑奖、年度最佳投资奖及保加利亚特别贡献奖。印度尼西亚BAYAH万吨水泥熟料生产线项目是"中国速度与品质"的良好示范，是其打造"全球海洋支点"战略的标杆性工程。法国图卢兹MK3项目是目前水泥行业替代燃料使用率最高的项目之一，项目以智慧建造为支撑，衍生至工厂全生命周期管理，讲述了我国工业数字化的新变革。这些标志性项目极大地提升了我国建材企业在世界水泥行业的品牌形象和影响力。中国中材国际工程股份有限公司部分已完成的EPC项目见表4-3。

凭借着先进的EPC模式和高质量的工程服务，中材国际的足迹已经遍布五大洲80

余个国家，截至2022年6月，累计在境外80余个国家承建288条水泥生产线。作为水泥技术装备与工程的"链长"企业，中材国际带动6000余家上下游企业走出国门，让中国企业链在海外落地生根，推动中国技术、标准、制造及创造全面走向世界，其"SINOMA"品牌已经成为国际建材工程总承包市场最具影响力的品牌之一。

表 4-3 中材国际部分已完成的 EPC 项目

序号	项目名称	项目规模（t/d）	投产时间（年）
1	越南福山1、2线水泥熟料生产线项目	2×5000	2005、2009
2	沙特 SPCC 一线水泥熟料生产线项目	5000	2007
3	沙特 RCC 一线水泥熟料生产线项目	50000	2007
4	阿联酋 UCC 万吨水泥熟料生产线项目	10000	2007
5	阿拉伯联合酋长国 Cemex 磨削站项目	5000	2007
6	奠边日产1000吨水泥熟料生产线	1000	2009
7	伊拉克苏莱曼尼亚水泥熟料生产线项目	3×5300	2007、2009、2011
8	沙特 SCC 水泥熟料生产线项目	2×10000	2009
9	中基安哥拉罗安达水泥熟料生产线项目	2×5000	2010、2013
10	阿曼水泥公司（OCC）水泥熟料生产线项目	4000	2011
11	南非 Sephaku 水泥熟料生产线项目	5000	2014
12	Dangote 埃塞俄比亚一线水泥熟料生产线项目	5000	2015
13	巴拉圭 TUPI 日产1000吨水泥熟料生产线项目	1000	2015
14	刚果（金）PPC-BARNET 水泥熟料生产线项目	3000	2017
15	安哥拉日产5000吨水泥熟料生产线项目	5000	2017
16	土耳其 Limak ANKA 水泥熟料生产线项目	5000	2018
17	印度尼西亚 GAMA 集团 Bayah 水泥熟料生产线项目	2×10000	2015、2020
18	尼日利亚 Dangote 集团 Ibese 水泥熟料生产线项目	4×6000	2018
19	越南龙山水泥熟料生产线项目	2×6000	2018、2020
20	巴基斯坦 Kohat 4线水泥熟料生产线项目	7800	2019

中材国际旗下的天津水泥工业设计研究院有限公司、成都建筑材料工业设计研究院有限公司、中材建设有限公司、南京凯盛国际工程有限公司、北京凯盛建材工程有限公司、苏州中材建设有限公司、邯郸中材建设有限责任公司等凭借子公司各自优势，支撑

中材国际海外水泥工程总承包市场份额占有率稳居首位。

天津水泥工业设计研究院有限公司以自主核心技术与关键主机装备出口带动成套装备和工程出口，以 EPC 和 EP 总承包模式进入国际水泥行业工程建设市场，在俄罗斯、哈萨克斯坦、巴基斯坦、印度尼西亚、沙特、埃及等 45 个国家承建了 123 个水泥工程总承包项目，涉外工程遍布亚洲、欧洲、非洲和美洲。其中，公司承建的马来西亚 HUME 二线装备国产化率高达 97%，所有主机设备全部为天津水泥工业设计研究院有限公司自给。印度 Sindri、Tikaria 两条年产 150 万吨水泥粉磨站项目全面采用三维可视化设计，从设计采购到施工安装，自主研发的 BIM 技术贯穿始终，全生命周期数字化平台的运用大大提升了项目建造品质，最终提供给客户的不仅是一个实体工厂，还有一个覆盖核心信息的数字孪生工厂，同时其核心装备及技术全部为天津水泥工业设计研究院有限公司自有装备技术。项目最终克服了印度新冠肺炎疫情暴发、资源短缺、人员流动不畅等一系列困难，成功实现提前投产，大大提升了中材国际"SINOMA"品牌在当地的影响力和美誉度。天津水泥工业设计研究院有限公司部分已完成的 EPC 项目见表 4-4。

表 4-4 天津水泥工业设计研究院有限公司部分已完成的 EPC 项目

序号	项目名称	项目规模（t/d）	投产时间（年）
1	埃及 GOE 一线、二线水泥项目	2×5000	2010
2	哈萨克斯坦标准水泥一线、二线项目	2×2500	2011、2015
3	马来西亚 Hume 水泥一、二线项目	2×5000	2012、2016
4	沙特 UACC 水泥线项目	6000	2015
5	沙特 UCIC 水泥线项目	5000	2016
6	印度尼西亚海德堡万吨线项目	10000	2016
7	巴基斯坦 Lucky 卡拉奇项目	3100	2017
8	阿根廷 Lindos 项目	2000	2017
9	印度尼西亚 Baturaja 项目	5000	2017
10	吉尔吉斯斯坦熟料线项目	2500	2018
11	阿联酋 JSW 项目	3000	2019
12	俄罗斯白水泥项目	700	2021

中材建设有限公司作为我国第一家进入国际水泥工程总承包市场的企业，于 2002 年承包建设多米尼加水泥厂项目之后开启了多项海外水泥工程总承包项目，在国际水泥工程建设领域具有重大影响力。中材建设有限公司部分已完成的 EPC 项目见表 4-5。

表 4-5　中材建设有限公司部分已完成的 EPC 项目

序号	项目名称	项目规模（t/d）	投产时间（年）
1	多米尼加 DOMICEM 1 线项目	2500	2005
2	豪瑞摩洛哥 SETTAT 项目	4000	2007
3	豪瑞尼日利亚 EWEKORO 项目	5000	2010
4	豪瑞俄罗斯 FERZIKOVO 项目	5000	2014
5	海德堡保加利亚 DEVNYA 项目	4000	2014
6	豪瑞尼日利亚 UNICEM 项目	6250	2016
7	阿尔及利亚 CILAS 项目	5000	2017
8	阿尔及利亚 BISKRIA 项目	2×6000	2019
9	阿尔及利亚 ZAHANA 项目	4500	2020
10	阿尔及利亚 BECHAR 项目	3200	2020
11	BUA 集团 SOKOTO 3 线项目	6000	2022
12	豪瑞法国图卢兹 Martres 3 线项目	2500	2022

成都建筑材料工业设计研究院有限公司是以提供全产业链集成、整体解决方案服务的国际综合型工程公司。自 2004 年起实施"走出去"战略以来，公司积极与德国海德堡水泥公司、拉法基豪瑞集团、沙特 Al Rajhi、埃及 GOE、阿联酋 RMB 等国际知名企业或机构合作，先后在中东、中亚、东南亚、南美、非洲、欧洲建成了数十余个国际工程总承包项目。其中，阿联酋 UCC 日产 10000 吨水泥熟料生产线项目是首条"中国造"出口国外的、采用公司自主核心技术、具有中国自主知识产权的日产万吨水泥熟料生产线。沙特 HCC 日产 5000 吨水泥熟料生产线项目荣获沙特政府授予的"特别贡献奖"。埃及国防部 GOE Beni Suef 的 6 条线项目，是世界水泥行业迄今在同一地点、同一时间、同步建设完成的最大规模的水泥熟料生产线，该项目荣获中国建设工程"鲁班奖"和国家优质工程金奖。同时，公司以水泥工程建设及全过程系统集成服务为依托，延展转型到其他 EPC 工程多元化业务领域，涉及能源、桥梁、建筑工程等业务领域，成功承揽埃及苏伊士运河铁路平旋钢桥、原油罐、糖厂、房建等多元化产业项目。

南京凯盛国际工程有限公司（以下简称"南京凯盛"）凭借在水泥工程设计、装备研发和工程集成方面的雄厚实力和优势资源，成立 5 年即实现了从设计院向工程公司的战略转型。从 2006 年开始，南京凯盛陆续以工程总承包方式承接国内外水泥熟料生产线、水泥粉磨、骨料生产线、智能化建设、装备技改等工程项目 100 余项。以 EPC 方式完成或正在执行的国外主要大型重点项目包括海德堡土耳其 AKCANSA、沙特 AL-JOUF、日本太平洋、越南宜山、印度尼西亚佳通、拉豪波兰等。公司连续多年入选中国勘察设计协会对外承包工程业务百强榜单，曾获全国工程总承包银钥匙奖。近年来，南京凯盛以行业领先的水泥工业智能化技术为支撑，建设完成了 30 多个绿色、智能化花园式示范工厂,其中韩国 Sampyo 项目是第一个向发达国家输出的水泥工业智能化建设项目。

北京凯盛建材工程有限公司(以下简称"北京凯盛")的前身是中国水泥预分解技术的提出者,是中国水泥预分解技术试验室试验、工业试验的率先完成者,是中国首条烧油和烧煤水泥预分解生产线的设计开发者。经过多年发展,北京凯盛兼具领先的科研优势与丰富的工程项目管理经验,深耕俄罗斯、中亚、北非等水泥工程市场,是集工程咨询、工程设计、技术与装备开发、设备成套、工程总承包和工厂运维为一体的建材领域国际工程公司。合作公司包括海德堡水泥公司、拉法基豪瑞集团、欧洲水泥公司、法国维卡集团、埃及阿拉伯水泥公司等国际知名水泥集团。2021 年以来,北京凯盛逐步在中亚、北非、俄罗斯等地区和国家深耕属地化经营,以工程总承包为核心,不断扩大运营服务和备件供应服务占比,并进一步开拓低碳建材产品经营业务,全力打造属地化核心利润区。

2. 安徽海螺建材设计研究院有限责任公司

安徽海螺建材设计研究院有限责任公司是安徽海螺集团有限责任公司的全资子公司。近年来,依托集团快速崛起的技术创新平台,公司广泛吸纳集团工程建设的成功经验,形成了自己的技术特色,拥有日产 5000~12000 吨大型新型干法水泥熟料生产线、纯低温余热发电、PVC 型材及新型建材生产线、工业废弃物循环再利用、城市生活垃圾处置和环保治理等工程项目开发设计的综合实力。

公司以 EPC 模式承建的泰国 SCG 印度尼西亚 SB1 日产 5000 吨水泥熟料生产线于 2015 年顺利点火,这是公司顺利建成的第一个海外大型 EPC 总承包项目,项目总体规划 2 条日产 5000 吨水泥熟料生产线及配套水泥联合粉磨系统。泰国 SCG 老挝 KCL 日产 5000 吨水泥熟料生产线 EPC 项目是公司实施国际化战略以来第二个海外大型总承包项目,2016 年顺利点火,2017 年完成全厂各项性能考核验收工作并顺利取得项目 PAC 证书。

目前,公司已累计承接执行总承包工程 30 余项,业务范围涵盖海外水泥熟料全能工厂、国内水泥熟料生产线、二氧化碳捕集纯化项目、骨料机制砂生产线、辊压机技术改造工程、窑尾分解炉技术改造、噪声综合治理工程、水泥窑脱硫脱硝工程、光伏储能工程等。公司工程总承包业务涉及我国 12 个省市和印度尼西亚、老挝等国。

3. 河南建筑材料研究设计院有限责任公司

河南建筑材料研究设计院有限责任公司(以下简称"河南建材院")坚持"走出去、与时俱进、绿色环保"的发展战略,从 2002 开始涉足国外项目,以水泥熟料生产线设计、技术服务和 EPC 工程总承包为重点,先后在越南、阿塞拜疆、马来西亚、土耳其、乌兹别克斯坦、吉尔吉斯斯坦、菲律宾、美国、印度等国家承接水泥熟料生产线设计项目几十条。河南建材院参与实施的多米尼加 DOMICEM 水泥厂日产 2750 吨水泥熟料生产线、越南 LUKS 日产 3000 吨水泥熟料生产线、摩洛哥 FES 日产 2500 吨水泥熟料生产线等多项工程项目,不仅为东道国的经济社会发展做出了积极贡献,同时也大幅提升了自身的技术水平和国际影响力,为开展更广泛的国际合作奠定了坚实基础。2014 年,河南建材院与拉法基豪瑞集团签订马来西亚兰卡威水泥厂煤磨改造及水泥熟料生产线生料入窑技改项目的 EPC 总包合同,合同额 650 万美元,项目已竣工并投入运行。河南建材院近年来更是响应政府号召完成了多项"一带一路"沿线国家设计咨询服务项目,把自身优势与沿线国家的发展需求有机结合起来。2020 年,顺利中标的菲律宾日产 6000 吨水泥熟料生产线项目,成为河南建材院在新冠肺炎疫情期间中标的第一个涉外设计项目。

(二)玻璃行业

中国浮法玻璃成套技术和装备进入国际市场以来,先后向韩国、印度、孟加拉国、伊朗、越南、印度尼西亚、尼日利亚、哈萨克斯坦、土耳其、缅甸等国出口,生产规模从日产 150 吨到日产 1200 吨,从承担工程设计到工程总承包和交钥匙工程,项目均取得圆满成功,有力地推动了中国洛阳浮法玻璃工艺技术和装备走向世界。

中国洛阳浮法玻璃集团有限公司 2004 年的阿尔及利亚日熔化量 600 吨浮法玻璃生产线工程总承包项目,是由中国洛阳浮法玻璃集团有限公司提供生产线的总图与规划设计、工艺设计、设备选型等方案,同时给予塞维塔公司技术上的支持。历经 3 年,该项目于 2007 年 8 月顺利投产。

秦皇岛玻璃工业研究设计院有限公司与乌克兰无产阶级玻璃厂于 2004 年签约总承包日熔化量 350 吨浮法玻璃生产线项目,该生产线采用"中国洛阳浮法工艺技术",国产的设备、材料,产品质量达到欧洲标准,产品全部销往欧洲。之后公司于 2007 年、2008 年出口俄罗斯、保加利亚等国,标志着中国浮法技术成功打入欧洲市场。公司于 2015 年在印度首都新德里签订了日熔化量 600 吨浮法玻璃生产线工程总包合同,项目合同金额达到 2300 万美元。

中国建材国际工程集团有限公司经过多年发展,工程从小到大,发展成为以玻璃新材料工程技术为主导的具有较强综合实力和国际竞争力的科技型企业集团。公司 2021 年 2 月签署沙特日产 750 吨浮法玻璃项目,这是欧美高端玻璃生产商首次采用中国浮法玻璃生产技术和关键生产装备,项目以人民币作为结算货币,有效地规避了汇率变化可能给公司带来的风险;2021 年 6 月签署的印度 Gold Plus 的两条日熔化量 800 吨浮法玻璃生产线总包合同,创造了中国浮法玻璃生产技术和成套设备出口项目单项合同额最大、产能最大的两项纪录,合同金额高达 6.02 亿元人民币,项目建成后将成为印度国内最大的浮法玻璃生产线;2021 年 9 月签署圣戈班集团印度日产 1000 吨超白压延线初步设计合同,敲开了世界玻璃巨头圣戈班集团的大门;2021 年 12 月哈萨克斯坦克孜勒奥尔达日熔化量 600 吨玻璃生产线点火,该项目是哈萨克斯坦第一条浮法玻璃生产线,也是第一批中哈产能合作重点项目之一,建成后不仅填补哈萨克斯坦玻璃行业空白,并将助力克孜勒奥尔达州南部地区等经济发展和产业升级。中国建材国际工程集团有限公司部分 EPC 项目见表 4-6。

表 4-6 中国建材国际工程集团有限公司部分 EPC 项目

序号	项目名称	项目规模(t/d)
1	印度尼西亚 KCC 浮法项目	1200
2	印度 Gold Plus 浮法玻璃生产线	2×800
3	越南富美超白浮法生产线	600
4	孟加拉国 AKIJ 浮法项目	600
5	尼日利亚浮法及镀膜玻璃生产线	500

续表

序号	项目名称	项目规模（t/d）
6	韩国 KCC 浮法玻璃生产线	1200
7	伊朗浮法玻璃生产线	800
8	印度 HNG 浮法玻璃生产线	600
9	印度尼西亚 TG-2 浮法玻璃生产线	900
10	缅甸浮法玻璃生产线	150

（三）新型墙体材料行业

我国新型墙体材料行业"走出去"最初主要以装备出口为主，经过多年发展，企业积极参与国际装备市场竞争，部分企业正在探索成套技术装备和工程总承包以及资本"走出去"等模式。

中节能东方双鸭山建材设备有限公司在东南亚、中亚、南非、北非、南美洲等地区以总承包模式建设生产线约 15 条。西安墙体材料研究设计院有限公司在做优做强国内市场的基础上，进一步开拓国外工程总承包项目市场，成功为尼泊尔、马来西亚、柬埔寨、哈萨克斯坦、俄罗斯、孟加拉国、津巴布韦、尼日利亚、缅甸、刚果共和国等国家建成了年产 0.3～3 亿块规模的大、中型新型墙体材料生产线，在阿尔及利亚建成了年产 20 万立方米页岩粉磨成球陶粒生产线工程总承包项目，受到业主的广泛好评。中节能东方双鸭山建材设备有限公司部分 EPC 项目见表 4-7。

表 4-7 中节能东方双鸭山建材设备有限公司部分 EPC 项目

序号	委托公司名称	建设地址	建设内容	建设周期
1	FOSFATOS DEL PACIFICO S.A.	秘鲁西北部城市皮乌拉	年产 5 万吨硅藻土空心砖	1 年
2	中材赞比亚建材工业园	赞比亚卢萨卡市	年产 6000 万块烧结砖	1 年
3	Tradexcel Auto Bricks	孟加拉国达卡专区加济布尔	日产 10 万块烧结砖	1.5 年
4	NAJD Bricks Ltd.	沙特阿拉伯卡西姆市	日产 500 吨烧结黏土砖	1.5 年

（四）新型建材

近些年节能环保政策趋紧和低碳经济发展促使建材行业大力发展新型建材产业。中国石膏板等新型建材技术装备水平快速发展，石膏板、绿色装配式房屋等新型建材装备在国际上也拥有一席之地。

武汉建筑材料工业设计研究院有限公司（以下简称"武汉建材院"）是专业从事新型建材、节能环保及砂石骨料业务工程技术咨询、工程设计、装备制造、工程总承包的工程技术公司。2011 年，武汉建材院承接越南协富公司年产 800 万平方米硅酸钙板生产线EP工程，首次实现整线设备出口。项目顺利达标、移交，赢得业主好评，之后陆续承接协富公司3条生产线。2012年武汉建材院又承接了土耳其VEFA全套纤维水泥板整线设备出口项目，这是公司同类设备首次出口欧洲国家。2017年承建的沙特阿拉伯ASK纤维水泥板项目是公司首条按照欧洲标准设计、建设的纤维水泥板项目，也是首条采用了国际主流工艺抄取法生产工艺的出口项目。2018年，由武汉建材院设计、供货的赞比亚砂石骨料生产线建成投产，这是公司砂石骨料生产线首次走出国门。

四、建材行业国际工程总承包发展趋势

（一）模式创新发展

工程总承包已成为我国对外承包工程的主要方式，经过项目的不断发展变化，工程总承包模式越来越多样化。在继续开展传统的装备、劳务、工程服务、工程总承包的同时，大型建材企业，尤其是行业领军企业依托资金、技术、管理优势，积极探索"工程承包+监管""工程承包+融资+运营"等合作方式。

江苏鹏飞集团股份有限公司利用龙头企业规模、技术优势，向产业链两端延伸，大力发展工程项目集成服务，将先进制造业与现代服务业深度融合，实现"先进装备制造+现代技术服务=系统集成总包服务"，由设备制造商转变为工程设计、项目建设、设备成套、安装调试总承包系统集成服务商。公司在实施EPC时，创新提出"EPC+S"，即"设计+采购+建设+监管"的方式，商业模式的创新将技术创新成果成功地转化为生产力，推动了江苏鹏飞集团股份有限公司的国际化和生产经营的发展。创新的"EPC+S（监管）"模式参与国际竞争，迅速赢得了市场青睐。江苏鹏飞集团股份有限公司提供成套设备并建设完成的大型节能水泥熟料生产线30余条，执行项目惠及50多个"一带一路"沿线国家，国际市场占有率快速提升。

中材国际将EPC模式拓展为EPC+OM（运营管理）模式。公司拥有多支专业的生产调试、生产运营管理队伍，受益于水泥工程承包业务的良好客户基础，积极开展全面、系统、优质、高效的水泥熟料生产线调试、工厂生产管理和维护服务。随着市场需求和经营环境的变化，公司也积极探索投融资带动工程总承包的EPC+F（融资）模式。

（二）多元化综合发展

建材行业企业利用丰富的海外工程经验和品牌优势，向住宅、电网等非传统建材工程领域拓展，逐步由传统建材工程专业服务商向综合性工程服务商转型，例如，中材国际不断深入推进属地化公司经营，成功签署南非食用油炼油厂、土耳其电厂、俄罗斯工业园区等项目。

1. 住房建造

北新建材集团有限公司于2011年成功签署了赞比亚超过4000套住房的设计建造合同，新型房屋业务取得重大突破。该公司为赞比亚政府提供公共住宅项目材料供应、方案设计与施工指导，在赞比亚设计建造的4000余套住房合同总标的额超过6亿元。

北京凯盛于2019年新签署沙特阿拉伯住房工业部住宅项目，合同总金额约3亿元，取得了新型房屋事业的突破性进展，该住宅项目将由北京凯盛协同中建材西安墙体材料研究设计院、中建材生产力促进中心共同实施。

2. 光伏发电

自2012年日本政府公布光伏发电补贴新政策以来，中国建材国际工程集团有限公司紧盯日本光伏市场，经过不懈的努力，在日本各地的光伏电站业务开拓取得了丰硕成果。2012年公司与日本东亚集团株式会社签订48兆瓦光伏电站建设总承包合同，为日本东亚集团株式会社分布在全日本7个地区、总计48兆瓦光伏电站项目提供设计、设备材料供货、建设施工、安装调试及人员和技术培训的总承包服务。2014年，公司总承包的英国Hayford Farm的9.8兆瓦和PentreFarm的6.1兆瓦地面光伏电站项目正式并网发电。2016年公司建设的英国Shotwick Farm72兆瓦、Swindon Farm60兆瓦、Stanton Under Barton3.65兆瓦、Wormit4.96兆瓦、Lower Stanley Farm4.92兆瓦5个地面光伏电站项目全部并网成功，其中Shortwick项目与Swindon项目装机容量分别在英国排名第一与第二。2017年公司承建了葡萄牙Ourika46兆瓦光伏电站项目和Solara4的220兆瓦光伏电站项目。2018年公司承建了西班牙Puerto Real一期133兆瓦项目和缅甸220兆瓦光伏电站项目。2020年公司承建了美国Titan Solar1的98兆瓦光伏电站项目和西班牙Puerto Real二期50兆瓦光伏电站项目，为公司在光伏发电项目市场打下了坚实基础。

3. 余热发电

上海凯盛节能工程技术有限公司积极开拓余热电站和生物质电站业务，自2010年以来共承担国际项目16个，累积装机容量218兆瓦，包括土耳其、巴基斯坦、乌兹别克斯坦、韩国、马来西亚、印度尼西亚等"一带一路"沿线国家，同时向南美、北美等市场拓展。其中，在土耳其完成5个余热发电项目的建设，共装机49兆瓦；在巴基斯坦完成4个余热发电项目的建设，共装机65兆瓦。2021年8月，巴基斯坦MAPLE LEAF水泥熟料生产线配套25兆瓦余热发电项目成功并网发电，成为巴基斯坦迄今为止最大的水泥余热发电厂，项目可为业主节省年用电量1.7亿度，年节省标准煤约5.3万吨，年二氧化碳减排约13万吨，获得了当地政府和业主的高度好评。

中材节能股份有限公司于2016年承建的巴基斯坦DG KHAN水泥厂30兆瓦自备电站项目顺利通过性能考核并获得PAC证书，标志着巴基斯坦首个煤粉炉发电项目圆满完成。该项目是中材节能股份有限公司继FAUJI、PEZU、LUCKY、CHERAT等多个余热发电项目和ICI硫化床发电项目之后的又一煤粉炉发电项目。

4. 装配式住房

长沙远大住宅工业集团股份有限公司（以下简称"远大住工"）作为中国建筑工业化的开拓者，是工业和信息化部授牌的2018年智能制造试点示范的装配式建筑企业。远大住工通过输出工业化标准产品及施工技术服务的贸易合作形式，刺激并带动成套设备和上下游服务出口，推动了优势产能加速向海外输出。2012年，远大住工成功拓展首个海外项目，与苏里南共和国签署了1.8万套房屋住宅建设项目合作协议，于2015年实现了预制混凝土构件工厂在苏里南共和国首都帕拉马里博市的成功投产。随着产品核心竞争力的不断提升，远大住工2016年实现成套装配式别墅产品出口法国，成功打入欧洲市场。此后，远大住工先后与波兰、俄罗斯等国项目签约，以预制混凝土构件工厂建设为基础，开发、生产、建设政府保障房及住宅小区项目。

（三）信息化提升发展

随着新一代信息技术的发展，我国建材行业以信息技术开发应用和信息资源开发利用为主要内容的信息化管理，已逐步融合到企业各个层面，信息化正在逐步与建材工业 EPC 实现有机融合。

中材建设有限公司 2020 年和 2021 年，利用云签约形式成功签署塞内加尔共和国基琳水泥厂三线日产 6000 吨水泥熟料生产线 EPC 合同、尼日利亚 BUA EDO3# 线及 SOKOTO4# 线两条日产 6000 吨水泥熟料生产线 EPC 合同、阿尔及利亚 BC 日产 3000 吨灰水泥熟料生产线改造为日产 2000 吨白水泥熟料生产线项目合同。

中国建材国际工程集团有限公司积极开拓国外市场，大力发展数字化经营，充分利用网络手段，保持与国外客户的沟通，针对客户关注点，制作宣传材料，拍摄制作宣传视频，以解决客户因不能实地到访，对公司技术能力和实力可能产生的顾虑。公司通过云会议、云参观、云谈判、云签约等方式，持续推进国际业务开拓，在不利局面中开新局，实现境外玻璃工程新签合同额大幅增长的优秀成绩。2021 年以来，公司相继与韩国 KCC 签署印度尼西亚日熔化量 1200 吨浮法玻璃生产线工程总承包合同，与孟加拉国 Meghna 签署日熔化量 600 吨浮法玻璃生产线工程总承包合同，与印度 Gold Plus 签署日熔化量 300 吨超白压延玻璃生产线项目工程总承包合同，与印度 VISHAKHA 签署日熔化量 600 吨超白光伏玻璃生产线工程总承包合同等。

天津水泥工业设计研究院有限公司以先进的数字化智能化成果，推动着行业的技术进步和转型发展。公司基于工业互联网平台的建材工业全生命周期数字化管理应用成功入选 2022 年建材工业智能制造数字转型典型案例名单。目前，建材工业全生命周期数字化管理解决方案已在 60 多个国内外项目中应用落地，建立了行业数字化转型的试点示范，也推动国际项目数字化智能化发展。

（四）市场竞争能力提升

经过 20 多年的发展，中国在国际工程总承包市场方面已经占有一定地位，也涌现出来像中国建材国际工程集团有限公司、中国中材国际工程股份有限公司等一批企业，能够为国外客户提供成套设备的一条龙服务和工程总承包，中国建材企业在国际工程总承包的市场能力得到提升。

中国建材国际工程集团有限公司 2011 年境外工程总承包项目营业额为 13.54 亿元，2020 年营业额为 20.69 亿元，比 2011 年增长了 52.8%。南京凯盛国际工程有限公司 2011 年境外工程总承包项目营业额为 0.52 亿元，2020 年营业额 2.90 亿元，比 2011 年增长了 5 倍多。工程总承包营业额增长迅速。

第二节　对外投资发展情况

一、发展历程

（一）建材行业对外投资发展阶段

1. 探索期（21 世纪初至 2012 年）

2001 年我国正式加入世界贸易组织后对中东和欧洲地区的投资逐渐增加，并分别加大了对该地区能源资源类行业和制造业的投资力度。在此期间，建材行业对外投资也逐渐发展起来。比如 2010 年中非发展基金和冀东发展集团宣布，将与南非当地企业合资建造水泥厂；安徽海螺水泥股份有限公司于2011年与印度尼西亚工业部、安徽省国资委在雅加达签署了水泥项目合作备忘录，在印度尼西亚南加里曼丹省、东加里曼丹省等地投资建设水泥厂。

2. 快速发展期（2013—2019年）

2013年"一带一路"倡议的提出，加快推进国际合作。党的十八届五中全会强调：支持企业扩大对外投资，推动装备、技术、标准、服务走出去，深度融入全球产业链、价值链、物流链，建设一批大宗商品境外生产基地，培育一批跨国企业。这意味着我国建材行业将进入对外投资新时代，实现从建材产品输出向资本输出的历史性转变。同时，中国建筑材料联合会2014年组织建材行业的部分骨干企业、邀请对外投资相关的政府部门领导一起召开中国建材企业"走出去"座谈会，倡导中国建材企业由产品"走出去"为主，逐步转向以资本"走出去"为主。

这个时期，资本"走出去"时机已经成熟，多家建材企业纷纷在海外投资建厂。安徽海螺水泥股份有限公司先后完成对缅甸、柬埔寨、老挝等东南亚周边国家的投资和布局；华新水泥股份有限公司在塔吉克斯坦建成投产两条日产3000吨水泥熟料生产线；浙江红狮水泥股份有限公司在缅甸、印度尼西亚、尼泊尔等地陆续投资新建4条日产5000吨水泥熟料生产线。除此之外，平板玻璃、玻璃纤维、墙体材料等领域也有一批项目进入了国际市场。福耀玻璃工业集团股份有限公司投资10亿美元在美国俄亥俄州莫瑞恩市成立全球最大的汽车玻璃单体工厂；株洲旗滨集团股份有限公司投资近12亿元布局马来西亚，建成一条日产600吨Low-E在线镀膜玻璃生产线与一条日产600吨高档多元化玻璃生产线；中国巨石股份有限公司在埃及建成投产的年产8万吨玻璃纤维池窑拉丝生产线等。

3. 受疫情影响，对外投资放缓（2020年至今）

2020年受新冠肺炎疫情的影响，全球市场需求下滑，跨国企业下调盈利预期，进而影响其再投资计划。我国建材企业海外投资受国内外疫情影响，工程项目建设进程及工厂运行受到一定的影响，海外投资进入放缓期间。

我国对外投资发展历史

依据我国对外直接投资的规模，将我国对外投资的发展历史划分为空白期、探索期、起步期、发展期和深化期5个时期。

1949—1978年为空白期。该时期我国对外直接投资的数据缺乏。

1979—1991年为探索期。该时期我国对外直接投资流量均在10亿美元以下。

1992—2000年为起步期。该时期我国对外直接投资流量在10~100亿美元之间。该时期为我国对外投资发展奠定了基础。

2001—2012年为发展期。在此期间，2001年我国正式加入世界贸易组织，《国民经济和社会发展第十个五年计划纲要》中正式在国家层面提出了"走出去"战略，该时期我国对外直接投资流量在100~1000亿美元之间。

2013年至今为我国对外直接投资的深化期。这一时期我国对外投资流量均超过1000亿美元。2013年我国正式提出"一带一路"倡议，我国与沿线国家的合作日益密切，成为对外投资的发展点。与此同时，我国对外投资制度的改革更有利于其长远发展。

(二)建材行业对外投资取得的成绩

近年来,建材行业对外投资开办企业数量逐渐增多,对外直接投资增长迅速。据不完全统计,对外投资总额已达 200 亿美元。水泥、平板玻璃、玻璃纤维、陶瓷等产业的部分骨干企业在海外投资建厂。其中,水泥工业已有 80 余家企业在国外建立生产企业,熟料产能约 2500 万吨,部分企业已经投产。玻璃工业的中国玻璃控股有限公司、株洲旗滨集团股份有限公司、信义玻璃控股有限公司、福耀玻璃工业集团股份有限公司分别在德国、美国、俄罗斯以及尼日利亚、哈萨克斯坦等国建厂。建筑卫生陶瓷工业的广东唯美陶瓷有限公司在美国、广东新中源陶瓷有限公司在中亚、佛山陶瓷企业联合在非洲启动建厂。玻璃纤维工业的中国巨石股份有限公司在美国和埃及已经布局。

在对外投资规模方面,中国建材集团有限公司对外投资已经达到 30 亿美元。水泥行业以安徽海螺水泥股份有限公司为首,对外投资 20 亿美元,浙江红狮水泥股份有限公司、华新水泥股份有限公司、北京金隅集团股份有限公司、河南同力水泥股份有限公司、中国葛洲坝集团水泥有限公司、中国联合水泥集团有限公司等 7 家企业对外投资 36.5 亿美元。玻璃行业以福耀玻璃工业集团股份有限公司为首对外投资 15 亿美元,信义玻璃控股有限公司、株洲旗滨集团股份有限公司、沙玻玻璃集团股份有限公司、福莱特玻璃集团股份有限公司 5 家企业对外投资 19.5 亿美元。玻璃纤维产业以中国巨石股份有限公司和重庆国际复合材料股份有限公司两家企业为主,对外投资 10 亿美元。广东新中源陶瓷有限公司和建华建材(中国)有限公司等一批企业也先后走向国外投资发展建材产业。

二、对外投资政策

我国高度重视对外投资合作,持续出台相关政策促进、规范和保障企业跨国经营活动,促进对外投资合作健康发展。对外投资合作相关政策见表 4-8。

表 4-8 我国对外投资合作相关政策

序号	发布机构	文件名称	文件主要内容
1	中华人民共和国商务部	《境外投资管理办法》(商务部令 2014 年第 3 号)	本办法所称境外投资,是指在中华人民共和国境内依法设立的企业(以下简称企业)通过新设、并购及其他方式在境外拥有非金融企业或取得既有非金融企业所有权、控制权、经营管理权及其他权益的行为。企业境外投资涉及敏感国家和地区、敏感行业的,实行核准管理。企业其他情形的境外投资,实行备案管理
2	国务院办公厅	《关于进一步引导和规范境外投资方向指导意见的通知》(国办发〔2017〕74 号)	支持境内有能力、有条件的企业积极稳妥开展境外投资活动,推进"一带一路"建设,深化国际产能合作,带动国内优势产能、优质装备、适用技术输出,提升技术研发和生产制造能力,推动相关产业提质升级

续表

序号	发布机构	文件名称	文件主要内容
3	商务部、生态环境部	《关于印发〈对外投资合作绿色发展工作指引〉的通知》（商合函〔2021〕309号）	鼓励企业开展境外绿色投资、绿色建设、绿色生产、绿色运营、绿色创新，把绿色理念贯穿至对外投资合作全过程
4	商务部、中央网信办、工业和信息化部	《关于印发〈数字经济对外投资合作工作指引〉的通知》（商合函〔2021〕355号）	鼓励数字经济企业加快布局海外研发中心、产品设计中心。推动传统产业数字化转型。支持平台型企业走出去，带动中小企业拓展海外市场
5	国家发展改革委、外交部、生态环境部、商务部	《关于推进共建"一带一路"绿色发展的意见》（发改开放〔2022〕408号）	到2025年，共建"一带一路"生态环保与气候变化国际交流合作不断深化，绿色丝绸之路理念得到各方认可，绿色基建、绿色能源、绿色交通、绿色金融等领域务实合作扎实推进，绿色示范项目引领作用更加明显，境外项目环境风险防范能力显著提升，共建"一带一路"绿色发展取得明显成效。到2030年，共建"一带一路"绿色发展理念更加深入人心，绿色发展伙伴关系更加紧密，"走出去"企业绿色发展能力显著增强，境外项目环境风险防控体系更加完善，共建"一带一路"绿色发展格局基本形成
6	生态环境部、商务部	《关于印发〈对外投资合作建设项目生态环境保护指南〉的通知》（环办环评〔2022〕2号）	进一步明确生态环境的内涵，理顺项目全生命周期管理流程并做出规定，针对能源、石油化工、矿山开采、交通基础设施等行业提出了生态环境保护的具体规定，增强应对气候变化和生物多样性保护的要求

三、对外投资特点和趋势

（一）产品出口快速增长，推动企业国际化布局

自20世纪80年代开始中国建材产品开始出口，尤其是到80年代末的几年中，产品出口年均增长率达到42.5%。进入21世纪以来，建材出口贸易继续增长，建筑卫生陶瓷、玻璃纤维及制品、建筑与技术玻璃、复合材料、建筑用石材、混凝土制品等主要建材商品出口额保持年均10%～20%的增长。近年来，建材出口贸易趋于稳定，出口额每年保持在300亿美元以上。2021年建材及非金属矿商品出口金额达到468.9亿美元，首次突破400亿美元，再创新高。出口贸易稳定增长，为我国建材企业开展国际业务带来信心，推动和促进国内建材产业积极布局海外投资。

（二）国有企业率先布局海外投资

在对外投资发展中，技术和资本雄厚的国有企业率先发挥大企业优势，布局海外投资。中国建材集团有限公司以"一带一路"建设为重点，持续优化国际化经营布局，积极创新合作模式，推进对外合资合作，2021年，在基础建材、新材料、建材物流园及连锁超市等领域投资40余个境外项目，截至目前境外企业（机构）共计196家，分布于76个国家。

（三）建材民营企业加快海外投资步伐

我国建材行业具有民营企业、中小型企业居多的特点。建材行业民营企业加快对外投资的步伐，在对外投资过程中发挥的作用更加明显，推动了项目所在地的经济发展。比如，云南元江县永发水泥有限公司发挥国内技术、资金及人才优势，依托老挝当地丰富的自然资源，投资7700万美元改建1条日产2500吨新型干法水泥熟料生产线，2013年生产线顺利投产。浙江红狮水泥股份有限公司先后在老挝、尼泊尔、印度尼西亚和缅甸四个东南亚国家投资建设5个大型水泥项目。福耀玻璃工业集团股份有限公司在美国和俄罗斯分别设立了福耀玻璃美国有限公司和福耀俄罗斯浮法玻璃有限公司，总投资超过6.2亿美元。

（四）建材行业对外投资合作路径拓宽

经过多年的海外投资，建材行业对外投资合作模式和合作范围不断拓宽。卫生陶瓷、玻璃幕墙、部品化墙体材料和屋面材料等领域建材企业积极针对个性化需求，开展服务型制造，由提供单一产品向提供服务和整体解决方案转变，服务模式的转变引起对外投资路径的多样化。如中建材投资有限公司已在巴布亚新几内亚、坦桑尼亚和赞比亚投资了几家建材超市，致力于打造海外建材家居连锁业态，为国内建材家居企业"走出去"提供了海外展示、仓储、销售等服务，为我国建材企业"走出去"提供了综合出口解决方案。凯盛科技集团有限公司通过收购浚鑫科技有限公司、德国CTF、德国Avancis，集成创新薄膜太阳能电池技术，同时拥有晶硅太阳能电池、碲化镉（CdTe）薄膜太阳能电池、铜铟镓硒（CIGS）薄膜太阳能电池制造的核心技术和量产工艺，打造光伏事业上下游全产业链，成为世界级的绿色能源供应商。

（五）园区集群式发展

集群式走出去，并在东道国形成产业集群，能够增强企业间的有效合作，发挥资源共享效应，从而能够大大降低建材企业海外投资和运营风险，提升产业竞争力。海外产业园作为国际产能合作的平台，既能系统解决企业"走出去"所面临的政治、法律、经济、文化等障碍，又能有效形成抱团发展，降低风险、保障企业海外资产的安全，已成为中资企业抱团出海的最佳载体。

一批多种形式合作建设的建材产业园区正在逐步建设中。中国建材赞比亚循环经济工业园区高速建设；柬埔寨贡布（中柬）泰文隆工业经济特区积极承接中国沿海地区产能转移、打造以石灰石资源综合利用为主要目标的建材集聚加工基地；沙河玻璃企业采取积极配合、互相帮助、抱团发展的做法，选取特种超薄工艺玻璃作为主营产品，向俄罗斯、美国、南美等140多个国家和地区出口。

四、对外投资模式

（一）设立分公司和网络营销点

为了扩大建材行业企业在海外的销售渠道，多家建材企业纷纷设立海外分公司和网络营销点。

九牧集团有限公司始终积极探索海外市场,在2008年就已进入阿联酋市场,2010年进入沙特阿拉伯市场。经过一段时间的发展,企业在海外设立销售公司或办事处,既服务当地代理商和客户,也寻求机会出口销售自身的产品。截至2020年,九牧集团已经创立25家子公司,在"一带一路"沿线超过32个国家共设置超过8000家高端卫浴店,在全球范围内共拥有30万个销售网点,实现网点覆盖超过120个国家,其营销网络还在持续扩张。

中国巨石股份有限公司在国际化方面大力实施"市场全球化、布局国际化"的"走出去"战略,目前已在美国、韩国、意大利、加拿大、西班牙、法国等14个国家和地区设立了海外子公司,并在德国拥有独家经销商,建成了较完备的全球营销网络,全球市场占有率达到22%,成为具有一定影响力的跨国公司。

(二)境外收购

1. 以资源开发和利用为目标的收购

以资源开发和利用为目标的收购在冶金和有色等原材料行业比较广泛,建材行业主要在石材领域应用较多。

高时石材集团有限公司全面布局海内外市场,2003年收购美国太阳白麻矿山和ROWAN GRANITE,这是高时集团的第一座海外矿山;2010年在西非成立高时石材非洲有限公司,并在纳米比亚收购了7座矿山;2013年同印度PALLAVA达成开发英国棕矿山的合作协议,高时石材进入印度矿业市场;2018年与香港上市公司宏基资本有限公司合作,成功收购了位于意大利维罗纳的合成石生产厂家Quarella S.p.A。该公司是全球合成石领域极具实力的生产商及世界第一人造石品牌,其拥有的QZERO生产工艺处于世界顶尖水平,将为高时石材开拓全球市场提供支持。

2. 以提升产业品牌、引进技术和延伸产业链为目标的收购

近年来,我国建材企业通过收购欧美地区的特色企业,提高技术水平和竞争力,加快进入高端产品市场,向高端产业链延伸。

中国中材国际工程股份有限公司于2013年与德国SK签署了《股权收购协议》,分步收购并增资获得SK所持德国Hazemag的59.09%股权。Hazemag是破碎机行业的世界领先品牌,在水泥装备、矿业工程装备、物料行业装备方面有突出的行业优势。公司通过收购Hazemag,提升了品牌、研发、品质、内部管理以及渠道销售能力。

凯盛科技集团有限公司2014年收购Avancis,率先在国内推进新一代铜铟镓硒薄膜太阳能电池的国产化。此次海外并购,凯盛科技除收购了Avancis的全部资产外,还保留和引进该公司的全部技术团队,继续运营Avancis的技术中心、研发实验室,以引进、消化、吸收的集成创新模式,进一步掌握世界领先的薄膜太阳能电池生产技术与特种玻璃制造技术。凯盛科技之后收购韩国现代—阿旺西斯公司,开启了铜铟镓硒薄膜太阳能产业的全球布局;完成对美国SCM的并购,成功开拓了美国太阳能光伏业务,成为在美知名光伏企业。

北京东方雨虹防水技术股份有限公司及其全资子公司香港东方雨虹投资有限公司于2016年与德国DAW SE签订战略合作协议,重组香港雨虹将持有DAW ASIA90%的股权。东方雨虹这次并购主要是想借助德国DAW SE在技术、产品、品牌等方面的优势,

集中经营建筑装饰涂料的制造和销售。

中联重科股份有限公司在2008年收购全球混凝土设备领先企业意大利CIFA，这是中联重科走向国际化的关键一步。通过此次收购，中联重科跃居全球混凝土机械制造商龙头地位，这次收购荣获"首届中国海外投资经典案例"。之后，中联重科确立了"核裂变＋核聚变"的发展战略，即通过发展事业部制实现裂变式的专业化发展；通过兼并、收购等外延式扩张的方式，实现聚变式发展。2013年中联重科收购全球干混砂浆设备第一品牌德国M-TEC。M-TEC产品覆盖干混砂浆生产全过程，其产品销往全球55个国家和地区，收购M-TEC为中联重科在干混砂浆等新业务上不断制造优势。

福建泉工股份有限公司作为国内砌块成型机行业的龙头企业，在融合德国先进技术的基础上，积极创新、研发，形成自己的核心技术。2014年，泉工股份正式完成对全球最具知名度和影响力的混凝土砌块成型机及成套设备制造商之一德国策尼特公司的收购，完成国内砖机行业首宗跨国收购，使企业拥有世界领先的免托板设备制造技术。

3.以产业布局和市场占有为目标的收购

我国建材企业在东南亚、中亚和非洲等具有增长性市场空间的地区较多采用产业布局和市场占有为目标的收购，这样可以有效规避项目前期工作中与所在国相关政府机构和当地社会磨合所产生的难度和不适应。如2019年华新水泥股份有限公司购买坦桑尼亚马韦尼石灰石有限公司100%股权，开启了布局非洲的发展步伐。收购吉尔吉斯南方水泥有限公司100%股权，有利于华新水泥在中亚地区实现由点向面战略布局的强化，有助于公司在中亚地区行业领导者地位的逐步建立。

佛山市新美陶瓷（临湘）有限公司随着中国"一带一路"倡议的实施，2017年兼并哈萨克斯坦共和国阿克托别洲陶瓷公司AO Keramika，注册成立公司TOO Newmay Ceramics，该项目被哈萨克斯坦列入国家重点投资项目之一，成为国内陶瓷行业少数进军海外市场的企业之一。

（三）海外直接投资建厂

1.水泥行业

水泥是建材行业实施海外投资规模最大且成熟的产业。据不完全统计，截至2021年年底，我国企业累计在16个境外国家投资建设了33条水泥熟料生产线，已投产项目合计熟料产能3666万吨，水泥产能5220万吨；在建项目合计熟料产能2812万吨，水泥产能3850万吨，拟建项目合计熟料产能2324万吨，水泥产能3030万吨。

海外扩张需要资本与资源优势，目前我国水泥企业在海外年产能规模达到200万吨以上的有安徽海螺集团有限责任公司、华新水泥股份有限公司和浙江红狮水泥股份有限公司三家。

安徽海螺集团有限责任公司是全球最大的水泥建材企业集团之一，2021年以379.29亿美元的营业收入蝉联《财富》世界500强，名列第315位。海螺集团积极响应国家号召，自2011年开始实施国际化战略，沿着"一带一路"沿线及周边国家规划布局，先后在印度尼西亚、缅甸、老挝、俄罗斯、柬埔寨、乌兹别克斯坦、巴基斯坦、格鲁吉亚等国家进行海外投资。海螺水泥2021年报中显示，海外建材项目营业收入约28亿，销售金额同比增长5.32%，销量同比增长7.53%。目前，海螺水泥已在境外20个国家和地区拥有42家海外企业，在全球形成熟料产能2.6亿吨、水泥产能3.7亿吨，业务范围遍及全球。

海螺集团海外直接投资建厂情况

作为我国水泥行业的龙头企业，安徽海螺集团有限责任公司于2011年6月30日与印度尼西亚工业部、安徽省国资委在雅加达共同签署了水泥项目合作备忘录，拟在印尼南加里曼丹省、东加里曼丹省等地投资建设水泥厂——印尼南加海螺项目由此落地。印度尼西亚南加海螺是海螺集团海外发展的第一站，是海螺集团自主投资建设的我国首个海外水泥实体项目。南加海螺公司熟料生产线、燃煤电站及矿山所使用的设备均是国内采购，大型装备国有化率在98%以上，带动了国内大型水泥装备、生产技术以及整个产业链的"走出去"。2014年11月，第一条日产3200吨水泥熟料生产线投产；2016年5月，第二条日产3200吨水泥熟料生产线投产。国投印度尼西亚巴布亚水泥，位于印度尼西亚东部的西巴布亚省，由海螺水泥与中国国家开发投资公司合资建设。现已建成1条日产3200吨的水泥熟料生产线及配套大型码头设施等。海螺集团在印度尼西亚已建成投产6个项目，现有中国和印度尼西亚籍员工1700余人（中方员工约200人，印度尼西亚籍员工1500人）。

缅甸皎施项目是缅甸政府全球招标的BOT（建设—经营—转让）项目，由海螺水泥会同缅甸MYINT公司合作中标承接，是海螺集团海外首个BOT项目，现已建成日产5000吨的水泥熟料生产线。双方还在曼德勒、仰光等地规划建设了多个项目，其中位于曼德勒省的日产5000吨水泥熟料生产线已于2020年3月建成投产。

海螺集团在老挝已建成投产1个项目，现有中老员工330余人。老挝琅勃拉邦海螺位于老挝北部琅勃拉邦省，规划2条日产2500吨水泥熟料生产线和配套余热发电等设施。项目一次规划，分期实施。现已建成1条日产2500吨水泥熟料生产线。

在柬埔寨，海螺集团已建成投产1个项目，现有中柬员工480余人。柬埔寨马德望海螺位于柬埔寨马德望省腊塔那蒙多县，规划2条日产5000吨水泥熟料生产线及配套设施。项目一次规划，分期实施。现已建成1条日产5000吨水泥熟料生产线，成为柬埔寨产能最大、工艺最先进的水泥生产企业。

卡尔希海螺是海螺集团下属安徽海螺水泥股份有限公司在乌兹别克斯坦投资建设的独资子公司，是海螺集团在中亚地区投资建设的第一个项目。公司于2018年5月注册成立，规划建设一条日产3200吨新型干法水泥熟料生产线，2022年5月乌兹别克斯坦卡尔希海螺日产3200吨水泥熟料生产线点火成功。

2022年1月，海螺水泥联手上峰水泥在乌兹别克斯坦安集延共建水泥熟料生产线项目，建设2条日产5000吨新型干法水泥熟料生产线及骨料等配套项目。同时海螺水泥投资建设海螺型材泰国项目熔铸生产线。

海螺集团通过独资、合资、BOT、参股等多样化的投资手段在海外开展投资活动，有效带动国内水泥大型装备出口，设备成套、工程总包等相关业务在海外的拓展。目前，海螺集团已在境外20多个国家和地区投资超135亿元，积极"走出去"，设立40多个海外企业，成为国内同行业中境外投资规模和产能规模的"双料冠军"。

华新水泥股份有限公司是涉足水泥、混凝土、骨料、环保、装备制造及工程、新型建筑材料等领域的全产业链一体化发展的全球化建材企业集团，名列"中国制造业500强"和"财富中国500强"。从2011年开始，华新水泥股份有限公司开始布局海外，目前，华新水泥海外工厂已覆盖中亚、南亚、东南亚和非洲的共8个国家。

华新水泥海外直接投资建厂情况

从2011年开始,华新水泥股份有限公司开始布局海外。2013年在塔吉克斯坦亚湾投产日产3000吨水泥熟料生产线,成为中国水泥工业产能输出的第一家企业。7年来,华新水泥在海外年产能由100万吨扩张到2020年底的近700万吨,当前华新水泥海外总产能约为1100万吨。

2013年8月,由华新水泥投资1.2亿美元建设的年产100万吨水泥熟料生产线项目在塔吉克斯坦哈特隆州建成投产,这不仅是华新的第一家海外工厂,也是我国建材行业大型企业在境外投资的第一家工厂,更是塔吉克斯坦首家新型干法水泥熟料生产线。该工厂投产后,彻底改变了塔吉克斯坦以往高质量水泥长期依赖进口的局面,节约了宝贵的外汇,并使塔吉克斯坦工程建设成本大大下降。2014年,华新水泥再接再厉,在习近平主席和拉赫蒙总统的见证下与塔吉克斯坦政府签署了再投资协议,投资1.5亿美元在塔吉克斯坦北部索格特州建成了第二家水泥工厂。该工厂是世界水泥行业首家成功实现自备电厂孤网运行的水泥工厂,为在能源短缺的国家投资建设项目树立了样板。

华新水泥在中部国际产能合作论坛上与乌兹别克斯坦政府签订了在吉扎克州的投资协议。尽管项目推进中遭遇了新冠肺炎疫情的突然袭击,造成项目人员、设备到达现场十分困难,但经过中乌员工一年多的奋斗,到2020年6月该项目仍顺利建成投产。作为乌兹别克斯坦历史上首家外国独资企业,华新乌兹别克斯坦项目在建设过程中得到了来自中乌两国政府的大力支持。2019年3月,华新水泥尼泊尔项目正式开工。该项目计划投资1.5亿美元,建设年产150万吨水泥熟料生产线项目,项目建成后,可大幅提升尼泊尔水泥行业整体质量,改变当地高品质水泥全部依靠进口的局面,同时直接或间接创造1100个左右的工作岗位。2022年,华新水泥投资建设坦桑尼亚马文尼公司二期项目。

华新水泥在柬埔寨投资建设的中国-柬埔寨华新建材产业合作园区,吸纳上下游产业链(如包装、混凝土、硅钙板、贸易等)企业协同发展,2021年营业收入约9000万美元。

浙江红狮水泥股份有限公司在缅甸、尼泊尔、印尼、老挝等四个国家布局了5个大型新型干法水泥项目。其中总投资3亿美元的老挝万象红狮水泥项目已于2017年3月进入设备安装阶段,年产高强度等级水泥200万吨。

从海外水泥项目布局和地区来看,我国企业海外投资建设的水泥熟料生产线主要分布在亚洲和非洲地区,其中亚洲占据了约90%。在这些地区,安徽海螺集团有限责任公司、华新水泥股份有限公司、浙江红狮水泥股份有限公司等一批企业投资建成水泥熟料生产线30多条(表4-9),水泥产能3000多万吨。

表4-9 部分中国水泥企业海外投资建厂情况

企业名称	项目名称	项目规模
安徽海螺集团有限责任公司	印尼南加项目	2×3200t/d 水泥熟料线及配套水泥粉磨、余热发电设施
	印尼西巴项目	1×3200t/d 水泥熟料线及配套水泥粉磨、余热发电设施
	印尼巴鲁项目	4×5000t/d 水泥熟料线及配套水泥粉磨、余热发电设施(规划)
	印尼马洛斯项目	2×4500t/d 水泥熟料线及配套水泥粉磨、余热发电设施(规划)
	印尼粉磨站项目	年产440万吨水泥粉磨站

续表

企业名称	项目名称	项目规模
安徽海螺集团有限责任公司	印尼北苏项目	2×5000t/d 水泥熟料线及配套水泥粉磨、余热发电设施
	印尼西加坤甸项目	年中转水泥能力 60 万吨中转库，5000 吨级专用码头及配套设施
	缅甸皎施 BOT 项目	400t/d 水泥熟料线技改项目，5000t/d 水泥熟料线项目，及配套水泥粉磨、余热发电项目
	缅甸曼德勒项目	5000t/d 水泥熟料线及配套水泥粉磨、余热发电设施（2020 年点火投产）
	老挝琅勃拉邦项目	2×2500t/d 水泥熟料线及配套水泥粉磨、余热发电设施（一条已投产，另一条建设中）
	老挝万象项目	1×4500t/d 水泥熟料线及配套水泥粉磨、余热发电设施（规划）
	柬埔寨马德望项目	2×5000t/d 水泥熟料线及配套水泥粉磨、余热发电设施（一条已投产，另一条建设中）
	俄罗斯伏尔加项目	1×4500t/d 水泥熟料线及配套水泥粉磨、余热发电设施（规划）
	乌兹别克斯坦卡尔希项目	1×3200t/d 水泥熟料线及配套水泥粉磨、余热发电设施（2022 年点火成功）
中国联合水泥集团有限公司	蒙古国乌兰巴托项目	日产熟料 2500 吨，年产水泥 100 万吨
	赞比亚项目	日产熟料 2500 吨，年产水泥 100 万吨
	朝鲜罗先项目	年产 60 万吨水泥粉磨站、45 万立方米商混站
浙江红狮水泥股份有限公司	红狮希望水泥有限公司（尼泊尔）	6000t/d 新型干法水泥熟料生产线
	任抹红狮水泥有限公司（印尼）	8000t/d 新型干法水泥熟料生产线
	万象红狮萨迪他水泥有限公司（老挝）	5000t/d 新型干法水泥熟料生产线
中国葛洲坝集团水泥有限公司	哈萨克斯坦西里项目	年产 90 万吨新型干法水泥熟料生产线
华新水泥股份有限公司	塔吉克斯坦项目	年产 100 万吨水泥熟料生产线项目
	尼泊尔项目	年产 150 万吨水泥熟料生产线项目

2. 玻璃行业

我国玻璃企业在近几年加快了海外投资的步伐，通过在当地建立玻璃生产厂，直接满足区域市场需求。玻璃工业目前"走出去"的重点企业主要有福耀玻璃工业集团股份有限公司、株洲旗滨集团股份有限公司、信义玻璃控股有限公司和中国玻璃控股有限公司等。

作为玻璃行业"走出去"的领军企业，福耀玻璃工业集团股份有限公司充分利用国际资源和国际市场，将生产力扩张至海外。2013年9月，福耀玻璃在俄罗斯卡卢加州新工厂第一期100万套汽车安全玻璃项目顺利投产，这是福耀集团作为中国民营企业实质上"走出去"的第一步。2014年福耀集团投资10亿美元在美国俄亥俄州莫瑞恩市成立全球最大的汽车玻璃单体工厂，该工厂于2016年10月竣工投产。2017年3月福耀欧洲公司在德奠基，2018年9月福耀欧洲新厂正式投产。福耀玻璃仍在积极进行海外投资，不断扩大自己的经营范围。

株洲旗滨集团股份有限公司把产业瞄准国际市场，2014年投资近12亿元布局马来西亚，建成一条日产600吨Low-E在线镀膜玻璃生产线与一条日产600吨高档多元化玻璃生产线，完成旗滨集团第一个海外玻璃生产基地战略布局。2015年，旗滨集团出资1600万美元，购买三星康宁公司位于马来西亚森美兰州的工厂，并投资建设两条优质浮法玻璃生产线。2022年，旗滨集团投资新建马来西亚沙巴州2条日产1200吨光伏玻璃生产线。

信义玻璃控股有限公司将海外建厂锁定在马来西亚，斥资7700多万港元收购位于马六甲的土地兴建玻璃生产厂，通过在马来西亚投资打入东盟市场。信义玻璃马来西亚工厂于2015年启动建设，首条日熔化量1200吨浮法玻璃生产线已于2016年底点火投产。日熔化量分别为800吨和1200吨的二期浮法生产线于2018年中及年底投产。

中国玻璃控股有限公司积极响应国家"一带一路"倡议的号召，紧跟时代步伐，在尼日利亚奥贡广东自贸区投资成立了中玻（尼日利亚）自贸区公司。中玻控股2015年完成了在尼日利亚投资的综合调查，决定在奥贡广东自贸区投资建设一条日熔化量500吨浮法及镀膜玻璃生产线。项目一期工程总投资1亿美元，利用中玻控股具有自主知识产权的镀膜技术，生产4～12毫米优质浮法及镀膜玻璃，年产量达15万吨。生产线于2019年9月投产，满足了尼日利亚及周边国家发展建设对玻璃的需求，积极带动尼日利亚当地经济的发展。

山东金晶科技股份有限公司积极走向国际市场。2022年1月，金晶集团马来西亚光伏玻璃项目正式投产，该项目是马来西亚第一个大规模生产超薄和超白太阳能玻璃的生产线，每年可以提供2500万平方米的超薄太阳能玻璃。项目包括一条日熔化量500吨的光伏背板生产线、配套5条深加工连线，一条日熔化量600吨的光伏前板生产线和一条日熔化量800吨的光伏压花玻璃生产线。

我国玻璃行业部分海外投资项目见表4-10。

表4-10 我国玻璃行业部分海外投资项目

企业名称	项目名称	项目规模	投资额（亿美元）	投产时间（年）
株洲旗滨集团股份有限公司	马来西亚浮法玻璃项目	两条日熔化量700吨浮法生产线	1.75	2017
	马来西亚节能玻璃工厂	镀膜中空60万平方米；夹层中空40万平方米；单片镀膜120万平方米	0.42	2018

续表

企业名称	项目名称	项目规模	投资额（亿美元）	投产时间（年）
福耀玻璃工业集团股份有限公司	美国伊利诺伊浮法玻璃项目	两条日熔化量600吨浮法玻璃生产线	2.3	2015
信义玻璃控股有限公司	马来西亚马六甲项目	日熔化量900吨光伏原片玻璃和日熔化量1200浮法玻璃生产线	3	2016

3. 陶瓷行业

国内陶瓷企业国际化步伐正在逐渐加速。依托国家"一带一路"等重大政策利好，国内陶瓷企业"走出去"的形式不再局限于产品出口，而是扩展到在异国开设工厂，多元化输出产能和技术。我国陶瓷企业陆续进入国际市场布局，如科达制造股份有限公司在肯尼亚、坦桑尼亚、加纳、塞内加尔、赞比亚5个非洲国家投资建设陶瓷生产基地；广东新中源陶瓷有限公司在乌兹别克斯坦建立瓷砖生产线；广东唯美陶瓷有限公司在美国田纳西州投资建瓷砖生产基地等。

科达制造股份有限公司抢抓"一带一路"倡议先机，拓展海外市场。2015年与广州市森大贸易有限公司在非洲肯尼亚、加纳、坦桑尼亚三地合资兴建建筑陶瓷厂项目初步达成合作框架协议，由此拉开了科达制造进军非洲的序幕。2016年肯尼亚陶瓷厂投产，2017年加纳、坦桑尼亚陶瓷厂投产，2019年塞内加尔陶瓷厂投产，2021年赞比亚陶瓷厂投产，2022年肯尼亚第二个陶瓷生产基地基苏木项目投产。科达制造稳步推进全球化布局进程，现已在非洲肯尼亚、加纳、坦桑尼亚、塞内加尔、赞比亚相继建成投产了6个陶瓷生产基地共14条陶瓷生产线，年产能超9亿平方米，2021年实现销售收入23亿元。科达股份部分海外投资项目见表4-11。

表4-11 科达股份部分海外投资项目

项目名称	项目规模	投资额（亿美元）	投产时间（年）
肯尼亚项目	5.2万平方米/天（彩釉、瓷片、水晶砖）	0.53	2016
坦桑尼亚项目	2.5万平方米/天（彩釉、耐磨砖、瓷片、抛釉、渗花、仿古砖）	0.38	2017
加纳项目	5.5万平方米/天（彩釉、耐磨砖、瓷片、抛釉、渗花、仿古砖）	0.53	2017
塞内加尔项目	5万平方米/天（彩釉、耐磨砖、瓷片）	0.63	2019
赞比亚项目	2.8万平方米/天（瓷片、地砖）	0.5	2021

广东新中源陶瓷有限公司投资1.5亿美元在乌兹别克斯坦建立8条智能化、自动化瓷砖生产线新生产基地，单线产能2.5~3万平方米，以新中源品牌为商标，主要生产

与乌兹别克斯坦当地消费市场形成差异化竞争的瓷质砖产品。之后与菲律宾 Ayala 签订合约，共同在菲律宾投资建厂。这是新中源继在乌兹别克斯坦建厂的再一次海外拓展，更是新中源首次与海外公司合作投资建厂的新尝试。初步规划 2 年内建 12 条生产线，产品以抛光砖和瓷片为主。

广东唯美陶瓷有限公司在美国田纳西州投资建瓷砖生产基地。项目自 2015 年正式启动，于 2017 年投产。

4. 玻璃纤维行业

我国玻璃纤维企业走向海外是由最初的产品营销向建设境外生产线模式转变。

中国巨石股份有限公司是中国建材股份有限公司玻璃纤维业务的核心企业，不仅在北美、欧洲、亚洲等主要市场设立独家代理，还在境外设立全资和控股子公司，初步形成了直销、独家代理、海外控股互为补充的全球营销网络。随着国家"走出去"和"一带一路"倡议的提出，公司开始在海外建厂。目前已经成功地在埃及和美国建设玻璃纤维生产线。

中国巨石海外投资情况

2012 年 1 月，巨石埃及玻璃纤维有限公司成立。巨石埃及公司是巨石集团的控股子公司，项目总投资 5.21 亿美元，在埃及建设年产 20 万吨玻璃纤维生产基地。项目分三期建设，于 2017 年 9 月完成。该项目是目前我国在埃及投资金额最大、技术装备最先进、建设速度最快的工业制造类项目，填补了中东、北非地区玻璃纤维制造业的空白。

埃及年产 20 万吨玻璃纤维生产基地建成后，凭借一流的技术和先进的管理，产品供不应求，出口率高达 95% 以上，主要服务于欧盟市场以及周边的土耳其、中东和北非市场，拉动埃及外贸出口增长，使埃及一跃成为世界第三大玻璃纤维生产国。

为加快企业全球布局，2016 年 8 月巨石美国股份有限公司正式注册成立。项目总投资 3.5 亿美元，在美国建设年产 9.6 万吨无碱玻璃纤维生产线。项目于 2019 年 5 月 18 日成功点火。该项目是继巨石埃及项目之后，集团在加快全球化布局进程中的又一里程碑事件，有助于中国巨石进一步贴近美国市场，构建更加完善的产品需求开发服务体系，展现了公司与全球客户共同发展的决心。

重庆国际复合材料股份有限公司下设北美公司、欧洲公司和中国香港公司 3 家销售子公司，在海外的巴西、巴林、美国建有生产基地。2011 年，公司完成整体收购巴西卡皮瓦里工厂，成立重庆国际复材巴西玻璃纤维有限公司，拉开了公司全球战略布局的序幕。2013 年收购巴林阿巴桑玻璃纤维有限公司 60% 的股权，成立重庆国际复材巴林玻璃纤维公司。

5. 混凝土与水泥制品行业

拥有技术创新优势的国内混凝土与水泥制品的装备和生产企业在国际化进程中主要采取"抱团取暖，借船出海"，紧紧依靠产业链下游的大型建设集团获得更多的发展机遇。目前，中建西部建设股份有限公司、建华建材（中国）有限公司、武汉建筑材料工业设计研究院有限公司等企业实现了混凝土与水泥制品及其装备的出口和国际产能合作。

中建西部建设股份有限公司在中国 24 个省市以及阿尔及利亚、马来西亚、印度尼西亚、巴基斯坦等国建立了强大的生产供应能力与完善的产业链。公司按照"精耕东南亚、突破中东北非"的总体思路，依托技术和海外承包工程市场优势，开展混凝土及多元化业务建设布局，目前海外投资产业主要为预拌混凝土及外加剂产业。2017年，公司海外首个自建厂——印度尼西亚美加达厂投产运营，首个海外独立法人企业——中建西部建设印尼公司正式成立，打破了长期以来单一的技术输出发展模式。截至目前，已在印度尼西亚拥有3座预拌厂，其生产的混凝土年产能达150万立方米以上。中建西部建设马来西亚有限公司、中建西部建设柬埔寨有限公司相继成立，进一步加快海外业务布局。

建华建材（中国）有限公司积极探索国外市场，通过海外生产基地及沿海沿江自建码头，产品销售足迹遍布越南、印度尼西亚、马来西亚、柬埔寨、泰国、文莱、菲律宾、斯里兰卡等多个国家。2012年建华建材在越南北部建设首家海外生产基地，成立了建华地越管桩有限责任公司，投资1.4亿美元混凝土管桩生产厂。为更大程度地满足海外市场需求，2018年建华建材在越南南部建设了第二家海外生产基地，成立了建华建材（隆安）有限责任公司，进一步提升了对越南乃至整个东南亚市场的生产服务能力。

6. 新型墙体材料行业

以砖瓦工业为主逐渐发展壮大起来的墙体材料工业，是我国建材行业的重要组成部分。随着墙材革新与建筑节能工作的深入开展，我国墙体材料的技术装备水平和产品质量不断提高，节能减排和资源综合利用成效显著。墙体材料企业充分利用"走出去"时机，进一步增强国际竞争实力，占据一定的国际市场。

北新集团建材股份有限公司是我国最大的新型建材产业集团、亚洲最大的轻钢龙骨产业集团、全球最大的石膏板产业集团。2017年北新建材工业（坦桑尼亚）有限公司成立，通过原有生产线升级改造加新建一条达到世界先进水平的年产2000万平方米石膏板生产线，开启了国际化征程。之后北新建材在乌兹别克斯坦设立境外全资子公司，建设年产4000万平方米纸面石膏板生产线及配套年产3000吨轻钢龙骨生产线和年产400万平方米装饰石膏板生产线项目。

芜湖海螺型材科技股份有限公司2017年与缅甸MYINT签署项目，标志着公司走出了海外发展的第一步，成为在海外建厂的型材企业之一。项目位于缅甸曼德勒地区，规划年产能1万吨型材及管材、5~10万平方米的高档门窗生产线。之后海螺型材进一步完善型材公司海外布局，于2018年顺利投资缅甸海螺（曼德勒）绿色建材有限公司首期5万平方米门窗项目。2018年海螺建材（泰国）有限公司正式注册成立，泰国项目是海螺型材继缅甸项目后在海外投资的第二个项目，也是海螺型材在海外单体投资最大的项目。2020年缅甸海螺（曼德勒）首期年产1万吨绿色环保建材项目顺利投产，成功实现海螺型材首个海外基地正常运营，开启了型材公司国际化发展篇章。

7. 石材行业

我国自2005年成为全世界大型的石材生产、消费和出口大国。石材在国际石材市场的地位日益提升，石材企业纷纷走出国门，投资海外市场。截至2020年年底，我国直接或间接境外投资石材矿山约300余处，投资额突破百亿元。境外石材矿山投资，主要分独资和与东道国公司合资两种方式。

福建南安市新东源石业有限公司联合南安市奥力石业有限公司、福建省泉州市日升石业有限公司和福建省南安市南升石业有限公司等3家石材企业在2011年组成了新矿山运营团队并在中国香港注册成立了远洋矿业，共赴土耳其开发石材矿山，这是南安第一家独立在土耳其开矿并取得成功的石材企业。从2011年进军土耳其矿山至今，远洋矿业已经掌握27座矿山，成为土耳其最大的石材企业。2013年远洋矿业在土耳其创立的全球首座石材图书馆——安塔利亚石材图书馆一跃成为全球石材贸易交流与发展的重要平台。

在国家积极鼓励石材企业"走出去"的大背景下，南安祺隆石业有限公司将海外市场投向东南亚地区。2017年，祺隆石业与在柬埔寨的华侨华人合作开发3座矿山，占地面积达60万平方米。

（四）工业园区建设

建材产业园是以建材生产、精深加工、仓储物流、贸易展示为主导，聚集上下游产业链企业的综合产业园区。建材产业园进行从原材料供给到销售的纵向一体化经营，以全产业链的方式为建筑商提供综合配套服务，同时为入园企业提供健康、有序的发展环境，降低企业的非经营性风险。利用园区进行投资逐步成为国内企业进行国外项目投资的首选，既规避了项目前期工作中与所在国相关政府机构和当地社会磨合所产生的难度和不适应，也尽可能规避了可能存在的非政策和非市场因素，同时还可有效地利用园区已经形成的基础设施条件和用地条件。

赞比亚工业园是我国在海外的首个建材工业园示范项目。该工业园位于赞比亚首都卢萨卡东南19千米，占地面积约4平方千米，配矿山可开采面积108平方千米，石灰石远景储量超过4亿吨。工业园一期计划投资超过2亿美元，包括年产100万吨水泥熟料生产线、6000万块烧结砖生产线、20万立方米混凝土生产线、70万吨骨料生产线。二期计划投资建设300万平方米硅酸钙板生产线、水泥制品及其他高科技建材产品生产线与建材产品国际贸易区域。2018年项目正式竣工投产。中国建材赞比亚工业园由中材水泥有限责任公司投资建设，现有多条生产水泥熟料、混凝土、骨料以及烧结砖的生产线。建成以来，截至2020年9月，工业园累计为当地贡献税收1.6亿赞比亚克瓦查，约合7000万元人民币，带动大批当地民众就业。

埃塞俄比亚东方工业园是我国在埃塞俄比亚唯一的一家国家级境外经贸合作区，工业园建设得到中埃两国政府的大力支持。工业园国内投资主体是江苏永元投资有限公司。埃塞俄比亚东方工业园是中国海外产业园建设的典范，园区中建材产业包括建筑陶瓷、商品混凝土搅拌站、水泥制品和水泥外加剂、轻钢结构件等建材企业，为中国中小企业抱团"走出去"提供新的发展平台。目前入园企业包括中舜水泥制造有限公司、东方水泥股份公司、玉龙科技建材有限公司等80多家，从事水泥生产、制鞋、汽车组装、钢材轧制、纺织服装、日用化工、食品以及制药等行业。

2019年11月，柬埔寨贡布（中柬）泰文隆工业经济特区举行开园仪式，柬埔寨王国洪森首相率政府主要官员出席开园仪式并剪彩。该园区充分发挥自身优势条件，主要发展目标为承接我国沿海地区产能转移、打造以石灰石资源综合利用为主的建材集聚加工基地。该园区由福建中柬投资公司与柬埔寨泰文隆集团共同出资成立。园区规划面积11平方千米，目前已经有年产150万吨水泥熟料生产线、水泥和混凝土制品等5家企业入驻。

第三节 ESG 及可持续发展

多年来,代表可持续发展的ESG理念在国际社会逐渐形成共识。通过践行ESG理念,开展合规和属地化经营,保护资源环境,推进公益事业发展,加强知识产权保护等,有助于提升建材企业在投资和经营中的社会责任履行水平,持续改善环境质量,建立健全环境治理体系。

一、合规经营

(一)坚持合规管理

我国建材企业在海外坚持合规管理,根据国内外的相关合规要求、组织原则和行业惯例等,结合当地实际,制定符合企业行为规范的制度,构建系统化的管理体系。企业通过引入公司内部财务、供应、销售的信息化管理手段,提高管理效能;建立定期的海外审计检查机制,及时发现问题、解决难题。企业及其员工的经营管理行为符合有关法律法规、国际条约、监管规定、行业准则、商业惯例、道德规范和企业依法制定的章程及规章制度等要求。

华新水泥股份有限公司在塔吉克斯坦项目中管理规范。塔吉克斯坦一期项目从投产次年开始,连续四年获得当地企业最高荣誉"最佳工业企业奖",中国大使馆、财政部、湖北省政协、商务厅、黄石市政府等中国政府代表及塔吉克斯塔总统、柬埔寨总理等投资国官员均多次到华新塔吉克和柬埔寨工厂参观,堪称投资运行企业之楷模。

中国中材国际工程股份有限公司坚持合规运营,切实保障员工权益。公司严格遵循政策法规要求,规范雇佣管理,完善薪酬分配制度,健全员工福利体系;完成岗位标准化建设和薪酬体系优化,搭建起管理序列和专业序列定薪模型;强化民主管理,健全职工代表大会制度与工会制度,尊重员工的知情权、参与权、表达权、监督权,畅通员工参与公司管理、表达意见的渠道,推动和谐发展;建立由股东大会、董事会、监事会和管理层组成的健全法人治理结构,形成了权责分明、各司其职、有效制衡、协调运作的公司治理体系。公司重视决策程序的规范性和严肃性,严格按照相关会议议事规则等要求,履行会议召集、议题征集、议案审核、会议组织、事前认可意见和审议表决等决策程序,确保决策程序规范有序。结合业务特点和发展阶段,公司健全重大事项报告管理体系,建立健全敏感信息排查、重大风险预警等机制,不断提升公司治理效能。

(二)加强风险控制

我国建材企业在境外会聘请当地律师事务所作为长期法律顾问,应对报批报建和生产运营过程中的法律问题,因地制宜地提出解决方案。企业注重加强对员工的当地法律常识培训,确保在企业和个人层面都能严格遵守当地法律。

二、属地化经营

(一)促进东道国技术进步和产业升级

我国建材工业体系完备,产品种类丰富,发展成熟且具有较强的竞争力。建材企业在海外投资过程中不仅带去了资金,还将较为先进的技术和装备带到东道国,促进东道国建材产业发展和升级，提升当地职工的工作技能和管理水平，为东道国技术进步和产业发展升级做出了贡献。

中国巨石股份有限公司作为全球玻璃纤维行业的领军企业，拥有一整套具有自主知识产权的玻璃纤维生产技术。2013—2017年，巨石集团陆续投资5.8亿美元，在埃及建设一个年产20万吨的非洲唯一的世界级大型玻璃纤维生产基地，产品主要供应欧洲、土耳其、中东、北非及埃及本土等市场，使埃及一跃成为世界第三大玻纤生产国，为拉动当地外贸出口增长起到了关键作用。与此同时，埃及玻璃纤维产业的快速发展有效辐射了上游的矿物原料加工、包材加工等产业以及下游的风力发电、玻纤制品、管道制造、卫浴制作、物流运输等产业，吸引了大量玻璃纤维配套上下游企业入驻埃及，带动了整个产业链的蓬勃发展。

安徽海螺水泥股份有限公司作为行业龙头企业，在向海外欠发达国家投资时带去了中国最先进的水泥生产技术和设备，将当地水泥生产技术提升至世界先进水平。海螺水泥在柬埔寨马德望建成一条日产5000吨水泥熟料生产线，使得马德望海螺成为柬埔寨产能最大、工艺最先进的水泥生产企业。同时，海螺集团积极向海外输送行业内最先进环保的工艺设备，带动了当地产业升级。

株洲旗滨集团股份有限公司于2014年投资近12亿元布局马来西亚，建成在线镀膜玻璃生产线与多元化玻璃生产线，完成旗滨集团第一个海外玻璃生产基地战略布局。从高档浮法玻璃生产到玻璃产品加工，旗滨集团均采用了先进的国际生产工艺及多种玻璃深加工高档设备，现已建成东南亚地区规模最大、设备最先进、自动化水平最高、产品档次最高、管理最先进的玻璃深加工基地。项目采用自主研发的技术，引进专业进口设备，主导产品为三银低辐射Low-E玻璃、双银、单银低辐射镀膜玻璃、热反射镀膜玻璃、中空玻璃、夹层玻璃、图案夹层玻璃、彩釉玻璃、热弯玻璃、钢化玻璃、弯钢化玻璃及上述玻璃构成的各种复合玻璃产品等，产品具备卓越的环保、节能、安全及艺术美观性能。

华新水泥股份有限公司每家海外工厂均采用华新最先进的生产设备和技术，有力地促进了当地建材产业的升级换代步伐，提升了所在国的建材行业整体发展水平。

科达制造股份有限公司和广州市森大贸易有限公司在肯尼亚合作共建的陶瓷厂每天产量超过6万平方米，帮助肯尼亚实现了瓷砖这一基础装饰材料的本土工业化生产，使肯尼亚及其周边国家均可获得当地生产的、性价比更高的瓷砖产品，成为中肯产能合作的成功典范。

（二）为东道国创造大量就业机会

建材行业属于劳动密集型行业，用工需求量较大。我国建材企业积极探索属地化管理，尽可能地聘用当地员工，为东道国创造了大量就业机会。

安徽海螺水泥股份有限公司积极推动用工本土化，2018年创新海外本地员工培养模式，由缅甸海螺与当地孔子学院共建缅甸海螺职工大学，配套设立职工书屋，重点培训中文和专业基础知识，进一步提升本地员工文化素养和业务技能，营造更加和谐的企业文化。2018年，海螺印度尼西亚区域探索实施"丝路人才"计划，选拔一批当地员工进行重点培养，提升工作技能，为推行本土化经营提供人才支撑，许多人员已晋升到中层管理岗位。

中国中材国际工程股份有限公司深入推进属地化经营，结合公司发展和项目建设需求，大力实施海外人才属地化战略，加强自身国际化人才队伍建设，建立完善员工录用、使用、岗位考核和奖惩制度，努力吸引和培养当地优秀人才，为其创建职业生涯发展平台。同时，公司尽可能地依托当地资源，培养本地分包商、材料供应商和服务商，建立"长期、稳定、共赢"的合作关系，以良好履责为海外项目开发建设和运营管理打造和谐发展环境。所属成都建筑材料工业设计研究院有限公司逐步形成了属地化设计、采购、物流、施工、管理的项目执行模式，埃及区域属地化率达71%，公司的境外用工中，国际雇员和本地雇员占比超过60%，2021年公司境外雇员占公司总人数近14%。

中国巨石股份有限公司积极履行社会责任，促进当地民生改善。巨石集团埃及项目为当地提供就业岗位1604个，其中当地员工占比97.8%。

福耀玻璃工业集团股份有限公司美国项目为当地提供就业岗位300个，其中当地员工占比98%，当地管理层人数占比85%，并建立工会组织。

（三）助力当地经济发展

自我国提出"走出去"战略以来，建材企业纷纷布局海外，对目标国的基础设施建设和经济社会发展做出了积极努力，对当地经济社会发展起到了积极的带动作用。

中国中材国际工程股份有限公司积极响应国家"一带一路"倡议，截至2022年6月，在"一带一路"沿线45个国家承接了167条水泥熟料生产线建设项目，极大地丰富了当地基础建材供应。公司积极融入项目所在国发展战略和规划，通过工程建设和海外投资带动中国产品、技术、标准等全要素输出，创造更多业务接口，助力当地经济发展和社会进步。公司在埃及建设的世界最大规模的水泥熟料生产线埃及GOE项目，不仅为当地基础设施建设提供了有力支撑，也为埃及水泥出口提供了强大助力，显著提升当地水泥行业的竞争力。2020年，该项目获评国家优质工程金奖。

浙江红狮水泥股份有限公司在尼泊尔、老挝等地积极参与改善当地道路交通等公益事业，得到尼泊尔《加德满都邮报》《公民报》《共和国报》等当地主流媒体的广泛报道，项目先后多次被当地政府授予"中国企业投资荣誉奖""最佳外国直接投资项目""突出贡献奖"等荣誉。

（四）注重加强文化理念的融合

我国建材企业在海外投资经营时，注重加强与当地的文化理念充分融合。如中国巨石股份有限公司在埃及当地生活区修建近200平方米、可容纳1000人的祷告室，并在生产车间设置12个祷告室供穆斯林员工祷告；在埃及斋月期间，为员工提供免费饭菜并发放斋月补贴等。

三、保护资源环境

（一）有效促进节能减排

我国建材企业在境外投资生产过程中坚持绿色低碳发展理念，极大促进了所在国的节能环保工作。

中国中材国际工程股份有限公司施工的大部分项目环保指标优于总包合同约定，各项能耗指标和排污指标均达到国际领先水平，研发的低能耗、低排放的新一代新型干法水泥技术装备目前已大范围投入运行。其节能减排粉磨技术、外循环生料立磨技术、钢渣立磨终粉磨技术等入选《国家工业节能技术装备推荐名录（2020）》，高温工业窑炉红外节能涂料技术入选《国家工业节能技术推荐目录（2021）》。公司持续优化废气综合治理技术，采用自脱硝分解燃烧＋精准 SNCR 技术，整体技术效果实现水泥行业超低排放指标，NO_x、SO_x 和粉尘排放分别比发达国家排放限值低 88%、65% 和 50%；利用水泥生产余热资源，结合工厂生产及当地风、光资源，开发"风—光—储"智能微电网，协同打造了水泥生产"零外购电"方案。阿尔及利亚 BC 项目 2 条日产 6000 吨水泥熟料生产线项目和尼日利亚 EDO 二线日产 6000 吨水泥熟料生产线项目分别获 2020 年工程建设项目绿色建造设计水平二等奖和三等奖。阿联酋 JSW 项目获评国际工程绿色供应链管理优秀项目奖。

中国巨石股份有限公司埃及公司在自身发展过程中一直秉承环境友好型理念，坚持绿色低碳发展，采用纯氧燃烧、废水深度净化等技术实行生产，积极落实节能减排目标，为项目所在国的节能减排做出了积极努力。

（二）加强资源综合利用

我国建材企业在海外经营过程中注重加强资源的综合利用，不仅能有效提高资源利用率，减少污染物排放，同时有助于改善生态环境。

砖瓦工业是孟加拉国的主要工业产业之一，但存在生产效率低、产品合格率低、环境污染严重、资源综合利用水平低等一系列问题。中节能东方双鸭山建材设备有限公司在达卡专区加济布尔建设日产 10 万块烧结砖生产线，根据孟加拉国当地原料湿度大、雨季长等情况，开发出适应当地情况的二次码烧设备和外投煤系统，充分利用黏土和河道淤泥为原料，燃烧效率高，工作环境好，可以大规模降低二氧化碳排放，改善工人的工作环境。

中国中材国际工程股份有限公司阿联酋 JSW 日产 3000 吨水泥熟料生产线项目采用矿山废渣作为原料，印度高硫石油焦作为燃料，借助 BIM 项目管理平台，有效控制采购数量，各项环保指标先进，新冠肺炎疫情期间极大地降低了业主的生产成本。

四、助力公益事业

（一）积极参与社会公益活动

我国建材企业在海外投资过程中积极融入当地社会，与当地政府及社区关系非常融洽，在教育、医疗、扶贫等方面主动履行社会责任，参与慈善事业，为我国建材行业树立了良好的企业形象。

浙江红狮水泥股份有限公司在尼泊尔、老挝积极参与改善教育、医疗、环境卫生、饮用水安全等公益事业。

株洲旗滨集团股份有限公司在马来西亚积极参与各种社会爱心关怀和慈善公益活动，并长期致力于改善如贫困家庭、孤儿院、养老院等的生活条件。

中国巨石股份有限公司在埃及积极参与社会公益活动，如在红海海滩开展清理活动、红海环保宣传活动、宰牲节和斋月节慈善捐赠活动等，身体力行履行企业社会责任，累计向埃及非洲希望小学捐赠价值 26 万埃镑的教学设备。

华新水泥股份有限公司在海外积极开展公益慈善事业，通过系列的捐资助学、扶贫济困、修桥铺路和志愿者活动，赢得了当地政府、居民的广泛信任。

（二）助力当地抗疫防护

我国建材企业在疫情期间积极为东道国当地政府和民众捐助防疫物资，为海外疫情防护提供了有利支撑，并获得了良好反响。

株洲旗滨集团股份有限公司在海外新冠肺炎疫情爆发后，向马来西亚森美兰州捐赠了40万个口罩及1000套医疗防护服等物资，为森美兰州抗疫提供了强有力的支持，一定程度上缓解了当时防疫物资紧缺的处境。

浙江红狮水泥股份有限公司在疫情期间向尼泊尔、老挝捐赠200台制氧机、大批口罩等防疫物资，并积极响应尼泊尔当地政府号召，主动担当，先后向当地捐助专项救助基金以及测温枪、口罩、消毒洗手液等防疫物资，为当地抗击新冠肺炎疫情做出了积极贡献。

安徽海螺集团有限责任公司在抗击疫期间向印度尼西亚、缅甸、老挝、柬埔寨、乌兹别克斯坦等国家及其地方政府、医院等捐赠测温枪、新冠病毒检测试剂、口罩等防疫物资，充分展现了大国企业的社会担当。

中材建设有限公司菲律宾项目部在疫情较为严重时，为当地雇员提前发放"十三薪"，帮助当地雇员向政府申请相关补贴，并发放大米等生活必需品，极大地增强了当地雇员的归属感。公司持续加强物资保障，不断向项目部发送药品、口罩等防疫物资。

中国葛洲坝集团水泥有限公司哈萨克斯坦公司在2020年4月新冠肺炎疫情加剧蔓延之际，为克孜州政府援助一栋宿舍楼作为紧急隔离楼，3个多月时间隔离当地疑似病例与密接人员130余人，有力地阻击了疫情蔓延态势。

中国中材国际工程股份有限公司有力有序有效开展境外项目的疫情防控，根据境外疫情发展态势，动态完善应急预案并加强演练，高度重视疫情可能带来的衍生风险，加强境外舆情监控，通过多种途径和方式做好境外员工的维稳工作。如尼日利亚DANGOTE炼油厂项目部2020年制定了七个应急预案和各项疫情防控措施，与医疗定点医院建立了联控机制，备足医疗物资和生活物资，将每个防控环节认真落实到位。

五、知识产权保护

21世纪以来，知识产权保护逐步被引入世界贸易自由化进程中，知识产权常常成为国际贸易纠纷的诱发因素，对知识产权的重视度不够使得部分建材企业在"走出去"的道路上受挫。2005年7月，荷兰公司Unilin、爱尔兰地板工业公司和美国Unilin北卡罗来纳地板公司以4项"地板锁扣"专利技术遭侵权为由，向美国国际贸易委员会提出申请，要启动337条款对侵权产品实施普遍排除令，并对10家被诉中国企业发布禁止令。此举涉及中国5000多家地板企业，当时每年地板出口量达到近2亿美元。2007年，仲裁结果为17家企业均被判侵权，使得当时国内复合地板出口在美国基本无利可图。

由此可见，知识产权的保护至关重要，我国建材企业也更加注重加强海外知识产权保护，逐步提升建材企业的国际市场知名度。江苏鹏飞集团股份有限公司坚持技术创新，在实施总承包服务前即掌握拥有自主知识产权的新型干法水泥制造技术。"走出去"后通过与欧洲、美国标准的对标，进一步优化和提高了技术标准，有力地推动了中国水泥技术和大型装备质量的进步。通过实施项目全过程风险管理，公司从项目投标、编写标书、报价、商务谈判、技术方案交流、项目实施、项目调试、试运行、预验收等各个环节，全面建章立制。同时，公司还扎实做好境外项目的安全、应急管理工作，妥善处理业主、分包商、员工等关系，提高现场稳定和整体安全水平，为实施总承包服务提供了全方位的支撑。

第四节 重点国别市场分析

我国建材企业与世界许多国家与地区开展贸易往来，并加深与"一带一路"沿线国家的广泛合作，加快了"走出去"步伐。本节主要选取部分政策环境良好、经济增长潜力大、建材需求强劲、投资环境较好的东盟（印度尼西亚、越南、菲律宾、柬埔寨）、非洲（埃及、南非、肯尼亚、尼日利亚）、中亚（吉尔吉斯斯坦、哈萨克斯坦）、南亚（巴基斯坦、孟加拉国）地区，对其政策环境、建材发展和市场需求进行重点分析。

一、东盟地区

（一）印度尼西亚

印度尼西亚位于亚洲东南部，拥有大小岛屿17508个。作为全球最大的群岛国家，印度尼西亚地跨赤道，横卧太平洋、印度洋和亚洲、大洋洲，陆地面积190万平方千米，海洋面积317万平方千米，人口约2.6亿，居全球第4位，扼守马六甲海峡、巽他海峡、龙目海峡等重要的国际贸易航道。印度尼西亚是东盟第一大国，人口、面积和经济总量均占其40%左右，经济增速多年来一直保持在5%左右，在全球主要经济体中位列前茅。受新冠肺炎疫情影响，2020年印度尼西亚国内生产总值（GDP）同比下降2.07%，至1.06万亿美元，居全球第16位；2021年经济规模达到1.19万亿美元。作为东盟最大经济体和20国集团重要成员，印度尼西亚在地区和国际事务中发挥的作用越来越重大。2011—2020年印度尼西亚经济增速见图4-1。

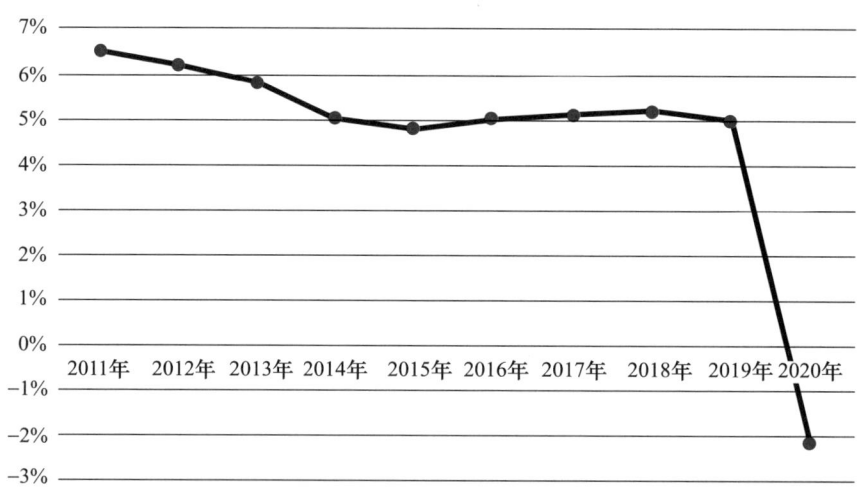

图4-1 2011—2020年印度尼西亚经济增速

数据来源：印度尼西亚中央统计局2018（Statistics Indonesia）和2021年中国统计年鉴

我国和印度尼西亚自1990年恢复外交关系以来，双边经贸合作全面发展，尤其是近年来在"一带一路"倡议带动下，中印尼贸易、投资和工程承包等领域合作发展迅猛。我国已连续多年保持印度尼西亚第一大贸易伙伴，据中国海关统计，2021年中印尼双边贸易额达到 1244 亿美元，比上年增长 58%，创历史新高。在我国主动扩大进口的系列举措拉动下，2016 年以来，我国持续成为印度尼西亚第一大出口目的国。我国企业对印度尼西亚的投资涉及农业、矿业、电力、房地产、制造业、产业园区、数字经济和金融保险等领域，遍布印度尼西亚各大主要岛屿，产能合作取得了显著成效。印度尼西亚长期是我国企业开展工程承包的前十大海外市场之一。2020 年，我国企业在印度尼西亚工程承包新签合同额和完成营业额分别达 119 亿美元和 71 亿美元。

1. 政策环境

近年来，印度尼西亚政府以规划为引领，以推进 6 大经济走廊建设为依托，以推动工业、矿业、农业、海洋业、旅游业、电信业、能源业等产业发展为重点，全面促进和扩大国家经济增长和社会进步。同时，当地政府在劳务用工、对外贸易、投资等领域建立了较为完备的政策法规体系，并通过持续完善、进一步扩大本国对外开放程度，为我国企业进一步扩大其在印度尼西亚制造业、基建行业投资提供了良好的机遇和平台。2021 年，印度尼西亚政府致力于控制疫情和恢复经济，并取得了较为显著的成效，执政基础稳固。2022 年，印度尼西亚政府进一步"简政放权"，通过放宽投资准入、降低营商成本、大力发展基础设施等措施积极改善营商环境。

印度尼西亚是最有活力的新兴亚洲建筑市场之一，是东盟最大的经济体，是东盟投资建材产业最具成本竞争力的国家。根据英国《金融时报》报道，印度尼西亚是主要市场中投资建材生产企业总体运营成本最低的国家。在建材及其上下游产业政策领域，印度尼西亚政府在各项规划和政策法规中多次提到要加大交通、港口以及产业园区基础设施建设，同时积极推动绿色建筑产业发展，并在上述领域持续提升利用外资水平，这为我国建材企业在印度尼西亚发展提供了良好的契机。印度尼西亚部分法律、政策和规划见表 4-12。

表 4-12 印度尼西亚部分法律、政策和规划

政策分类	政策名称	重点内容
发展规划	印度尼西亚经济建设中长期发展规划	规划提出，印度尼西亚政府将设立 6 大经济走廊（苏门答腊经济走廊、爪哇经济走廊、加里曼丹经济走廊、苏拉威西—北马鲁古经济走廊、巴厘—努沙登加拉经济走廊、巴布亚—马鲁古经济走廊），主抓 8 大行业 18 类项目，设置相关的经济发展中心，带动区域经济的快速扩张，以实现规划中制定的目标：2025 年，国民生产总值将达 3.8～4.5 万亿美元，人均年收入达到 13000～16100 美元，在世界的经济实力排名第 12 位；2045 年即印尼独立 100 周年之际，印度尼西亚国民生产总值将达到 16.6 万亿美元，人均年收入达到 46900 美元，在世界的经济实力排名第七/八位
	新建经济增长中心规划	2018 年 7 月，为缩小较为发达的爪哇岛与其他地区的发展差距，印度尼西亚政府提出在爪哇岛外新建数个经济增长中心的规划。规划提到，印度尼西亚政府将推出 3 个国家级项目以促进形成新经济增长极，包括有潜力的大都会加速发展计划、城市和农村同步振兴计划、偏远和边境地区基础设施和基本服务加速发展计划

续表

政策分类	政策名称	重点内容
发展规划	第四次工业革命路线图	2018年4月，印度尼西亚政府敲定10项优先步骤来实施第四次工业革命路线图：第一，要改善物流供应，通过增产或加速技术转移来加强上游和中游领域的本地产品流通；第二，要重新设计工业区，对已建成的一些工业区，各方将全力发挥其产业优势；第三，要适应可持续标准，应对可持续挑战，印度尼西亚视其为提高国民工业生产能力的一个极佳机会，发展清洁技术、电力、生物化学和可再生能源等；第四，要全力发挥中小微企业的作用，印度尼西亚的企业家有70%来自中小微企业；第五，要建造数码化基础设施，印度尼西亚将加速数码基础设施的建设，包括高速互联网或通过公私合伙方式提高数码化能力；第六，要引进外资，包括向当地企业转让技术；第七，要提高人力资源素质；第八，要创新发展生态系统，政府将发展国民创新中心的蓝图，筹备创新中心试点或全力发挥有关法则的规定，比如保护知识产权或税务优惠等；第九，要提供技术投资奖励，政府将对技术转让提供税务优惠，比如发放税务津贴、减税或对使用第四次工业革命技术的企业提供免进口税等优惠；第十，要统一规则和政策，旨在提高工业的竞争力
政策法规	有关外籍职工的第20号总统条例	总统条例规定，印度尼西亚国内企业聘用外籍职工须在规定的工作任期内担任固定的职位，也须考虑聘用更多的印度尼西亚本国职工；各行业每次向外籍职工提供职位时，必须考虑优先聘用本国职工；如果印度尼西亚职工未能胜任工作，才可交由外国职工担任；禁止外籍职工担任国内企业人事部要职或某些已由部长点明的职位；聘用外籍职工的相关企业，可聘用其他企业的外籍职工在同样的岗位工作，有关外籍职工可根据首次应聘企业的工作期限作为新合同的期限；聘用外籍职工的企业必须拥有外籍职工聘用证（RPTKA），这是由相关部长或官员宣布正式启用的许可证，多数是在紧急需求或迫不及待的情况下雇用外籍职工；外籍职工最迟须在打工2天之后申请外籍职工聘用证，随后当局必须在1天之内处理申请书；处理申请书的部长或官员，必须在2天之内通知外籍职工的雇主，领取已批示的申请书和资料
	贸易限制政策	2012年以来，印度尼西亚贸易部、工业部、农业部等相继发布的一系列限制进出口贸易的政策规定值得关注。涉及建材及其上下游产业的出口限制政策系列规定主要包括：印度尼西亚政府2012年5月施行关于提炼和加工原矿石活动而提高矿产品出口值的能源矿务部长第7号条例，对65种矿产品出口加征20%出口税并实行了其他限制措施，并再次明确在2014年禁止原矿出口，鼓励外国投资者在印度尼西亚投资设立冶炼加工厂；从2014年1月12日起印度尼西亚政府将禁止矿产公司出口矿物矿石产品，届时矿产公司将会被要求在境内从事精炼加工活动

续表

政策分类	政策名称	重点内容
政策法规	《投资法》及其衍生规定	《投资法》规定，国内外投资者可自由投资任何营业部门，除非已为法令所限制与禁止。外国直接投资可以设立独资企业，但须参照《禁止类、限制类投资产业目录》（简称《目录》）规定，属于没有被《目录》禁止或限制外资持股比例的行业。外国投资者也可在规定范围内与印度尼西亚的个人、公司成立合资企业，还可通过公开市场操作，购买上市公司的股票，但受到投资法律关于对外资开放行业相关规定的限制。 相关衍生规定对禁止投资行业做出明确规定，25个行业被宣布为禁止投资行业，仅能由政府从事经营，禁止投资的行业包括：毒品种植交易业、受保护鱼类捕捞业、以珊瑚或珊瑚礁制造建筑材料，含酒精饮料工业、水银氯碱业、污染环境的化学工业、生化武器工业，机动车型号和定期检验、海运通信或支持设施、舰载交通通信系统、空中导航服务、无线电与卫星轨道电波指挥系统、地磅站、公立博物馆、历史文化遗产和古迹、纪念碑以及赌博业。 2016年，印度尼西亚政府又对相关衍生规定进行了调整，对外资开放了更多行业，其中在建筑公共工程行业，外资股权比例最高限制由55%提高到67%
	《矿产和煤炭采矿法》	根据该法，外国公司不再被禁止申请和持有矿业许可权，这是印度尼西亚矿业领域利用外资政策的重大突破。但新法规定，已在印度尼西亚获得矿产经营准字（IUP）和矿产经营协议（PUP）的已生产的企业，需建设矿产冶炼加工厂，而按照原有工作合同生产的企业，最迟在新法实施后5年内建立上述冶炼厂；在企业缴纳正常的所得税和矿产税之外，新法还增加了一项税率为10%的附加税，中央和地方政府分别得到4%和6%
	《非鼓励投资目录》	该《目录》中涉及建材及其上下游产业的内容主要是：限制外国企业在政府基础设施工程的投资，以保护国内企业市场份额，外资企业只被允许参加基础设施部门建筑价值在1000亿盾以上，其他部门采购和服务价值在200亿盾以上的投标。此外，外资企业只许参加合同价值在100亿盾以上的服务咨询投标
	绿色建筑法令	印度尼西亚政府于2010年实施首个绿色建筑标准法令，意在发展低碳建筑来提高能源利用效率。该法令以大城市的酒店、办公楼和公寓等碳排放量较大的建筑为对象，设定符合绿色建筑标准的9项条件，包括环保材料、低碳燃料、水和废物管理以及室内空气质量等。法令要求，绿色建筑所使用的材料应来源于当地且具有绿色证书，该证书由印度尼西亚环境部指定的独立机构出具

续表

政策分类	政策名称	重点内容
政策法规	投资负面清单	印度尼西亚政府通过修订投资领域的负面清单，放宽了对外资准入的限制，其表现为，一方面扩大了外商投资的领域，开放了部分原先仅限当地投资的行业；另一方面，对外资的持股比例要求放宽，一些行业外商可以控股。 与建材及其上下游产业相关的内容是，公私合营的基础设施项目领域，其中机场、港口和陆路交通客站（含铁路）的经营管理外资可持股权分别为49%、95%和49%

2. 需求分析

（1）经济发展增长和基础设施建设对建筑材料的需求

印度尼西亚的建筑业占国家GDP的10%左右，其基础设施建设发展相对滞后，现有基础设施水平与经济社会发展需要存在较大差距。为了增强印度尼西亚在全球的竞争能力，解决基础设施落后状况，需要进行大量的经济投入。印度尼西亚政府推进的245个重点基础设施建设项目需要4万亿印尼盾以上的投资，涵盖能源、电力、收费公路、铁路和经济特区等五个主要领域。印度尼西亚政府在2015年推出43项基建工程项目，总投资额高达520亿美元。2016年出台的经济刺激计划共有6套，主要包括加快电力基础设施建设、解决中低收入人群住房问题等。根据印度尼西亚政府发布的《2020—2024年国家中期发展计划》，该国将重点实施41个国家战略项目，总金额达6394.4万亿印尼盾，约合4200亿美元，其中大部分是基础设施项目，尤其是新首都建设除政府预算项目外，还需建设大量生产、生活和服务类项目。

印度尼西亚建筑行业在新冠肺炎疫情冲击后快速反弹，据Fitch Solutions统计，2021年印度尼西亚建筑行业增长率达到2.8%；在其城镇化率不断提升和新首都建设计划推动作用下，预计未来建筑行业将长期保持高速增长。据Fitch Solutions预测，2022—2031年，印度尼西亚建筑业年均增长率将达到7.2%。由印度尼西亚公共工程与住房部房屋署牵头的廉价房计划在当地多个地区总计建造100万套廉价房屋，希望在未来五年内建造1300万套房屋。廉价房基本要求是在60平方米的土地上建造使用面积为36平方米的平房，整套房屋售价折合人民币约6~8万元，一般需包含基本的地面瓷砖、卫生间墙地面瓷砖和吊顶、水电布线。政府鼓励使用本地化生产的建材，对于廉价房项目可以给予不同层面的支持，按照每平方米建筑使用面积的建造成本2000元人民币，其中建筑材料成本占比约为50%粗略估算，印度尼西亚政府推行1300万套廉价房计划未来五年所需的建筑材料约为4680亿人民币，初步计划建造100万套廉价房所需的建筑材料约为360亿人民币。

由此可见，经济发展和基础设施建设的大力投入使得印度尼西亚建筑行业和建材及设备市场迅速增长，国内城市化与现代化进程将为建材行业包括矿产资源提供较大的需求空间。据印尼承包商协会（AKI）预计，2025年前印度尼西亚将以每年6%的增长速度成为世界第五大建筑市场，不断上升的私人投资和政府支出将确保未来几十年强劲的建材需求。随着大型基础设施建设的陆续展开，水泥等建材行业或将成为具有发展潜力的产业之一。

（2）建材产品需求情况

水泥行业：近年来，印度尼西亚对水泥的需求不断增长，2012—2015年水泥需求量达7000万吨，自2013年以来水泥行业增长5.6%。与此同时，水泥产能过高而部分地区的水泥消费量表现疲软，出现供大于求的情况。2016年，印度尼西亚水泥销量达到6200万吨，同比增长较2015年略有停滞。到2018年末，印度尼西亚水泥产能1.1亿吨，产量7500万吨，过剩严重。2012—2016年印度尼西亚水泥消费量和生产能力见图4-2，2011—2016年印度尼西亚水泥销售量和增幅情况见图4-3。

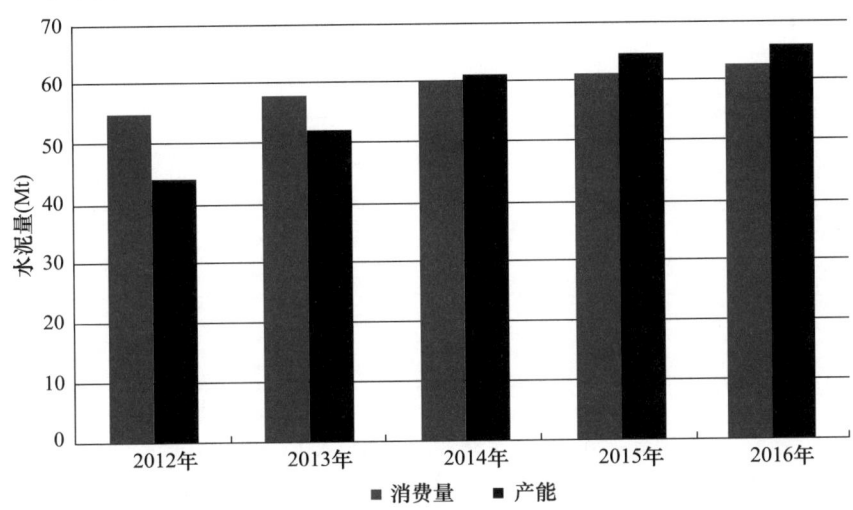

图4-2 2012—2016年印度尼西亚水泥消费量和生产能力

数据来源：印度尼西亚水泥业协会（Indonesian Cement Association）、全球水泥目录2012—2017

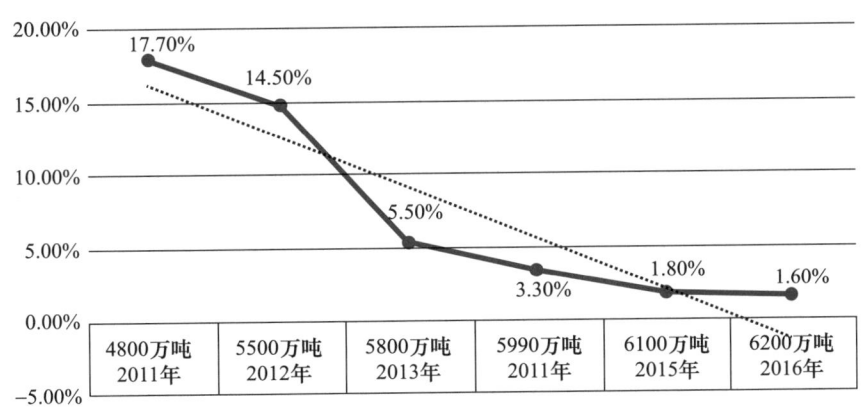

图4-3 2011—2016年印度尼西亚水泥销售量和增幅情况

数据来源：印度尼西亚水泥业协会（Indonesian Cement Association）

其他行业：印度尼西亚已跃升为全球第6大陶瓷生产国，未来五到十年，全国约有100余条老旧陶瓷生产线需要更换，也将进一步加快陶瓷行业的升级改造步伐。此外，玻璃和涂料的销售收入预计将随着建筑建材业的迅速发展而迅猛增加。

3. 产业现状

水泥行业：自亚洲金融危机后，印度尼西亚的水泥产能开始跨越式提升，已成为东南亚最大的水泥生产国。据不完全统计，2014—2016年印度尼西亚已兴建13个水泥厂，2016年水泥产能利用率为87%。2018年水泥产能1.1亿吨，产量7500万吨，水泥处于过剩严重的状态。主要的水泥生产企业包括国有控股企业Semen Indonesia、Indocement Tunggal Perkasa和Holcim Indonesia等。其中，Semen Indonesia的市场份额达到40%以上，且向其他东盟市场扩张。中国的安徽海螺水泥股份有限公司和浙江红狮水泥股份有限公司在印度尼西亚展开布局，海螺水泥总产能达到900万吨以上。2011—2016年印度尼西亚水泥产能利用率见图4-4。

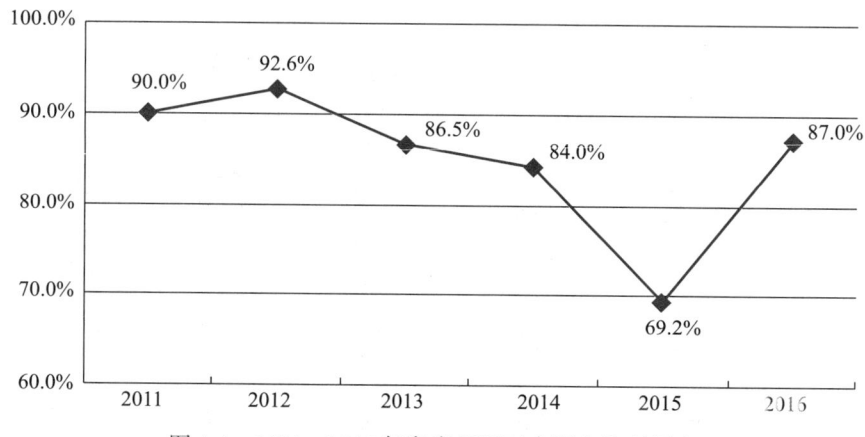

图4-4　2011—2016年印度尼西亚水泥产能利用率
数据来源：西班牙温斯顿咨询集团（One Stone Consulting S.L.）

陶瓷、涂料行业：印度尼西亚拥有51家陶瓷企业，窑炉约220条，陶瓷总产能约为6亿平方米，2016年陶瓷产量为4.6亿平方米，瓷砖人均2.2平方米，陶瓷行业未来发展潜力较大。涂料产品包含10种重要类型，其中以装饰涂料、工业用材及汽车OEM涂料为主。

石材行业：印度尼西亚的花岗岩储量为160亿吨以上，主要分布于苏门答腊岛、巴布亚岛、苏拉威西亚岛等地。石灰石资源储量约为340亿吨，探明储量约280亿吨，主要分布于西爪哇岛南部、东爪哇、东部的巴布亚省、巴厘岛和苏门答腊岛南北两侧。近年来随着我国石材企业赴印度尼西亚投资矿山、掌握资源的步伐加大，印度尼西亚石材矿山也成为我国石材企业开垦的目标之一。

（二）越南

越南位于东南亚中南半岛东部，地形狭长、呈"S"形，北与中国广西、云南接壤，西与老挝、柬埔寨交界，东和东南濒临南中国海，陆地面积32.9万平方千米。越南自然环境优越，资源矿产丰富，其中煤炭、铁矿、铝土矿、铜矿、稀土等储量丰富。越南人口9620万人，人口总数居世界第15位。近年来越南经济发展速度较快，2020年越南国内生产总值（GDP）达到2712亿美元，同比增长2.91%，逐渐成为东盟地区乃至世界的经济发展亮点。

中越两国市场紧密关联，产业链、供应链深度融合，两国经贸合作保持稳定发展势头。我国连续多年是越南第一大贸易伙伴、第一大进口市场和第二大出口市场，在越南对外贸易中居举足轻重的地位。同时，我国对越南投资规模持续扩大。据越南计划投资部统计，截至2021年10月，我国对越南投资有效项目3296个，协议总额209.6亿美元，在对越南投资的国家和地区中排名第七。2021年我国（不含香港、澳门、台湾）对越南出口商品总值约为1379亿美元，同比增长21.2%；自越南进口商品总值约为923亿美元，同比增长17.6%。

1. 政策环境

越南宏观经济保持稳定，尤其近年来，越南坚持革新开放，以发展经济为中心，加快融入国际市场，已成为东盟国家中成长最快的经济体之一。越南一方面制定多项发展规划、出台各类政策法规，大力推进基础设施建设和城市化进程，积极探索智慧城市建设和国家数字化转型；另一方面重视融入国际市场，提升对外开放水平，利用外资发展本国经济。越南投资领域的政策法规较为开放、完善，为外国投资者提供了较为全面的基础法律保障和较大力度的优惠政策。

对于建材及其上下游产业政策领域，越南鼓励发展隔声隔热材料、隔电材料、防火材料、建筑软体材料、特种水泥、玻璃纤维、复合材料和轻型建材等多种建材产品，同时制定了多项交通基础设施建设总体规划及专项规划，加快推进交通基础设施建设，这将为越南建材产业发展带来更多机遇。越南部分法律、政策和规划见表4-13。

表4-13 越南部分法律、政策和规划

政策分类	政策名称	重点内容
发展规划	《2021—2025年5年经济社会发展计划》	该《计划》提出，5年内GDP年平均增速达6.5%~7%；到2025年人均GDP达4700~5000美元；全要素生产率（TFP）对经济增长的贡献率约达45%；社会劳动生产率年均增长6.5%以上；城镇化率达45%；加工制造业占GDP比重达25%以上；数字经济约占GDP的20%
	《建设基础设施配套体系、使越南到2020年基本成为迈向现代化的工业国》	该《决议》提出，将集中发展交通（公路、铁路、内河运输、海港、航空港）、电力供应、水利及应对气候变化、城市建设（城市道路、立体交通枢纽、大型桥梁、公路、地铁、轻轨、饮用水厂、排水废水和固体垃圾处理系统）、工业区和经济区（基础设施配套建设）、商业（在大型港口区、边境口岸经济区、商品生产和销售集中的区域投资建设商业基础设施，在农村地区建设农产品集散中心、分销中心、批发中心和便利商店，在大城市、省会城市建设专营商店、超市、商业中心和购物中心，加快建设国家级展览中心）、通信、教育培训与科学工艺、医疗卫生、文化旅游与体育等十个重点基础设施领域
	《越南铁路网2021—2030年规划暨2050年远景》	2021—2030年阶段，越南将投资升级、改造7条现有铁路线路；优先投资建设北—南高速铁路；优先建设连接海防港、巴地—头顿港等国际港口的铁路线路；建设胡志明市—芹苴铁路；根据地区各国投资进度，同步建设越南至中国、老挝和柬埔寨的国际铁路线路。至2050年，越南将完成北—南高速铁路建设，并将继续投资建设河内枢纽区、胡志明市枢纽区、海港连接线、沿海铁路、泛亚铁路；继续改造、升级现有铁路，满足客货运输需求

续表

政策分类	政策名称	重点内容
发展规划	《至2030年、面向2050年越南铁路交通运输发展战略》	该《战略》旨在发展现代化的铁路交通运输，配合其他运输方式密切相联，共同改善交通拥挤状况和减少交通事故。规划提出要迅速发展城市铁路交通及连接城内与郊区的铁路运输等，在公共客运中发挥骨干作用，首先在河内市和胡志明市进行建设，到2050年，铁路运输至少满足20%的客货运输需求，完成南北高速铁路中河内—谅山段及胡志明市—芹苴—金瓯段的建设
	《2021—2030年及面向2050年公路网发展规划》	根据《规划》，到2030年，越南全国将建成并运营约5004千米的高速公路（较2021年增加3841千米）。到2050年，基本形成41条线路，总长约9014千米的高速公路网，包括两条南北纵轴高速公路（从谅山至金瓯的东部南北高速公路和西部南北高速公路）；北部地区14条高速公路；中部和西原地区10条高速公路；南部10条高速公路，全长约1290千米，规划为4～10车道；首都河内3条环城路以及胡志明市2条环城路
	《到2023年第四次工业革命国家战略》	该《战略》提出拟于2025年以前成立5家市值10亿美元的科技公司，至2030年增至10家，其使用工业4.0技术或新一代技术如5G、物联网、人工智能、数据分析等生产的产品和提供的服务能够出口至七国集团。期望到2025年，20%的公司可使用工业4.0技术，并计划到2030年将该比例提升至40%。在工业领域优先发展产业中，能够应用至少一种工业4.0技术的企业，在2025年比例将达到25%，到2030年达到50%。技术转型优先发展的领域包括公共管理、公共设施、医疗保健、教育、制造业、农业、物流、贸易、信息技术、金融和银行等
	《2016—2020年电子商务发展总体规划》	该《规划》提出了越南电子商务在基础设施、市场规模、企业和政府应用程度等4个方面的发展目标。完善电子商务法律基础，建立有利于电子商务发展的法律法规体系。建设和发展国家电子结算系统、电子商务管理和监督系统、电子商务网站信任评价系统以及电子商务纠纷解决机制和违规行为处理机制等电子商务安全系统。力争到2020年，越南网上购物人数占总人口的30%，人均消费金额350美元。B2C（企业与消费者）电子商务交易额年均增长20%，达100亿美元，占全国商品零售和服务总额的5%。跨境电子商务快速发展，B2B（企业与企业）电子商务交易额占进出口总额的30%等。至2020年，50%的企业拥有网站，在线推介和出售产品；80%的企业通过电子商务平台提交和接受订单；100%的超市、采购中心、现代批发商安装POS机，满足客户非现金结算需要。70%的水、电、通信传媒供给商提供非现金结算业务等

续表

政策分类	政策名称	重点内容
发展规划	《2018—2025年期间越南发展可持续智慧城市总体规划及2030年发展方向》	《规划》提出，到2020年，越南将建立发展智慧城市的法律政策框架，发展地理信息系统（GIS）为基础的城市空间数据基础设施以及建立国家城市数据库（第一阶段）等，并为部分城市发展及试点投资做好准备。到2025年，越南旨在实施发展试点智慧城市的第一阶段，完成法律框架的立法工作，建立发展试点项目、城市管理、照明、交通、供水及排水、电力及电网、自然灾害预警系统以及通信设备基础设施等国家级优先标准。到2030年，试点第一阶段完成，并将有效经验推广到其他行业和领域
	《到2025年国家数字化转型计划及2030年发展方向》	这项计划的目标是在未来十年内将越南转变为一个稳定繁荣的数字化国家。根据该计划，越南将尝试一系列新技术和新模式，努力改变政府部门传统工作方式，创造一个安全、有保障和人性化的数字环境。为此，计划建设和发展越南宽带基础设施，升级4G移动网络，同时推出5G移动网络以及在全国范围内普及智能手机
政策法规	外籍用工规定	越南目前处于人口红利鼎盛时期，为保障本国劳动力就业，越南对外籍劳务输入设置了较高门槛，严格限制普通劳务输入，所提供的外籍劳务岗位仅限于企业管理人员、部门经理、专家和技术人员
	对外投资负面清单制度	以下与建材及其上下游产业相关的项目被列入特别鼓励投资项目：复合材料，轻型建材，污染处理及环境保护，工业区、出口加工区、高新技术区、经济区及由政府总理批准重要项目的基础设施建设。 以下与建材及其上下游产业相关的项目被列入鼓励投资项目：隔声、隔热、隔电材料；木材替代材料；防火材料；建筑软体材料；特种水泥；玻璃纤维；各类基础设施建设
	《投资法》	该法规开始对国内和外商投资实行统一管理，取消之前《外国投资法》的诸多限制，进一步开放市场。 外国投资者可选择投资领域、投资形式、融资渠道、投资地点和规模、投资伙伴及投资项目活动期限。外国投资者可登记注册经营一个或多个行业；根据法律规定成立企业；自主决定已登记注册的投资经营活动。 外国投资企业和越南内资企业都采用统一税收标准，对于不同领域的项目实施不同的税率和减免期限
	《建设法》	外国承包商只须在获得越南职能部门颁发的建设施工许可证后才能在越南进行建设施工活动。根据上述法律规定，外国承包商的建设施工许可证视项目类别和项目所在地情况，由越南建设部或各省建设厅签发

2. 需求分析

（1）经济发展和基础设施建设对建筑材料的需求

近年来，越南在财政困难的情况下仍然加大基础设施投入，截至 2020 年已投入 1300 亿美元改善基础设施现状。越南《2021—2030 阶段，定向 2050 年越南建筑材料行业发展战略》总体目标提出，将建材行业发展达到先进和现代化的水平，生产质量达到国际标准，有效节约能源，完全淘汰落后、高耗资源、高污染的生产技术。同时，在国际市场出口具有高竞争力且附加值高的产品，限制使用大量不可再生燃料作为原材料、燃料的产品出口。该战略 2025 年目标为日产熟料不足 2500 吨、消耗大量原料和燃料的水泥厂需加大在技术创新上的投入，以提高生产率、产品质量，节约能源和保护环境。为实现上述目标，越南政府提出一系列举措发展建材行业，如完善体制和政策、有效节约开发矿产资源、加强科技研究和应用、促进国内建材产品消费和出口、培训和提高人力资源素质、提高设备制造能力、在生产过程中保护环境。

得益于越南基础设施建设和房地产的快速发展以及政府采取的一系列建材发展举措，未来建材行业发展前景可期。

（2）建材产品需求情况

水泥行业：越南水泥产量严重过剩，2020 年越南水泥国内产量为 1.04 亿吨，而市场销售量仅为 6200 万吨，出口 3800 万吨。越南国内需求逐渐放缓，国内供应商间的竞争激烈。据越南建设部建材司数据显示，2021 年 1—8 月，越南销售水泥约 7070 万吨，同比增长 4%；其中，国内市场销售约 4354 万吨，同比下降约 5%。其外销市场主要为我国和菲律宾、孟加拉国。

玻璃行业：越南建筑玻璃行业的供应量高于需求，2020 年玻璃产量超过 8000 万平方米，远高于需求量，导致部分生产线停产。

建筑陶瓷行业：2018 年以来，越南瓷砖消费呈现下降态势，2020 年越南瓷砖产量为 5.6 亿平方米，销售量为 4.65 亿平方米，瓷砖市场已接近饱和状态，产能和产量均已过剩，成为瓷砖产业进一步发展的瓶颈。越南建筑陶瓷协会数据显示，中国瓷砖产品占越南市场的 25% 左右。

卫生陶瓷行业：越南卫浴行业的发展主要受三点优势推动：一是生产优势，越南人口数量众多，结构年轻化，人员较为密集，劳动力丰富且价格低廉，有效降低了卫浴产品生产成本；二是需求优势，近年来，越南经济增长迅速，随着人均收入和消费水平提升，人们对住房需求越发迫切，在此背景下，越南房产建筑行业发展蓬勃，对卫浴产品需求量随之不断攀升；三是出口优势，作为东盟成员国之一，越南与多个地区签订自贸协定，卫浴产品在出口时可以享受许多国家的关税减免优惠政策，且其地形独特，海上运输方便，极大程度上压缩了运输成本。自 2018 年以来，越南卫浴产品产能和产量逐渐收缩，2020 年在新冠肺炎疫情影响下，越南卫浴产品出口再次遇冷，行业逐渐陷入发展瓶颈。但越南劳动力丰富，房产建筑行业发展迅速，对卫浴产品需求数量较大。总体看，越南卫浴产品仍然具有一定的发展潜力。

3. 产业现状

（1）产业规模

水泥行业：根据越南国家水泥协会（VNCA）统计数据，2020 年越南水泥产量约为 1.04

亿吨，是世界第三大水泥生产国。2021年前1—8月越南水泥协会成员共生产水泥和熟料7070万吨，同比增长4%。1—9月，水泥销售略有增长，越南国家水泥协会（VNCA）成员销售水泥7750万吨，同比增长3.5%。

建筑卫生陶瓷行业：越南是仅次于我国、印度和巴西的世界第四大陶瓷生产国。2017年以来，越南继续保持全球第四大瓷砖生产制造国的地位，瓷砖产业保持快速增长，2018年瓷砖产量达到6.02亿平方米，同比增长7.5%。越南卫浴行业较为发达，新思界行业研究中心发布的《2021—2025年越南卫浴市场深度调研分析报告》显示，2018年越南卫浴产品产能约为2500万件，同比增长5.5%，约占东盟卫浴产品产能的一半以上，是东南亚地区最大的卫浴产品生产国家。卫浴生产企业包括INAX、American Standard、TOTO、Caesar、Viglacera、Hao Canh、Thien Thanh、JCS Ceravi等，其中外资企业伊INAX、TOTO、Caesar和American Standard占领越南半数以上的常规卫生洁具产品输出，而越南本地公司正在进行自动化改造，以提高其在国内及海外市场的竞争力。

（2）产品价格

据越南建筑承包商协会数据显示，煤炭约占水泥生产成本的40%～45%，受煤炭成本、柴油和添加剂价格上涨等因素影响，越南水泥价格普遍上涨。2021年10月，Bim Son和其他制造商的水泥产品成本提高6%，导致水泥产品价格进一步提高。

（3）进出口贸易

水泥行业：近年来，由于中国受环保限制并逐步减少水泥产能，从其他国家，特别是从越南进口水泥量增加，越南水泥出口增长强劲。2021年1—8月，越南水泥出口大幅增长，成为水泥行业的增长引擎。中国、菲律宾和孟加拉国是越南水泥和熟料产品的主要出口市场。其中，中国是越南水泥和熟料产品的第一大出口市场，2020年占越南水泥和熟料出口总量的57%，占该国总销售额的22%。2021年上半年，越南对我国出口水泥约1030万吨，出口金额3.69亿美元，分别占越南水泥出口量和出口金额的49.4%和45.6%；对菲律宾出口385万吨，金额约1.75亿美元；对孟加拉国出口193万吨，金额0.65亿美元。

玻璃行业：据越南工贸部信息中心统计，2020年受新冠肺炎疫情影响，越南玻璃及玻璃制品出口同比有所下降。2021年，由于诸多出口市场疫情逐步得到控制，消费需求增加，越南玻璃及玻璃制品出口大幅增长，且出口到中国、美国等有进口需求的市场比重呈现增长态势。2021年1—8月，越南玻璃及玻璃制品出口额达7.48亿美元，同比增长34%，发展潜力较大。其中，对东南亚市场的出口占比较高，达4.9亿美元，同比增长22.5%。

建筑卫生陶瓷行业：近年来，越南瓷砖出口增长较大，2018年瓷砖出口约3000万平方米。卫生洁具2017年出口额为1.15亿美元，比2013年增长20%，主要出口市场为日本和中国台湾省，占卫生洁具出口总量的70%左右；2017年进口额为0.95亿美元，比2013年增长9.7倍。尽管越南国内卫生洁具产量较大，但多样化的市场需求和消费加快也使越南成为卫浴洁具的主要进口国。进口国家主要为中国、泰国、印度、印度尼西亚、马来西亚、日本、韩国和美国。其中，中国和泰国进口量约占越南进口卫浴洁具总量的80%。2013—2017年越南卫生洁具进出口情况见表4-14。

表 4-14 2013—2017 年越南卫生洁具出口和进口额　　　　（单位：亿美元）

年份	2013	2014	2015	2016	2017
出口总额	0.96	1.11	0.95	0.98	1.15
进口总额	0.09	0.12	0.21	0.23	0.95

数据来源：国际贸易中心（国贸中心）、日内瓦、根据联合国 COMTRADE 统计数据计算。

（三）菲律宾

菲律宾位于亚洲东南部，北隔巴士海峡与中国台湾省遥遥相对，南和西南隔苏拉威西海、巴拉巴克海峡与印度尼西亚、马来西亚相望，西濒南中国海，东临太平洋，总面积 29.97 万平方千米，共有大小岛屿 7000 多个，海岸线长约 18533 千米。菲律宾拥有丰富的海洋资源、地热资源以及铜、镍、金、石灰、大理石等矿产资源。总人口 1.09 亿，为全球第 13 大人口大国。菲律宾是东盟主要成员国，也是亚太经合组织的 24 个成员国之一。近年来，菲律宾宏观经济发展较为稳定，经济增长率基本保持在 6% 以上。2021 年，菲律宾国内生产总值（GDP）为 3941 亿美元，比上年增长 323 亿美元，增速为 5.6%。

1. 政策环境

近年来，菲律宾政府以"10 项社会经济议程""2040 愿景"为经济和社会发展行动纲领，出台了一系列相关政策法规，旨在最终促进平等、减贫并推动区域经济发展。与其他老东盟成员相比，菲律宾的基础设施比较落后。基于此，菲律宾政府将基础设施建设作为重点发展领域，提出了"大建特建"计划，拟定基础设施支出占国内生产总值（GDP）7.4% 的发展目标。在吸引外资方面，菲律宾政府继续通过战略政策改革改善其营商环境，使在当地做生意更容易，并进一步鼓励外国直接到菲律宾投资。

建材及其上下游产业政策领域，面对新冠肺炎疫情的不利影响，菲律宾政府提出REBUILD PH 计划、制定 2020—2030 年菲律宾建筑业路线图。在政策引导下，建筑业已成为菲律宾增长最快的行业之一，并可能成为世界最好、增长最快的建筑市场之一，将带动上游建筑材料产业的快速发展。菲律宾部分法律、政策和规划见表 4-15。

表 4-15 菲律宾部分法律、政策和规划

政策分类	政策名称	重点内容
发展规划	"2040 愿景"规划	规划提出菲律宾长期发展目标：到 2040 年，菲律宾成为富足的中产国家，人民充满智慧、创新，生活幸福、健康，多元化家庭充满活力，社会信任度高，抵抗灾害能力强
	10 项社会经济议程	包括改善基础设施、建立农业产业价值链、改善人力资源和社会保障体系等，旨在最终促进平等、减贫并推动区域经济发展，其中有一项是修改宪法，废除限制性的外资法令，吸引更多外国投资

续表

政策分类	政策名称	重点内容
发展规划	《2017—2022年菲律宾发展规划》（PDP）	该《规划》确定，要优化社会结构，建设高度信任的社会；缩小贫富差距，拓展经济增长机会；开发经济增长潜力；保障可持续增长的经济环境；促进包容性、可持续增长等。 《规划》还确定了一系列至2022年应达到的目标：至2022年，菲律宾成为上中等收入国家，较2016年经济增长50%，人均收入从2015年的3550美元上升到5000美元以上；促进包容性增长，农村贫困率从2015年的30%降至20%，整体贫困率从21.6%降至14%；提升教育、医疗水平和居民收入，促进人民整体发展；失业率从5.5%降至3%～5%，每年增加95～110万个新就业机会；增加政府、社会公信度；增加个人和小区抗灾能力；鼓励创新，全球创新指数排名从目前的第74名上升至整体排名的前1/3
	"大建特建"（BBB）计划	计划主要内容包括：100个国家重点基础设施旗舰项目，涵盖了铁路、机场、港口、农业灌溉、水利、道路桥梁等多领域，体现了菲律宾当前基础设施建设的主要发展方向；680万套住房项目；新建20个发电厂，到2030年发电能力达到2000兆瓦；大量交通和物流部门的项目
	《2017—2019年投资优先计划》（IPP）	《计划》中所列项目将获得所得税减免等税收优惠政策。计划中所列的优先经济活动包括农产品加工业、农业和渔业；战略性服务业；医疗服务；大众住房；基础设施和物流（包括由地方政府部门参与的PPP项目）；包容性商业模式；与环境或气候变化有关的项目；发电等能源项目。 《计划》取消了对部分产业补贴的区域性限制，更多地体现了中小微型企业导向、创新驱动、健康和环保意识，鼓励投资向大城市以外转移，旨在扩大就业机会，使更多的企业进入本地和全球的价值链
	REBUILD PH计划	疫情期间，菲律宾政府实施了该计划，以恢复经济并重振需求。计划包括继续实施主要的基础设施项目，加强卫生和相关服务设施。例如，菲律宾正在建设816个检疫/隔离/场外宿舍和模块化医院，以处理对卫生设施的需求。菲律宾政府也已确认将继续其基础设施支出计划，总额将占GDP的5%
	《2020—2030年菲律宾建筑业路线图》	根据路线图的要求，到2030年，菲律宾建筑业价值达到130万亿比索，新增710万就业机会，并且吸引3万个符合资质的承包商。 该建筑业路线图主要从四个方面发力：一是制定强有力的政府领导和法规，打造高度互联的私营机构网络作为支撑；二是提高建筑质量，让建筑符合可持续性原则；三是讲求诚信、专业和创新，将高效的现代技术应用于建设中；四是培养具有全球竞争力的参与者，扩大业务范围、规模，提升专业化。 建筑业路线图已经确定了建筑业的强劲前景，特别是在住房和公寓、商业建筑、工业设施、交通以及物流设施方面

续表

政策分类	政策名称	重点内容
政策法规	外籍用工规定	外国人在菲律宾工作需获得劳动和就业部颁发的外国人就业许可和移民局的工作签证，并办理 I-CARD 身份证。就业许可由劳动和就业部签发给欲在菲律宾就业的外国人（离岸银行和地区总部的执行官不包括在内）。劳动和就业部评估的主要标准是：没有本国人可以并有能力且愿意从事该工作岗位。在获得许可后，非经劳动和就业部批准，不得更换雇主。若外国承包商雇佣的员工是外国人，这些员工还必须通过菲律宾劳动和就业部以及专业管理委员会组织的劳动市场测试
	《BOT法》	规定了各种 BOT 参与方式的定义、优先项目范围、公开投标规定、合同谈判、偿还计划、合同中止、项目监督、投资激励、项目协调与指导、规章制度委员会成员规定等内容以及规章制度执行的有关具体规定
	《投资法》	该法案明确规定欢迎外国投资；除了外国投资负面清单中的活动之外，大多数活动都对 100% 外资企业开放；即使是面向国内市场的企业也可以为 100% 外资所有，只要股权投资超过相当于 20 万美元的金额，对于使用先进技术或将雇用超过 50 名员工的企业，股权投资超过 10 万美元。菲律宾对外资参与建筑项目也有宽松的政策，当地资助的项目除外，允许 100% 外资股权
	《企业复苏与税收激励法》（CREATE）	该法案提供了巨额的企业所得税率削减、立即降低企业所得税、国内中小微企业的企业所得税率削减 10 个百分点（从 30% 降至 20%），而其他企业则享受 5 个百分点的削减（从 30% 降至 25%），这为政府给予财政和非财政激励方面提供更大的灵活性。该法使财政激励措施合理化，创建了一个基于绩效、有时限、有针对性和透明的强化激励方案。 该法案对 2020 年投资优先计划中所列的首选活动的激励措施包括工业品和模块化住房组件的制造

2. 需求分析

（1）经济发展和基础设施建设对建筑材料的需求

从中长期看，尽管菲律宾仍面临诸多内外部风险和挑战，但其内生增长动力强、经济发展潜力大的基本面并未改变。菲律宾的经济发展主要依靠内需，已形成以服务业为支柱、工业为补充的发展格局。建筑服务行业是菲律宾增长最快的行业之一，在过去的 20 年中，国内和海外的总需求呈指数级增长，该行业对国内生产总值的贡献率为 16.6%，对资本形成总额的贡献率约为 390 亿美元，达到 69.6%。据菲律宾承包商认证委员会（PCAB）的最新数据显示，菲律宾国内拥有 15925 个持证承包商。根据《2020—2030 年菲律宾建筑业路线图》的预测，到 2022 年和 2030 年，持证承包商预期分别增至 3 万个和 4.6 万个。

与其他东盟成员相比，菲律宾的基础设施比较落后。但近年来，菲律宾不断加大对基础设施的投入，提倡通过公共私营合作（PPP）项目，吸引私人投资，改善基础设施。政府利用日本、美国、欧盟、世界银行、亚洲开发银行及国际货币基金组织的融贷，吸引许多国内外企业参与公共工程投资、兴建及运营，但很多公共私营合作（PPP）项目未能开工建设。2017年菲律宾政府推出"大建特建"的大规模基础设施投资计划，各项积极经济政策方针将为经济增长增添动能，计划至2022年在基础设施领域投入8～9万亿比索，在全国进行基础设施建设。"大建特建"计划推行后，国家经济发展署公布了100个国家重点基础设施旗舰项目，涵盖铁路、机场、港口、农业灌溉、水利、道路桥梁等多领域，体现了菲律宾当前基础设施建设的主要发展方向。随着经济增长，菲律宾交通基础设施的扩展需在未来十年内投资1000亿美元。

为了促进菲律宾建筑业的可持续发展和全球竞争力，政府正在实施《2020—2030年菲律宾建筑业路线图》，路线图特别是在住房和公寓、商业建筑、工业设施、交通以及物流设施方面确定了建筑业的强劲前景，政府建筑项目只占整个建筑领域的30%。由于全国各地对房地产、住房和私人基础设施开发的需求持续增加，私人建筑领域有更多的机会。到2030年菲律宾的住房储备预计将达到1240万套。根据房地产公司Colliers International预测，2021—2025年的办公空间需求估计为36.8万平方米。疫情期间，菲律宾政府实施了REBUILD PH计划，以恢复经济并重振需求；计划包括继续实施主要的基础设施项目，加强卫生和相关服务设施；如菲律宾正在建设816个检疫、隔离、场外宿舍和模块化医院，以处理对卫生设施的需求。菲律宾政府也已确认将继续其基础设施支出计划，总额将占国内生产总值（GDP）的5%。

此外，2018年中菲签署了《中华人民共和国政府与菲律宾共和国政府关于共同推进"一带一路"建设的谅解备忘录》，明确将加强基础设施建设等领域的合作，并于此后签署了一系列合作协议。一批大型企业正在积极参与和推进菲律宾重要基础设施建设。菲律宾政府持续推动放宽外资准入，改善营商环境，吸引着我国越来越多的企业赴菲律宾参与基础设施建设等领域市场。我国和日本政府都和菲律宾签署了基础设施投资协定，预计未来几年水泥需求年均增速将增至12%左右。

得益于政府增加基础设施建设预算、私营部门持续扩张以及公私合营项目快速启动，受益于私人消费旺盛、基础设施投资加速、外国投资增长、家庭收入增加等积极因素，菲律宾将继续保持经济增长态势。展望未来，"一带一路"倡议与"大建特建"等计划的对接空间广阔，将为建材市场提供了良好的发展机遇。

（2）建材产品需求情况

2013—2019年期间，菲律宾水泥表观消费量平均增长11.57%，具体情况见表4-16。2019年表观消费量为3602万吨，增长11.07%，充分反映了菲律宾国内对水泥产品的强劲需求。

表4-16　2013—2019年菲律宾1型和1P型水泥表观消费量

年份	表观消费量（万吨）	增长率（%）
2013	1871.1	—
2014	2088.1	11.60
2015	2427	16.23

续表

年份	表观消费量（万吨）	增长率（%）
2016	2657.3	9.49
2017	2861.1	7.67
2018	3243.4	13.36
2019	3602.4	11.07
年均增长率（2014—2019）	—	11.57

数据来源：针对8家水泥生产商基于2019年和2021年的TC报告。

根据菲律宾贸工部数据显示，预制建筑、模块化房屋组件、保障住房项目、基础设施建设将成为未来重要的发展领域，对建材产品将产生强烈的市场需求，水泥、玻璃、瓷砖、空心砖等建材产品将成为未来重点投资的建设领域。大量建筑需求为包括中国在内的建筑材料企业提供了许多机会，中国公司可以向菲律宾出口建筑材料或采购砂石等原材料。

3. 产业现状

（1）产业规模

水泥行业：据菲律宾水泥制造商协会（CEMAP）统计，2015年菲律宾水泥销量为2436万吨，水泥销量同比增长14.3%；2020年菲律宾水泥生产能力约3500万吨，主要从越南进口水泥。菲律宾共有水泥企业18家，其中瑞士豪瑞集团是最大的水泥企业，年产能为1369万吨，旗下有9个水泥厂和1个独立的粉磨站。墨西哥西麦斯公司是菲律宾仅次于瑞士豪瑞集团的水泥企业，拥有2个综合水泥厂，年产能483万吨。菲律宾水泥行业主要生产1型（波特兰水泥）和1P型（混合型：波特兰-沸石水泥）两种水泥。1型波特兰水泥用于对水泥没有特殊性能要求的一般建筑，如高层建筑、道路和桥梁。1P型具有较长的固化时间，通常用于建造房屋。

玻璃行业：日本AGC与菲律宾1988年合资经营，成立菲律宾-旭硝子联合玻璃公司，建设1条日熔化量400吨的浮法玻璃生产线，整条浮法线的生产技术是由日本AGC提供。

（2）产品价格

随着大马尼拉地区商业活动的恢复，建筑材料批发价格指数（CMWPI）逐渐上升，2021年9月增长到4.6%，具体情况见图4-5。

（3）进出口贸易

从出口看，2020年菲律宾建筑材料出口销售额为6.87亿美元，与2016年相比，年复合增长率为-31.3%。其中，建筑用木制品出口额1.41亿美元，占建筑材料出口总额的52.12%。从出口国别看，排名前五的出口市场为日本（出口额5.83亿美元，占比84.89%）、美国（出口额0.51亿美元，占比7.46%）、中国（出口额0.03亿美元，占比0.44%）、澳大利亚（出口额0.02亿美元，占比0.28%）、印度尼西亚（出口额0.01亿美元，占比0.15%）。2020年菲律宾建材出口企业排名前三位的是House Technology Industries Pte.Ltd（出口额3.12亿美元）、SCAD Service（s）Pte.Ltd（出口额1亿美元）、PV technology（出口额0.94亿美元）。

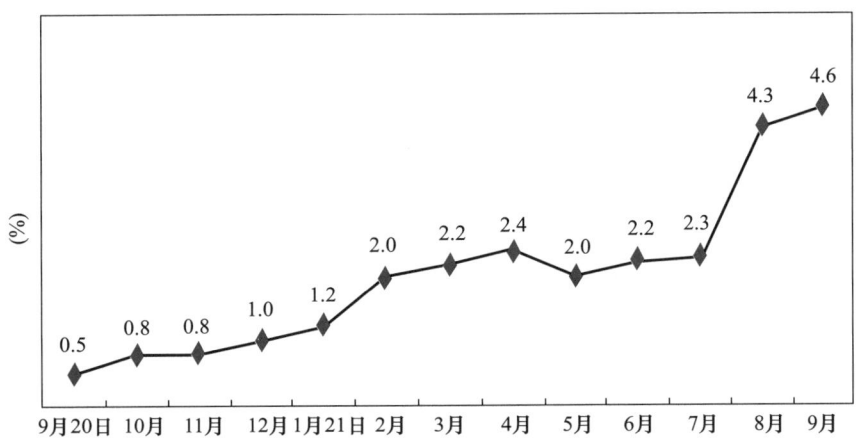

图 4-5　2020 年 9 月至 2021 年 9 月大首都区（NCR）
建筑材料批发价格指数（CMWPI）同比增长率，2012 年 =100
数据来源：psa.gov.ph

从进口看，我国是菲律宾最大的贸易伙伴，也是最重要的进口供应商。据菲律宾统计局统计，2020 年菲律宾从我国进口水泥 3287 美元、大理石砖和板 1729 美元、卫生洁具和浴室设备 5021 美元，比 2016 年分别增长 55.5%、-41.8% 和 18.4%。2016 年、2019 年和 2020 年菲律宾从我国进口部分建材情况见表 4-17，2018—2020 年菲律宾常用建筑材料进口情况见表 4-18。

表 4-17　2016、2019 和 2020 年菲律宾从我国进口部分建材情况　（单位：万美元）

产品	2016 年	2019 年	2020 年
水泥	0.59	0.76	0.33
大理石砖 / 板	0.3	0.3	0.17
卫生洁具 / 浴室设备	0.42	0.73	0.5

数据来源：Philippine Statistics Authority 菲律宾统计局。

表 4-18　2018—2020 年菲律宾常用建筑材料进口额　（单位：万美元）

产品标签	进口额		
	2018 年	2019 年	2020 年
铁和钢	52100	39300	32600
木材和木制品；木炭	7800	7200	5500
盐；硫黄；土和石；抹灰材料、石灰和水泥	6800	6700	6000
陶瓷制品	7300	8000	6500
石头、石膏、水泥、石棉、云母或类似材料的物品	29100	30500	25700

数据来源：Philippine Statistics Authority 菲律宾统计局。

（4）工业园区

为了促进中国在菲律宾的投资增长，2017年中菲双方签署《中华人民共和国商务部与菲律宾共和国贸易工业部关于工业园区发展合作的谅解备忘录》。随后，2018年签署《中菲工业园区合作规划》，明确了加工/制造导向型园区、临港园区、农商/农工园区、资源型加工园区、科技园区和工业城园区的发展。工业园的建立将接纳中国在菲律宾的投资项目，菲律宾欢迎中国增加对工业项目的投资，以满足当地需求并增加对中国和其他市场的出口。除了基础设施建设外，投资促进的优先领域包括建筑材料、服装和纺织品、运输设备等。

（四）柬埔寨

柬埔寨位于亚洲中南半岛南部，东部和东南部同越南接壤，北部与老挝交界，西部和西北部与泰国毗邻，西南濒临暹罗湾，湄公河自北向南横贯全境。国土面积18.1万平方千米，海岸线长约460千米。矿藏主要有石油、天然气、磷酸盐、宝石、金、铁、铝土等。柬埔寨人口约1528万，人口的地理分布很不平衡，居民主要集中在中部平原地区。近年来，柬埔寨经济持续稳定增长，国内生产总值（GDP）年均增长7%左右；2020年，受新冠肺炎疫情影响，柬埔寨经济遭受冲击，全年国内生产总值（GDP）约合262.12亿美元，同比下降3.7%。政府继续实行高度开放的经济政策，对内实行市场经济，加大基础设施建设投入，改善投资环境，大力吸引外国投资，并通过建立经济特区的方式鼓励出口贸易。洪森首相提出在2030年柬埔寨达到中等收入国家水平，2050年达到发达国家收入水平。

我国和柬埔寨双边经贸规模不断扩大，连续多年是柬埔寨最大外资来源国。2020年，中柬双边贸易额95.6亿美元，增长1.4%；对柬埔寨非金融类直接投资约9.1亿美元，增长21.5%；在柬埔寨新签工程承包合同额约66.2亿美元，增长18.8%；完成营业额约34.9亿美元，增长25.7%。

1. 政策环境

柬埔寨基础设施建设较为落后、经济发展水平在东盟地区处于偏下水平。产业结构和贸易结构均较为单一，农业、纺织服装业、建筑业、服务业为其四大支柱产业，对外贸易以出口成衣为主并集中于欧美市场。在此背景下，柬埔寨政府在保持稳定的政治经济环境基础上，以"四角战略"和"2015—2025工业发展计划"等为牵引积极融入区域、次区域合作，重点参与区域连通计划以及国内的软硬基础设施建设。同时，柬埔寨实行开放的自由市场经济政策，制定了一系列以鼓励外国投资为基本思路的投资领域相关法律法规，外资基本享受与内资相同的待遇，加大吸引投资特别是私人领域参与国家建设，最终形成"四驾马车"，即农业、以纺织和建筑为主导的工业、旅游业和外国直接投资拉动经济稳步前行的局面。

建材及其上下游产业政策领域，"四角战略"、《柬埔寨城市和基础设施建设发展规划》等政策把交通基础设施建设作为优先发展领域，其中公路、桥梁是重中之重。此外，柬埔寨旅游业发达，带动了基础设施建设的需求，需求增加将有利于促进当地建材企业快速发展和提高技术水平，推动柬埔寨建材产业发展。建筑业是柬埔寨经济四大支柱产业之一，是推进新型城市化建设的重要领域，也是改善和保障民生的重要内容，其发展获得了国家的鼎力支持，正步入做大做强、加快发展的关键时期，将带动对建材产品的需求,促进建材产业进一步发展。柬埔寨部分法律、政策和规划见表 4-19。

表 4-19 柬埔寨部分法律、政策和规划

政策分类	政策名称	重点内容
发展规划	2015—2025 工业发展计划	主要目标是:到 2025 年,使柬埔寨工业由劳动密集型向技术密集型转变,工业占 GDP 比重从 2013 年的 24.1% 提高到 30%,其中制衣业从 15.5% 提高到 20%;促进出口产品多元化,非纺织品出口比重提升至 15%,其中农产品出口比重达到 12%;实现 80% 的小型企业和 95% 的中型企业合法登记,五成小型企业和七成中型企业建立规范的会计账户和财务报表。重点发展高附加值新型工业、制造业,医药、建材、包装、家具制造等领域中小企业,农业加工业,农业、旅游业、纺织业上下游配套产业,以及信息、通信、能源、重工业、文化/历史/传统手工业及环保产业。2018 年前优先实施 4 个行动计划:一是降低工商业电力价格,二是运输物流总体规划,三是劳动力市场培训计划,四是把西哈努克省开发成为综合示范经济特区
	"四角战略"	"四角战略"将促进如下领域的经济增长:(1)提高农业生产;(2)发展私人经济和增加就业;(3)恢复与重建基础设施;(4)培训人才与发展人力资源。 促进恢复与重建基础设施领域的经济增长,柬埔寨政府将继续高度优先恢复与重建交通网,包括连接国内各地、连接柬埔寨与邻国、连接世界其他地方的桥梁、道路、铁路、海港和空港。 第三阶段政策确定了今后五年四大优先发展领域。一是发展人力资源,加大对专业技术工人的培养,制定适应劳工市场的法律规章,设立职业培训中心等。二是继续投资基础设施和建设商业协调机制,加大对交通基础设施的投入,建设具有灵活性的商业协调机制,加大能源开发力度,推动互联互通。三是继续发展农业和提高农业附加值,推动大米出口、大米增值,推动畜牧业和水产养殖发展,鼓励企业投资农产品加工业,提高农业的现代化和商业化水平。四是加强国家机构的良政实施力度,提高公共服务效率,改善投资环境,继续推进司法体系改革,保障社会公平和国民权力;继续推进公共行政改革,强化监督机构职能;加大吸引投资力度,鼓励经济特区的实施和运作

续表

政策分类	政策名称	重点内容
发展规划	柬埔寨城市和基础设施建设发展规划	城市发展规划：预计未来30年柬埔寨城市化率将继续以约2.5%的年平均增长率增长。到2050年36%的居民将生活在城市地区。每年约7%的经济高速增长，实现到2030年成为中高收入国家和到2050年成为高收入国家的目标。 基础设施建设发展规划：政府一直专注于恢复和重建经济发展和减贫的基础设施（道路，水，电等），目前更注重可持续基础设施，以提高宜居性和竞争力。在交通（公路，铁路，港口，机场）、水电供应、排水和防洪、废弃物管理和治理、经济特区和工业发展等方面制定了相应政策
	《2016—2025金融业发展战略》	该战略的制定目的是为国民提供更加快捷和广泛的金融服务。该战略评估了柬埔寨金融业取得的成果和面临的挑战，提出了下一个十年各阶段的金融发展行动计划，将为其未来金融业发展提供指针及依据，有利于吸引国际投资，促进金融产品及服务的多元化，提升服务效率
政策法规	外籍用工规定	外籍人士在柬埔寨就业，需满足以下条件：（1）雇主预先获得在柬埔寨工作的合法就业证、工作许可证；（2）合法进入柬埔寨王国；（3）持有有效护照；（4）持有有效居留证；（5）无传染性疾病（卫生部规定相关条件，劳动主管部门批准）。 就业证有效期为1年，并可延期，但延期后的有效期不得超过其居留证有效期
	《关于加强审查在柬外国劳工的联合通告》	该文件要求任何来柬投资企业或务工人员都必须严格遵守柬埔寨《移民法》和《劳工法》，并且办理由劳动与职业培训部颁发的劳工证和雇佣卡。 当外国劳工联合检查组对企业进行检查时，企业主或企业负责人须配合联合检查组出示公司章程、商业部登记注册证书、雇佣通知、解雇通知、雇佣外国劳工授权及指标、劳工部颁发的柬文外国劳工雇佣合同、所有劳工护照及照片、入境签证和外国人就业延期签证、劳工证和雇佣卡、劳工法和移民法文书等十项文件的原件或复印件。 外国人运营的小型商业店铺须持有主管部门颁发的营业许可并办理劳工证、雇佣卡等相关手续

续表

政策分类	政策名称	重点内容
政策法规	《投资法》	十二条规定，柬埔寨政府鼓励投资的重点领域包括：创新和高科技产业；创造就业机会；出口导向型；旅游业；农工业及加工业；基础设施及能源；各省及农村发展；环境保护；在依法设立的特别开发区投资。投资优惠包括免征全部或部分关税和赋税。 外国直接投资：在柬埔寨进行投资活动比较宽松，不受国籍限制（土地法有关土地产权的规定除外）。除禁止或限制外国人介入的领域外，外国投资人可以个人、合伙、公司等商业组织形式在商业部注册并取得相关营业许可，即可自由实施投资项目。但拟享受投资优惠的项目，需向柬埔寨发展理事会申请投资注册并获得最终注册证书后方可实施。获投资许可的投资项目称为"合格投资项目"。 柬埔寨政府对投资者提供的投资保障包括：（1）对外资与内资基本给予同等待遇，所有的投资者，不分国籍和种族，在法律面前一律平等；（2）柬埔寨政府不实行损害投资者财产的国有化政策；（3）已获批准的投资项目，柬埔寨政府不对其产品价格和服务价格进行管制；（4）不实行外汇管制，允许投资者从银行系统购买外汇转往国外，用以清算其与投资活动有关的财政债务
	《矿产勘探和工业开采执照管理条例》	根据《条例》，面积小于 200 平方千米的矿产勘探与开采执照，由矿产能源部批准；大于 200 平方千米的矿区勘探开采执照，由柬埔寨政府批准。任何自然人和法人都有权在规定的条件内提出超过一个矿区的勘探申请。执照有效期为 3 年，到期之后可申请延期两次，每次为期 2 年。已获政府授予矿产勘探和开采权的企业须在 180 天内提出新的勘探和开采申请，否则其执照将被没收

2. 需求分析

（1）经济发展和基础设施建设对建筑材料的需求

柬埔寨工业化水平低，城市基础设施总体较差。基础设施建设是近年来柬埔寨政府关注的重点领域，且政府已将基础设施的建设和改善列入"四角战略"的重要任务，提出将恢复与重建基础设施，促进恢复与重建基础设施领域的经济增长。柬埔寨政府将继续高度优先恢复与重建交通网，包括连接国内各地、连接柬埔寨与邻国、连接世界其他地方的桥梁、道路、铁路、海港和空港。

政府一直专注于恢复和重建经济发展和减贫的基础设施，如道路、水、电等，目前更注重可持续基础设施，以提高宜居性和竞争力。《城市和基础设施建设发展规划》提出，预计未来 30 年柬埔寨城市化年均增长率约 2.5%，到 2050 年 36% 的居民将生活在城市地区，每年约 7% 的经济高速增长，实现到 2030 年成为中高收入国家和到 2050 年成为高收入国家的目标。《2015—2025工业发展计划》提出重点发展高附加值新型工业、制造业、建材等产业领域。在2018年的"柬埔寨展望大会"上，洪森首相表示将尽快投资公路、铁路、水路以及航空线，加快完善基础设施整体规划与建设。据柬埔寨公共工程与运输部预计，未来柬埔寨政府将投资190亿美元用于基础设施建设，主要建设项目涉及陆路、水路、铁路、码头建设等。

柬埔寨年建筑竣工面积约1100万平方米，年新增农村住房20万套，金边至西港高速在建，铁路总长655千米，泛亚铁路在规划中。贡布港处于在建状态，西港扩建。目前运营3个民航机场，七星海机场在建。未来柬埔寨基础设施建设主要集中于以高速公路、铁路、港口等为代表的国家基建工程和以城市轨道交通、市政道路、市政管网建设等为代表的城市基础设施建设工程。未来经济发展和基础设施建设对建材产品的市场需求较大，预计大多数建材产品均有较高的利润回报。

（2）建材产品需求情况

结合柬埔寨城镇房屋建设、农村房屋建设和基础设施建设趋势，根据各领域对建材产品的需求特点，预计到2025年，柬埔寨建材市场价值约120～130亿美元，其中城乡建设消费总规模在90～100亿美元。柬埔寨对主要建材产品的需求情况见表4-20。

表4-20 柬埔寨主要建材产品需求规模

产品名称	单位	2025年需求规模
水泥	万吨	1200
砂石骨料	万吨	7400～7700
预拌混凝土	万立方米	650～700
预拌砂浆	万吨	60
水泥制品	万美元	500～600
建筑瓷砖	万平方米	4500
卫生陶瓷	万件	200
平板玻璃	万平方米	3100
装饰石材	万平方米	147～150
异型石材	万件	30
加气混凝土砌块	万立方米	55～60

数据来源：中国建筑材料工业规划研究院《柬埔寨贡布（中柬）泰文隆工业经济特区产业规划》，主要产品需求均为柬埔寨境内需求规模。

3.产业现状

（1）产业规模

柬埔寨作为传统农业国，包括建材和其他原材料产业在内的工业发展基础非常薄弱，建材产业整体发展较为落后，国内绝大部分建材产品依赖进口。柬埔寨建筑屋面较多采用混凝土瓦和彩钢瓦，普遍使用铝合金门窗，大型建筑玻璃幕墙应用普遍，少量建筑使用铝塑板幕墙。主要建筑材料企业为水泥企业，其在金边、西哈努克等地区建有混凝土搅拌站；墙体材料生产主要为黏土多孔砖、混凝土空心砌块和砂加气混凝土砌块，多为小型生产企业。此外，柬埔寨还有一些石材加工厂以及水泥电杆、排水管的水泥制品企业等。目前，柬埔寨的建材产业主要存在产品种类单一、附加值低、生产规模小等问题，难以满足本国经济社会发展及建筑业的发展需求，其建材产品高度依赖进口的状态尚未得到实质性改善。

水泥行业：柬埔寨共有水泥企业 5 家，分别为华新水泥股份有限公司、集茂水泥公司、马德望海螺水泥公司、泰文隆水泥厂和贡布水泥厂，熟料年产能约 1200 万吨，在其主要水泥企业中有 3 家是中资企业控股，如华新水泥股份有限公司、安徽海螺水泥股份有限公司等。

混凝土行业：柬埔寨的预拌混凝土企业主要集中在金边和西港地区，其中金边约 40 家，西港约 20 家，均为每小时产 90 立方混凝土生产线。从投资主体看，集茂水泥公司约 4～5 家，贡布水泥公司约 17～18 家，其余均为中资企业。在柬埔寨的预拌混凝土企业中，70% 的企业为中资企业或中资控股企业。

陶瓷行业：建陶瓷企业 1 家，位于贡布省，年产能约 200 万平方米。

墙体材料行业：柬埔寨多采用四孔黏土红砖作为传统墙体材料。近年来，由于建筑业的蓬勃发展，砖厂数量由 10 多年前的 50 家增加至 2018 年的 300 家左右，售价约每万块 400 美元，大多数砖厂为土窑，仅有 50 家左右采用轮窑，没有隧道窑。砖厂生产一般以木材作为燃料。

水泥制品行业：柬埔寨境内的水泥制品厂主要生产排水管、预制板、水泥电杆等产品。其中金边附近有 4 家以上的水泥制品厂，企业规模一般为年产 5～8 万根水泥电杆，采用蒸汽养护，主要由福建企业投资建设。

加气混凝土行业：从施工成本和施工便利性考虑，目前金边、西哈努克等地区有许多新建高层建筑开始采用加气混凝土砌块作为填充墙体材料，其中金边地区有 3～4 家加气混凝土砌块（砂加气）生产企业，生产线产能约日产 200 立方米，均为技术相对落后的小型生产线，产品尺寸规格为 200×200×600 毫米和 150×200×600 毫米，采用我国产品标准，售价约为每立方米 60 美元。

石材行业：柬埔寨分布有丰富的大理石和花岗石资源，近年吸引了部分石材企业在柬埔寨投资建厂，其中包括来自福建水头、长泰等地的一些企业。柬埔寨各地均有石材开采企业，主要分布于桔井省、金边周围地区。2019 年以前，柬埔寨的石材产业主要分布于东北地区的桔井省以及金边、茶胶等地。桔井省花岗石矿区约有十余家开采企业，矿区总面积约 2 平方千米，荒料总生产能力约 40～50 万立方米，同时具备一定的加工能力；金边石材加工企业约有 20 家，石材资源一般来自茶胶、上丁、柏威夏、贡布等地；磅士卑有 3 家企业从事石材开采行业；靠近老挝的蒙多基里和拉塔纳基里有少量石材开采和加工企业。石材加工主要以柬埔寨本地的石材资源为主，企业规模普遍较小，最大规模年加工能力仅为 40～50 万平方米。2019 年后，随着中国国内对石材产业的整治，尤其是福建省原有石材产区的全面停产，大量石材企业转移至柬埔寨，预计总开采能力可达到每年 200 万立方米。

建筑石灰行业：柬埔寨工业建筑石灰生产企业2家，位于贡布省，采用竖窑工艺，年产能规模约3～5万吨。

此外，柬埔寨有硅酸钙板生产企业1家，临近华新水泥厂，较多的屋面瓦生产企业，多生产混凝土瓦。

（2）资源情况

柬埔寨大部分地区为平原，建筑业使用的粗骨料供应较为紧张，砂供应较为充足，但由于监管缺失，西港部分工程存在使用海沙的现象。柬埔寨的石油、煤炭、天然气全部依赖进口。

（3）工业园区

柬埔寨各类园区和经济特区的建设项目较多，约30个左右。其中大部分采用中资企业联合当地投资方，通过购置连片土地进行整体规划开发的方式，包括房地产开发、旅游、物流等，很大一部分用于吸引服装、制鞋等劳动密集型外向企业。建材企业入园不多，但在部分园区取得了较好成效。主要园区包括西哈努克港经济特区、柬埔寨贡布（中柬）泰文隆工业经济特区等。

（4）进出口贸易

除水泥以及少量低技术含量的砖瓦、建筑砌块外，柬埔寨绝大部分建材产品依赖进口，我国是柬埔寨建材产品的第一大来源地。近年来，我国对柬埔寨出口的主要建材产品包括陶瓷、玻璃、石材、水泥制品、石膏板、绝热耐火类制品、防水建筑材料等。其中陶瓷、玻璃、钢铁、建筑装饰石材（大理石、花岗石制品）是出口量居前的大宗建材产品。2015—2017年中国对柬埔寨建材产品出口统计见表4-21。

表4-21　2015—2017年中国对柬埔寨建材产品出口统计表　　　　（吨）

产品名称	2015年	2016年	2017年
陶瓷砖	397648	438219	511776
陶瓷瓦	16798	21591	31251
陶瓷建筑用砖	1845	1195	9477
卫生陶瓷	2167	1752	2454
平板玻璃	22104	45335	32651
三种技术玻璃	421	1282	2032
初加工玻璃	22	634	465
玻璃砖	614	516	249
大理石制品	5068	1816	4413
花岗石制品	6504	1814	1382
纤维增强水泥制品	—	47	88
混凝土预制结构件	—	—	224
水泥砖瓦	310	805	59

续表

产品名称	2015年	2016年	2017年
石膏板	162	478	574
矿棉岩棉	115	247	401
耐火混合制品	1095	1394	3953
玻璃棉及制品	109	44	483
防水建筑材料	155	135	115

数据来源：中国建筑材料工业规划研究院《柬埔寨贡布（中柬）泰文隆工业经济特区产业规划》。

二、非洲地区

（一）埃及

埃及是世界上四大文明古国之一，地处亚欧非三大洲交界处，大部分位于非洲东北部，只有苏伊士运河以东的西奈半岛位于亚洲西南部。埃及扼守"21世纪海上丝绸之路"的战略要冲，苏伊士运河走廊是连接大西洋至印度洋、红海至地中海的枢纽。国土面积100.15万平方千米，排名世界第三十位，94%的国土为沙漠，海岸线长约2900千米。埃及不仅拥有较为丰富的石油、天然气、磷酸盐、铁矿等资源，此外还有锰、煤、金、锌、铬、银、钼、铜和滑石等矿产资源。埃及人口超过1亿人，是中东地区人口最多的国家，也是非洲人口的第二大国。

埃及是非洲的第三大经济体，属开放型市场经济，拥有相对完整的工业、农业和服务业体系，在经济、科技领域方面长期处于非洲领先位置，其基础设施建设有着较长历史。埃及坚持稳步推进经济改革，国内经济宏观指标持续向好。2020年受新冠肺炎疫情等因素的严重冲击，但埃及仍是全球为数不多经济保持正增长的国家之一，经济增长率为3.6%。

截至2020年底，我国对埃及累计直接投资存量为11.9亿美元，为当地创造3万余个就业岗位；双方共建的苏伊士（泰达）经贸合作区吸引100多家企业入驻，成为促进两国投资和技术合作的重要平台。

1. 政策环境

埃及是中东和北非地区现代化进程起步较早的国家，也是工业体系较为完备、基础设施建设较为完善的国家。近年来，埃及以建设世界工业强国为目标，以推出《可持续发展战略（SDS）：埃及愿景2030》为标志，先后制定了《2016—2020年工业和贸易发展战略》《2018—2022年发展计划》等一系列制造业发展战略，进一步推动了其国内制造业的转型升级，工业生产能力和出口能力不断增强。同时，埃及在电力、石油和天然气、基础设施建设等优势产业领域出台一系列专项发展规划、政策法规，力推新首都、铁路和可再生能源建设等国家级大项目，着力吸引外资和促进私人投资，产业经济和投资环境向好发展，优势产业保持较好发展活力。

《埃及交通运输建设总体规划（2012—2027年）》《2035年综合可持续能源战略》和《新能源上网电价补贴（FIT）》等一系列发展规划、政策法规的出台，不仅带动埃及基础设施建设、光伏发电、光热发电和风能发电产业的快速发展，建材产业作为其产业链上游配套产业也将迎来新的发展机遇。埃及部分法律、政策和规划见表4-22。

表4-22 埃及部分法律、政策和规划

政策分类	政策名称	重点内容
发展规划	可持续发展战略（SDS）：埃及愿景2030	规划提出，至2030年目标经济指标如下：1）年均GDP增长率达到7%；2）投资对经济增长贡献率提高到30%；3）出口对经济增长贡献率为25%；4）服务业占GDP比重提升至70%；5）债务占GDP比重不超过50%；6）通胀率维持在3%~5%；7）财政赤字率降至5%以下；8）失业率降至5%以下。 规划提出经济发展政策的三大核心包括：一是保持国家宏观经济稳定，减少财政赤字；二是改善投资环境，大力吸引外资；三是在各领域实施类似新苏伊士运河项目的大型"国家项目"。 规划提出要重点发展电力行业、石油和天然气行业、制造业和中小企业（家具、服装、家电、汽车、餐饮、石化、建材、家用设备、电子工业、软件、重型运输车辆备件等行业）、农业、交通行业（继续扩大公路网络建设的同时，提升铁路运输能力，发展港口和内河航运；加强电信基础设施建设；对能源、电力的运送、传输、储存等所需基础设施进行建设和改造）、旅游行业等
	2018—2022年发展计划	计划提出，至2022年，实现目标如下：1）实际GDP增长率从5.8%提高到6%；2）人均实际GDP增长率从3%提高到6%；3）每年新增就业岗位从75万个增至87万个；4）人口自然增长率从2.65%降至2.1%；5）通货膨胀率从14.3%降至8.5%
	2020年工业发展和对外贸易战略	战略提出加快推进国家公路网项目、苏伊士运河经贸走廊项目、新型工业区和新城市建设项目以及其他具有经济和社会影响的国家项目
	埃及交通运输建设总体规划（2012—2027年）	建设大开罗物流中心，打造连接地中海—红海的国际物流带。将埃及建成亚欧货物运输大通道。埃及应重点建设北起亚历山大港、南至艾因苏赫纳港的国际物流带，并以大开罗卫星城——十月六日城为中心，将其建设成集仓储、分装、配送、外贸等为一体的国际化物流中心。 构建由11个走廊组成的埃及全国交通运输网。依托国际物流带的建设，以大开罗为中心，构建由地中海沿线走廊、西部沙漠走廊等11个运输走廊组成的全国交通运输网，其中以地中海沿线走廊、上埃及走廊、红海走廊及国际走廊等四大走廊构成两纵两横的主干线。 为完成11个走廊建设目标，计划将建设规划拆分成103个项目分阶段实施，其中包括51个公路项目、24个铁路项目和2个高铁项目等，总投资额达3200亿埃镑（约合533亿美元）。其中政府投资1328亿埃镑，吸纳私人投资1872亿埃镑

续表

政策分类	政策名称	重点内容
发展规划	2035年综合可持续能源战略	战略中指出埃及将生产61吉瓦可再生能源，其中包括43吉瓦太阳能和18吉瓦风能。到2022年，20%的电力供应来自可再生能源，2035年这一比例将提高至42%
发展规划	石油天然气工业现代化工程	主要任务就是挖掘石油行业的全部潜力，从而使石油行业作为埃及经济增长和可持续发展的动力。同时，实现财务可持续性增长，成为地区油气中心，包括上游投资拉动、石油行业结构性改革、战略性人力资源管理、下游升级以及提高能源效率、油气能源中心战略以及决策支持和数据流应用等内容
政策法规	投资法	该法适用于所有内外资投资者和大多数生产、制造、研发类产业，具有明显的投资保障和激励性质。该法全面统一了投资管理体系、简化了公司注册审批程序、畅通了申诉渠道，清晰梳理了各方面投资激励政策等。该法针对不同地区制定了相应的税费减免、投资成本返还、土地划拨、外籍用工等优惠政策。 其中在建筑业领域，埃及政府规定外商只能以合资的形式成立建筑公司，且外资股权不超过49%，非埃及员工在公司里的比例不得超过10%，外国公司为履行中标项目新设的分公司不受股比限制。 该法及其实施细则对投资项目中雇佣外国劳务进行了规定，外籍员工比例不超过员工总数的10%，但当无法获得具有必要技能的当地员工时，允许外籍劳工比例放宽到20%，但需向埃及投资与自由区总局（GAFI）提出申请
政策法规	电力法	通过颁布立法来促进在发电、输电和配电上的投资，包括审批电力售价的调整。 该法规定供给方和终端用户之间可以存在直接的合同关系，即批准国有承运商埃及电力传输公司（EETC）向系统运营和调度程序的管理者转变
政策法规	新能源上网电价补贴（FIT）	埃及政府将出台新能源上网电价补贴（FIT）政策，吸引私人投资，推动实现2022年将新能源装机容量由目前的687兆瓦提升至7200兆瓦；启动国家电网、智能电表改造等重大项目，提升电力行业运营效率

2. 需求分析

总体来看，虽然埃及的基础设施面临老旧问题，但在整个非洲地区来看仍然较为完善。自2014年以来，埃及政府投资并主导的大规模基础设施建设成为拉动经济增长的重要手段。新行政首都、新十月六日城、阿拉曼新城、曼苏拉新城、马拉维新城等一批耗资较大的新城项目同步推进。根据2018年"埃及建设者论坛"提供的数据，过去3年埃及各地的基础设施建设投资达8000亿埃镑，计划新增20%基础设施投资，2019年建筑部门对经济增长率的贡献率为22%，政府考虑成立主权基金来资助国家项目建设，包括道路、住房、社会保障、贫民窟改造以及新城建设等。根据世界银行报告，未来20年，埃及基础设施建设投资总需求高达6750亿美元，其中，埃方仅能提供4450亿美元用于基础设施建设，缺口高达2300亿美元，仅交通项目的融资缺口就高达1800亿美元。

未来，房地产开发、酒店等旅游业相关配套基础设施项目仍是投资热点，吸引大批本土化运作能力较强的海湾国家资本涌入。预计埃及大规模的基础设施投资及建设将给建材市场带来新的发展活力。

3. 产业现状

（1）产业规模

水泥行业：埃及作为世界较大的水泥生产国之一，水泥年产能达7900万吨，水泥年需求量约为5300万吨，已呈现产能过剩的现象。

陶瓷行业：埃及陶瓷产业起步较早，虽然在此后的发展历程中，当地及周边国家对瓷砖的需求稳步增加，但其陶瓷产业并未经历快速扩张、膨胀的发展时期，整体发展水平相对落后。从瓷砖产量看，埃及瓷砖的年总产量为2~2.5亿平方米。埃及约有25家陶瓷厂，共120条瓷砖生产线，抛光砖约占总产量的10%。主要陶瓷生产商在开罗与亚力山大周边的工业区设有工厂，Ceramica Cleopatra Group是埃及当地最大的瓷砖生产商。

玻璃纤维行业：随着中国巨石股份有限公司在中埃泰达产业园内建设的年产20万吨玻璃纤维的生产基地全面建成，埃及成为世界第三大玻璃纤维生产国。其玻璃纤维产品主要服务于欧盟市场，以及周边的土耳其、中东和北非市场，出口率高达95%以上，拉动埃及外贸出口增长。

（2）进出口贸易

2020年第一季度，埃及建筑材料、耐火材料和金属行业的出口额为15.27亿美元，增长32.8%。出口阿联酋、加拿大、意大利、土耳其、澳大利亚、西班牙、德国、美国、沙特阿拉伯、利比亚等国。根据建筑材料、耐火材料和冶金工业出口理事会（ECBM）报告显示，2020年1—3月，上述10国出口量占该行业总出口额的75.4%。其中，埃及对阿联酋的建筑材料出口额从过去的3.47亿美元，增长到5.67亿美元，占出口总额的37.1%。

埃及在满足本国对瓷砖需求的同时，也逐渐向周边国家输出瓷砖产品，包括对利比亚、苏丹、也门与沙特阿拉伯等不具备瓷砖生产条件及能力的国家。

（3）资源情况

埃及拥有较丰富的自然资源，如大量价格低廉的未开发荒地，上埃及等欠发达地区甚至政府免费向企业提供工业用地；与此同时，石油、天然气资源不断有新发现，地中海最大的祖哈尔气田投产后，埃及已再次实现天然气出口。此外，埃及还拥有较为丰富的磷酸盐、铁矿、石英矿、大理石、石灰石、金矿等矿产资源。

（二）南非

南非位于非洲大陆最南端，北面接壤纳米比亚、博茨瓦纳和津巴布韦，东北毗邻莫桑比克和斯威士兰，国土总面积121.9万平方千米，世界排名第25位；东、南、西三面濒临印度洋和大西洋，扼两大洋交通要冲，地理位置十分重要，海岸线长达3000多千米。

南非矿产资源非常丰富，是世界五大矿产资源国之一，其矿产素以种类多、储量大、产量高而闻名于世，拥有号称世界第二富含矿产的地质构造，目前南非已探明储量并开采的矿物有70余种，总价值约2.5万亿美元。

南非总人口为5876万，是多种族、多民族国家，享有"彩虹国度"的美称。南非是非洲工业化程度最高的国家，既是非洲第二大经济体，也是二十国集团、金砖国家等重要国际组织成员，同时也是外国投资在非洲地区的首选目的地。目前，南非已经建成世界领先的矿业、门类比较齐全的制造业以及现代化农业，拥有相当完备的金融体系。因地理位置优越、基础设施完善，南非是非洲最具投资吸引力的国家之一。但受南非经济政策等不确定性因素的影响，南非经济复苏的步伐将进一步放缓，2020年南非经济遭受重创，国内生产总值（GDP）同比大幅下滑7%，创下自1946年以来的最大年度降幅纪录。

虽然受疫情影响，2020年中南双边贸易额接近360亿美元，同比下降15.7%，但是，中南贸易额占同期南非对外贸易总额的比重稳中有升，展现出强劲的经济韧性。我国连续12年同南非保持最大贸易伙伴国地位，南非则连续11年成为我国在非洲的第一大贸易伙伴国。2021年，中南贸易总额达543.5亿美元，同比增长50.7%，我国对南非投资2.8亿美元，其中非金融类投资1.3亿美元，金融类投资1.5亿美元。

1. 政策环境

南非的政治经济环境相对稳定，当前的发展政策以推动经济增长为中心、以解决社会公平问题为保障，试图逐步消除"二元经济"结构，促进南非经济和社会平衡发展。南非政府以《2030年国家发展规划（NDP）》作为经济发展的核心纲领，据此制定并推行了一系列拉动经济增长、转变经济发展方式的专项计划，在实际工作中持续丰富并完善NDP内涵。与此同时，为促进投资和拉动经济增长，南非政府出台了一系列鼓励投资的政策、措施和规划。

在建材及其上下游产业的政策领域，南非十分注重基础设施建设，在出台《国家基础设施规划》中，详细列明了基础设施领域17个大型战略一体化项目，涉及多个领域，交通、水利、能源等大规模基础设施建设将带动上游建材产业需求增长。南非部分法律、政策和规划见表4-23。

表4-23 南非部分法律、政策和规划

政策分类	政策名称	重点内容
发展规划	南非经济复苏计划	该计划的中心思想在于提高南非就业率，并包含以下四个主要方面：一是在全国范围内加强基础设施建设，因为这一领域在吸引投资和刺激经济增长、带动其他行业发展、直接和间接创造可持续就业机会等方面具有巨大潜力；二是迅速提升能源供应能力，加快实施综合资源计划，大幅度增加可再生能源、电池储存和天然气技术的贡献；三是刺激就业，创造就业机会和维持国民生计，刺激就业将选择那些能够快速实现并对经济复苏影响最大的干预措施；四是推动工业增长，在南非制造业多年来持续下降的背景下，为了使经济重新走上正轨，国家将支持大规模的当地生产，并使南非的出口更具国际竞争力

续表

政策分类	政策名称	重点内容
发展规划	"新增长路线"（NGP）发展战略	该战略旨在推动南非经济发展由当前缺乏持续发展潜力的消费型模式向可吸纳更多劳动力的生产型模式转变，计划在未来10年内优先在基础设施建设、农业、矿业、绿色经济、制造业、旅游服务业等6个重点领域挖掘潜力，创造500万个就业岗位，将失业率从24%降至15%
	2030年国家发展规划（NDP）	该规划旨在加快经济增长，扩大就业，提升教育、技能开发和创新水平，增强国家发展改革能力。NDP提出放松劳动领域管制，降低营商成本，以此促进劳动密集型制造业发展；增加政府支出，加大在公路、铁路、港口、电力等基础设施领域的投资，支持经济快速发展；进一步明确产权制度，放宽资源产业投资限制；扩大资源性产品出口等。 南非政府计划通过实施NDP，到2030年将经济规模扩大2.7倍，年均经济增长5.4%，创造1100万就业岗位，将失业率从目前的24%降至6%，基尼系数从0.7降至0.6，彻底消除贫困人口
	工业政策行动计划（IPAP）	该计划旨在在不稳定的全球经济背景下，建立一个集中化程度更低、竞争力更高的经济和制造业框架，其中包括对下游的金属加工业、固定设备运输设备制造业，绿色节能工业和农产品加工业的刺激计划
	基础设施项目优先发展清单	计划未来10年内实施总额2.3万亿兰特（约合1380亿美元）的基础设施项目。优先发展的基础设施项目被称为"战略综合项目"，涵盖供水和卫生、能源、交通、数字基础设施、农业和农产品加工、人居工程等领域
	小型企业发展机构科技计划（STP）	该计划旨在刺激经济增长、促进科技创新发展并向小企业提供技术支持。针对小型企业，该项目提供营利和非营利技术转让、企业孵化和品质支援服务。该计划对小型企业在技术转让方面提供广泛的服务。尤其是被定义为第二经济的企业。 该扶持计划有两个目标：一是对小型企业提供技术转让服务，二是对女性拥有（女性所有权超过50%）的企业提供特定的技术支援。实现扶持计划的方式为：针对每个项目提供最高60万兰特的非偿还性财政补助，以保障小型企业能够顺利获得有效的新技术
	产业政策项目计划	为吸引本地和外国投资，该计划为符合条件的企业提供总额200亿兰特的资金，并减免大型项目的所得税。用于资助创新工艺流程或者使用新技术，提高能源使用效率的清洁生产技术，提高环境保护水平的项目；建立业务联系，从中小企业、微型企业获得商品和服务的项目；创造直接就业的项目；促进技能发展或者位于经济发展区的项目

续表

政策分类	政策名称	重点内容
发展规划	制造业投资计划	鼓励本地和外国资本新建或扩建项目，进行生产性资产投资，如工厂、机器设备、购买和租用土地和建筑物、商用车辆
政策法规	投资法	该法在广泛的外国直接投资范围内将"投资"定义为：1）投资者根据南非共和国法律建立、收购或扩张的以营利为目的任何合法企业；2）持有或收购该企业的股份、债券或其他所有权工具；3）该企业与南非共和国以外的另一企业的，且该控股、收购或合并对南非共和国（1）和（2）中的投资产生影响。 无论拟议投资的性质如何，该法均不强迫对外国直接投资进行审查
	外国投资补贴（FIG）规定	鼓励外国投资者投资制造业，南非政府对实际运输费用和机器设备价值15%，且每个项目最多不超过1000万兰特。两者相比较，低的费用给予现金补贴，用于将机器设备（不包括车辆）从海外运抵南非。此补贴适用于外国投资者（南部非洲关税同盟和南部非洲发展共同体除外）占股50%以上的公司。二手设备在经贸工部鉴定为新技术时，亦可享受

2. 需求分析

在南非政府的领导下，伴随疫情好转，企业复工复产有序推进，在线教育、人工智能、数字金融等新业态、新动能逐步崭露头角。南非政府近期出台了经济重建和恢复计划，提出了加大基础设施建设投资力度、加速再工业化进程等一系列经济刺激举措。此外，2021年非洲大陆自贸区正式启动运营，作为中非经贸关系领头雁的中南双边经贸合作有望迎来新的增长契机。

随着南非经济发展和人口增长，住宅和商区建设项目逐步增多，南非急需资金和技术投资，南非工业化进程的加速推进，将为建材工业带来良好的发展机遇，基础设施建设将给水泥、瓷砖等建筑材料带来一定的市场需求。

3. 产业现状

水泥行业：南非现有水泥年产能1840万吨，以人均水泥220千克居整个撒哈拉以南非洲的榜首。2014年金隅冀东水泥在南非曼巴投资建设年产100万吨水泥熟料生产线，进一步满足了南部非洲区域市场的需求。

陶瓷行业：南非共有3家陶瓷厂，瓷砖年产量为4500万平方米左右，瓷砖生产在满足本国消费需求的同时还向周边国家出口。此外，南非也会从我国和意大利、西班牙等国家进口部分抛光砖产品。

（三）肯尼亚

肯尼亚位于非洲东部，东邻索马里，南接坦桑尼亚，西连乌干达，北与埃塞俄比亚、南苏丹交界,东南濒临印度洋,赤道横贯东西,东非大裂谷纵贯南北。

肯尼亚矿藏主要有纯碱、盐、萤石、石灰石、重晶石、金、银、铜、铝、锌、铌和钛等,除纯碱和萤石外,多数矿藏尚未开发;地热、太阳能、风能等清洁能源储量丰富。肯尼亚总人口约为4756万,集中分布在首都内罗毕、基安布、纳库鲁、卡卡梅加、奔戈马等大城市。

肯尼亚是东非第一大经济体,也是东非共同体、东南非共同市场等区域合作组织的倡导者,以其优越的地理位置、相对完善的经济基础,发挥着向东、中非辐射的重要作用。

全长480千米的蒙内铁路建成通车,大大提升了肯尼亚基础设施建设的总体水平。自2020年年初,受新冠肺炎疫情影响,肯尼亚经济下降明显,但得益于严格的防控措施,肯尼亚2020年全年经济实现正增长,年增长率约为0.6%。2021年,肯尼亚国内生产总值(GDP)为1103.5亿美元,比上年增长96.8亿美元。按2015年不变价美元计算,肯尼亚2021年国内生产总值(GDP)比上年增长7.5%。从长远看,肯尼亚经济基本面向好的趋势并未改变,市场潜力巨大,仍然是非洲最具价值的"投资热土"之一。

近年来,我国和肯尼亚经贸关系不断融合发展,已成为肯尼亚第一大贸易伙伴国、第一大工程承包商来源国、重要的投资来源国以及增长最快的海外游客来源国。2021年,我国与肯尼亚双边贸易总额达到69.6亿美元,同比增长25%,其中,我国对肯尼亚出口67.4亿美元,同比增长25%。

1. 政策环境

制造业是肯尼亚国民经济发展的重要产业之一,在东非地区相对发达,以食品加工业为主,门类比较齐全,但近年来,肯尼亚的制造业发展缓慢。随着经济复苏、城市化进程的加快,城市人口迅速增长,虽然建筑业和房地产业已逐渐成为肯尼亚国民经济的重要支柱产业之一,但基础设施落后等因素限制了该产业在肯尼亚的进一步快速发展。在经济和社会发展新格局之下,肯尼亚政府先后出台了《2023年远景规划》《"四大发展目标"计划》等一系列发展规划,致力于实现铁路网、公路网和港口等基础设施建设的优化升级,并在此基础之上重点发展农业、制造业、旅游业、保障住房、采矿业等优势产业。与此同时,肯尼亚政府在经济领域实行自由化发展政策,鼓励投资并逐步开放允许外国投资的行业,先后出台了《外国投资保护法》《投资促进法》《2013年公私合营法》等一系列相对完备的鼓励与规范投资行为的政策法规。

建材及其上下游产业政策领域,肯尼亚的远期和中期发展规划均将能源、公路、铁路、港口和通信等基础设施建设视作实现经济腾飞的基本要素,列为优先发展领域,国内对水泥等建筑材料的需求将稳步上升。面对城市人口迅速增长所带来的住房短缺问题,肯尼亚政府大力发展建筑及房地产业,各宏观规划和专项规划中均提到要加快推进低成本保障性住房的建设进程,高效的建筑工艺与建造技术、经济实惠的新型建筑材料将在政府建造保障性住房中逐渐发挥关键作用。未来基础设施建设和住房政策的推进和发展将为肯尼亚的建材产业注入强大的发展活力。肯尼亚部分法律、政策和规划见表4-24。

表 4-24　肯尼亚部分法律、政策和规划

政策分类	政策名称	重点内容
发展规划	2030年远景规划	规划核心目标是要实现GDP年均增长10%以上，到2030年将肯尼亚建成新兴工业化、中等发达和具有国际竞争力的国家。 规划列出的重点基础设施建设项目包括：公路网扩建项目，蒙巴萨—内罗毕—马拉巴标准轨铁路项目，蒙巴萨港扩建项目，拉穆港—南苏丹—埃塞俄比亚交通走廊项目，乔莫·肯雅塔国际机场扩建现代化项目，基苏木机场升级扩建项目，孔扎科技城项目、23000兆瓦发电和送电项目以及24座中型多功能水坝项目等
	四大发展目标	计划提出将制造业发展、全民医保、保障住房和粮食安全四个领域作为国家重点发展方向，旨在通过各项措施，实现如下目标：至2022年，制造业占GDP的比重由9.2%提高到20%；保障全民食品安全与营养；惠及全民的医疗保障体系；建设50万套保障性住房
	建筑研究中心战略计划2017—2022）	旨在加快落实肯尼亚政府提出"四大议程"之一的经济适用住房愿景，这一战略计划在全球、区域和国家发展议程指引下，大力推动肯尼亚的经济适用住房议程的落实；肯尼亚建筑研究中心将引导国内建筑业进行可持续发展研究
	低成本住房战略	战略指出将投放一批价格低至50万先令的住房，此举或将彻底改变当地住房短缺的现状。为了落实这一战略，政府会向私人投资者提供土地，而这些投资者则利用各种建筑技术和大规模建设，为居民提供"真正负担得起的住房"
政策法规	外籍用工规定	肯尼亚政府限制非技术性劳务人员进入肯尼亚工作，并实行严格的工作许可制度，在肯尼亚工作的外国人必须事先获得工作许可证。 肯尼亚政府允许投资者在高级管理职位或需特殊技能但无合适的本国雇员的领域雇用外籍职员；外籍劳务人员需具有本科以上学历，年龄在24～45岁之间；雇主需要在当地媒体刊登招聘广告，1个月后仍无法从当地获得满足，可以向移民局申请办理聘用外籍劳务人员许可证。如果雇主已经雇用了持工作许可证的外籍人士，一旦这些外籍人士的岗位可以从当地劳动力市场获得满足，他们的工作许可证在到期后将不会再被续签
	外国投资保护法	该法规定鼓励投资的领域有：农牧渔业、旅游业、基础设施、交通运输、信息与通信技术、能源、水资源与卫生服务、制造业、服务与培训、金融等
	投资促进法	该法规定外国投资者在肯投资必须获得肯尼亚投资促进局批准，最低投资额为10万美元，所投资项目必须合法且对肯有益

续表

政策分类	政策名称	重点内容
政策法规	2017矿业（国家参与）条例	规定在《矿业法》生效（2016年5月）后取得采矿许可的公司，需免费给予政府10%的股份。此外，条例规定政府有权购买额外的股份，但需获得矿权人同意，且以公允的市场价格购买
	2013年公私合营法	该法规定允许的PPP模式包括：管理合同、产出履约合同、租约、特许经营、建设—拥有—运营—移交、建设—拥有—运营、建设—运营—移交、建设—租赁—移交、建设—移交—运营、开发—运营—移交、修复—运营—移交、修复—拥有—运营、土地交易（Land Swap）

2. 需求分析

肯尼亚制造业相对发达，独立后发展较快，门类比较齐全，是东非地区工业最发达的国家。建筑业是肯尼亚经济的主要支柱之一，也是肯尼亚吸引外商投资的主要行业之一。

近年来，肯尼亚在经济发展、基础设施建设等领域出台了诸多政策文件，旨在进一步推动国内经济发展，加强保障性住房建设，以满足国内人民的住房需求。如《2030年远景规划》核心目标是要实现GDP年均增长10%以上；到2030年将肯尼亚建设成新兴工业化、中等发达和具有国际竞争力的国家；建设50万套保障性住房等目标。德勤发布的建筑业行业趋势报告显示，肯尼亚的建筑工程数量已经连续四年位居东非首位，2018年建筑工程数量达到41个，同比增长78%，建筑项目主要集中在房地产、能源和交通运输领域。肯尼亚预计在交通运输工程领域投入数十亿美元，或将建成东非物流中心。

与此同时，肯尼亚的城市人口迅速增长，对当地住房构成极大挑战。目前大部分城市居民生活在非正式住区，即贫民窟。面对每年25万套的住房赤字，肯尼亚政府一方面积极探索经济实惠的新型建筑技术，希望借此弥补住房缺口；另一方面制定了详细的低成本住房战略，投放一批价格低至50万先令的住房，此举或将彻底改变当地住房短缺的现状。应对住房赤字，肯尼亚建筑业的发展潜力较大，建材需求日益增加。为落实这一战略，肯尼亚政府会向私人投资者提供土地，鼓励投资者不断研发建筑工艺与技术，如经济实惠的原材料、高效的建造技术，环保的建筑材料与工艺等，利用包括装配式建筑在内的各种建筑技术和大规模建设，为居民提供"真正负担得起的住房"，以满足行业发展的迫切需求。

在建筑与房地产行业的投资带动下，肯尼亚建筑业发展前景较好，受建筑业和住宅的带动，肯尼亚对水泥等建材产品的需求也将稳步上升。

3. 产业现状

（1）产业规模

水泥行业：肯尼亚的水泥工业于20世纪50年代建立，水泥生产和消费多年来均保持增长态势，但近年水泥的生产和消费有所下降。肯尼亚国家统计局数据显示，2018

年肯尼亚水泥生产总量为 563 万吨，同比下降 8.65%，消费量为 549 万吨，同比下降 5%。水泥企业主要包括：Bamburi（肯尼亚水泥市场上历史最悠久且最受欢迎的企业之一，由 Felix Mandl 于 1951 年创建，总部目前位于肯尼亚）、Rhino（肯尼亚水泥行业的新入局者，但其市场份额近年来一直在快速增长）、Portland（肯尼亚第二大水泥制造商，因其水泥质量很高，产品被肯尼亚房地产业的高端开发者广泛使用）、Savanna（肯尼亚最好的水泥制造商之一）、肯尼亚阿诗河矿业有限公司（肯尼亚最受欢迎的水泥制造商），目前肯尼亚超过90%的水泥制造商都位于 Machakos 地区，且主要位于阿诗河区域。

陶瓷行业：特福陶瓷公司是肯尼亚最大的陶瓷生产厂，也是东非较大的瓷砖生产商之一，由广东科达洁能股份有限公司与广州市森大贸易有限公司合资共建，总投资额达到 1.45 亿美元，全厂日均产能超过 6 万多平方米，占当地市场份额的 70% 以上。

其他建材：2017 年，中国武夷实业股份有限公司在肯尼亚成立建筑工业化工厂，工厂由当地子公司中国武夷肯尼亚建筑工业化有限公司建造；公司同两家德国技术服务供应商开展合作，Ebawe Anlagetechnik 为混凝土的预制生产提供设备，Nemetschek 负责为房屋设计提供软件支持；工厂由一家预制材料厂、一个仓库、产品展示区和品种丰富的建材超市组成，为肯尼亚提供高效的一站式建材服务；建材超市内的商品包括石料、瓷砖、浴室用具、建筑电器配件、灯具和厨房家具等。此外，预制材料包括实心墙板、空心板、墙面夹芯板、电梯升降机井、外墙板、楼板和基桩。

（2）进出口贸易

受益于肯尼亚住房需求高涨和建筑业的持续发展，肯尼亚每年进口部分建材。其中，水泥熟料依赖进口，是传统的主要进口产品。我国是肯尼亚瓷砖的主要进口来源国，2018 年肯尼亚从我国进口瓷砖 500 万平方米。

（四）尼日利亚

尼日利亚是非洲最大的经济体和市场，地处西非东南部，南濒大西洋几内亚湾，地理位置优越。尼日利亚是非洲人口最多的国家和最大的消费市场，拥有 2.05 亿人口，占非洲总人口的 18%。尼日利亚拥有非洲最丰富的天然气储量，全球排名第 9，可为制造业提供具有成本竞争力的基础能源。尼日利亚国家统计局数据显示，尼日利亚 2020 年国内生产总值（GDP）为 4323 亿美元，同比下滑 1.79%，人均 GDP 为 5353 美元。

近年来，我国和尼日利亚的友好关系不断巩固，双边经贸合作取得丰硕成果。贸易规模迅速扩大，工程承包跨越式发展，我国对尼日利亚的投资大幅度增加。尼日利亚是我国在非洲的第一大出口市场、第二大贸易伙伴、第一大承包工程市场和主要投资目的地。海关总署统计数据显示，2022 年上半年，我国与非洲最大经济体——尼日利亚的双边贸易额同比上涨 7.1%，达到了 120.2 亿美元，创历史新高。

1. 政策环境

近年来，尼日利亚在经济恢复与建设、基础设施等领域出台了一系列政策，同时在投资领域也出台了吸引私人资本的相关政策，旨在进一步提振经济增长动力。尼日利亚政府对外国投资者参与当地基础设施投资持欢迎态度，外资在尼日利亚主要采用 EPC 模式参与当地基础设施合作，涉及路桥、机场、电力等多个方面。尼日利亚制造业落后，为推动本国制造业的发展，尼日利亚政府出台了多项举措，其中包括禁止某些商品进口以及对投资尼日利亚制造业给予优惠政策等。

在建筑及建材等领域，2014—2018年，尼日利亚基础设施投资计划从每年 90～100亿美元（占当年 GDP 的 4%）升至 250 亿美元（占当年 GDP 的 7%），到 2043 年，基础设施领域累计投资预计需 2.9 万亿美元，其中 48% 的投资依靠私人投资。未来大规模的基础设施建设将对其建材产业形成较大的需求空间。尼日利亚部分法律、政策和规划见表 4-25。

表 4-25　尼日利亚部分法律、政策和规划

政策分类	政策名称	重点内容
发展规划	2014—2043 年"国家综合基础设施总体规划"（NIIMP）	将能源、交通、住房、供水和通信等基础设施列为发展重点领域，同时也将推动农业、采矿、社会服务、人口登记和安全等设施的完善。规划细分为 3 个十年战略规划和 6 个五年操作规划
	经济恢复与发展计划（ERGP）	目标是实现稳定的宏观经济环境，恢复经济增长。具体举措包括改善交通基础设施，发展铁路、公路和港口设施；推动工业化进程
政策法规	外籍用工规定	对外籍劳务实行配额制管理，即对在政府或企事业单位工作的具有一定专业技能的外籍劳务人员发放工作许可证。对于投资类企业，根据投资额多少，政府分配一定的外籍劳务人员名额。尼日利亚移民法规定："凡有不良记录、从事损害尼日利亚利益或从事有损本国人商业活动者均不得在尼日利亚工作"、"外资和外商的正当经营活动不受限制"。在尼日利亚雇用外国人必须向内政部提出申请，获取相应的配额后方可办理工作签证和绿卡。 外国人在尼日利亚不能从事政府、医生及律师工作，其他工作岗位没有限制。尼日利亚对专业领域外籍人才需求量较大。 尼日利亚没有劳动力市场需求测试，但要求申请工作配额者必须有大专以上学历及相关岗位的工作经验
	尼日利亚投资促进委员会法	该法令取消了外国投资可持股份的上限，外国投资者可以在除油气以外的其他投资领域拥有 100% 的股权。禁止外国投资者进入的领域为武器、军火、麻醉剂的生产贸易以及军队、警察、海关人员服装的生产。 为吸引外资，尼日利亚政府将本国竞争力较弱的 69 个行业确定为优先发展的先锋行业，并享受一定的优惠政策。其中涉及水泥、玻璃及其制品、用当地石灰石生产石灰、大理石开采及加工、陶瓷产品生产等建材产业

2. 需求分析

近年来，尽管尼日利亚各级政府在基础设施建设领域投入许多资金，但效果并不明显，基础设施状况有待改善，落后的基础设施已成为尼日利亚经济和社会发展的瓶颈。尼日利亚是非洲人口最多的国家，大量人口除了给其带来廉价劳动力外，也使其面临住房需求问题。尼日利亚计划在未来 5～10 年将基础设施建设支出增至 100～200 亿美元，

以拉动国家经济增长。政府将组建一个由财政、预算、贸易投资、工程电力等部门参加的委员会，与各利益相关方共同研究筹措资金、开展建设的模式。

建材作为重要的基础材料工业，与国家的经济发展、城乡建设、工农业生产以及人们的生活息息相关。建筑业是尼日利亚国内生产总值（GDP）的第四大贡献者，随着尼日利亚国内对基础设施建设的不断重视以及国内消费水平的不断增长，特别是房地产市场的增长，大量的铁路、公路、住宅等城镇化建设都将为持续增长的建材产业提供强大的发展动力，尼日利亚对水泥、陶瓷等建材产品的需求量也将进一步增加。中国企业可与尼日利亚加强基础设施合作，继续开展铁路、公路、港口、电站等基础设施项目建设合作。

3. 产业现状

（1）产业规模

水泥行业：尼日利亚水泥行业年产能约6000万吨，主要水泥企业为丹格特水泥集团（年产能2930万吨、市场份额为60.6%）、拉法基非洲有限公司（产能1050万吨、市场份额21.8%）、BUA（市场份额17.6%，BUA已与中材建设有限公司签署协议，将在埃多州、索科托州和阿达玛瓦州建设3座年产300万吨的新水泥厂，完成后，BUA的总产能将达到2000万吨）。2021年上半年水泥产量增加和价格调整，上述3家水泥企业总收入为9600亿奈拉，同比增长37.38%。

陶瓷行业：尼日利亚主要的陶瓷企业为Richware Ceramics、Modern Ceramics、Nigergrob Ceramics、Ceramic Manufacturer和Quality Ceramics等，这五家企业占据尼日利亚陶瓷产业的主导地位。目前只有4家当地的陶瓷制造公司在运营，主要生产瓷砖和卫生洁具。我国陶瓷企业旺康控股集团有限公司在尼日利亚投资建成4条生产线，日均产量达14万平方米，是非洲单体产量最大的企业之一。由于尼日利亚缺乏陶瓷制造技术技能的专业人员，电力供应等基础设施建设也相对滞后，这已成为尼日利亚陶瓷产业发展滞后的主要瓶颈因素。

（2）进出口贸易

我国是尼日利亚进口瓷砖的最大来源地，2018年尼日利亚从我国进口瓷砖490万平方米，同比下降6.1%。尼日利亚是我国在非洲投资最多的国家。其建筑行业以我国企业为主，8家瓷砖制造厂中有6家是我国企业。

（3）工业园区

跨勒工业园区为尼日利亚的陶瓷制造基地，也是非洲瓷砖生产中心。园区位于尼日尔河三角洲地区，该地区富含原油和天然气，该园区专门为陶瓷、玻璃等高耗能行业设计，旨在解决与尼日利亚制造业相关的如电力、港口通道等不足的问题。园区面积为10平方千米，为入驻企业提供基础设施和服务，如中央燃气和电源、水、住房等。由于地理位置优势，尼日利亚的天然气和电力成本较为便宜。跨勒工业园区靠近尼日利亚的主要市场，拥有通畅的港口和机场，并且位于自由贸易区，能享受联邦、州和地方税费和税收的完整豁免期以及投资激励与其他奖励措施。

（4）资源情况

尼日利亚拥有石灰石资源储量120亿吨，其中确定储量5.68亿吨。此外，它还拥有许多天然存在的固体矿物质，包括长石、高岭土，其他陶瓷、玻璃原料。

三、中亚地区

（一）吉尔吉斯斯坦

吉尔吉斯斯坦位于欧亚大陆腹地，面积为19.85万平方千米，是位于中亚东北部的内陆国。国民经济以多种所有制为基础，农牧业为主，工业基础薄弱，主要生产原材料；近年来，吉尔吉斯斯坦的宏观经济呈平稳发展态势，依靠工业、农业、建筑业和服务业等行业发展的拉动。据吉尔吉斯斯坦国家统计委员会统计，2021年吉尔吉斯斯坦国内生产总值（GDP）为7231亿索姆，约合85亿美元，同比增长3.6%。

吉尔吉斯斯坦拥有储量丰富的矿产资源，工业主要集中于矿产资源开发，采矿业在国民经济中的比重较大。此外，石油、天然气、煤炭、电力工业、有色金属加工业、机器制造和食品工业、制革、纺织、木材加工业等轻工业在吉尔吉斯斯坦也取得了一定的发展。

近年来，我国和吉尔吉斯斯坦的双边经贸合作发展顺利，合作水平不断提高，在双边关系中充分发挥了"压舱石"和"推进器"的作用。据吉尔吉斯斯坦官方统计，2021年吉尔吉斯斯坦对外贸易总额为72.29亿美元，其中中吉贸易额为15.28亿美元，我国是吉尔吉斯斯坦第二大贸易伙伴。2021年1—9月，吉尔吉斯斯坦吸引外商直接投资5.03亿美元，同比增长26.4%，其中，中国对吉尔吉斯斯坦直接投资1.39亿美元，占比27.6%，为吉尔吉斯斯坦第一大外资来源国。

1. 政策环境

国家总体战略是引导吉尔吉斯斯坦发展走向的总体规划，吉尔吉斯斯坦的《2018—2040年国家发展战略》提出，2040年前，政府将投资208亿美元并实施244项国家级项目，将涵盖能源、农业、水利和民生等多个领域。此外，吉尔吉斯斯坦在投资、土地等领域也出台了相关政策，旨在促进外国投资者在其经济活动领域进行投资，推动本国对外贸易加快发展。

在建筑及建材领域，《交通设施发展规划》提出，拟在"中亚国家经济合作计划"框架下实施修复5条具有国际走廊意义的公路项目；养护吉尔吉斯斯坦境内现有公路，对总长150千米的公路实施大修，加铺沥青混凝土路面；在巴特肯州新建长约170千米的环形公路等。未来，吉尔吉斯斯坦的经济发展和基础设施建设将为其建材产业带来一定的发展空间。吉尔吉斯斯坦部分法律法规、政策和规划见表4-26。

表4-26　吉尔吉斯斯坦部分法律法规、政策和规划

政策分类	政策名称	重点内容
发展规划	吉尔吉斯斯坦交通设施发展规划	规划内容包括：（1）拟在"中亚国家经济合作计划"框架下实施修复5条具有国际走廊意义的公路项目。（2）养护吉境内现有公路，修复超过300千米路面的耐磨层，并对总长150千米的公路实施大修，加铺沥青混凝土路面。同时，根据独联体内国际公路运输对保护路面的相关规定实施限载政策。（3）在巴特肯州新建长约85千米的环形公路

续表

政策分类	政策名称	重点内容
发展规划	2018—2040年国家发展战略	发展战略将分步骤实施，第一步于2018—2023年实施，其中最具紧迫性的任务之一是实现司法改革，促进国家管理体系的开放和诚信建设，提高决议过程的公正和透明性。另外，在2040年之前，吉政府将投资208亿美元并实施244项国家级项目，将涵盖能源、农业、水利和民生等多个领域
政策法规	吉尔吉斯共和国投资法	外国投资者在吉尔吉斯斯坦投资不受行业限制，可在其任何经济活动领域内进行投资；外国投资者在法律允许的范围内，可在境内独立自主进行投资活动，其财产、投资及合法权利受到吉尔吉斯斯坦法律保护；外国投资者可自由支配一切合法所得，可将在吉尔吉斯斯坦经营所得利润及人员的工资收入自由汇往境外，且数量不受限制；外资企业依法享有充分的经营自主权，政府部门不得随意干涉外资企业的正常经营活动（国家税务部门每年只能对企业进行一次检查）。凡在吉尔吉斯斯坦政府鼓励投资的优先发展领域进行投资、以及在吉尔吉斯斯坦国家发展规划下对特定区域进行投资，均可根据吉尔吉斯斯坦现行有关法律规定对投资者给予相应的优惠；外国投资者可以根据自身利益的需求，在原有法规和修改后的法规之间进行自由选择
	土地法	土地由国家所有，由地方政府帮助投资者确定适合投资的土地，以及按确定的程序帮助其向地方政府申请土地，土地使用年限一般为49年，可延续使用，最高可达99年

2. 需求分析

目前，吉尔吉斯斯坦境内大部分公路、航空和铁路运输等基础设施已年久失修，无法承受每年增长10%的客运量需求。由于自身经济困难，吉尔吉斯斯坦主要依靠外国或国际组织的援助款、贷款和各类投资进行整改。拟实施的基础设施项目包括：为卡姆巴拉金1号水电站和纳伦河上游梯级水电站建设提供保障，建设卡姆巴拉金2号水电站的2号水电机组，解决萨雷扎兹河梯级水电站的建设问题；为保证电力出口，启动建设"克明—阿拉木图"500千伏高压电线、"吉尔吉斯斯坦—中国"500千伏高压输变电线和"达特卡—胡占德"500千伏输变电站。

未来，在吉尔吉斯斯坦国家发展战略和一系列基础设施建设的推动下，预期将对其水泥等建材产品带来一定的市场需求。

3. 产业现状

（1）产业规模

吉尔吉斯斯坦建材资源丰富，主要产品包括水泥、玻璃、石棉瓦、石棉水泥管、砖、混凝土构件、多孔烧结料、石灰、瓷砖、隔热板等。

全国共有5家水泥企业，年总产能约为316万吨，以满足吉尔吉斯斯坦国内市场的发展需求。主要水泥企业为北方地区的坎特水泥厂和库尔曼特水泥公司、南方地区的南方建筑材料公司、吉尔吉斯南方水泥厂、阿克-萨以股份公司。2021年，吉尔吉斯斯坦水泥年产量为246.75万吨。

此外，吉尔吉斯斯坦拥有一家玻璃厂，砖厂也较少。

（2）产品价格

2020年3月，吉尔吉斯斯坦比什凯克市场水泥出厂价格约为每吨72～84美元，C30混凝土出厂价格约为每立方米34～48美元，水洗砂出厂价格约为每吨3美元，水洗石子出厂价格约为每吨5.5美元。

（二）哈萨克斯坦

哈萨克斯坦地处欧亚大陆中心地带，全国人口约1863万，国土面积约272.5万平方千米，是世界上最大的内陆国。哈萨克斯坦是中亚经济体量最大的国家，凭借丰富的能源禀赋以及重要的地缘位置，哈萨克斯坦经济增长态势居于中亚前列。除2020年受新冠肺炎疫情和国际油价下跌等因素影响，哈萨克斯坦国内生产总值（GDP）为1698亿美元，同比下降2.6%外，2017年以来，哈萨克斯坦国内生产总值（GDP）增长4%以上，经济的持续增长对建筑业发展产生了积极影响。

哈萨克斯坦自然资源丰富，素有"能源和原材料基地"之称，已探明矿物90多种，是油气生产和出口大国。

我国和哈萨克斯坦经贸合作总体发展势头良好。我国是哈萨克斯坦最主要的贸易和投资伙伴之一。据中国海关统计，2021年，我国与哈萨克斯坦双边贸易额为252.5亿美元，同比增长17.6%。其中，对哈萨克斯坦出口139.8亿美元，同比增长19.5%；自哈萨克斯坦进口112.7亿美元，同比增长15.3%。2021年，我国对哈萨克斯坦全行业直接投资8.59亿美元，同比增长48%；我国对哈萨克斯坦工程承包合同额34.5亿美元，完成营业额11.6亿美元。截至2021年底，我国对哈萨克斯坦工程承包累计合同额424.2亿美元，累计完成营业额约289.5亿美元。由我国企业承建的化工、建材、新能源等领域多个项目取得不错的进展。

1. 政策环境

哈萨克斯坦在经济、绿色化、能源等领域出台了一系列政策文件，如《哈萨克斯坦-2050：成功国家的新政策方针》提出，发展可替代能源和可再生能源，积极引进太阳能和风能技术，到2050年，可替代能源和可再生能源在全部能耗中所占的比重大于50%。为落实绿色经济战略和实现绿色经济目标，哈萨克斯坦政府关注包括可再生能源、住房和公共设施的能源利用效率，发展保温设备和设施等关键领域，为本国的经济发展和绿色化推进提供了政策支撑。

在建筑及建材等领域，近年来，哈萨克斯坦出台了一系列政策，如《建筑业发展路线图》提出，预计到2025年，新建住房1.03亿平方米。《关于住宅和设施的现代化改造的规划》提出，到2020年前，每年建设1000万平方米住宅。为了确保住房建设，2013年哈萨克斯坦成立7家建筑公司，其中4家已开始经营。2016年新开发住房19293幢，其中居住用建筑18323幢，非居住用建筑970幢。未来，随着哈萨克斯坦在建筑等领域政策的推动和交付面积的持续增加，将为本国建材市场提供新的发展机遇。哈萨克斯坦部分法律法规、政策和规划见表4-27。

表 4-27　哈萨克斯坦部分法律法规、政策和规划

政策分类	政策名称	重点内容
发展规划	关于住宅和设施的现代化改造的规划	2010年哈萨克斯坦颁布《关于住宅和设施的现代化改造的规划》，要求在未来几年内，以点到面地完成主要改造。每年涉及住户达35万套。2013年在"廉价住房""国家纲要"框架下，到2020年前，每年在此纲要框架下将建设1000万平方米住宅
	哈萨克斯坦-2050：成功国家的新政策方针	提出需要大力加强创新、高新科技、农业、基础设施、中小企业、社会领域和行政效率等七大领域的发展。战略要求哈萨克斯坦采用全新的自然资源管理体系，能源市场在保持碳氢化合物为主体的同时，发展可替代能源和可再生能源，积极引进太阳能和风能技术，到2050年可替代能源和可再生能源在全部能耗中所占的比重大于50%
	哈萨克斯坦向绿色经济转型构想	参照经合组织标准，力争使哈萨克斯坦经济社会发展达到经合组织成员的平均水平。具体是到2030年，可再生能源在电力生产中的比重达到30%，单位GDP能耗与2008年相比下降30%，硫化物和氮化物的排放量达到欧盟标准，固体废弃物填埋率达到100%，垃圾处理率达到95%，废弃物再利用率达到40%；促进各地区平衡发展，尤其是农牧业为主的经济区（合理利用水资源和土地）和边远地区（保障电力供应和使用可再生能源）
	2030年前哈萨克斯坦燃料能源综合体发展构想	在总结能源工业成果的基础上对煤炭、石油、天然气、核能和电力等五大领域的未来发展作出规划，以维护哈能源生产自给自足，保持其独立性。构想认为在当前能源发展主要依赖化石能源的情况下，哈萨克斯坦需要扩大能源勘探开发，提高能源利用效率，鼓励节能，发展新能源（包括可再生能源、核能、伴生气加工、交通用气改造、煤化工等），加强国际合作。2030年可再生能源的发电量在总发电量中的比重达到30%，2050年达到50%，单位GDP能耗（与2008年相比）2015年下降10%，2020年下降25%，2030年下降30%
	建筑业发展路线图	预计到2025年，将新建住房1.03亿平方米，为本国建材市场发展提供了新的机遇。为确定需求规模，政府对24个关键建材品类市场进行调研，其中10类建材（预制构件、混凝土、干混砂浆、涂料、瓷砖、灰砂砖、多孔混凝土砌块、加气混凝土砌块、钢筋混凝土砌块、玻璃）自给率已达100%
政策法规	税法典	在改善税收优惠和税款支付政策方面，一是取消拍卖手续费；二是取消通航水道使用费；三是取消无效的增值税优惠。在优化经济特区税收优惠方面，针对所有经济特区，更改"90/10"收入比率条件，将企业享受优惠业务同其他业务的收支分开核算，优惠期限从企业注册时起算；针对创新技术型经济特区，将治外法权制度时限延长至2028年，更改社会税优惠适用条件，将"劳动力成本不低于年收入总额的50%"替换为"劳动力总成本占支出总额的比率为70%"

续表

政策分类	政策名称	重点内容
政策法规	建筑行业法律法规改革构想草案	主要组成部分包括规定了建筑设施安全保障基本要求技术规范，建筑结构统一计算原则，调节规划进程的一揽子法规文件。该构想的基础是由老旧技术标准向先进参数标准转变；采用可替代方案，以促进规划和建设中利用新科技和创新方案。目标是建立进步的技术调节体系，保障哈萨克斯坦与世界经济体系进一步一体化。因此要在建筑领域广泛利用创新理念，消除技术壁垒，提高可靠性，向国际标准过渡，完善建筑立法、技术规范、标准、认证、国家监督领域政策。 构想规定了技术调节体系的改革主要方向。即在技术调节体系中向参数模式过渡；在规划建设施时，向国际统一计算原则过渡。文件规定建立建筑领域有效技术调节体系，该体系由三个部分组成：建筑领域法律基础（必须遵守的建筑法规和可选标准）；建筑法规执行监督体系；建筑法规和建筑标准要求是否与技术调节主体与客体相符合的评判标准
	投资法	规定对国内外投资者一视同仁，实行统一的特惠政策，不存在只针对外商直接投资的优惠政策

2. 需求分析

（1）基础设施建设对建筑材料的需求

近年来，哈萨克斯坦国内规划大型基础设施和工业项目，其中住宅建筑建设是快速发展的行业之一，工业的进一步发展以及建筑产品质量的更新成为政府经济发展和政治任务。2019 年哈萨克斯坦建筑业产值为 3.78 万亿坚戈，约合 98.76 亿美元，同比增长 12.9%。在《建筑业发展路线图》中为确定需求规模，政府对 24 个关键建材品类市场进行调研，其中 10 类建材（预制构件、混凝土、干混砂浆、涂料、瓷砖、灰砂砖、多孔混凝土砌块、加气混凝土砌块，钢筋混凝土砌块、玻璃）自给率已达 100%。

据哈萨克斯坦国民经济部发布的消息，2021 年 1—11 月哈萨克斯坦建筑行业继续保持较快增长，增速达到 6.2%。全国 15 个地区的建筑业保持增长态势，阿拉木图市、曼吉斯套州和阿克莫拉州等地的建筑业增速领先全国。1—11 月，累计新交付住房 1340 万平米，同比增长 10.6%。全国 15 个地区的新交付住房面积保持增长态势，奇姆肯特市、东哈州和科斯塔奈州的指标领先全国。

未来，随着哈萨克斯坦居民生活水平的不断提高以及对住房的需求越来越大，建筑市场日趋活跃，建筑装修材料的市场需求将被注入新的活力。

（2）建材产品需求情况

哈萨克斯坦对高质量的进口产品和材料的需求包括：壁纸壁布、铺地材料、吊顶材料、门窗、厨房和浴室设备、管道和电气设备、五金等。本国生产商能够保障混凝土、水泥、墙体材料等基本建材的国内市场需求，但部分建材产品市场自给率严重不足。如哈萨克斯坦境内共有 1 家大型企业、11 家中型企业和 276 家小企业从事墙砖生产，却仅能够满足62%的国内市场需求。

受国内市场需求激增的影响，墙砖产能和进口规模显著增长，为提升墙砖自给率，哈萨克斯坦计划于2022年底前新建14家砖厂，年产能达到4.4亿块。未来，哈萨克斯坦的水泥、玻璃、墙体材料、建筑陶瓷等建材产品将成为外资潜在的投资方向。

3. 产业现状

（1）产业规模

建材工业是支撑哈萨克斯坦经济稳定发展的重要生产部门，但总体基础薄弱，建材产品包括水泥、砖块、木门、窗户、钢门、软钢和屋面等，多以中低档产品为主，大部分建材产品不符合国际标准。2020年哈萨克斯坦建材生产总增加值为5356亿坚戈，比2019年增长9.7%，占制造业6%左右，为国内建筑商开发新项目、更新建筑技术、改进建筑风格提供了物质保障。

按地区划分，哈萨克斯坦建材产量最大的地区是奇姆肯特（342亿坚戈），其次是努尔苏丹市（305亿坚戈）和卡拉干达州（281亿坚戈）。2020年哈萨克斯坦共有建材生产企业1965家，从业人员2.9万人，大部分企业集中在中部、南部和西部。通过建材企业的生产现代化改造，哈萨克斯坦有效提高了工人劳动生产率。

水泥行业：2021年哈萨克斯坦水泥生产量1265万吨，同比增长15.4%。过去十年，全哈萨克斯坦的水泥产量年均增长率为5.5%，在2020—2021年，其增速分别为10.4%和15.4%。生产增长的主要动力是哈萨克斯坦建筑量的增加，全哈萨克斯坦2021年的水泥消费量增长了约25%；其次是邻国对哈萨克斯坦水泥的稳定需求，自2018年以来，哈萨克斯坦的水泥出口量稳定超过150万吨。根据哈萨克斯坦投资与发展部数据，哈萨克斯坦水泥行业的生产能力约为1700万吨，因其正在建设新的水泥厂，未来1—2年产能可能会增加至1900万吨。

其他行业：哈萨克斯坦国产混凝土和其他混凝土类基础建材已基本实现自给自足，塑料管材、砖可满足75%的内需。2021年钢筋年产能为190万吨，每年国内市场实际需求为120万吨。建材领域产量增幅最大的是硅酸盐和灰砂砖、装饰和建筑用加工石材以及建筑用混凝土产品；产量降幅最大的产品包括耐火制品、墙体材料和石灰。

（2）进出口贸易

2021年，哈萨克斯坦主要建筑材料产品进出口贸易额分别为：水泥熟料出口额8537万美元，同比下降14%，进口额5862万美元，同比持平；浮法玻璃出口额2万美元，同比增长121%，进口额9705万美元，同比增长115%；石膏出口额456万美元，同比下降29%，进口额1633万美元，同比增长20%。

哈萨克斯坦的建筑材料多为进口产品，主要来自俄罗斯、中国、乌克兰、德国、土耳其、乌兹别克斯坦、意大利等90多个国家。其中，我国是哈萨克斯坦的主要进口来源国，产品主要有绝热材料、声学材料、建筑用塑材、塑钢管材和石膏材料等，在哈萨克斯坦国内所使用的建筑材料中，有57%是由我国生产的。

四、南亚地区

（一）巴基斯坦

巴基斯坦地处南亚，南濒阿拉伯海，东、北、西三面分别与印度、中国、阿富汗和伊朗接壤，是联系南亚、中亚、西亚（中东）的交通枢纽和贸易、能源走廊，国内市场可辐射到中东、中亚、南亚等地区，贸易空间十分广阔。巴基斯坦是我国"全天候战略合作伙伴"之一，也是"一带一路"重要的支点国家，中巴经济走廊更是"一带一路"倡议的先行先试和标杆项目。

巴基斯坦总人口约2.08亿，属于农业大国，工业不发达，经济发展水平较为落后；2019年以来，巴基斯坦经济在经历五年持续快速增长后急剧回落，经济形势堪忧。2020年巴基斯坦国内生产总值（GDP）2637亿美元，经济增长0.5%，人均国内生产总值（GDP）为1194美元，创下自2011年以来的最低经济增速。巴基斯坦政府财报显示，2021财年（2020年7月至2021年6月）国内生产总值（GDP）增长率为3.9%，其增长率的改善主要得益于巴基斯坦强劲的工业增长和稳定的侨汇流入。

目前，我国和巴基斯坦两国各领域合作不断深化，走廊建设进入高质量发展新阶段，双边经贸合作硕果累累。我国已连续6年成为巴基斯坦最大贸易伙伴，是巴基斯坦第一大进口来源国和第二大出口目的国，连续7年稳居巴基斯坦外国直接投资最大来源国，巴基斯坦还是我国重要海外工程承包市场之一。

1. 政策环境

近年来，巴基斯坦在经济发展和能源等领域出台了一系列政策，如在《2030年展望》中提出，到2030年国内生产总值（GDP）达到7000亿美元，人均国内生产总值（GDP）达到3000美元（以2005年不变价计算）。《巴基斯坦经济发展框架》提出，巴基斯坦对未来5—10年经济发展的思路总结与战略规划，目的是加速和保持经济发展，力争2030年经济发展速度提高到7%。

建材及其上下游产业政策领域，为促进和维持新冠疫情影响下的商业经济活动，巴基斯坦政府将出台针对建筑行业的大规模救助方案，支持与建筑业相关的其他行业发展，并给予必要的激励措施，未来巴基斯坦经济发展和基础设施建设等政策的持续推进，将为建材产业带来更多的发展机遇。巴基斯坦部分法律法规、政策和规划见表4-28。

表4-28 巴基斯坦部分法律法规、政策和规划

政策分类	政策名称	重点内容
发展规划	可再生能源和替代能源政策（2020）	根据清洁发电目标，到2025年巴基斯坦可再生能源的发电占比将从目前的6%提升至25%，到2030年将进一步提升至30%。未来清洁能源优势将进一步凸显。根据世界银行与巴基斯坦国家输配电公司以及巴基斯坦政府机构合著的《多样化可再生能源整合和规划研究》报告，在巴基斯坦，化石燃料发电已不再具备竞争优势，到2030年，预计巴基斯坦的煤电占比将从目前的29%降至13%，而可再生能源发电则成倍增长
	2030年展望	目标是到2030年GDP达到7000亿美元，人均GDP达到3000美元（以2005年不变价计算）

续表

政策分类	政策名称	重点内容
发展规划	2030年远景规划	主要目标是：（1）采取PPP、BOT等方式，加快以印度河为主的河流大中型水电站建设，力争2030年将水电发电能力由目前的646万千瓦提高到3266万千瓦；（2）开发预计储量达1800亿吨的塔尔煤田，大力发展火电站建设，争取在2030年达到2000万千瓦装机量；（3）加大油气资源勘探开发力度，预计可开发储量由现在的8.4亿桶和515亿立方英尺分别提高到270亿桶和2820亿立方英尺；（4）2030年核电装机目标880万千瓦，可再生能源装机容量970万千瓦；（5）通过私有化等措施提高水电和电网管理部门工作效率，升级更新输电网络。确立了"使铁路成为国家主要运输形式、运输系统逐渐盈利、有力促进国家经济发展"的目标，拟通过购置新机车，升级现有轨道和信号系统，新建部分货运专线路段，增加复线里程，修建连接瓜达尔地区的铁路，修建和改进连接邻国的铁路
	愿景2025	提出大力推进基础设施建设，城市将从水平扩张转为垂直扩张，在提高城市化率的同时提高每平方千米人口容量，鼓励开发商业和住宅用高层建筑；鼓励私人企业进入建筑业；成立专门的住房部门，建立全国住房信息系统，多方面、多层次保障巴基斯坦人民的住房需求
	巴基斯坦经济发展框架	发展框架提出的主要措施有：经济发展速度由每年约3%逐步提高到7%，提高生产率，提高政府效率，深化改革，保持政策公开性，提高市场活力和城市创造力，加强市场连通性，加强青年教育和社区建设等
政策法规	中巴自贸协定	中方对巴方重点关注的棉纱、皮革、服装、水产品、坚果等出口优势产品实施关税减免；巴方则对中方重点关注的机电、家具、纺织、磷肥、玻璃制品、汽车及摩托车零部件等出口优势产品实施关税减免

2. 需求分析

（1）经济发展和基础设施建设对建筑材料的需求

2013年以来，在"中巴经济走廊"大型基础设施项目的带动下，巴基斯坦交通基础设施等基建情况有所改善，但基础设施建设总体相对滞后，是制约巴基斯坦国内经济发展的主要因素之一。根据2018年世界银行物流绩效指数，在参与排名的全球160个国家和地区中，巴基斯坦基础设施排名第122位，位居南亚国家倒数第二位。巴基斯坦用于基础设施建设的公共领域发展项目资金严重不足，对外国援助和贷款的依赖度提高，部分规划基建项目开工和建设进度滞后。政府根据"Housing For All"项目指定若干政策指导方针，政府已把住房和建设作为经济增长的主要驱动力之一，并已采取一系列措施帮助推动国家恢复建设活动的行业。此外，还有大量正在进行的基础设施建设项目，包括立交桥、地下通道、高速公路、隧道、道路、水电站等施工建设项目。

在巴基斯坦，政府认为通过发展建筑业可以牵动其他众多行业发展，提供大量工作岗位，改善人民生活条件，并刺激经济增长。因此，巴基斯坦政府高度重视建筑业发展，并为其制定了一系列相关政策及措施。2019年，巴基斯坦政府召开了促进建筑业发展高级别会议，为住房项目拨款300亿卢比；2020年，巴基斯坦政府针对建筑业出台了大规模救助方案和激励措施，并制定了疫情期间建筑行业操作标准（SOP）。2019—2020财年，巴基斯坦建筑和房地产业贡献了19.8亿美元的国内生产总值，占国内生产总值（GDP）比重不足1%，但解决了巴基斯坦30%~35%的就业。经济学家预测，未来巴基斯坦建筑和房地产业占国内生产总值（GDP）的比重有望提高到10%~12%。

此外，巴基斯坦国内市场潜力较大，总人口2.08亿，其中20岁以下人口占总人口的55%，人口结构年轻，劳动力充足，劳动人口规模约6550万人。随着城镇化的不断推进，1.29亿城市消费者构成了消费主力，人口快速增长带来城镇化需求的进一步提升。据世界银行估算，巴基斯坦每年约提供70万套住房，而住房需求为750万套左右，住房缺口进一步增大。由此可见，未来巴基斯坦的基础设施建设和城镇化的持续推进将为建材产业带来较大的市场空间。

在巴基斯坦，建筑市场开发空间巨大，对外开放程度较高，私营企业众多。近年来，在中国"一带一路"政策倡议影响下，巴基斯坦经济快速发展，国民收入逐渐增长，进而促使了巴基斯坦人民对住房需求越来越大，也越来越迫切。此外，随着巴基斯坦基础设施建设日益加速，国内建筑企业逐渐难以承担建设任务，为了满足国内建筑市场需求，巴基斯坦政府不仅将大部分国营综合性建筑公司进行股份改造，吸引私营企业和政府合作，还鼓励外国公司参与国内工程和住房建设，允许外国建筑企业在国内设立分支机构，可合资或独资承包各类建筑项目。

（2）建材产品需求情况

巴基斯坦水泥行业具有较强的竞争力，水泥生产可完全满足本国需求，且等级较齐全，近年来还大量出口。根据数字水泥网统计，2017—2018年巴基斯坦国内水泥消费4114.7万吨，同比增长15.4%。

3. 产业现状

（1）产业规模

水泥行业：巴基斯坦拥有较大型水泥企业31家，重点企业有Bestway Cement、Lucky Cement、Fauji Cemen等。据全巴水泥生厂商协会统计，2018—2019财年，巴基斯坦水泥年产能为3992万吨。

（2）进出口贸易

根据全巴水泥生厂商协会统计，2018—2019财年，巴基斯坦水泥出口2.21亿美元，同比增长32.81%。

（3）矿产资源

巴基斯坦矿产资源相对丰富，目前已探明储量的矿产为25种以上，主要包括石油、天然气、煤、铬铁矿、铜、铁矿石、金、铅、锌、铝土矿、宝石、石膏、磷矿石、重晶石、高岭土和盐等。

（4）工业园区

2012年巴基斯坦政府通过了《特别经济区法》，规定政府、私人部门、公私合营体均可建立特别经济区。巴基斯坦共设立17个特别经济区，包括5个工业园区，其中博斯坦特别经济区由俾路支省食品工业部门承建，主要包括宝石、陶瓷、农业机械等产业；HUB特别经济区由拉斯贝拉工业园区开发管理局承建，主要包括水泥、陶瓷等产业。2020年中国路桥工程有限责任公司同巴基斯坦开普省园区开发管理公司签署了《拉沙卡伊特别经济区项目开发协议》，成为中巴经济走廊项目下签署的首个特别经济区开发协议。拉沙卡伊特别经济区项目总规划面积约为4.07平方千米，将分三期开发建设。根据巴基斯坦资源优势及市场需求，园区计划引入家居建材、机械设备、家用电器、食品加工、纺织皮革、仓储物流等产业及其他配套服务产业。

巴基斯坦现有21个出口加工区，已建成7个，其中古杰兰瓦拉出口加工区由出口加工区管理局和旁遮普小工业公司开发，主要产业包括卫生配件、陶瓷和轻工工程、餐具等。巴基斯坦部分工业园区及出口加工区见表4-29。

表4-29　巴基斯坦部分工业园区及出口加工区

园区名称	开发者	主要产业
博斯坦特别经济区	俾路支省食品工业部门	宝石、陶瓷、农业机械等
HUB特别经济区	拉斯贝拉工业园区开发管理局	水泥、陶瓷、纺织、医药等
海尔—鲁巴经济区	中国海尔集团与巴基斯坦鲁巴集团（Ruba）	家电、纺织、建材、汽车、农业机械等
瓜达尔自由贸易区	中国海外港口控股公司	石材加工、日用品及小家电制造、渔产品加工、运输机械设备制造、金属加工等产业
古杰兰瓦拉出口加工区	出口加工区管理局和旁遮普小工业公司	卫生配件、陶瓷和轻工工程、餐具等

我国企业在巴基斯坦建设的经贸合作区主要有海尔—鲁巴经济区和瓜达尔自贸区。其中，海尔—鲁巴经济区是我国商务部批准设立的首批"中国境外经济贸易合作区"之一，由中国海尔集团与巴基斯坦鲁巴集团于2006年11月共同组建，位于巴基斯坦旁遮普省省会拉合尔。海尔—鲁巴经济区占地面积33万平方米，计划投资1.29亿美元，中方占股55%。经济区由10栋建筑组成，包括厂房、宿舍和仓库，主要产业包括建材、家电、纺织、汽车、农业机械等。受益于海尔在巴基斯坦的生产、销售和物流网络以及中巴在各领域的紧密合作，经济区已成为我国企业进入巴基斯坦和东南亚市场的重要平台。瓜达尔自由贸易区紧邻瓜达尔港，由中国海外港口控股公司建设，占地9.23平方千米，包括南北两个片区，其中南片区为商贸物流发展区，以商品展销、中转、贸易为主导功能；北片区为加工制造区，主要发展石材加工、日用品及小家电制造、渔产品加工、运输机械设备制造、金属加工等产业。

（二）孟加拉国

孟加拉国是"一带一路"倡议的重要沿线国家，是南亚乃至全球最具经济发展活力的国家之一，国土面积约 14.76 万平方千米，人口 1.64 亿。GDP 年增长率已连续多年保持在 6% 以上，2019 年孟加拉国内生产总值（GDP）为 3242 亿美元，同比增长 8.2%。受新冠肺炎疫情等因素影响，孟加拉国 2020 年国内生产总值（GDP）为 27.96 万亿塔卡，增长 5.24%，人均国内生产总值（GDP）约合 2010 美元。孟加拉国工业发展落后，以劳动密集型的轻工业为主。建材、钢铁、有色金属等行业主要依赖进口。

近年来，随着中孟关系的进一步深化以及在"一带一路"倡议和"孟中印缅经济走廊"建设的背景下，孟加拉国持续加大对基础设施建设的投入力度，越来越多的中资企业陆续进驻该市场，中孟合作不断深入，一大批合作项目陆续开展。孟加拉国是我国重要的承包工程市场；我国连续多年保持孟加拉国第一大贸易伙伴地位；2020 年我国对孟加拉国投资增量排名第一。2021 年，中孟贸易额 251.5 亿美元，同比增长 58.4%；我国企业对孟非金融类直接投资 12.6 亿美元，同比增长 293.2%；我国企业在孟新签工程承包合同额 42 亿美元，同比下降 68.1%；完成营业额 59.8 亿美元，同比增长 8.6%。

1. 政策环境

近年来，孟加拉国在经济发展、能源、基础设施建设、产能合作和"一带一路"等领域出台了多项政策，旨在促进本国经济发展，改善基础设施条件，加强与相关国家的对外贸易往来。如孟加拉国政府计划在机场建设、内河运输方面增加投入，拟对主要机场进行升级改造，以增加旅客和货物的吞吐能力。大型河流的疏浚清淤一直是孟加拉国政府关注的重点项目，按照孟加拉国 2010 年工业政策法令规定，外国投资者参与孟加拉国基础设施建设须先行获得许可。目前，中资企业在孟加拉国参与的基础设施投资项目主要有电站和公路类项目，主要通过 PPP 模式，如电站项目签有政府购电协议，公路项目签有收费补偿协议等，具有显著的 PPP 合作模式特点。个别电站项目为外商私营投资，未与政府或孟加拉国国企合作，但也签有政府购电协议，作为项目运营收益保障。

建材及其上下游产业政策领域，能源、公路、铁路、电力等基础设施建设也是未来孟加拉国建设的重点，未来经济发展和基础设施建设等政策的持续推进将为孟加拉国建材产业带来更多的发展空间。孟加拉国部分法律法规、政策和规划见表 4-30。

表 4-30 孟加拉国部分法律法规、政策和规划

政策分类	政策名称	重点内容
发展规划	基础设施发展规划	孟加拉国为保持年均不低于 6% 的经济增长速度，并且实现 2021 年全国民众都能获得电力供应的目标，正在努力增加电力供应和扩大电力输送网络。孟加拉国政府积极出台政策，通过 PPP、RPP、IPP 等方式推动电力行业发展，以实现到 2021 年装机总容量达 24000 兆瓦以及到 2030 年装机总容量达 40000 兆瓦的目标

续表

政策分类	政策名称	重点内容
发展规划	2017—2041年电力能源系统总体规划	该规划分为短期（至2021年）、中期（至2031年）和长期（至2041年）规划，旨在优先发展可再生能源，以替代燃煤发电。同时，在核能利用方面，孟加拉国总理哈西娜提出在孟加拉国南部建设第2座核电站，目前，项目负责单位孟加拉国原子能委员会已经选定8个备用选址开展论证
	2010—2030铁路发展规划	提出孟加拉国全境将逐步统一使用宽轨建设标准，并在首都达卡兴建城市轨道交通，以缓解中心城市交通拥堵现状。2018年，孟加拉国政府已开始建设多哈扎里—考克斯巴（129.58km）、卡鲁哈利—通济帕拉（132km）等多条铁路线。2018年2月，孟加拉国铁路局完成全国客货运铁路总体规划，将分五个阶段实施，预计到2045年末全国铁路系统总投资将达到5.1万亿塔卡
政策法规	关于加强投资和产能合作的谅解备忘录	产能合作谅解备忘录主要包括鼓励两国产能合作的领域、合作模式、优先推进项目清单等
	外资鼓励政策	主要包括：（1）在投资准入方面，赴孟加拉国投资只须到孟加拉国投资发展局办理登记注册即可，无须事先批准。对于在孟加拉国出口加工区内进行的投资，受"孟加拉国出口加工区管理局"管辖；对于在孟加拉国经济区内进行的投资，受"孟加拉国经济区管理局"管辖；对于在电力、矿产资源和电信领域的投资，则须获得孟加拉国政府有关主管部门的同意；（2）对出口加工区、经济区及特定行业的外国投资者实施税收减免；（3）对外国投资主体实施国民待遇；（4）保证外国投资不被无偿国有化和征收；（5）保证投资本金、利润和红利可汇回本国
	中华人民共和国政府与孟加拉人民共和国政府关于开展"一带一路"倡议下合作的谅解备忘录	该备忘录签署不仅将推动中孟在"一带一路"框架下的互利合作，也将对孟中印缅经济走廊建设发挥积极促进作用。双方同意加强两国发展战略对接，充分挖掘各领域合作潜力，共同推进"一带一路"建设，加强在亚洲基础设施投资银行框架内合作，扩大双边贸易规模，以基础设施建设、产能合作、能源电力、交通运输、信息通信、农业等领域为重点，打造中孟大项目合作新布局，深化海洋、水利、科技等新领域合作

2.需求分析

（1）经济发展和基础设施建设对建筑材料的需求

孟加拉国经济发展水平较低，交通、电力、水利和电信等基础设施落后。公路较为狭窄，且除新修公路外，大部分公路面临年久失修、路面破损、路况欠佳等情况；铁路仅承担4%的交通运输量。因此，政府十分重视公路、铁路、河道运输等基础设施建设。根据《2011—2030年铁路发展规划》，孟加拉国将新修建4500千米铁路，计划对既有铁路进行技术改造，并建设连接国内各大城市的铁路网。孟加拉国全境将逐步统一使用宽轨建设标准，并在首都达卡兴建城市轨道交通，以缓解中心城市交通拥堵现状。2018年孟加拉国政府已开始建设多条铁路线，并完成全国客货运铁路总体规划，预计到2045年末，全国铁路系统总投资将达到5.1万亿塔卡。政府还选出一批重要的公路、铁路、港口和城市轨道交通项目进行实施，以期提高经济运作效率，改善国家骨干线路交通拥堵、滞后的状况，如亚洲高速路及泛亚铁路网与孟加拉国的连接、达卡与周边城市的列车运行服务、达卡到吉大港的高速公路、达卡轨道交通和环线高速公路建设、吉大港和蒙哥拉港的现代化升级改造、帕亚拉港的新建等。同时，河道运输也是孟加拉国交通运输领域的重要环节，为保证河道运输通畅，孟加拉国政府高度重视水上航行船只安全、内河港口开发、内河水域的清淤和疏通，以及内河水域保障集装箱货物运输的系列基础设施建设。

孟加拉国具有明显的后天发展优势，其人口、劳动力成本、政策有力地支撑了劳动密集型产业的蓬勃发展，有效带动了国内对基础设施等领域的较大需求。加之政府大力推进城市化进程，积极改善国内投资环境，将大力发展基础设施作为振兴经济的重要手段，各类基础设施建设方兴未艾，将为建材产品带来一定的市场发展空间。

（2）建材产品需求情况

2021年以来，孟加拉国建筑业逐渐复工复产，钢筋、水泥、砖、砂等材料价格稳定，对建筑材料的市场需求将会进一步扩大。针对孟加拉国建材市场需求大、生产能力落后、且以低端建材为主的市场现状，鼓励建材企业以BOO（建设—拥有—经营）、BOT（建设—经营—转让）、PPP（公共私营合作）等形式建设水泥、玻璃、建筑陶瓷、新型建材等生产厂，以增加孟加拉国当地高端建材的供应。

3. 产业现状

（1）产业规模

水泥行业：由于石灰石资源匮乏，孟加拉国虽然有国内外水泥企业37家，但仅有一家生产水泥熟料，其余为水泥粉磨站，每年需大量进口水泥熟料。水泥粉磨总能力5800万吨，但水泥需求仅为3300万吨，人均消费量仅为170千克，仍处于较低水平。常见的水泥品牌有Bashun Dara、Fresh、Shah、Scan、Akiji和Premier。

玻璃行业：孟加拉国玻璃产业有待发展，国内仅有一家浮法玻璃企业。中国与孟加拉国自2002年开展合作以来，相继完成一些浮法玻璃总承包工程。

陶瓷行业：孟加拉国建筑陶瓷不但实现自给，而且成为出口创汇行业。国内约有建筑卫生陶瓷生产企业20家，近50条生产线，日产能超过150万平方米，另有7～8家新厂已建好待投产或在筹建中。

砖瓦行业：砖瓦是孟加拉国用量最大的建筑材料，不但是墙体材料，还作为混凝土骨料被大量使用。孟加拉国约有7000家合法砖厂，从业人员100多万人，年产量约172亿块，行业总产值约677亿塔克，约折合8.3亿美元。孟加拉国砖瓦行业整体水平相当于我国20世纪90年代中期水平，不但生产技术水平低、产能不足，还存在能耗高、大气污染物排放严重等问题，是首都达卡和吉大港等大城市空气污染的首要污染源。孟加拉国正在逐步废除黏土砖，政府发布公告强制要求到2025年将逐步淘汰砖的使用，采用成本效益高、生态环保的砌块，建造建筑墙、人字形黏结道路和B型乡村道路。

（2）产品价格

2020年上半年，孟加拉国相关建材价格见表4-31。

表4-31 孟加拉国相关建材价格

序号	材料名称	规格	单位	单价（元人民币）
1	砂子	—	立方米	119
2	碎石	—	立方米	352
3	混凝土	C20	立方米	765
4	混凝土	C25	立方米	790
5	混凝土	C30	立方米	840
6	混凝土	C40	立方米	870
7	水泥（袋）	42.5N	吨	640
8	水泥（袋）	52.5N	吨	680
9	水泥（散）	42.5N	吨	568
10	水泥（散）	52.5N	吨	588
11	实心砖	1级砖	每1000块	800
12	碎砖	40mm	立方米	183
13	碎砖	25mm	立方米	226

数据来源：中国驻孟加拉国大使馆经商处向当地中资企业采集，因项目所在地、建材品质、货源供应地、施工季节等因素不同，价格会存在较大差异。

（3）资源情况

孟加拉国的建筑资源较为匮乏，生产混凝土所需要的骨料碎石子主要从印度、阿联酋或中国进口，需从达卡以北地区长途运输到南部地区，每立方米运费在200元人民币以上。当地虽然江河较多，具备产砂能力，但产出的大部分是细砂或粉砂，中砂和粗砂的产量较少，且价格较高。

第五章

国际合作展望：新形势下未来建材行业国际合作

新形势下中国建材行业要从保障建材行业产业链、供应链安全和先进性的战略高度，保障建材行业高质量发展，积极推进国际合作，以国际合作带动国内建材工业"增品种、提品质、创品牌"。建材企业要从行业属性和长远发展入手，以"宜业尚品、造福人类"为目标，不断适应国际形势的新变化，熟悉了解、掌握并遵循国际规则，统筹利用好国内外生产要素，重塑全球产业链和供应链，重视将先进的产能和研发能力与全球共享，加强品牌建设，注重标准体系建设，深耕当地市场，开展属地化经营，要推动形成国际建材行业产业链、供应链、价值链的共建互融，共享经济发展成果，在科技、标准、认证、品牌、智能化等领域开展国际交流与合作，"打造全球建材朋友圈"，着力构建满足大循环、双循环的新发展格局。争取到2035年，我国的建材工业的产品供给能力和水平、服务质量大幅提升，全面达到世界先进国家水平，为国际深度合作提供有力支撑。

本章在分析建材行业国际合作所面临的形势基础上，多角度、多维度地对建材行业国际合作未来走势做出研判，并有针对性地对未来国际合作发展提出建议。

第一节 全球产业链供应链重塑，助推建材国际合作新发展

20世纪90年代以来，随着各国企业在世界各地扩张以追求利润增长，全球产业链、供应链的长度、复杂度和关联度都有所增加；时至今日，世界正处于百年未有之大变局，新一轮科技革命和产业变革方兴未艾，国际力量对比深刻调整，贸易保护主义、单边主义、逆全球化愈演愈烈，世界经济不稳定、不确定性因素明显增加，导致全球经济体之间的合作与竞争已逐渐升级，并演化为全球产业链、供应链之间的协同与竞争。当前，全球产业链、供应链在全球金融危机、中美战略博弈、气候环境变化和新冠肺炎疫情等内外部因素的多重影响下，正从过去三十年的高速发展步入了全新的重塑与优化阶段，

并呈现出逆"产品内分工"化、区域集聚化、数字化等短期与长期交错的新特征。

在全球产业链、供应链重塑的过程中，如何从保障产业链、供应链安全和先进性的战略高度，主动作为、抓住机遇、化危为机，继续坚持以国际合作发展推动行业形成"大循环、双循环"格局，促进产业发展模式从规模速度型向质量效益型转变，构建大宗建材从商品贸易、装备出口，到投资、融资、工程技术服务、运营管理等全方位产业链的国际合作新格局，已经成为全球经济发展新形势下我国建材行业需要认真思考的问题。

一、全球产业链、供应链重塑发展新趋势

（一）短期内纵向逆"产品内分工"化、横向区域集聚化趋势明显

多年来，在全球化浪潮和市场各方力量的共同作用下，建材行业形成了错综复杂的全球产业链、供应链。美国、中国、欧洲等主要经济体已经在全球产业链、供应链上逐步进行深度融合，资源配置全球化特征显著，以产品生产过程中的工序、区段、环节为对象的"产品内分工"体系逐渐建立，全球产业结构的调整与转移日益体现为国际产品内工序环节的调整与转移。

新冠肺炎疫情的爆发及其在全球的蔓延，对全球产业链、供应链的稳定与安全造成了直接冲击，供应端供给被打断、产能利用率下降，需求端需求萎缩、全球贸易量锐减，因全球不同国家的疫情防控形势处于不同阶段从而缺乏产业链、供应链协同复工复产基础。疫情的持续蔓延，加之气候环境和全球经济变化的影响，促使全球各国，尤其是欧美发达国家和新兴经济体国家，开始在战略层面对产业链、供应链的安全因素给予高度关注，各国纷纷制定新的产业发展规划或对原有规划进行适度调整，同时加强对外投资审查和对本国产业发展的保护，吸引海外制造业回归或重新布局，涉及恢复国内生产、选择近岸生产与转移至不同多样化离岸地点的混合策略，目前已有部分在中国的外资企业重新评估供应链安全，提出生产地点多样化、降低对中国供应链的依赖性等建议。这些因素在短期内会促使全球产业链、供应链朝着内向化、分散化、多元化趋势发展。

1. 纵向分工上趋于内向缩短，呈现逆"产品内分工"化发展态势

原先全球化配置资源，以工序、区段、环节为对象的纵向"产品内分工"的产品生产各环节全球分包体系，目前或将适度回缩，某些环节可能要转向国内及局部区域内进行生产与采购、或缩回到跨国企业内部进行，这种逆"产品内分工"的纵向一体化趋势可能并不符合比较优势和规模经济原则，但却符合短期内缩短供应链、实现产业链自主安全可控的要求。

2. 横向分工上趋于空间集聚，呈现区域集聚化发展态势

原先被拆散到不同国家、不同企业的生产工序、区段和环节，在产业链、供应链转向和回缩过程中，有布局到一个国家或邻近国家进行集中和集聚化生产的趋势，这将有助于推动在一个特定的区域内形成产业空间集聚化趋势；加之区域全面经济伙伴关系（RCEP）等国与国之间战略层面的区域经济合作协议的签订，将进一步促进区域产业链、供应链和价值链共融发展。

面对全球经济发展不确定性、气候变化等诸多外部因素，短期内各国以最有效方式

确保产业链、供应链自主安全可控的意愿更为强烈，全球产业的分工与竞争态势，将会从过去的"产品内分工"为主转向区域集群分工为主，全球化竞争也将由过去跨国公司之间、跨国公司总部与分散在世界各地区的无数供应商之间的竞争格局逐步转化为区域产业集群与区域产业集群之间的竞争，这将使全球产业分工水平达到一个新的均衡，竞争者对最终市场的争夺也将更加激烈，并促进竞争程度和水平的进一步提升。

（二）长期看将回归经济全球化发展主线，互利共赢的全球产业链、价值链逐步重构与优化

从长远来看，新冠肺炎疫情对全球产业链、供应链的影响具有阶段性特征，新冠肺炎疫情这种外部影响因素并未改变各国的经济成本结构和技术创新能力，未从根本上改变全球产业链、供应链格局，短期内的区域集聚化发展态势使得全球产业分工水平在后疫情时代达到相对均衡后，随着全球产业链、供应链的不断优化以及全球疫情的消减，各国企业在链条上的地位也将不断发生变化；相当多的国家基础设施不完善、区域及次区域发展面临瓶颈制约、各国之间的利益纽带错综复杂和不断密切、传统增长引擎对全球经济的拉动作用减弱等现实问题会重新浮现。经济全球化背景下，完善双边和多边合作机制将重新得到各国重视，加之以中国为代表的新兴经济体国家在面临气候变化、疫情防控等全球性问题时依然保持战略定力、持续推进"一带一路"倡议纵深发展所带来的积极影响，最终全球产业链、供应链重塑将打破区域集聚，回归全球化配置资源、产品内分工主线，也不再是构筑排他性的贸易保护圈子，而是建立真正互利共赢的全球产业链、价值链体系，实现全球经济共同发展。

（三）数字化将在全球产业链、价值链重塑与优化过程中发挥越来越重要的作用

新冠肺炎疫情的全球大流行给世界经济带来严重冲击，消费萎缩、企业停滞、贸易中断、金融受阻等一系列连锁反应加重了全球产业链、供应链短期内区域集聚化、纵向一体化的倾向，全球产业链、供应链重塑与优化已成为必然趋势。当前全球产业链、供应链的重塑，不仅是基于实体经济的流程与模式重构，更是基于数字经济的分配方式与价值体系重构；数字经济可以有效推动产品研发设计柔性化、产品生产制造智能化、产品营销推广精准化、加速产品和服务迭代，更加深刻地改变全球产业链、供应链格局以及物流与供应链发展方式，未来将成为重组全球要素资源、重塑全球经济结构、改变全球竞争格局的关键力量。

二、全球产业链、供应链重塑下的我国建材国际合作新发展

总体而言，我国建材行业在全球产业链、供应链布局处于初期发展阶段。虽然水泥、平板玻璃、建筑卫生陶瓷、砖瓦及墙体材料、玻纤及复合材料等行业具备一定的国际竞争能力，但总体来看，建材行业尚未在全球范围内形成全产业链布局的形态。

面临全球产业链、供应链重塑与优化，短期内呈现逆"产品内分工"化、区域集聚化态势的新变局，中国建材行业应抓住全球产业链、供应链调整的战略窗口期，加强统筹规划和顶层设计，站在保障行业产业链、供应链安全和先进性的战略高度，对内全力做好产业基础再造和产业链稳定性、安全性、竞争力提升等工作，对外分行业扎实推进建材国际合作，有序推动建材贸易、装备、投资、服务全方位"走出去"，着力构建"双循环"相互促进的建材产业新发展格局。

（一）勤练内功，推动产业基础再造和产业链竞争力提升，为建材全产业链"走出去"构建新变局下的安全保障

新冠肺炎疫情对全球产业链、供应链"两头断链"的冲击，迫使各国将产业链、供应链的安全性放在战略高度去考虑，从而使得各国更为关注本国产业基础再造、以持续技术创新带动产业链竞争力提升，我国建材行业也应在此次全球经济发展战略调整期，勤练内功，为已经到来的全球产业链重塑与优化积蓄新动能、构建新保障。

1. 改造提升基础建材，强化培育优势产业链、供应链

水泥、平板玻璃等在全球产业链、供应链中已经具备一定比较优势的基础建材，要向数字化、智能化、绿色化转型，用先进的AI制造技术，持续升级其制造水平、管理水平和质量水平，进一步强化其在国际合作中的优势地位。

2. 以技术创新培育壮大新材料产业，提升建材全球产业链、价值链层级

发展新材料产业已经上升到国家战略高度。对于玻璃纤维、碳纤维及复合材料、工业陶瓷、人工晶体、功能性矿物材料等在全球产业链、供应链中已经具备一定竞争力的新材料，要对原有产品不断创新迭代，攻克产业链中的短板和"卡脖子"材料技术，持续研发创新，培育新的经济增长点，开拓更多的新材料产业，推动建材行业向全球产业链、价值链高端迈进。

3. 要结合新基建机遇，开发新技术、新产品、新业态、新模式，为产业链、供应链重塑与优化储备新动能

未来的竞争是创新水平的竞争，创新不仅仅指技术创新，还包括管理创新、商业模式创新以及制度创新，我国建材行业要紧抓国内新基建和国外"一带一路"基础设施建设机遇，开展新技术、新产品、新业态、新模式的全产业链创新。

（二）主动作为，分行业扎实推进国际合作，着力构建"双循环"相互促进的建材产业新发展格局

短期内，全球产业链、供应链的区域集聚化、纵向一体化的特征虽然显著，但长期来看，经济全球化、构建互利共赢的全球产业链、价值链的总体趋势是不可逆的，我国建材行业要从行业属性和长远发展入手，不断适应国际形势的新变化，掌握和遵循国际新规则，统筹利用好国内外生产要素，在此基础上主动作为，充分发挥建材产业在体系完善以及研发、设计、制造、创新等方面的比较优势，分行业扎实推进国际合作，着力构建与"双循环"相互促进的建材产业新发展格局。

1. 水泥行业

在水泥技术装备与工程服务领域，充分发挥中国水泥技术装备国际先进水平、适应性强以及在水泥工程设计、施工、安装、装备制造等领域综合性价比高等优势，继续面向东南亚、南亚、中亚、中东欧、非洲等地区开展EP、EPC等形式的水泥工程总承包服务；纵向延伸总承包服务链条，全面探索EPC+M（管理）、EPC+OM（运营管理）、EPC+F（融资）+OM（运营管理）等服务模式；横向拓展总承包服务链条，由水泥专业工程服务商向综合服务商转型。同时重点加大对水泥窑协同处置城市污泥、生活垃圾及其他有害废弃物技术、装备的推广力度，推动水泥窑协同处置城市生活垃圾、固废和危废生产线项目，以及水泥窑余热发电装置生产线项目走出国门，推进先进、适用的节能降碳技术在国外项目的应用，将行业在水泥绿色发展、节能环保领域所积累的生产技术、装备制

造经验推广至国外。

在水泥国际产能合作领域，面临东南亚、南亚、中亚、中东欧等部分地区水泥产能已经或即将过剩的新态势，我国要谨慎开展新增产能合作项目，优化区域产能布局；在已有产能布局区域，综合考量当地及周边区域市场供需、资源禀赋，延伸水泥产业链，以产业园区建设等方式集中布局混凝土、硅酸钙板、预制管涵、预制桩、预制电杆及预应力钢筒混凝土管（PCCP）等下游产业；考虑提高特种水泥在国外的市场占有率，如在油气丰富的国家布局发展油井水泥，在需要建设海港工程、水利工程的国家布局发展低热、中热、低钙水泥等。

2. 平板玻璃行业

在玻璃技术装备与工程服务领域，充分发挥国内浮法玻璃生产工艺、生产经验、产品质量、技术装备都较为先进与成熟的优势，继续鼓励优质浮法玻璃工艺成套技术与装备出口，鼓励以工程总承包方式带动项目"走出去"。

在玻璃国际产能合作领域，首先应在具有资源禀赋优势、市场较好的国家和地区建设优质浮法玻璃生产线，在短期内产业链价值链区域集聚化效应明显的态势下，可优先布局东南亚、南亚、东北亚和中亚地区；面对全球汽车产业链、供应链可能出现的回缩态势，进一步优化汽车玻璃在北美地区的产能布局；其次选择交通便利、具有良好运输条件和辐射功能的近岸节点城市，建立玻璃海外仓和深加工园区，以此来推动本区域的生产和销售；同时紧抓区域全面经济伙伴关系（RCEP）这一区域战略合作新机遇，与区域国际玻璃集团加强在建筑节能玻璃、太阳能玻璃、显示器玻璃以及玻璃深加工领域的深度合作，共同开发第三方市场，在合作过程中进一步提升我国玻璃深加工技术装备水平。

3. 建筑卫生陶瓷行业

夯实建筑卫生陶瓷产品出口成果，以创新提升生产技术、产品设计水平，增加新品种，提高建筑陶瓷、卫生洁具产品的世界品牌知名度、美誉度和用户忠诚度。

扩大"中国制造"的压机、窑炉等陶瓷装备出口力度，充分发挥我国建筑卫生陶瓷在产量、工业规模、装备配套、多种工艺产业化应用上早已走在世界前列的优势，全面探索并开展工程总承包业务。

以东南亚、南亚、中亚、中东欧、非洲等区域为重点，在资源禀赋、产品市场和运输条件较好的国家建设陶瓷生产基地，打造陶瓷行业境外经贸合作区，引导以民营企业为主要力量的国内陶瓷企业"抱团出海"，参与国际竞争，输出建筑卫生陶瓷行业的"中国制式"。

4. 无机纤维及复合材料行业

鼓励大型玻璃纤维、玄武岩纤维、碳纤维生产企业逐步、稳健实施"走出去"发展战略，区域市场拓展和工厂建设并举，进行全球产能布局。积极进行产品结构调整和引导企业实施差异化发展，大力发展无机纤维制品深加工，扩大纤维复合材料制品在中高端应用领域的市场规模，鼓励企业由外贸出口向海外投资转型，扩大国际市场的份额占有率，满足全球不同市场的需求。支持风电配套项目、风电叶片加工项目"走出去"。

5. 新型墙体材料行业

全面推动新型墙体材料装备出口，重点选择非洲、东南亚、中亚、中东欧、南美洲等区域，输出具有高性价比的新型墙体材料装备，探索成套技术装备出口、工程总承包服务以及资本"走出去"等发展模式。

将包括外挂墙板、保温墙、预制板、叠合梁、预制楼梯、叠合楼板以及装配式可移动房屋、新能源光伏建筑一体化等产品向具有建筑现代化改造需求的欧美、俄罗斯、中东欧、大洋洲等较为发达的国家和地区拓展，同时关注发展中国家对装配式房屋和建筑部品、新型内外墙板和保温绝热性能优良的屋面材料的需求。

除以上国际合作重点产业外，石材、工业陶瓷、人工晶体、石英、石墨新材料、高性能绝缘材料、高性能保温隔热材料等矿物功能性材料，在全球产业链、供应链重塑过程中，应勤练内功，以技术创新提升产业链竞争力，在保证产业链、供应链安全、可控的前提下，以技术合作、产能合作方式"走出去"。

第二节　核心装备与技术研发，引领建材国际合作新实践

在经济全球化发展和"一带一路"的推动下，我国建材行业核心装备与技术研发取得了显著成绩，水泥、玻璃等主要行业生产技术、生产工艺、产品质量、技术装备等都处于世界先进或领先地位。未来，面对复杂多变的国际局势以及"双循环"发展格局的新要求，建材行业还需努力创新，水泥、玻璃等主要行业绿色低碳技术与装备发展要力争达到国际先进水平，"六零"示范工厂建设要在国际合作主要领域取得突破性进展，智能制造支撑体系在国际合作重点领域全面建立。

一、"走出去"与技术创新结合，带动我国建材高质量增长实践

（一）用"中国制造"式技术装备研发，确保基础建材产业在国际竞争中的优势地位

新中国成立以来，水泥、玻璃等大宗基础建材产业率先开启了技术装备引进及研发的"中国制造"征程。经过多年探索，我国已经熟练掌握新型干法水泥生产技术、浮法玻璃生产技术等，生产工艺、生产经验、产品质量、技术装备都较为先进与成熟，产品质量符合国际标准，设计、施工、安装、装备制造等都处于世界先进或领先地位。尤其随着国内市场竞争加剧和环保要求提高，我国水泥、玻璃行业在节能、降耗、环保、管理等方面积累了大量的经验，涌现出更多成熟、可靠、实用的技术和装备。

先进、成熟、完备的技术装备体系，推动我国水泥、玻璃行业从20世纪90年代开始逐渐登上国际市场大舞台，从产品出口，到承建国际工程总承包项目带动技术、装备大量出口，再到直接海外投资建厂参与国际市场竞争，随着产业规模的不断扩大以及投资成本的不断下降，我国水泥、玻璃行业已经成为可以同步参与国际竞争，与世界先进水平在同一起跑线上，并且在产业化方面具有较高性价比的竞争优势的产业。与此同时，我国还成长起一批实力雄厚、技术装备先进、管理水平高、经验丰富的大型水泥、玻璃企业集团，已成功在许多国家投资建厂，在生产服务、经营管理等领域都具备了"走出去"的强大优势，"中国制造"逐渐在世界舞台占有一席之地。

（二）展望未来，"中国创造"式技术装备创新，引领建材行业全球产业链布局迈向新阶段

"走出去"与"中国制造"式技术装备研发相结合，所取得的成绩是丰硕的，对我

国建材工业真正实现全球产业链、供应链布局，具备全球资源配置能力和全球价值创造能力，在与世界先进企业的竞争中具备比较优势等方面具有一定的促进作用。

实施产业国际合作战略，既要解决资本输出、发展战略和模式问题，又要面临来自世界先进企业在技术、管理、品牌等方面的诸多挑战。我国建材行业实现"走出去"，不能简单满足于原有基础建材优势产能的输出，而是要主动适应新一轮全球科技革命和产业变革，以保持和巩固建材工业体系的完整性、先进性为发展方向，在"中国制造"式技术装备基础上实现自主创新和原始创新，向"中国创造"式技术装备创新迈进，以更领先的技术、更先进的管理，在国际国内两个市场互动中实现结构调整和转型升级，真正实现建材工业全球产业链、供应链布局。同时，通过深化国际科技交流合作，完善从基础前沿、重大共性关键技术到应用示范的全链条科技合作发展，并形成互学互鉴、互补互助的科技协同、合作创新新局面。

近年来，中国建筑材料联合会组织行业骨干企业开展了一系列以达到世界领先水平为目标，面向建材科技国际前沿、面向建材经济主战场、面向国家与行业的重大需求、面向人民生命健康，聚焦颠覆性、迭代性、紧迫性的技术装备创新研发工作，这是"中国创造"式技术装备创新在建材行业的成功实践，也是我国建材行业供给侧结构性改革的载体和突破点，为建材企业更好地参与国际竞争提供了新动能。

中国建筑材料联合会组织开展的技术与装备创新研发工作成果

2012年以来，中国建筑材料联合会先后组织了40余家生产和科技研发单位、2000余人的研发队伍，凝聚行业技术力量，开展了一系列的技术装备创新研发工作并取得了显著成效。在水泥技术装备创新研发方面，天津水泥设计研究院有限公司和中材装备集团有限公司共同承担的环境友好型高能效低氮预热预分解研究攻关项目，已在河南孟电集团水泥有限公司和芜湖南方水泥有限公司示范应用，各项技术经济指标处于国际领先水平；合肥水泥研究设计院有限公司承担的高压料床粉碎机理的研究及工程化应用研发项目，水泥电耗已优于原定研发标准，达到国际领先水平；华新水泥股份有限公司承担的废弃物安全无害化处置和资源化利用技术研发与应用研发项目，燃料替代率已超出预期，达到50%以上，处于国际领先水平。在浮法玻璃技术装备创新研发方面，中国建材国际工程集团有限公司和福耀玻璃工业集团有限公司共同承担的高档汽车前风挡玻璃原片生产技术的研发和应用研发项目，已在福耀通辽高档玻璃生产线上示范应用，玻璃原片质量达到国际领先水平；中国玻璃控股有限公司承担的浮法在线制备阳光控制低辐射复合双效节能玻璃工艺技术研究与应用等一批研发项目，已达到国际领先水平。

2021年以来，为认真贯彻落实习近平总书记提出的"加强原创性、引领性科技攻关，坚决打赢关键核心技术攻坚战"等要求，引导行业企业聚焦国家和行业重大需求开展科技创新，中国建筑材料联合会创新开展了全国建材行业"揭榜挂帅"科技项目攻关工作，这在工业领域尚属首次，目前已先后发布了两批"揭榜挂帅"项目榜单，行业内外骨干企业、科研院所、高校积极响应，围绕产业链、创新链组成产学研用联合攻关团队，积极揭榜，并正按计划稳步推进"揭榜挂帅"项目攻关。"揭榜挂帅"这种"任务导向型"的科技攻关组织机制得到了行业内大企业集团的广泛认可和积极借鉴，起到了引领和示范作用，"揭榜挂帅"项目也成为行业大企业集团内部"揭榜挂帅"科技创新的主攻方向。

二、加快子产业核心技术装备创新，推动建材更好更快"走出去"

从技术装备创新"中国制造"到"中国创造"，从全球产业链布局"起步探索"到"初具雏形"，水泥、平板玻璃、建筑卫生陶瓷、新型墙体材料等产业的核心技术与核心装备创新之路任重而道远，还需要持续开展新技术，尤其是绿色技术、新工艺、新装备的提升与创新，加强国际交流与合作。一方面吸引国外重点企业、研究机构来华设立研发中心，并合作开展材料技术创新研究；另一方面支持企业设立境外材料技术装备与研发机构，从而开展国际技术创新合作，并以此为基础在更广阔的国际市场空间进行产业链延伸与实施比较优势的资源配置。

（一）水泥行业

绿色低碳共性、核心工艺和技术装备的研发应用是水泥行业进一步迈向国际化发展的关键，推动和加强窑炉氢能煅烧、富氧煅烧、全氧煅烧等水泥熟料煅烧技术与装备的研发及应用，以及绿色能源在水泥工业中的应用是重中之重。围绕水泥工业节能降耗和资源综合利用，推动碳捕集与封存、微细粉尘（PM2.5）颗粒捕集、烟气深度脱硫脱硝高效捕集及其集成协同控制技术与装备的创新，末端排放控制捕集技术装备达到国际领先水平；在利用新型干法水泥窑大规模处置生活垃圾、市政污泥、污染土壤、工业危险废弃物和陈腐垃圾等领域实现超越，技术与装备水平国际先进。水泥工业智能制造水平提升和"两化"深度融合实现，也是水泥工业国际化发展的重要标志，实现水泥生产智能控制、生产环保指标在线监测、水泥基复合材料设计、智能制造成套技术与装备等主要智能制造技术装备水平有质的提升。水泥材料着力向海工、核电、油田、隐蔽工程等特种用途及绿色低碳方向发展，推广高固废掺量的低碳水泥生产技术及低碳混凝土生产技术，重点发展低钙水泥熟料、低熟料系数水泥、硫（铁）铝酸盐等特种水泥。

（二）平板玻璃行业

玻璃行业绿色低碳共性关键技术研发是玻璃行业持续开展国际合作的重要基础之一，发展浮法玻璃一窑多线等低碳技术。持续开展10.5代TFT-LCD基板玻璃、柔性玻璃、OLED（有机发光二极管）玻璃、航空航天玻璃、智能光控玻璃、光学玻璃等产业关键共性技术研发，逐步实现关键共性技术或设备的转移扩散和商业化应用。加强平板玻璃生产过程的数字化智能型控制，重点发展玻璃四轴搬运机器人、智能自动机器人铺纸机、平板玻璃垂直堆垛机、数控拉边机、新型垂直搅拌器、熔窑组合式投料装备等关键装备，以及原料配料精准控制系统、熔窑、锡槽、退火窑设备自动化监测和调控系统、订单式浮法玻璃冷端优化切装柔性控制系统（包括冷端计算机控制系统、在线缺陷检测系统和专家诊断系统、质量追溯系统等），并达到国际先进水平。深入开展玻璃窑烟气多污染物深度治理、耦合烟气余热深度利用集成工艺开发，助力玻璃行业推动能源转型、促进低碳变革。

（三）建筑卫生陶瓷行业

薄型建筑陶瓷砖（板）生产及应用配套技术，包括连续球磨工艺技术、新型干法制粉工艺及成套装备技术、节能高效多层辊道式干燥器技术装备、新型高效煤气化（自）净化技术装备、陶瓷装饰用喷墨印刷技术装备、激光打印技术装备、新型自动陶瓷砖捡选包装技术、粉料标准化和功能喷墨墨水技术装备等，是建筑卫生陶瓷行业未来研发重点。深入研发轻量化节水型卫生陶瓷生产及应用配套技术、卫生陶瓷低压快排水成型技术、高压成型技术、模型研发 NC 加工技术、抗菌自洁新型色釉料制造技术等。提升建筑卫生陶瓷高端制造及高效节能环保，大力发展宽体节能窑炉、节能高效多层辊道式干燥器、新型高效煤气化（自）净化装备、脱硫脱氟一体化环保技术与装备等。着力突破建筑卫生陶瓷产品创意设计与制造技术，研制陶瓷基适宜居住装饰的功能性新材料，实现建筑卫生陶瓷设计和制造世界知名品牌的突破。推进 3D 打印技术在陶瓷生产中的应用。

（四）无机纤维及复合材料行业

低成本高性能碳纤维、高性能特种玻璃纤维、高性能玄武岩纤维产业化应用制造技术、高性能纤维预成型体设计制备技术的研发，是提高无机纤维及复合材料产品性能稳定性、实现规模化生产、达到世界先进水平的关键。突破热固性复合材料回收利用和热塑性复合材料制品自动化生产技术。突破大功率、低风速、超大型风力发电叶片的设计和制造技术，并实现批量生产。

（五）新型墙体材料行业

配合装配式建筑和建筑工业化、部品化的发展要求，建立先进适用、符合住宅产业现代化和绿色建筑发展方向的成套住宅部品技术体系、标准化体系和部品产品体系，逐步实现新型房屋设计标准化、生产工厂化、施工装配化和装修一体化，推动新型房屋的发展。快速发展新型建筑构件和轻质板材，以及以轻钢龙骨和高质轻体为主的保温装饰复合一体化的墙体构件，进入国际先进行列。逐步完善混凝土预制构配件的通用体系，推进叠合楼板、内外墙板、楼梯阳台、厨卫装饰等工厂化生产，实现构配件产业系列化开发、规模化生产、配套化供应，提升生产技术及装备水平。

（六）其他功能性矿物材料

围绕移动设备、新能源电池等需求，开展石墨烯产品的生产和应用技术研究，推进科研成果的转化，努力实现规模化生产和应用。围绕微电子、石油、化工、汽车等领域的需要，结合碳化硅陶瓷抗弯强度高、抗氧化性和耐腐蚀性优良等特点，加强与相关应用领域的联合技术攻关，并实现产业化生产，使其达到国际先进水平。探索突破新型节能环保用非金属矿物材料的规模化精加工技术、新能源用矿物材料制作技术。

第三节 共商共建、因地制宜，奋进建材国际品牌建设新征程

品牌建设是我国建材行业"走出去"和国际产能合作中不容忽视的重要部分，品牌知名度和美誉度是建材行业"走出去"的无形资产，能直接影响建材企业在国际合作过程中开拓市场的速度和进程。要在建立品牌自信的基础上，"三位一体"多方协作、"两步走"分层次加快推进建材行业国际品牌建设；全面提升中国建材企业的国际品牌影响力，强化企业的社会责任意识，打造一批国际优质建材产品品牌，与国际建材产业链、供应链、价值链深度共建互融；同时加强对外宣传，讲好中国"建材故事"，积极宣传建材企业在履行社会责任等方面的优秀典型案例，树立行业良好的国际形象。

一、审时度势，树立打造世界级建材行业品牌自信

随着越来越多的国内建材企业"走出去"，主动参与到国际竞争当中，世界级行业

品牌的打造已经成为我国建材行业加快推进全球产业链布局所需关注的重要环节之一。我国建材行业在品牌建设方面已经具备了走向世界的基础和条件。

1. 建材行业竞争力增强和国际品牌价值提升相得益彰

经过多年的发展,我国建材工业"从无到有""从少到多""从多到好",形成了产品门类齐全、基础配套完备的产业体系,并取得了令人瞩目的成绩。主要产业产量、规模都已成为世界第一,建筑用石、建筑卫生陶瓷、建筑技术玻璃、玻璃纤维等产业进出口贸易稳步增长,陶瓷砖、卫浴等各类产品品牌逐渐为世界所知;主要产业技术装备接近或达到了世界先进水平,"中国制式"的技术装备服务品牌快速输出,以水泥和平板玻璃为代表的成套技术装备和工程总承包服务占据了国际市场主要份额;产业结构也逐渐朝着延伸产业链和高附加值、低能耗绿色方向发展,高效、清洁、低碳、可循环的绿色制造体系逐步建立,在水泥窑协同处置垃圾处理、余热发电等领域积累的节能环保装备技术服务品牌也逐渐得到推广。

2. 适宜的社会经济环境为建材企业参与国际品牌竞争铺路

我国是世界第一大出口国,为自主品牌走向国际市场提供了广阔空间;同时党中央国务院高度重视我国的品牌建设工作,出台了一系列的政策措施,为企业和产业开展品牌建设营造了良好的政策和社会环境。

行业内外部利好因素的双重叠加,使得国内建材行业完全具备了打造世界级行业品牌的基础;企业、行业、政府共同发力,形成合力,有望尽快培育一批技术含量高、产品质量好的国际一流品牌。

二、共商共建,"三位一体"开启建材国际品牌建设新征程

(一)建材企业承担品牌建设主体作用

建材企业,尤其是头部企业,要担当起国际品牌建设的主体责任:研究制定科学的品牌发展规划,制定明确的"走出去"品牌发展战略,引入国际先进的品牌管理机制和品牌建设方法,开拓创新品牌国际推广渠道;把握建材产业发展趋势,加强核心关键技术研发,提升核心竞争力,以技术创新引领质量提升,以更高质量助推国际品牌打造;在部分领域加强产品设计和品牌创意,引进国际先进的产品设计资源,更好地实现产品定义和工业设计;实施差异化品牌发展战略,大力拓展国际应用市场。加强与产业链上下游的合作,发挥产业链作用,合力实现产业集群品牌建设突破;完善售后服务体系建设,加快售后服务向售前服务、应用服务延伸,提升消费者满意度。

(二)行业组织发挥品牌建设支撑服务作用

行业组织要充分发挥在国际品牌建设中的支撑服务作用:组织开展品牌宣传、人才培训等交流活动;通过各种渠道、方式宣传、推广中国建材技术和产品形象,消除部分地区和国家对中国建材技术、装备、服务的误解;邀请东南亚、南亚、东北亚、中亚、中东、非洲等共建"一带一路"地区国家的代表来华交流,增进其对我国建材技术、产品、装备与服务的了解;联合"走出去"企业,在境外建材专业展览会上举办中国品牌宣传活动;组织开展品牌评估方法研究与推广,组织制定建材行业品牌培育方面的行业标准、团体标准;推动建材行业、企业自律,对企业对外经营活动、履行国际责任和社会承诺的意愿、能力和表现进行综合评价,鼓励并支持成套技术与装备"走出去",制

止落后产能的输出。

(三) 各级政府部门发挥品牌建设政策引导作用

各级政府部门在国际品牌建设过程中发挥着必不可少的政策引导作用：努力营造一个保护知识产权、企业之间公平竞争的营商环境，完善商标和知识产权保护的法律法规，在符合世贸规则前提下对外贸品牌企业给予政策支持等，为建材企业"走出去"品牌建设助力。

国家领导人关切下的建材行业国际产能合作典型企业及其海外品牌效应案例

1. 华新水泥在柬埔寨、塔吉克斯坦水泥国际产能合作建设项目

2012年，在时任中国国务院总理温家宝和柬埔寨首相洪森的共同见证下，华新水泥股份有限公司与当地合作方签订了重建水泥厂的协议，计划投资1亿美元对工厂进行升级改造。2015年2月，重建后的华新柬埔寨卓雷丁水泥厂正式投产，产品辐射金边、西哈努克等重要城市。作为中国在柬埔寨投资的首家水泥工厂，华新水泥在当地生产和销售的"华新""国王"和"巴戎"三大品牌水泥以优异的质量、贴心的服务赢得当地消费者的好评，为中国品牌在当地逆转口碑树立了典范。

2014年，华新水泥股份有限公司在习近平主席和拉赫蒙总统的见证下与塔吉克斯坦政府签署了再投资协议，投资1.5亿美元在塔吉克斯坦北部索格特州建成了第二家水泥工厂。该工厂是世界水泥行业首家成功实现自备电厂孤网运行的水泥工厂，为在能源短缺国家投资建设项目树立了样板。塔吉克斯坦总统拉赫蒙在工厂投产时亲笔题词："华新水泥高标准建设的自带发电系统的工厂为中亚首创"。如今，作为中塔合作的成功典范，华新水泥已成为塔吉克斯坦家喻户晓的第一品牌。

2. 巨石集团在埃及玻璃纤维国际产能合作建设项目

中国巨石股份有限公司（以下简称"巨石"）埃及玻璃纤维生产线建设二期项目是习近平主席2016年1月访问埃及期间中埃签订的51个投资项目的重要组成部分，习近平主席非常关注中国巨石股份有限公司在埃及的项目建设情况。该项目弥补了埃及玻璃纤维产业的空白，将玻璃纤维生产最先进的技术和装备带到埃及，使埃及一跃成为世界第三大玻璃纤维生产国，中国巨石入驻后，玻纤配套上下游企业先后入驻，培育和带动了埃及国内复合材料产业的发展。

中国巨石埃及项目的投产，在当地赢得了良好口碑，产生了巨大的中国品牌效应。苏伊士经济特区副主席马赫福兹·塔哈先生称赞道："中国巨石在很短时间内先后完成了3条玻璃纤维生产线的建设，实现了年产20万吨的产能规划；产品销售覆盖欧洲和非洲，满足了埃及当地市场需求；4年来累计向埃及政府交税3.1亿埃镑，这些都是中国巨石与苏伊士经贸合作区之间共同辛勤工作和富有成效的合作所取得的丰硕成果"；埃及苏伊士省政府省长阿赫迈德·哈米德先生更称中国巨石埃及公司是"中埃两国经济合作的成功典范"。

三、因地制宜，两步走壮大建材国际品牌建设矩阵

（一）深入国际合作实践，全方位推动工程服务、产品生产、商贸服务领域建材企业自主国际品牌建设

以技术创新、服务模式创新进一步提升水泥、平板玻璃、建筑卫生陶瓷、新型墙体材料等建材行业工程总承包的服务水平，带动业务模式不断创新并持续向价值链高端拓展，树立"中国技术、中国制造、中国标准、中国速度"服务于"一带一路"和经济全球化建设的典范，在全球范围内树立"中国制式"的建材行业工程总承包服务品牌。以

质量、科技和标准创新为抓手，着力推进国内建材产品国际品牌建设，建立科学的产品创新体系、完善市场销售渠道、树立良好的沟通服务意识，在国际上全面输出"中国制造"建材产品品牌。牢牢把握数字经济新业态带来的传统产业发展新机遇，创新建材商贸服务发展模式，全面提升以"跨境电商＋海外仓"模式建立的第三方电子商务平台的服务能力和服务水平，探索并建立建材行业国际商贸服务领域系列知名品牌。

建材行业优势企业要加强与国外知名高端制造企业的供应链协作，与其开展研发设计、生产贸易、计量计价、标准制定、质量认证、检验检测等全方位合作，打造有国际影响力的中国品牌；龙头企业可依据自身实际适时推动跨区域、跨所有制的兼并重组，开展国际化运营，积极参与国际交流合作，向外传递品牌理念，增强全球用户对我国建材产品和企业商标品牌的认同度。

（二）集群式走出去，将境外经贸合作区打造成建材产业国际合作新名片

秉承"政策沟通、设施联通、贸易畅通、资金融通、民心相通"和"共商共建共享"原则，将"一带一路"倡议与所在国发展规划对接，以沿线国家的中心城市为重点，以建材产业境外经贸合作区为载体，进行科学规划、集约布局、产业链开发，在境外经贸合作区、产业和企业等层面，以清洁生产和循环经济为生产模式，力求经济效益和社会效益的同步发展。从而推广中国建材产业境外经贸合作区建设运营的标准、模式、经验，将现代化的经贸合作区打造成建材产业国际产能合作的新名片。

第四节 "走出去"迈向"走进去"，建材企业深耕本土化经营

进入21世纪、特别是2013年以来，在国家"一带一路"倡议指引下，以中国建材集团有限公司、安徽海螺集团有限责任公司、华新水泥股份有限公司、福耀玻璃工业集团股份有限公司、中国巨石股份有限公司为代表的一批骨干企业积极践行建材行业"走出去"发展战略，选择当地产业承接性好、与我国存在竞合关系的目标国家直接投资建厂，在跨国经营和全球价值链布局过程中，入乡随俗、遵纪守法、合规经营，逐渐在目标国家市场经营中有了立足之地。如何深耕当地市场、成为本土化的卓越企业，实现管理、市场、资源、文化属地化，最终完成从"走出去"向"走进去"的进程迈进，已经成为我国开展国际化经营的建材企业集团所需要思考的首要问题之一。

一、顺应时代发展，注重顶层谋划

国际化经营的建材企业集团应该从母公司层面开展以下工作：

首先要准确把握外部竞争环境和内部比较优势，科学制定海外发展战略；制定公司海外总体发展战略，提出发展方向、市场目标、产业布局、实现途径、发展时序等，以充分利用和发挥母公司的知识和能力来指导子公司适应海外各地的不同发展需要。

其次是融合海外业务特点与国际最佳实践，构建具有国际化视野的跨国战略管控体系和战略管理目标体系，为海外公司的属地化经营管理活动指明方向。

此外，母公司还应动态跟踪、评估并适时调整海外发展战略，随着海外子公司价值链活动的不断健全，对海外市场的经营管理活动越来越深入，母公司要适时调整发展战略。

最后是集成生产、市场、项目信息，建立海外业务项目资源库。属地化公司位于国际化市场开拓的最前沿，要将分散的市场经营信息、生产技术信息、项目建设信息系统化，形成海外业务项目资源库，在大数据分析基础上指导后续海外经营活动。

二、统筹发展与安全，强化风险控制

由于地域、文化、宗教等多方面的差异，建材企业在海外本土化经营过程中可能会面临政治、法律、财税、文化、金融、环保等多种风险，企业要牢守底线思维，统筹好发展与安全的关系，在事前、事中、事后等全过程控制好各类风险因素。

大量实例证明，事先对风险准备不足、事中对风险不善应对、事后对风险不予总结改进是许多海外投资企业失败的主要原因。建材企业应在全面分析风险的前提下，为自身的本土化经营活动量身制定一整套风险分析、预警及应对机制。事前应充分论证目标国家的政治、经济和社会状况，全面了解相关国家的投资环境、投资政策、人文信息和相关技术标准，做好项目前期的尽职调查、可行性研究及风险评估等工作。在项目合作建设过程中要尊重当地民风民俗，积极履行社会责任，依法依规经营。在投资运营阶段，根据国内外的相关合规要求、组织原则和行业惯例等，结合目标国实际，制定符合企业行为规范的相关制度，构建系统化的属地化管理体系；建立定期的海外审计检查机制，及时发现问题、解决难题；聘请当地律师事务所作为长期法律顾问，对报批报建和生产运营过程中的法律问题，因地制宜地提出解决方案；注重对员工的当地法律常识培训，确保在企业和个人层面都能严格遵守当地法律；提高投资整合能力，完善持续性管理能力，加强投资后的评价监察能力。

三、注重队伍建设，实施本土用工

培养并输出专业人才。加大建材企业与大专院校在教育培训方面的合作力度，培育一批国际化的专业人才，重点培养技术创新人才、工程化开发人才、高级经营管理人才和复合型人才，参与国际合作与竞争；引进一批熟悉国际惯例、国际法律和市场环境，精通海外企业经营和管理的国际化专业化人才。

探索并完善海外本土化用工新模式。不断完善本土化用工劳务合同的相关内容，对工作职责、工作时间、考勤统计、薪酬结算等内容进行约定，明确双方责任与义务，从制度、合同层面形成约束力；向本地员工提供社会实践平台与空间，帮助他们将理论学习与实践锻炼相结合，使之全面掌握生产技能与要领，切实加强他们的专业实践能力，着力培养高技能综合应用型人才；逐步提升本土用工比例，特别是培养更多的本地员工进入管理层、参与企业属地化管理。

安徽海螺集团海外本土化用工实践

安徽海螺集团有限责任公司以"建立科学的海外人才培养机制，加快推进人才国际化、本土化步伐，打造一支具有国际水平的人才队伍"为目标，开展了一系列海外本土化用工实践。

公司将优秀的专业技术骨干派驻海外项目，积极发挥"传帮带"作用，提高外籍员工的业务技能水平，促进中外籍员工彼此了解和交流，增强海外项目的团队力量，将海螺的企业文化和制度成功植入到海外公司。

印度尼西亚南加海螺为持续推进人才本土化培养，至今已开展多期双语培训班，帮助中印尼两籍员工掌握基本日常用语，以语言为纽带发挥"传帮带"作用，培养印度尼西亚籍管理和技术人才，加快推进南加海螺管理本土化；2018年8月，南加海螺启动了"丝路计划"人才培养工程，参与其中的都是刚毕业不久的印度尼西亚籍中国留学生，公司通过课堂授课、现场参观、野外健行、学习分享等方式帮助他们转变角色、融入公司，这项计划为公司的未来发展储备强有力的骨干力量。

印度尼西亚西加海螺积极参加当地校企联谊等互动活动，发掘本地人才资源，将学员送到其他兄弟单位进行学习培训，并在实践工作中学习设备运行管理和市场拓展基本知识，打造了一支朝气蓬勃、技能娴熟的本地化海螺员工队伍，项目投产时，公司员工的本土化率已超过80%。

缅甸海螺与孔子课堂合办的缅甸海螺职工大学于2018年5月8日正式揭牌，开展汉语培训，培养了多名汉语等级达到二级水平的缅甸籍员工，大大减弱了因沟通不畅带来的工作不便及培训障碍。

柬埔寨马德望海螺不断健全完善后备人才培训培养管理体系，在柬埔寨籍员工中精心选拔人才并进行跟踪培养，与国内高校、柬埔寨高校等合作推进人才培养校企合作事宜，多渠道为公司本地化用工储备专业人才。

四、运用模式创新，深耕属地市场

在本土化经营初期，借助当地主流媒体、展会和打造当地具有影响力的项目等模式提升属地化公司知名度，寻找市场突破口，占领市场份额，规划长远发展，培养当地管理人才，提高竞争力和效益，深耕属地市场。具备一定本土化经营基础之后，明确经营管理优势，提高核心竞争力，建立成熟的营销网络和产业链，进一步提升当地市场占有率和利润总额，打造优质的建材企业品牌，牢牢扎根属地市场。

五、履行社会责任，推动文化融合

我国建材企业在进行海外投资，并关注投资收益的同时，还需要重视营造良好的社会政治环境，积极参与当地的社会福利和公益事业，尊重当地的宗教文化和风俗习惯，实现与当地社会文化的有效对接与和谐共处，增进当地社会对我国建材企业的理解和认同。

第五节 推进标准对接，实现互通互认

近年来，随着我国建材行业全球产业链布局的加快，推进国际标准对接、实现互通互认，破解技术性贸易壁垒、缩短检验检测周期，为国内建材产品和服务进入国际市场扫清障碍，已经成为"走出去"建材企业的普遍共识和迫切需求。

一、探索中出成绩，建材标准"走出去"在行动

在全行业共同努力之下，我国建材行业标准"走出去"之路取得了令人瞩目的成绩。中国国检测试控股集团股份有限公司主导制定并发布了ISO 21713:2020《精细陶瓷（高性能陶瓷，高技术陶瓷）- 陶瓷高温弹性模量试验方法 - 缺口环相对法》、IEC 62805-1:2017《光伏玻璃测试方法 第1部分：总雾度和雾度光谱分布测试》、IEC 62805-

2:2017《光伏玻璃测试方法 第 2 部分：透射比和反射比测试》和 ISO 19603:2016 精细陶瓷（高性能陶瓷，高技术陶瓷）-《陶瓷厚涂层弹性模量和强度测试方法》等 10 项国际标准，增强了我国建材行业在标准和技术领域的话语权和国际影响力。在科技部 NQI 国家重点研发计划"中国标准走出去适用性技术研究（二期）"项目的支持下，国检集团历时两年，实现了水泥及原材料等 8 项中国建材领域国家标准转化为蒙古国国家标准的目标，这是我国建材领域向国外正式转化的第一批标准。随着建材行业国际工程总承包业务的不断拓展，我国水泥、玻璃产业产品技术装备标准已逐步为国际市场所采用，在全球范围内得到了业界认同。

我国和蒙古国在建材标准化合作方面迈上新台阶

2019 年 9 月，在中蒙经贸活动标准化论坛上，中蒙双方互相交换中蒙建材领域标准互认与转化文本。按照文本，8 项中国建材领域国家标准转化为蒙古国国家标准。这是我国建材领域向国外正式转化的第一批标准，实现了中国标准和中国技术的全面"走出去"，对我国标准行业领域和建材行业领域的发展意义重大。

近年来，蒙古国经济快速增长，基础设施建设需求量明显增加，我国在蒙古国承建了大量的基础设施和建筑领域相关工程。但在工程建设和建材产品的生产过程中，中方企业深切感受到标准的不统一给项目目标、进度和成本控制等带来了新困难。

按照规定，我国承建的工程所使用的建筑材料要按照蒙古国的标准通过验收，我国水泥生产企业生产的产品要经过蒙古国的实验室检测，同时符合蒙古国的标准才能出厂销售。但由于蒙古国的检测手段和产品指标规定与中国有许多不同之处，建材产品指标不合格情况时有发生，因而造成产品不合格率升高以及资源浪费。此外，蒙古国检测周期过长、费用过高，也给企业带来工程建设进度慢、资源浪费和成本增加等问题。

面对不可预见的种种困难，负责此次标准转化工作的中国建材检验认证集团股份有限公司组建了一支拥有丰富标准制订和修订经验的团队。

2018 年 5 月，国家标准化管理委员会、国检集团专家赴蒙古国参加由蒙古国标准化计量局在首都乌兰巴托举行的"中蒙建材领域标准技术交流会"，并进行调研。通过调研，团队摸清了蒙古国建材领域的标准状况，也由此确定了水泥及原材料等 8 项建材标准率先开展转化工作。

经过数据比对、方案制定、中蒙英译文翻译、校审、专家技术审议等多项工作完成后，2018 年 8 月 8 日，第二次"中蒙建材领域标准技术交流会"在北京召开，双方标准化管理机构及技术专家对目前转化的标准进行了确认，并共同签署了标准转化协议。

2019 年 7 月，蒙古国政府组织国内专家审议并顺利通过转化的 8 项标准。2019 年 9 月，双方标准化管理机构进行了标准交换，8 项中国国家标准转化的建材领域标准正式在蒙古国具备了合法的地位并付诸实施。

我国建材行业标准在蒙古国的成功转化，不是终点，仅仅是开始。国检集团水泥检验认证院王瑞海副院长说，下一步将与蒙古国标准化管理机构开展深度合作，在蒙古国开展转化标准的宣贯、技术服务、培训和检测设备的全链条合作，同时以此为契机，将进一步推进建材领域其他标准的转化工作；并与蒙古国标准化机构合作在蒙古国建立中蒙标准化实验室，推动我国标准化在蒙古国的全面发展，促进中蒙两国建材行业共同发展。

二、思考中谋发展，建材标准"走出去"再发力

在国家顶层设计框架内，将标准化工作纳入中非、中欧、中俄、中日韩、中国—东盟、中国—中亚等地区工业领域双多边合作机制中，建立更加紧密的标准化合作机制，这是非常重要的。建材行业要找准合作契机，多途径、多领域、全方位推动建材标准"走出去"。

建材行业要逐步实现标准供给由政府主导向政府与市场并重转变，标准化工作由国内驱动向国内国际相互促进转变，标准化发展由数量规模型向质量效益型转变；推动标准由服务生产型向应用服务型转变，标准化持续融入建材行业发展当中，逐步建成支撑建材行业高质量发展的标准体系，为实现"宜业尚品、造福人类"建材行业发展目标提供标准化技术保障。

（一）多途径、多领域参与并主导国际标准的制定

根据"走出去"需要，面向重要产业、重点企业，瞄准技术、产品和服务"走出去"对标准化的迫切需求，支持国内建材企业、科研机构等主持或深度参与国际标准的制定，牵头制定优势行业国际标准，围绕建筑玻璃、玻璃纤维、纤维增强复合材料、工业陶瓷、绝热材料等优势特色领域和碳纤维、气凝胶、石墨烯等新兴领域，将中国技术纳入国际标准，为国际建材行业的健康发展积极贡献中国技术方案，争取在国际标准制定中占据主动或主导地位。特别要加强应对气候变化的国际交流合作，积极参与绿色低碳领域国际规则和标准制定。

要主动参与建材领域国际标准的制订和修订，力争在测试方法标准、产品标准和工程应用标准方面取得突破的基础上进一步提升中国建材标准与国际接轨的标准制、修订水平，并最终成为国际标准和市场规则制定的主导者。

树立标准与产品、服务协同走出去理念，积极参与目标国家当地建材产品生产与应用标准规范的制定和修编工作，帮助其建立和完善建材行业标准；联合重点国家就相变储能建筑材料、新材料等领域共同制定一批国际标准，研制一批具有自主技术的国际标准；在产品生产与应用、装备技术服务标准之外，积极制定行业企业社会责任、可持续发展、品牌培育等软性标准，并进行国际化推广。

（二）深化交流合作，实现标准互联互通

加强与国际同行的标准化交流与合作，支持行业协会、企业和科研机构等参与各类国际性专业标准化组织，鼓励承办或举办标准国际化论坛等活动，开展国际合作研究和援外培训，提升国际影响力。加强与东北亚、亚太、泛美、欧洲、非洲等地区的区域标准化合作交流，开展"一带一路"沿线国家和地区标准化专家交流及能力建设。

在水泥、平板玻璃、玻璃纤维等行业已实现部分标准国际化对接的基础上，加快建材其他行业或重点标准的国际化对接步伐，深化与"一带一路"沿线国家标准化机构的互利合作和互联互通，寻求利益契合点，研究构建稳定畅通的标准化合作机制，共同推动产品标准、成套装备技术标准协调一致，减少和消除贸易壁垒，助推建材工业标准国际化。

（三）积极开展建材产品标准比对分析、需求分析及应用推广研究工作

以建材产业"走出去"为契机，紧密结合国家"一带一路"倡议，开展"一带一路"沿线国家重点建材产品标准的比对分析、需求分析和应用推广研究工作，以新型干法水

泥技术装备和浮法玻璃技术装备等"走出去"的产业为重点，在对标与分析中做好我国标准的提升、完善和英文版翻译工作。

（四）提高与国际标准的一致性，推动国内标准体系建设

鼓励行业协会、标准化专业技术组织、研究机构等开展常态化的国际标准动态跟踪，围绕重点领域开展标准比对研究，积极采用国际标准，尽快推动成熟适用的国际标准转化应用，争取到2025年，国际标准转化率达到90%以上。同时，大力推进与主要贸易国标准互认，提高我国标准与国际标准的一致性。鼓励行业协会牵头，组织标准化专业技术组织、研究机构、领先企业等共同开展内外贸质量标准、检验检疫、认证认可等相衔接，推进同线同标同质工作进展。

以国际先进质量标准为标杆，加强材料标准体系化建设，完善并修订"十四五"建材工业标准体系和行业低碳标准体系，建立覆盖产品全生命周期、上下游协同的标准体系，促进资源节约和材料合理利用。

（五）加快推动建材行业标准外文版编制工作

鼓励建材企业的标准国际化创新，加快推进建材行业技术标准的外文版翻译工作，加快建材行业中国标准的国际化推广，加快重点行业、急需领域产品或工程技术标准的外文版翻译工作。

围绕"一带一路"建设，推出中国标准多语种版本，围绕水泥、平板玻璃、玻璃纤维、建材机械装备、石材等优势领域，针对对外工程总承包、绿色低碳发展等需求，加大力度开展标准外文版翻译工作，通过标准"走出去"带动建材企业"走出去"，提升中国标准的国际影响力。

中国工业领域部分行业标准"走出去"的典型经验

钢铁行业的采标和国际比对工作

自1982年开展采用国际标准工作以来，钢铁行业通过实施采用"国际标准和国外先进标准"的战略，将国际先进标准转化为中国标准，中国标准与国际标准和国外先进标准的一致性程度不断提高，标准整体水平明显提高。为了促进国际贸易发展，减少贸易壁垒，原则上将国际基础通用和方法标准直接转化为中国标准，有些领域采用国际标准转化率较高，特别是基础通用标准和力学及工艺性能、腐蚀等试验方法标准的采标率达到90%左右，其他专业转化率也在逐年提高。通过国际标准转化为中国标准，提高了我国的标准水平，标准体系逐步完善。但在有些领域，由于体系上的差异，国际标准技术内容不适应中国国情，产品差异性较大，不适合转化，还有些国家标准转化受标准立项等因素的限制，实际转化率较低。钢铁领域对国外标准的转化重点是先进技术标准及相关方法标准。由于标准体系和内容有差异，特别是产品标准，国外标准不能直接转化为中国标准，但为了提高中国标准水平，有些国外标准以参考采用的方式将主要技术内容纳入中国标准中，提高了中国标准的整体水平。钢铁标准今后发展的重点是在积极采用国际标准和国外先进标准的同时，更加注重制定的标准具有明确的市场需求，努力做到快速反映最新的生产工艺、设备和技术发展的趋势，并跟随技术进步和社会发展体现与时俱进。

多年来，钢铁行业完成了大量的国内外标准比对工作，为完善技术标准体系、提高国内标准质量、研究应对技术性贸易措施提供了有力支撑，为钢铁行业标准"走出去"进行可行性研究并提出对策。例如，通过对盘条钢丝国家标准与国际标准在整体体系、单个标准适用范围、分类和牌号、尺寸外形重量和允许偏差、化学成分、力学性能、表面质量、工艺性能等全方位的比对,决定开展"钢丝金属镀层"系列国际标准研制、"非合金钢制丝用盘条"系列国际标准研制工作,在完善国际标准体系的基础上填补了国际标准该领域相关产品标准的空白,借助中国标准"走出去"推动中国企业、中国产品"走出去";通过开展对铁矿石国家标准与国际标准的比对工作,提出完善国家铁矿石标准体系,积极承担国际标准制修订工作,保障进口铁矿石产品质量,规范铁矿石产品市场。

工程机械行业的国际比对、需求分析和应用研究工作

在国家标准化管理委员会支持和指导下,工程机械行业先后开展了《"中国装备"标准体系建设研究——中国装备走出去工程机械领域标准需求研究》《中国—巴西工程机械标准比对及中国标准应用和推广研究》《中国—巴西挖掘机汽车起重机装载机标准应用合作研究》《工程机械安全与环保标准国际比对分析》等一系列研究工作,为中国工程机械高水平"走出去",开展标准化国际合作创造条件。

发布了《中国工程机械"走出去"标准白皮书》,白皮书的发布表明了中国标准在国际市场的支撑作用,为工程机械"走出去"提供了机制保障、技术支持和质量保证,推动了中国工程机械标准的国际化推广实施。

要在国际标准制定过程中发挥越来越重要的作用并占据主导地位,持续的国标比对分析、需求分析和应用研究等基础研究工作是要先行的,也是必不可少的。

矿业的社会责任、可持续发展等软性标准研制工作

矿业行业发布了《中国对外矿业投资社会责任指引》,包括组织治理、公平运营实践、供应链管理、人权、劳工实践、健康与发展、环境、社区参与等八个方面,这是中国自然资源领域第1个社会责任标准,国际自然资源领域第1个规范本国企业境外行为的标准,国际矿业领域第1个包容性、全面性、国际化社会责任标准。

发布了《中国负责任矿产供应链尽责管理指南》,这是中国开发的负责任供应链标准,基于供应商视角开发的供应链标准,提出上下游参与者应承担共同而有区别的责任。

发布了《可持续天然橡胶指南》,这是国际天然橡胶领域基于风险管理的第1个可持续标准,国内外同行深度参与和高度认可通过供应链推动实施。

在国际标准的制定过程中,行业企业不应仅仅关注产品标准和工程建设标准,应同步推进社会责任、可持续发展等软性标准研制工作,为企业国际化、本土化经营打好基础。

第六章

市场发展展望：全球视野下建材发展新常态

我国经济发展进入新常态后，同国际社会一样，中国的经济社会发展、科技进步、人口结构等都发生了巨大变化，从追求高速增长转向追求高质量发展，从"量"的扩张转向"质"的提升，走出一条内涵集约式发展新道路。建材行业也不例外，在全球视野下关注建筑业需求以及能源、资源等行业自身禀赋发展，对于建材行业推进国际合作的发展至关重要。

建筑及其相关产业，包括房地产、基础设施和工业结构等，这些构成了实体经济的基础，也跟人们的日常生活息息相关，从海底隧道到摩天大楼，建筑业已经成功交付了极具挑战性的项目，而新冠肺炎疫情也将极大地加速早已开始的建筑业行业变革。后疫情时代建筑业市场会发生何种变化，随之而来的企业将如何应对这种变化将成为建材行业的关注重点。

与此同时，在袭击人类的新冠病毒背后，潜伏着一个更大的威胁：气候变化。疫情来势汹汹，但终有一天会过去；气候变化的风险却是长期的、累积的。这场始于新冠病毒、伴随着气候变化的危机，预示着旧常态或将不复存在，新秩序或将得以创建。疫情后的重启和复苏，以"绿色双碳"为主基调，尤其是在各国政府对污染的代价和环保的收益逐渐达成共识之后，数字赋能、新一轮国际并购、ESG发展也逐渐成为企业应对挑战与危机的关键。

本章重点关注建材行业的自身禀赋及下游建筑业发展，在全球视野下探讨未来建筑业市场发展，以及未来国际合作新常态下的建材行业总体发展路径。

第一节 全球建筑行业市场发展趋势

全球建筑产业价值链增加值约为11万亿美元，利润约为1.5万亿美元，增加值占全球GDP的13%，是世界上规模最大的产业，但在过去的20年中，建筑业仅以每年1%的速度缓慢增长。尽管建筑行业承担着较高的运营风险，利润却仍然较低。

新冠肺炎疫情将加速建筑行业变革。研究表明，从现在起的五到十年间，建筑业的面貌将进一步发生变化：例如从2015年到2018年，北美新建房地产项目中，模块化建筑市场份额增长了50%。同时，即便新冠肺炎疫情的经济影响正在减弱，受到新兴驱动力影响的建筑细分市场也有40%～45%的产业增加值可能会转移至异地制造、寻找消费者盈余或拓展新的利润来源。利用好这些转移价值，建筑业的盈利能力可能从5%增至10%。

在建筑业的未来发展方面，可持续发展要求、成本压力、技术工人匮乏、新材料需求、工业化生产与数字化的结合将改变建筑业价值链。产品化和专业化，增强建材企业对价值链的控制以及更加以客户为中心和品牌化将成为未来的趋势，并购和国际化将创造规模经济，以适应在数字化、研发和设备投资、可持续性和人力资本上进行更高水平的投资。

一、近年来建筑业表现欠佳

从城市景观到大规模持续性创新的基础设施，建筑行业目前所取得的成就令人印象深刻。然而，在过去的几十年中，建筑业表现却是不容乐观。

在过去的20年中，建筑业年生产率的增长仅为整个经济平均增长水平的1/3。建筑业标准化程度低，加之产业链一体化程度低，迫使建筑行业难以进行数字化转型，减缓了创新的进程。建筑行业的数字化水平几乎低于其他任何行业。尽管承担着运营上的高风险，建筑行业的盈利能力仍然很低，息税前利润率（EBIT）约为5%。工期拖延、预算超支以及冗长的索赔程序降低了客户满意度。

受新冠肺炎疫情对经济冲击造成的影响，建筑业的广大相关产业也将受到牵连，其中包括建筑公司的零部件和基础材料供应商、开发商、业主、分销商以及机械和软件提供商。目前全球范围内普遍存在高度的经济不确定性，而建筑业的经济波动往往较经济整体的波动更为明显。麦肯锡全球研究所（MGI）研究表明，如果疫情持续，长期的经济增长受限可能意味着建筑行业的复苏将推迟到2024年甚至更晚。以往的系统性冲击对各行业发展趋势都产生了加速作用，疫情带来的冲击也将引发建筑业持久变化，改变现有建筑生态。例如应用在线渠道或远程工作方式。建筑行业的周期性需求导致资本投资较低，而定制化需求限制了其标准化发展；建筑项目复杂度日益提高，物流需要运输重物及多种多样的部件；体力劳动者的比例很高，并且在一些区域严重缺乏技术工人；项目复杂度较低的细分领域进入门槛低，临时劳动力的比例高，这使得规模较小且效率低下的公司可以参与竞争；建筑行业监管力度大，从施工许可、安全认证和工地管理等所有事情都受到严格管制，使基于质量、可靠性或可替代设计的竞争更加复杂。

这些市场特征之下，建筑业需要克服多种阻碍生产力发展和变革的力量：具有独特性的定制项目的可重复性和标准化程度有限；本地市场结构和行业门槛低导致产业碎片化（横向和纵向均是），小公司占总体比例较高；项目流程繁杂、责任分散化使得协调变得更加复杂，导致承包模式和激励机制错位；风险通常只在价值链内转移，而不是消除，这使得一些参与者不是直接受益于优质的交付，反而从索赔中获利；高度的不可预测性和周期性导致建筑公司依赖临时员工和分包商，从而影响了效率，限制了规模经济，导致输出质量难以提高，拉低客户满意度。

二、市场变化及技术发展将引领建筑行业变革

（一）不断变化的市场特征推动建筑行业转型

在新冠肺炎疫情之前，建筑市场已经开始变革。未来几年，市场特征可能会有巨大变化，这对塑造未来的行业动态造成不小的影响，而新冠肺炎疫情进一步放大了这些特

征带来的影响。

纵观整个行业,建筑行业有以下市场特征:技术工人的匮乏、物流格局的变化、对工地可持续性和安全性更严格的规定、客户和业主日益复杂的需求等。这些市场特征将为建筑企业带来挑战,迫使它们既要重视变革的迫切需求,也要重视变革发生的必要速度。

1. 客户专业度日益提高,总拥有成本压力不断加大

客户对建筑性能的预期不断提高:智慧楼宇、能源和运营效率,以及结构的灵活性将成为更受客户关注的重点。客户对总拥有成本(TCO)的日趋重视将对建筑行业产生重大影响。

至2035年,基础设施的投资需要达到69.4万亿美元才能支撑预期GDP的增长。但由于负债水平在疫情期间飞速攀升,全球超过三分之一的城市人口无力购置住宅。新冠肺炎疫情放大了成本压力和负担能力不足带来的问题。

2. 技能型劳动力稀缺,物流格局发生变化

技术工人短缺已成为一些区域市场的主要问题。技能熟练劳动力的持续稀缺将对行业造成重大影响。如在目前美国建筑工人中,预计有41%的人将在2031年之前退休,退休将加剧技能型人才的短缺。而在今后的20年内这个问题将变得更加严重,影响波及面也会更大。中国建筑业也将面临人力资源短缺的严重问题。

在未来,新型轻质材料和结构强度高的建筑模块能以更远的距离运输,实现更高程度的物流中心化,从而改变未来物流格局。

3. 可持续性和安全性受到监管,建筑规范有望实现标准化

随着中国对可持续性和工地安全性的监管要求不断提高,可持续性和安全性要求将在未来十年显著提高,而在新冠肺炎疫情发生之后,我国需要建立新的安全卫生流程。

以联合国可持续发展目标的实施为例,全球范围内针对气候变化达成的共识,将迫使建筑公司和材料供应商将可持续性纳入其产品选择、施工流程和设计方案的考量中。现有城市化速度将导致我国加大对基础设施和住宅的资金投入,以应对区域人口的变动。而城市的可持续性发展尤为重要。麦肯锡之前的一项分析发现,在城市人口密集区域,使用各种技术和设计元素来减少资源浪费和污染,可将能源消耗量降低20%~40%,淡水消耗量和废水排放减少65%。

为了促进现代化施工方法的应用,实现建筑流程更高程度的标准化,行业监管和激励措施正在发生变化。其中的一种方法是推广模块化建筑。工厂建造模块的型号证书可以取代施工现场的逐一审查,以提高标准化监管的效率;政府也可以强制要求行业使用现代化施工方法。例如,新加坡所有政府兴修的住宅项目必须使用预制的模块进行装配。

(二)九大趋势颠覆建筑业生态

建筑业的九大趋势将从根本上改变整个行业的生态系统。新冠肺炎疫情带来的经济影响可能加速建筑业生态转变的发生。而顺应转变开发新业务和运营模式则可以为公司创造更多的价值和利润。这些新的模式都将提高建筑行业的入行门槛,有利于巩固建材企业市场地位,并鼓励其进行投资。

1. 产品化生产模式

未来,建筑工业化将成为建筑业的主要模式,装配式建筑的普遍实施将大大改变建筑业业态。大部分建筑项目都将使用定制化、模块化的组件。这些组件产自工厂的标准

化工艺流程，之后再运往现场进行组装。生产环境安全性高，生产流程同流水线一样可重复。此外，我国未来可能会出台模块化组件行业标准。通用组件（根据通用的行业标准制造）与定制组件（如外墙）的使用会达到一个平衡，以满足每个客户的个性需求。

数字化技术将成为产品化生产模式的关键因素。因此，采用数字化模式的公司无需自营工厂就可以管控全过程，并根据总拥有成本（TCO）对产品进行定价。

2. 专业化

为了提升利润率和差异化水平，各建材企业可能会更加专注于目标细分和小众细分市场（如豪华单户住宅、多层住宅、医院或加工厂），建立新的竞争优势，也将在材料、子细分领域及施工方法等方面进一步专业化。专业化还要求各企业发展与培养知识能力，保持竞争优势。各企业也需要仔细权衡进一步专业化带来的效果、效率和品牌定位转变，专业化的潜在风险以及多元组合对冲周期的优势等。

3. 价值链管控与行业供应链整合

未来，各公司将逐渐自营或管控价值链上的重要环节，如设计与工程、关键组件制造、供应链管理和现场组装。采取的方式可以是通过合作协议或共同利益建立的垂直整合，或建立战略联盟和伙伴关系。与其他制造业一样，关键组件的供应管控至关重要，建筑行业要确保生产来料及时合适，现场组装供应稳定。数字化技术将改变互动模式：BIM模型将引导更多的决策前置，分销将转向线上市场平台，而物流管理与端到端软件平台帮助公司更好地管控和整合价值链与供应链。通过成功整合BIM模型与价值链，公司将串联起从初始概念生成到成品生产的各工作环节。价值链管控及整合将减少工作衔接产生的摩擦，使产品创新更加敏捷。

4. 整合

随着市场专业化需求日益增长，创新领域加大力度投入（包括新材料、数字化、技术和设施的应用以及相应的人力资源），未来的市场竞争会更强调产品规模性。此外，由于产品化生产模式的标准化程度高、可重复性强，规模效应显著，大型专业投资方也青睐更成熟的大公司。建筑行业可能会越来越多地看到发生在价值链的特定环节以及整个链条上的并购。全球化将进一步增强规模效应，未来的制胜产品将引领潮流，风靡全球。

5. 以客户为中心的经营理念和品牌建设

随着行业逐渐产品化（即将开发、工程或建筑服务转化为便于销售的产品或解决方案）与专业化，拥有一个代表公司特质和价值的可信赖品牌，变得愈加重要。与传统的消费行业或B2B行业一样，一个强大的品牌可以将客户与建筑公司或供应商产品更紧密地联系在一起，并吸引新客户。与其他行业的品牌类似，建筑业品牌也包括产品和服务质量、价值、交付时间、可靠性、服务和质保等方面。

6. 投资技术和设施

产品化意味着需要建设模块化生产的工厂，因此针对厂区、机械设备（如自动化制造的机器人）和生产技术的投资都是必要的。在模块化生产之外，建筑工地所使用的先进自动化设备和无人机技术等同样要求投入大量资金。对于更专业化或产品化的组织来说研发投资将更为重要，因此需要增加用于开发创新性产品和技术的投资。未来，建筑行业对价值链各个环节数字化的投资将继续增加。

7. 投资人力资源

随着技术创新与应用、数字化发展、价值链管控以及终端市场的专业化等趋势深入发展，培养并留住专业人才愈发重要，各大企业必须加大对人力资源的投资力度，提高员工技能水平，以应对未来行业的变革，同时，供应链管理等创新能力也应引起重视。

8. 国际化

得益于标准化程度的提高，跨国运营的难度也相应降低。由于扩大规模逐渐成为创造竞争优势的重要手段，各大型企业将持续布局全球，并重点关注基础设施等高价值市场中的低体量项目，以中国建筑集团有限公司、中国交通建设股份有限公司等为代表的中国企业已经做出了成功示范。

9. 可持续性发展

企业决策时应将可持续性作为重要考量因素，企业在发展中需要全面考虑气候风险、环境影响等因素，推动可持续生产并优化供应链，提高企业产品的整体的可持续性与韧性。同时，还需全面改善工作氛围，营造和睦的工作气氛，并保障施工安全。

施工流程预计将发生重大转变，项目制将让位于产品化的生产模式，从而提高施工的产业化水平。目前，复杂且碎片化的建筑业生态需要向更加标准化的综合施工流程转型。但以上的趋势对建筑行业各方面的影响不尽相同。部分施工项目仍将通过传统流程建设非标准、小体量建筑。

（三）建筑业将经历多轮变革

相似行业的转型旅程通常历时数十年之久（图6-1）。在麦肯锡建筑业高管调研中，受访者普遍表示建筑行业将会同其他所分析的行业一样，主要经历两轮变革。在第一轮变革中，"工业化"将会推动流程标准化程度提升，提高行业总体生产效能。第二轮变革则会更加侧重"规模"，企业将加强对特定终端细分市场的聚焦，沿价值链开展纵向整合，同时进行国际市场扩张。通过借鉴相似行业的经验，建筑业企业注定将成功适应未来的冲击与挑战。

预计建筑业的转型顺序与相似行业类似

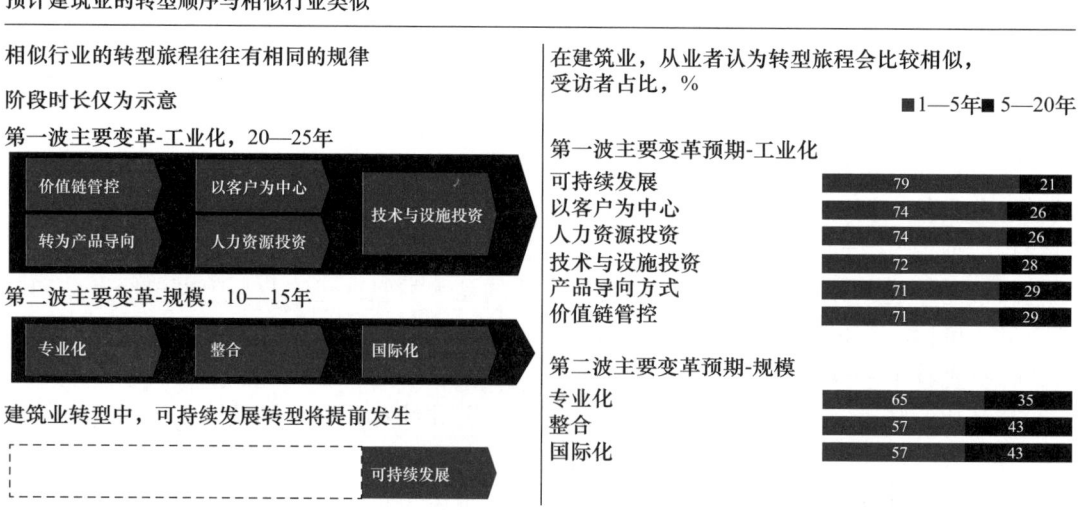

图6-1　建筑业转型阶段

数据来源：麦肯锡对400位建筑业C级高管的调研、专家访谈、麦肯锡分析

三、新冠肺炎疫情将加速行业变革

建筑业的全面转型可能需要数十年的时间，但是这一过程已经开始。调查显示，本报告中概述的变化可能在未来五到十年内发生。

在新冠肺炎疫情爆发之前，整个行业变革已经开始，建筑工业化和装配式建筑在美国、欧洲、日本等国家逐步成为主流，中国也已经通过政策推动等方式取得重要进展。在北美洲，2015—2018年间，新建房地产建筑项目中，永久性模块化建筑市场份额增长了约51%。此外，新兴参与者已经尝试在控制价值链上取得更大的份额；例如，Katerra利用新技术控制价值链，从设计、工程到场外制造。指标显示，建筑业越来越重视研发，投资于建筑技术和设施的公司也越来越多。

新冠肺炎疫情将加速行业变革（图6-2）。近2/3的受访者认为，新冠肺炎疫情将加速行业转型，半数受访者已经根据形势变化追加了投资，其中，在数字化和供应链控制方面的投资最为明显。这场危机将减缓国际化进程和新进入者的崛起，为参与者提供一个难得的介入和推动变革的机会。

2/3的受访者认为新冠肺炎疫情危机将加速行业转型

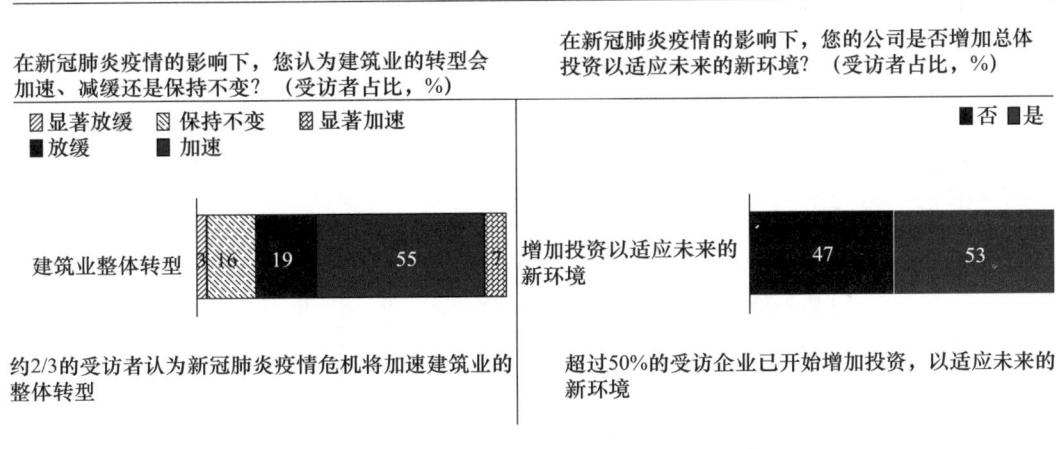

图6-2 新冠肺炎疫情对建筑业转型的影响
数据来源：2020年5月麦肯锡对100位建筑行业C级高管的调研

四、行业发展的新要求和着力点

（一）积极应对变革

为了应对建筑行业转型，企业需要重新定义其战略、业务和运营模式（图6-3）。从战略开始重新设定努力方向，包括重点关注什么和如何取胜，评估九大趋势的变化以及他们对核心市场的影响，在新趋势下的致胜业务以及满足需求的运营模式等。企业还需要建立一套致胜机制，并决定如何实施新的战略，同时把制定战略方向视为一个动态更新的过程。

策略需要确定"在哪里发展"。有哪些资产类别、细分行业、区域和价值链占比是最大的、增长的、有利可图的，并处于可接受的风险水平？在哪一个领域，公司能够建立持续的竞争优势和进入壁垒？各企业必须评估建筑业九大趋势对致胜道路的影响，选择不同的发展战略。

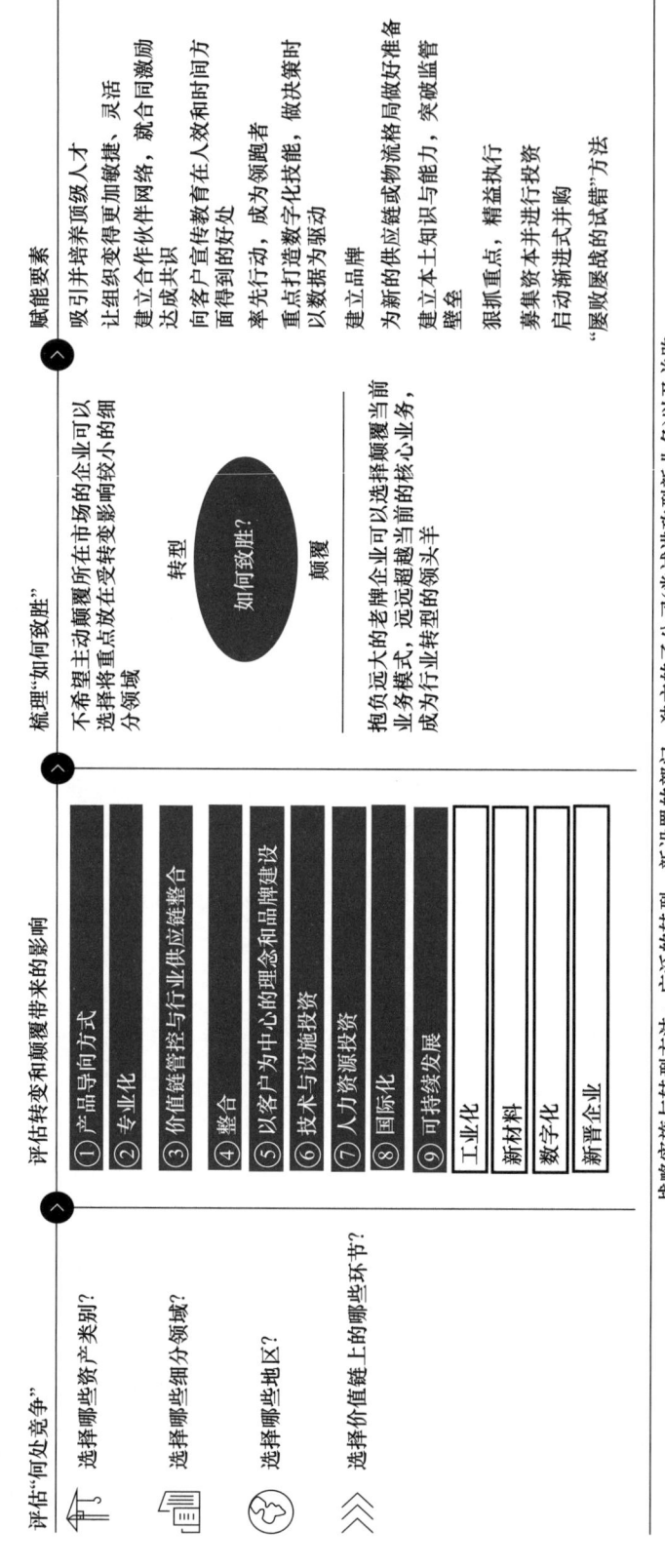

图 6-3　建筑企业应对行业转型措施

明确即将发生变化的领域，巩固价值链，采用具有先进物流管理的在线直接渠道，采用方案并购来实现规模扩张，或投资远远超出其现有流水线的制造能力。

最后，企业需要决定如何实施发展战略，推动实现企业转型。有的公司会按照其目标业务、经营模式和新的市场环境建立新的业务单位，并逐渐向该部门转移更多的资源；有的公司也会直接尝试改变现有核心业务。

（二）在细分领域寻求制胜之道

1. 基础材料制造商的思考出发点

建筑工程广泛使用的原材料包括水泥、钢铁、木材、玻璃等。建筑材料发展最显著的特征是向新的、重量较轻的材料过渡以及对其可持续性、可再利用性和废物排放提出更高的要求。虽然建筑业是从建筑市场的长期（后周期）增长中受益，但传统材料的所用数量（如水泥的数量）在每栋建筑的基础上可能下降。分销和承包业务的数字化和整合可能会改变物流和客户接口。企业要保持领先的发展，提高创新的速度和客户的亲密程度是至关重要的。

2. 零部件和组件制造商的思考出发点

建筑业九大趋势将对组件制造商产生强烈的影响：产品化、标准化（包括通过BIM对象库）和在线渠道将提高价格透明度并导致商品化；行业整合将提高大型承包商或模块化建筑公司的议价能力；企业国际化将驱使企业从成本低的国家采购原材料。头部公司推动行业整合和市场份额提升以进一步实现规模经济，并提供具有总拥有成本（TCO）优势和增值数字服务的解决方案。它们也可能从制造组件转向整个模块或子系统、直销模式以及协调实时生产系统（JIT）物流到预制或最终的建筑工地。

3. 材料分销商和物流的思考出发点

分销商采购、储存和运输基本材料、部件和设备转售给消费者和企业。有的分销商提供信贷；部分分销商组织物流和存货，主要针对建筑工地和安装人员。

建筑业九大趋势中有几项可能对经销商造成负面影响。产品化、标准化和整合将把决策和采购从小型专业分包商转移到大型承包商和以产品为基础的开发商，从而提高建筑企业谈判能力并减少所需材料的广度。更好和更早地使用建筑信息模型（BIM）和数字工具将加速企业的数字化、智能化转型，并减少本地库存。场外制造设施将把发货需求转移到工厂中心，以更好地预测市场需求水平，这将是主要的物流节点，在减少对靠近建筑工地的密集存储网络的需求的同时，也提高了对准时交货的预期。企业国际化将使更多的资源从低成本国家采购。在线和直销渠道，包括来自在线分销巨头的新竞争，将进一步重塑这一细分领域——它们为客户提供满足其高期望的服务，并越来越多地应用先进技术，如先进的分析技术和自动化仓库等。

虽然这些转变对缺乏物流能力的小分销商构成了重大威胁，但它们为拥有这种能力的公司提供了新的发展机会。在精细化生产、分类别评审和新的业务解决方案的支持下，分销商有机会进行整合。直接将分销商与客户的数字互动渠道和接口，连接到建筑信息模型（BIM）和建筑管理系统，允许其更好地融入价值链。分销商可以通过在物流、需求预测和库存管理中使用先进的分析方法来填补未来建筑业物流中心的角色，从而使从供应商到模块化建筑工厂再到建筑工地有及时交付的可能。

分销商可以通过以下方式为客户创造新的价值：国际采购、提供信贷融资、按装配顺序包装、提供房内交货、在工作日前交货、提供现场物流规划和运营，处理简单的预装配。

4.建筑部品和结构组件生产商的思考出发点

建筑部品和结构组件生产商主要制造用于房地产的建筑组件、结构或模块，也生产用于工业结构和基础设施（如桥梁段）的建筑组件、结构或模块。总体来说，在大型建筑生态系统中，场外预制建筑仍然是一个发展相对不成熟的部分，具有高度的分散化和规模较小的参与者，主要从事手工劳动。建筑业九大趋势都将以某种方式积极地影响未来对场外建设的需求，而且在整个生态系统中，集成效应将愈发显著。在以产品为基础的路径、标准化和可持续性理念的引导下，未来几年建筑部品和结构组件生产商将大规模向非现场生产的工厂化产品转移。

虽然工厂化生产将获得巨大的需求增长，但业主的期望和需求也将提高。例如，能否结合可持续性发展和新材料的应用以及自动化生产，尽可能减少现场工作量将成为越来越重要的标准。因此，未来的形势可能会与今天的大不相同，房地产、基础设施等领域是部署智能技术平台的下一个机会。

第二节　未来新常态下的行业发展

疫情后的重启和复苏，以"绿色"为主基调，尤其是各国政府对污染的代价和环保的收益逐渐取得共识之后，中国、印度和一些海湾国家都在以不可思议的投资规模加快发展绿色能源，包括英国在内的欧洲国家则携手解决气候变化问题，美国也逐渐抛弃煤炭，转而对电池、碳捕获方式和电动汽车等各种绿色技术开展创新。碳中和是值得全人类共同奋斗的目标，各国已经纷纷开展多项具体的研究与落地工作。欧盟委员会公布了《欧洲气候法》草案，以立法的形式明确2050年实现碳中和目标；我国更是按照《巴黎协定》规定更新的国家自主贡献强化目标及面向21世纪中叶的长期温室气体低排放发展战略出台了"碳达峰"和"碳中和"目标，对应对气候变化向世界做出了中国的庄严承诺。

疫情期间，工业4.0技术是很多企业成功应对经营危机的关键。面对近年来规模最大的卫生和经济危机，各行业都被迫采取非常手段，保护人员安全、维持业务运转。数字化加持下的第四次工业革命为企业雪中送炭，解决企业因劳动力和原材料短缺而陡增的需求。数字化加速工业、制造业应用场景的到来，赋能企业合作，实现行业净零转型下的可持续发展。

随着疫情后全球经济的重启和复苏以及全球加速迈向净零排放，根据所评估的1500家企业的业绩表现，发现改善程度前20%的企业（新兴韧性企业）正在拉开与其他企业的发展差距，这意味着经济复苏会让韧性产生溢价。优秀企业不会满足于现有优势，而是会通过国际并购等方式来建立新的优势。

在新常态下，ESG对于企业的高质量发展至关重要。优秀的ESG表现可以起到降低成本、提高价值、降低系统性风险、提高运营效率和法律保障等作用。ESG在全球范围内的发展包括国际社会共同携手共同推进净零排放，以及企业如何在践行ESG的同时创造价值、获得财务收益等。

一、合力应对挑战，中国做出更大贡献

（一）气候、能源、基础设施

社会的发展使得全球面临诸多挑战，如全球气候变暖、全球基础设施投资缺口高达3500亿美元等。这些挑战非一国之力可以解决，而是要靠国际合作加以应对。中国作为全球第二大经济体，应当参与到国际社会的对话当中，协助其制定解决方案。如在全球气候议题上，中国正在设立机构、筹措资金、加入全球气候协定，共同解决全球气候升温挑战。在基础设施投资及建造上，数字化转型是必然趋势。然而全球基础设施建设的数字化势必会引起不同国家之间的数据流动和数字主权归属问题，不同国别区域应就这些数字化治理议题达成共识，中国也在积极参与到国际社会规则的制定当中。

我国已经开始为全球议程贡献力量。以气候变化问题为例，我国能够为这项复杂而艰巨的挑战做出重大贡献。目前，全球近一半的可再生能源新增产能来自中国，中国光伏面板企业的业务版图如今已覆盖全球，在国外市场获得的市场份额估计达到48%左右。此外，我国政府也高度重视节能减排和发展清洁煤炭。我国的老式燃煤发电厂纷纷关停改造，以实现高效燃煤。我国在降低碳排放强度方面取得的显著成果也得到了全世界的认可，我国为节能减排制定了多种解决方案，包括采用更清洁的能源生产方式，逐渐过渡至可再生能源以及扩大对新能源汽车的需求等。

在基础设施建设方面，我国对"一带一路"沿线国家的投资为缩小全球基础设施缺口做出了贡献，这些投资主要集中于能源和交通运输领域。未来，我国与世界其他国家可以携手合作，为填补全球基础设施缺口做出更卓越的贡献。例如，我国可以努力提升"一带一路"项目的投资来源、环境影响、经营模式及预期回报的透明度，世界其他国家则需要加强项目管理能力，以更好地评估"一带一路"相关投资的风险和回报。

（二）"双碳"目标要求和全球净零转型

目前，全球各国均已意识到应立即采取行动，共同应对全球变暖及极端天气。其中全球65个经济体已经做出了净零承诺，覆盖了全球约80%的GDP和60%的二氧化碳排放，在全球2000家规模最大的上市公司中，有超过20%的企业做出了净零承诺，标志着人类社会向净零转型迈出了重要的第一步。

根据净零转型的风险特征，全球经济体可分为化石能源开采型、排放密集生产型、农业经济主导型、土地利用密集型、下游排放生产型、服务经济主导型六类。全球碳排放来自电力、工业、出行、建筑、农业和林业等六大系统以及土地使用系统。由于每个系统的排放量都非常显著，因此升温幅度无论是控制在1.5℃还是2℃，整个经济都必须做出重大调整以降低排放，其中工业（包括钢铁、水泥、化工产品的生产等）贡献了28%的二氧化碳和37%的甲烷排放；建筑（包括供暖、制冷等）贡献了7%的二氧化碳排放（图6-4）。

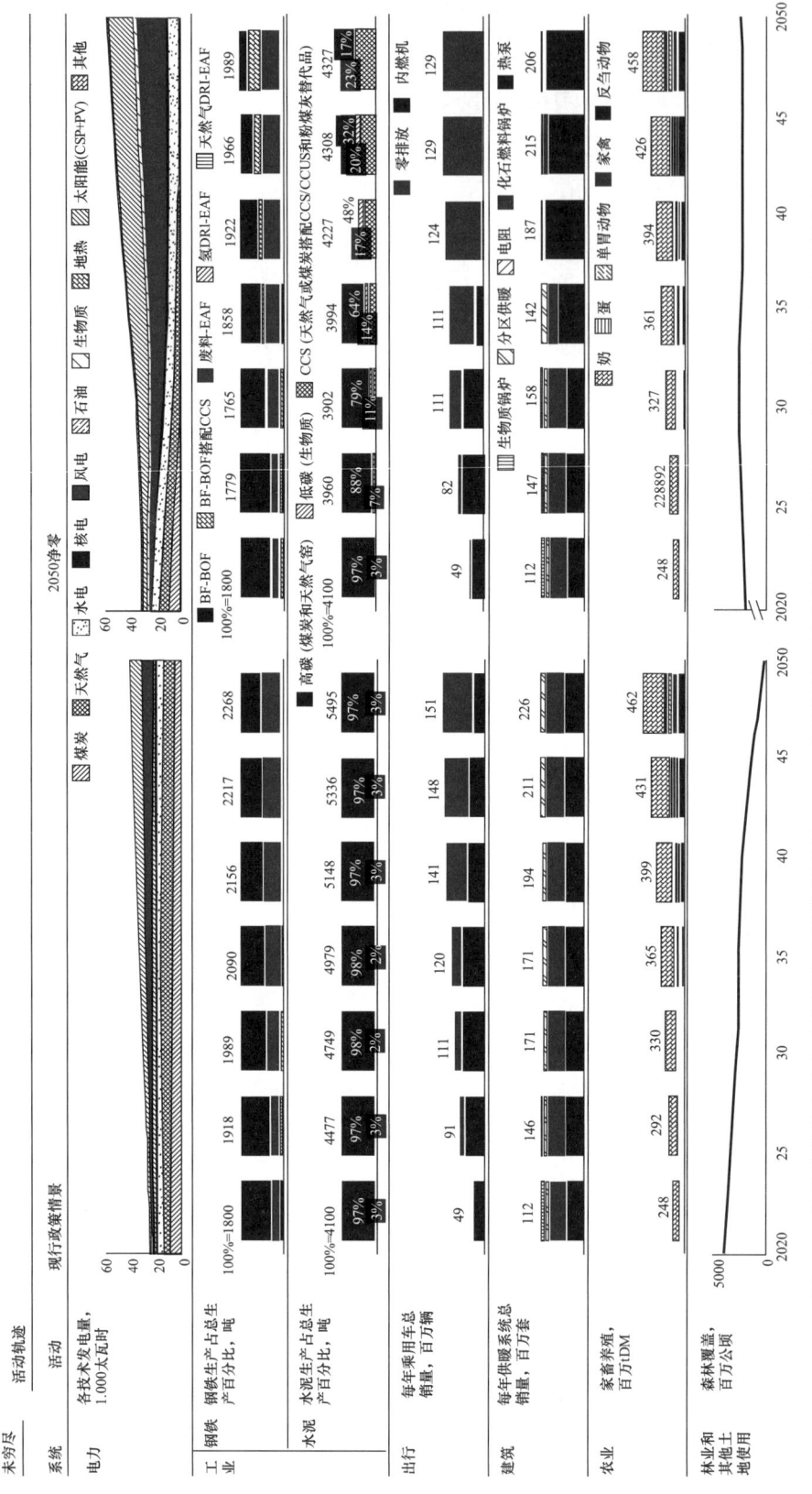

图 6-4 全球碳排放来自六大能源和土地使用系统，2050 净零情景预计商品服务需求及其生产路径都将发生显著变化

数据来源：NGFS、Vivid Economics、麦肯锡分析

（三）中国双碳目标的实施

自新冠肺炎疫情爆发以来，病毒在全球蔓延，对人们的生命和生计造成了严重的威胁。与此同时，一个更大的威胁正悄然迫近：气候变化。为了将全球平均气温较工业化前水平升高控制在 2℃ 之内，地球上几乎每个国家都在 2015 年的《巴黎协定》上同意采取行动，努力把升温控制在 1.5℃ 内。但是，《巴黎协定》的减排承诺也只占需要减少排放量的 1/3，在未来，各国尚需付出更大努力。建材工业是与生活息息相关的产业，也是能耗较高的传统工业、制造业行业，在减碳减排上扮演着重要的角色。

碳排放占全世界总量 28% 的中国，已经设定了远期减排目标：2030 年二氧化碳排放要达到峰值，2060 年要实现碳中和。达到这一目标殊为不易，却是势在必行。1909 年以来，中国的平均气温升高了 1.5℃，这意味着国土更加温暖湿润。1980—2012 年期间，华东地区的海平面上升了 93 毫米，20 世纪 70 年代至今，冰川已经融化了 10%。1998 年那场 50 年不遇的特大降水，在 2030 年再次发生的可能性提高了 2～3 倍，而在 2050 年，可能性高达 3～6 倍。由于酷热和潮湿而损失的户外工作时间比例，在 2030 年将从 4% 上升到 6.5%；到 2050 年将攀升至 9%，相当于损失了 1～1.5 万亿美元 GDP。

我国正在采取实际行动应对气候变化，建设多元能源供应体系，经济朝着更加清洁和能源密集转型。同时，由于发电、居民供暖以及钢铁、水泥等工业需求的上升，我国的煤炭消耗总量持续小幅上涨。2019 年，在中国的总能源消耗中，煤炭占比 58%，这一比重正呈逐渐下降趋势。

近期，我国陆续发布了《中共中央国务院关于完整准确全面贯彻新发展理念做好碳达峰碳中和工作的意见》《2030 年前碳达峰行动方案》以及《中国应对气候变化的政策与行动》白皮书等重要文件，碳达峰碳中和 "1+N" 政策体系正在加快形成。近期政策明确提出了 2025 年、2030 年和 2060 年三大阶段目标：即到 2025 年，绿色低碳循环发展的经济体系初步形成，重点行业能源利用效率大幅提升；到 2030 年，经济社会发展全面绿色转型取得显著成效，重点耗能行业能源利用效率达到国际先进水平；到 2060 年，绿色低碳循环发展的经济体系和清洁低碳安全高效的能源体系全面建立，能源利用效率达到国际先进水平。

我国在 2016 年签署了《巴黎协定》，根据这一协定，要不打破升温 1.5℃ 的临界点，二氧化碳排放需要保持在全球 "碳预算"（针对某升温目标，二氧化碳累计排放量上限）内，即总共 570 吉吨。根据目前的预测，即使签约国全部履行承诺，到 2030 年，2℃ 的碳预算仍将消耗约 80%，而 1.5℃ 的预算则所剩无几。中国为应对气候变化所采取的措施令人称赞，其四个减排措施可为其他国家和地区提供借鉴。

1. 通过增效、优化和循环来减少能源需求

从需求侧来看，如采用以下 4 种方法可显著减少排放：

（1）提高能效。我国可成为全球节能增效的标杆，在电器、照明、建筑规范等领域提出新的节能标准。

（2）优化工艺。在工业领域，我国可通过采用最先进技术来减少能源消耗，例如新型干法水泥窑、石脑油催化裂化制塑料等。我国应当制定明确的政策路线图，通过补贴激励企业采用低碳技术，追求规模经济的降本效应，最终转向市场化经营机制，实现规模化推广。

（3）循环经济。循环经济旨在消除浪费，最大程度地持续使用产品，为自然系统重新注入活力。在此过程中，政府可发挥关键的引导作用，以公共资金加快推广循环业务解决方案；各地市政府也应确保废物收集系统、处理和回收设施、建材库等相关基础设施建设到位，以实现材料的有效再循环。

（4）转变消费模式。新冠肺炎疫情的蔓延推动了许多有利于稳定气候的措施。在隔离封锁期间，远程通信取代了面对面会议，被人们广泛采用。疫情过后，各国政府也可以根据自身情况鼓励在一定范围内沿用这些解决方案。远程办公、减少长途旅行、以高铁取代航班等做法都有利于降低交通运输带来的能源需求和排放。

2. 改变发电和燃料结构

发电和交通运输行业约占我国温室气体排放量的1/3。如果不对这些行业进行大刀阔斧的改革，我国就很难实现经济脱碳。

（1）增加可再生能源的利用。我国的太阳能和风能发电技术领先全球，获得了令人瞩目的成就。但考虑到自身庞大的用电需求，中国在减少发电行业排放方面仍然大有可为。煤炭发电仍然占我国发电量的近70%。我国应进一步淘汰效率低下的燃煤电厂，代之以可再生能源，否则全球气候目标难以实现。

（2）交通运输电气化。中国的电动汽车保有量居世界之首，但电动车仅占道路车辆保有量的2.6%。目前中国大部分电动车销往大城市，因此需要加速推动电动汽车的普及销售。

（3）增加生物质能、生物燃料和生物能源的利用。目前，生物燃料的其他生产路径仍处于起步阶段，例如生物乙醇制喷气燃料、生物质气化、电能转化液态燃料等，中国可通过投资基础研究、提供启动资金等方式来支持这些新兴技术的发展。

（4）发展氢能市场。氢是一种取之不尽、用之不竭的能量载体，它能够产生热量和电能，而且唯一产生的副产品是水蒸气。氢能用途广泛、清洁安全，不仅有利于交通运输、工业能源、建筑采暖和电气等领域实现脱碳，也可以成为风能和太阳能等间歇性能源的有效补充，而且由于氢能可以储存，氢能发电将有利于增加电网的灵活性。

3. 大力发展碳排放管理行业

发展碳捕集、利用与封存（CCUS）。目前，碳捕集、利用与封存（CCUS）技术的成本仍然较高，应用规模较小，存储和运输基础设施也很有限。中国不妨对工厂和燃煤电厂的碳捕集技术进行快速迭代和测试，力争成为全球碳捕集、利用与封存领域的先导者。发电厂实施升级改造后可捕集90%以上的二氧化碳防止其进入大气；捕获的气体也可以封存起来，或者进一步用于生产。如果想真正发挥的碳捕集、利用与封存（CCUS）作用，未来几年正是改进技术、建立支持性基础设施并降低成本的关键时期。最终目标是让具有碳捕集、利用与封存能力的发电厂进一步结合生物能源，实现"负排放"发电。虽然目前中国已有若干个碳捕集、利用与封存（CCUS）项目，但远不能满足生产需求。此外，监管的不确定性和高昂的成本也影响了该技术在世界各地的发展。

4. 减少甲烷和一氧化二氮排放量

甲烷和一氧化二氮分别是全球第二和第三大温室气体。甲烷排放的短期影响极为恶劣。若要实现1.5℃的目标，全球甲烷排放量到2030年必须下降35%左右，到2050年必须下降65%左右。虽然甲烷在大气中的寿命比二氧化碳短得多，但其产生的温室效应却远超二氧化碳。因此，只要减少甲烷排放量，就能事半功倍地遏制短期升温幅度，并且降低不可逆的气候反馈风险。

我国作为排放密集生产型经济体，净零转型需要大量投资，以提高现有资产的环境韧性，实现现有资产低碳化。根据多家研究机构分析，我国未来40年达成碳中和目标所需的投资可能在百万亿元级别，涵盖多个领域，包括能源清洁化、工业低碳化、交通电动化及建筑绿色化等。

我国未来气候变化风险的频率和强度可能会大幅度增加，因此气候适应措施就显得尤其重要。在基建规划中，环境韧性将成为核心考量。中国政府和企业应增强韧性规划专业能力，将自然灾害风险意识纳入各个领域的政策、战略和运营中。

碳中和为我国带来了产业升级的机会，从高碳到低碳再到净零碳的转变，低碳产业和技术蕴藏着巨大的发展机遇。因为我国在全球产业链中处于不可替代的地位，工业品和制造业的需求至少在10年内不会出现断崖式下跌，因此低碳技术的市场需求是巨大的。在我国大规模需求体量下，更有机会加速产业创新及孵化，助推未来经济高质量发展。

（四）水泥行业碳减排路径

1. 中国水泥行业碳中和转型的必要性

水泥行业是我国国民经济的重要基础产业，也构成了现代城市建筑的躯干。放眼全球，水泥行业贡献了碳排放总量的7%。如果将全球水泥行业看作一个国家，那么它将是仅次于中国和美国的第三大碳排放国。我国生产全球近六成的水泥，水泥行业碳排放量也逾全球水泥产业碳排放总量的一半。

水泥生产过程中的二氧化碳排放主要源于熟料生产过程（图6-5），其中石灰石煅烧产生生石灰的过程所排放的二氧化碳，约占全生产过程碳排放总量的55%～70%；高温煅烧过程中燃烧燃料产生的二氧化碳约占全生产过程碳排放总量的25%～40%。

目前，我国水泥行业碳排放量占全国碳排放总量的13%左右，是制造业中主要的二氧化碳排放源。我国是全球水泥制造第一大国，2019年全球水泥产能为37亿吨，我国约占其中的60%。根据麦肯锡公司测算，要实现全球升温不超过1.5℃的情境，到2050年中国水泥行业碳减排需达70%以上。

2. 中国水泥行业碳减排路径

综合考量碳减排成本、技术可行性、资源可用性，需求下降、能效提升、替代燃料、碳捕捉技术的加速推动将成为中国水泥行业碳减排的重要抓手。据此，我国水泥行业从2020—2030和2050年的碳减排路径图如下（图6-6）。

需求下降直接助力碳减排。随着我国城市化率趋于稳定，GDP驱动的水泥需求预计会进一步下降，现有建筑的维修和更新将逐渐主导未来的水泥需求。此外，钢材、预制材料、交错层积木材等混凝土的替代建材也将进一步降低水泥需求。然而，需求预测的准确性受城市化和建筑业发展实际情况的影响，若需求下降不及预期，则需要依靠其他抓手推动碳减排，特别是碳捕集与封存（CCS）。

能效提升是技术成熟的无悔之举，到2050年可为水泥板块贡献约5%的碳减排。水泥行业的能效变革包括两大方面：一是节电的减排贡献，包括原料研磨、预分解炉、水泥车间用电等，为避免双重计算，这部分潜力将放在电力行业碳减排分析中另行展开；二是节省燃料的减排贡献，预计到2030年燃料消耗可节省5%，到2050年可节省14%。

水泥制造是一个非常复杂的过程，熟料生产阶段排放约95%的CO_2

水泥生产全周期过程中的能耗和排放细分
原料提炼和研磨　　　　熟料和水泥生产

	采石场	破碎机	运输[1]	生料磨	回分窑/预分解炉[2]	冷却器[2]	水泥车间	物流[4]	总计
能源 兆焦耳/吨	40	5	40	100	3150	160	285	115	3895
CO_2 公斤/吨	3	1	7	17	479　　319 煅烧过程　化石燃料	28	49	22	925
CO_2排放占比	NA	NA	1%	NA	55%~70%　24%~40%	NA	NA	3%~5%	100%

图6-5 水泥制造是一个非常复杂的过程，熟料生产阶段排放约95%的二氧化碳

数据来源：全球水泥和混凝土协会的《Getting the Numbers Right》报告（2017）

1——假设1kW·h/100米；2——假设全球平均值，数据来自全球水泥和混凝土协会的《Getting the Numbers Right》报告（2017）；3——假设是5kW·h/吨熟料的往复式炉棒冷却器；4——假设货车运输平均距离为200千米

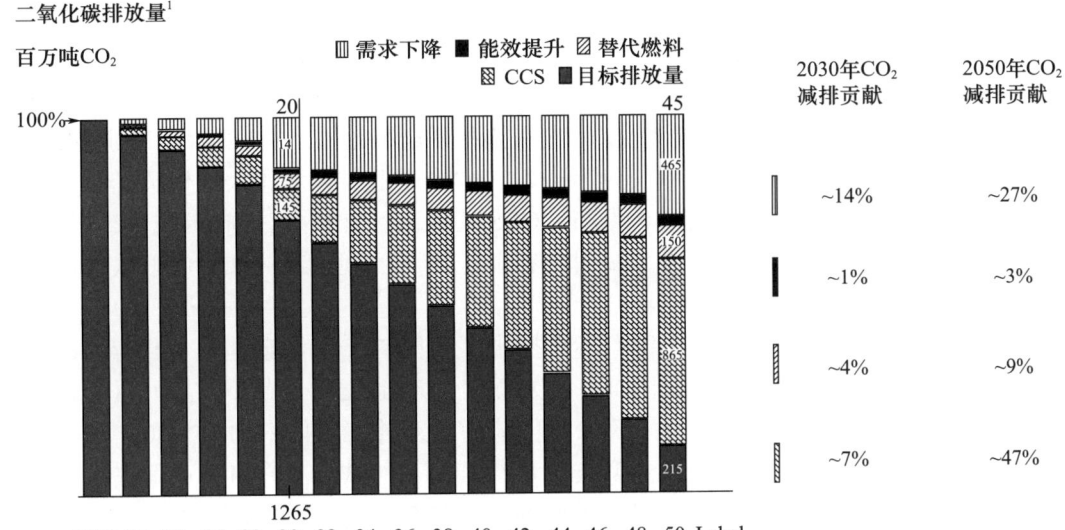

图 6-6 需求下降和 CCS 对 1.5℃路径中的二氧化碳减排贡献最大

数据来源：麦肯锡专家访谈、小组分析

替代燃料是更优先、更具成本效益的手段，到 2050 年可推动行业完成约 10% 的碳减排。如果逐个分析可为水泥生产供热的主要燃料，会发现可再生废弃物是最可行的煤炭替代燃料：

（1）煤炭：目前为逾 95% 的水泥生产供热，是现阶段石灰石煅烧使用的主要燃料源。由于煤炭价格低廉，煤炭燃料不太可能被完全取代，但会在燃料结构改善过程中不断降低其份额，预计在 2050 年，煤炭在水泥生产所使用的燃料中占比 20%～30%。

（2）生物质：目前为不足 1% 的水泥生产供热，被认为是无排放的清洁资源，并且搭配碳捕获技术可能产生净负排放。但我国生物质资源整体紧张，并且多个行业均出现需求显著增长的可能，目前行业内仍没有公司用生物质为水泥车间供热。考虑到生物质供给端的不确定性，预计在 2050 年，生物质构成水泥生产所使用燃料的 5%～10%。

（3）废弃物：目前为不到 5% 的水泥生产供热，废弃物是更好的潜在碳减排资源。一方面有机废弃物可作为燃料，另一方面固体废弃物可代替熟料，减少石灰石的使用，从而进一步减少生产过程中的碳排放。同时，废弃物利用在我国有着政策利好、供应量相对持续、垃圾分类状况不断改善三方面的发展优势。预计在 2050 年，废弃物构成水泥生产所使用燃料的 55%～75%。

（4）电力加热：对于水泥生产来说，采用电加热无论从需要较高温度和功率等技术要求、设备改造，还是运营经济性上看，均不具备很高的可行性，未来可能不会成为重要的减排手段。

（5）天然气：天然气虽不能帮助水泥行业实现燃料的零碳排放，但可以显著降低燃料的碳排放强度，因此，可能在未来的碳减排中扮演重要的过渡技术角色。同时，天然气作为替代燃料也面临成本上升、设备技改等挑战。本文暂未对天然气在未来水泥行业碳减排路线图中的作用进行定量分析。

在需求下降、能效提升、替代燃料三大抓手均发挥作用的情况下，预计可产生的碳减排成效与升温控制在 1.5℃ 情景下的碳减排目标之间仍有较大缺口，还需要新兴技术的支持。鉴于水泥生产中熟料工艺排放高的特点，在没有新兴技术大规模代替熟料的情况下，碳捕集与封存技术（CCS）将成为水泥行业实现碳中和的唯一选择，预计到 2050 年需要贡献行业约 50% 的碳减排。CCS 需要相匹配的地质条件，如靠近衰退期油田、盐水层等，且由于水泥厂规模较小、地点分散，单个企业难以承担大规模碳捕集与封存（CCS）基础设施建设，因此可考虑参与"CCS 工业园区"模式，与钢铁、煤电等其他需要依赖碳捕集与封存（CCS）技术减排的行业组团开展试点，例如，可以从行业集中度较高的河北或山东省开始试验。

某水泥生产头部企业在 2018 年下半年推出了我国首个水泥碳捕集与封存（CCS）示范项目（图 6-7），目前也是我国唯一的水泥企业碳捕集与封存（CCS）项目。该项目投资逾 5000 万元人民币，每年捕获二氧化碳约 5 万吨，捕集率约为 1/30，是一个小规模的试点项目。未来水泥行业碳捕集与封存（CCS）的试点工作将重点聚焦于捕集技术的创新突破、捕集规模的大幅提升以及碳捕集与封存（CCS）产业链的逐步搭建。

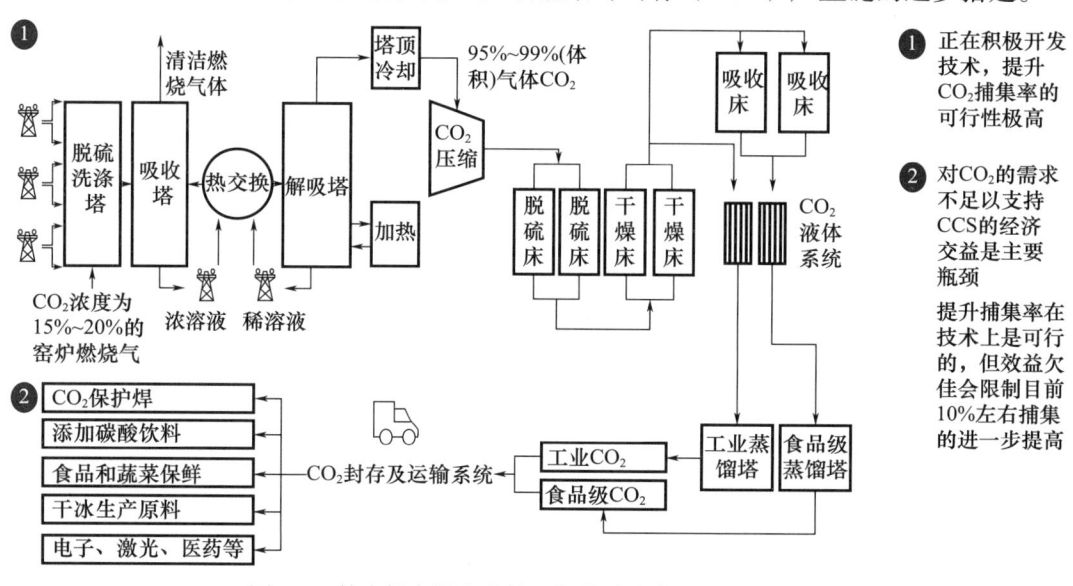

图 6-7 某头部水泥企业的二氧化碳捕集工艺和价值链

水泥行业是高减排难度的主要工业行业之一，这不仅是因为水泥有固定的工艺过程排放，更是由于水泥行业整体体量大但单体规模小，而且因绝对价格较低而难以承受很高的减排成本，这些都为水泥行业碳捕集与封存（CCS）规模化和新兴水泥替代技术的大幅突破增加了难度。但同时，由于当前供给侧结构性改革成效显著，水泥企业整体利润水平良好，行业整合度提升，正处于健康发展期，有能力未雨绸缪、大刀阔斧地推动技术创新，把握低碳转型机遇期。

3. 对水泥企业的启示

（1）捕捉低碳大势带来的商业模式变革机会，主动适应下游趋势。

水泥企业应重新思考产品结构、合作关系和自身在整个建筑行业的价值定位，评估建筑开发商等主要下游客户在低碳环境下的需求变化，对新增长机会尽早布局。例如，水泥企业可考虑推进替代建材领域的技术研发与企业收购，针对下游建筑商方面可能出现的新型建筑材料、建筑信息模型以及对预制化、模块化建筑解决方案进行提前布局，将生产与建筑信息模型结合，向下游拓展更多商业可能性。针对生物质能等未来可持续燃料资源的获取，水泥企业应当根据地区特征尽早布局，因为其他行业也将参与这场碳中和竞赛，也希望通过可持续燃料实现碳减排目标。

（2）在"十四五"高质量发展的主题下，大力推动"低碳+数字化"的运营转型，将效率提升做到极致。

深入理解"十四五"期间国家碳减排目标对水泥产业链的影响，主动开展端到端的碳足迹评估和减排成本曲线评估；将数字化运营与低碳转型相结合，利用人工智能和机器学习等手段在生产过程中减少波动、提高能效，在持续改善经营效率的同时降低企业的能耗和碳排放。例如，一家欧洲水泥生产商通过创建窑炉热曲线的自学习模型优化窑炉火焰的形状和强度，节省了6%的燃料。未来，领先的水泥企业可通过"低碳+数字化"的运营超越竞争对手。

（3）关注低碳大势对水泥产业生态的中长期影响，探索可能的绿色增长新机遇。

对新材料、新工艺和新减排技术等领域保持追踪，在有条件的前提下进行试点，获取行业发展的先行者优势。对于产业链上新兴绿色产品可能出现的"绿色溢价"，通过开发相应的"低碳、零碳产品线"，在具有环保意识的客户那里赢得口碑。未来，水泥行业的生态可能会被碳中和大势重塑，提前布局创新技术才是转危为机之道。

二、数字赋能生产，引领工业革命

工业和制造业一直在探讨如何将人工智能、大数据分析、数字化和智能化等技术运用到从设计到生产的各个环节，并以此引领第四次工业革命。疫情的出现使得劳动力短缺成为现实，这加速了数字化技术的应用，使第四次工业革命提前诞生。

对于赋能国际合作、提高国民生产力和企业成功转型而言，数字化技术都甚为关键。新冠肺炎疫情使得数字化的应用提前3—7年来临，在三年前人类能想象到的最好的数字化应用场景如今已无法满足各国的生产需求。

各国和各行业的企业家们都清醒地认识到：现有的商业和生产模式有必要加大在数字化领域的投资和发展力度。特别在疫情期间，数字化科技企业的涌现和获得的融资额度就是其极为有力的佐证。

数字化如何赋能国际合作、第四次工业革命将以何种方式到来以及如何呈现都尚在探索中，然而可以肯定的是，这是未来必然的发展趋势。

（一）数字赋能领导力的体现——全球灯塔工厂

为了缩小领跑者与落后者之间的差距，加快先进制造技术的普及，世界经济论坛于2018年携手麦肯锡公司启动了全球灯塔网络项目。在使用第四次工业革命技术推动工厂、价值链和商业模式的转型方面，该网络中的制造企业均展现出了卓越的领导力。灯塔工厂为其他企业指明了方向。通过在运营中融入数字化技术，灯塔工厂不仅成功提升了生产力，还为可持续的盈利增长奠定了基础。他们也因此在业绩、运营和环保方面斩获傲人回报。

自2018年开始公布9家灯塔工厂至今，全球已有103家灯塔企业，其中我国灯塔企业数量世界第一，有37家，领跑各制造大国，半数灯塔企业位于苏、鲁、粤、台，多省市积极支持灯塔企业。各行各业的灯塔工厂百花齐放，其中先进制造业的灯塔工厂分布最多，约占总数的65%（图6-8）。

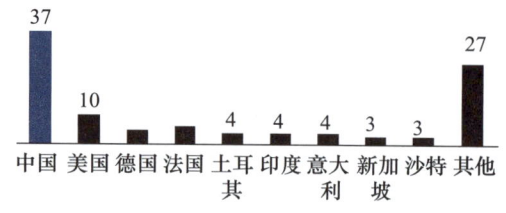
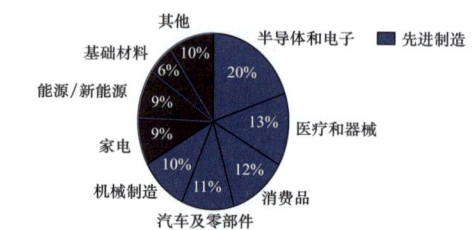
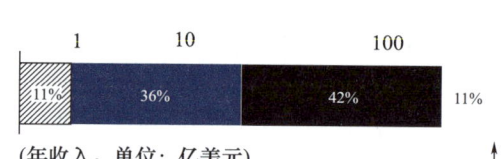

图6-8　全球灯塔网络成员

数据来源：世界经济论坛灯塔工厂白皮书、麦肯锡分析

灯塔企业是行业的引领者。灯塔企业不仅成功提升了企业生产力，还为企业可持续的盈利增长奠定了基础（图6-9）。数字化设备和管理应用在工厂层面提高了产出和效率，除此之外，采用新型商业模式、释放员工和生产流程的潜能这两项因素也在推动其在增长过程中发挥突出作用。

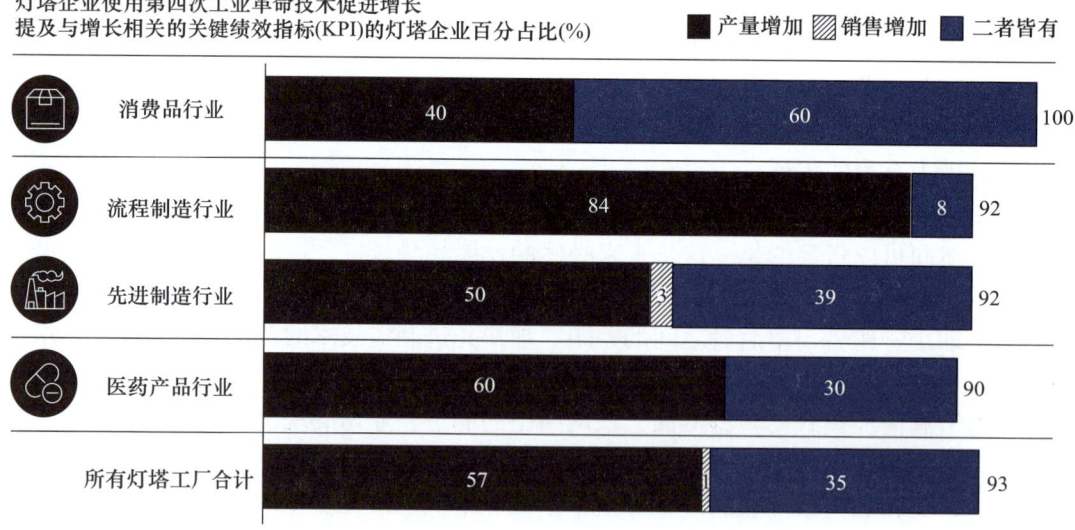

图6-9　即便在有限的资本投入下，灯塔企业也使实现增长成为可能

数据来源：世界经济论坛、麦肯锡分析

第 六 章 市场发展展望：全球视野下建材发展新常态

数字化企业在提高生产力的同时，提高了资源使用效率，进而促进了绿色环保，如绝大多数灯塔企业都在借助第四次工业革命技术提升可持续发展能力（图6-10），企业开始更多关注专项环保举措，如减碳和节水等。

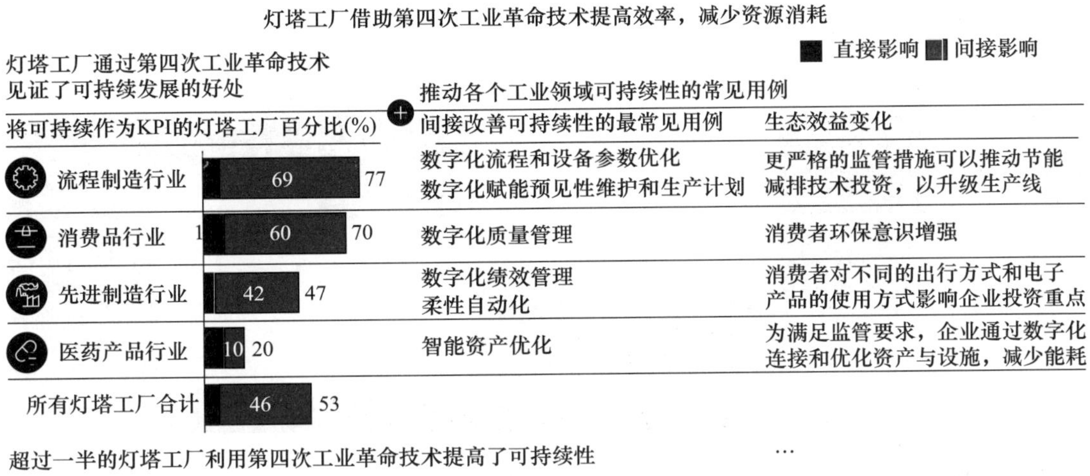

灯塔工厂借助第四次工业革命技术提高效率，减少资源消耗

■ 直接影响　■ 间接影响

灯塔工厂通过第四次工业革命技术见证了可持续发展的好处

推动各个工业领域可持续性的常见用例

将可持续作为KPI的灯塔工厂百分比(%)	间接改善可持续性的最常见用例	生态效益变化
流程制造行业　69　77	数字化流程和设备参数优化 数字化赋能预见性维护和生产计划	更严格的监管措施可以推动节能减排技术投资，以升级生产线
消费品行业　1　60　70	数字化质量管理	消费者环保意识增强
先进制造行业　42　47	数字化绩效管理 柔性自动化	消费者对不同的出行方式和电子产品的使用方式影响企业投资重点
医药产品行业　10　20	智能资产优化	为满足监管要求，企业通过数字化连接和优化资产与设施，减少能耗
所有灯塔工厂合计　46　53		

超过一半的灯塔工厂利用第四次工业革命技术提高了可持续性

图6-10　灯塔工厂借助数字化实现可持续发展目标
数据来源：世界经济论坛、麦肯锡分析

（二）数字互联打造未来水泥工厂

尽管水泥工厂只是建材企业价值链上的一个环节，但在引导行业应对颠覆性趋势、推动企业取得未来成功方面却是至关重要。前方的道路非常清晰：拥抱数字化和可持续发展。将这两个趋势置于未来规划的首位，关键在于要一边建立高效的数字化工作新模式，一边提升企业面对颠覆时的韧性。以下将以建材行业中的细分子行业——水泥产业为例进行说明。

1. 愿景：2030年的领先水泥工厂

未来的水泥工厂将通过优化能效、配方和产能来降低运营成本，提升资产价值，借助更具针对性的有效维护延长设备的运行周期。每家工厂的环境足迹都降至最低，以确保在其运营的地区都能获得经营许可。工厂根据实时客户数据动态调整生产和物流，以满足客户所需。无附加值的工作实现自动化，员工可以将工作热情倾注于增值活动中。各层级管理者远程即可获取实时信息，以更好地制定决策。

数字化和可持续抓手将是水泥工厂大幅提高产能和效率的关键举措（图6-11）。它们可以将每吨水泥的利润提升3～6美元，让工厂的成本曲线升至同等技术装备工厂中排名前25%的水平。

实现转型所需的资金数额取决于所采取的举措。例如，为回转窑设置先进分析试点需要专家工作2～3个月，以收集并分析历史数据，建模和训练系统；投资替代燃料装置需要高达数百万乃至上千万美元的资金以及长达一年的试运行时间；更为激进创新的方案则需要更多的资金和时间。除此之外，业内常见的卓越运营或合规性要求，以及其他一些规定也都需要资金投入。

2. 今天的水泥工厂

在想象未来的水泥工厂时，首先需要了解今天典型的水泥工厂。参考使用六级预热器——预分解炉的工厂，包括辊压式生料磨和两个水泥磨，年产熟料200万吨，能够生产多种类型的产品。工厂设备的平均利用率为90%，最多可以用15%的替代燃料。

应用数字化和可持续抓手能够将每吨水泥的利润提升3～6美元[1]

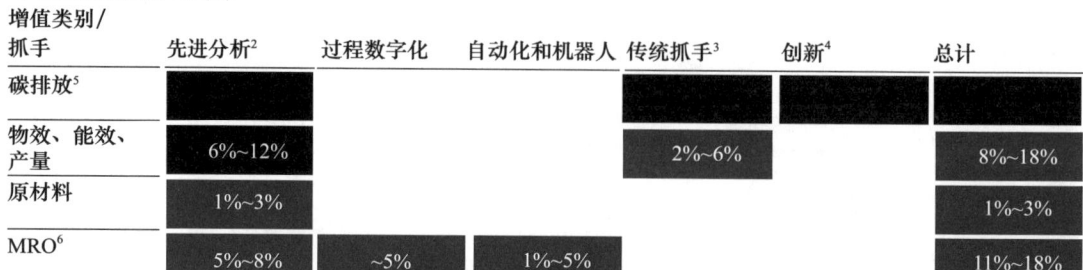

1—假设平均制造成本为每吨水泥35~40美元；不考虑创新设备对减排的影响；
2—包括资产优化和可靠性；
3—包括燃料配给优化、能源效率和熟料替代；
4—包括碳捕集、利用和封存，太阳能发电，物流和移动设备电气化及微藻培育等；
5—目前，免费的碳分配对水泥玩家已经足够，因此没有直接与碳减排相关的成本，但未来这一情况可能改变；
6—维护、修复和检修。

图6-11 数字化和可持续抓手将是水泥工厂大幅提高产能和效率的关键举措
数据来源：麦肯锡分析

近期，工厂使用先进流程控制工具来管理回转窑、生料及水泥磨。工厂设有中控室全面监督运营，作业员每天集中检视数字屏上的班次结果。设备部门将每日检查日志记录到可靠性管理工具中，确保下次设备检查时点检员能够了解情况。

3. 运营领跑者：赋能数字化及先进分析

和其他行业相比，水泥行业尚处于全面数字化转型的初级阶段。在103家"灯塔"的制造工厂中，没有一家是水泥工厂。然而，监管趋严、需求降低以及建筑生态系统发生的广泛变化，使得水泥行业迫切需要应用工业4.0技术以确保竞争力。

在未来的水泥工厂中，价值而非产量至关重要。基于数据实时进行决策将是常态，工厂会通过持续的调整适应生态系统的变化。产品组合增至现有规模的5～10倍，通过动态的约束条件和目标寻优来管理运营，并且同步调整相应的生产参数。数字孪生模拟并优化了外部变化对运营的整体影响，将从燃烧等复杂工艺到维护等更结构化的活动都囊括在内。

工作现场的员工进一步减少，互动式线上仪表盘让管理者可以通过远程合作解决问题，他们能够根据全面的信息与团队一起快速决策。设备工程师会被及时告知设备故障或即时维护工单，并在增强现实的帮助下，按照操作指南一步步进行修复。

强大的技术基础将推动水泥价值链全面整合，包括不同职能之间融合。先进分析算法改善了物耗、产量、质量、能效以及熟料掺加量。通过对设备综合利用率（OEE）损失的自动追踪及先进分析赋能软件，可以定制设备管理策略，提升设备可靠性并延长使用寿命（图6-12）。

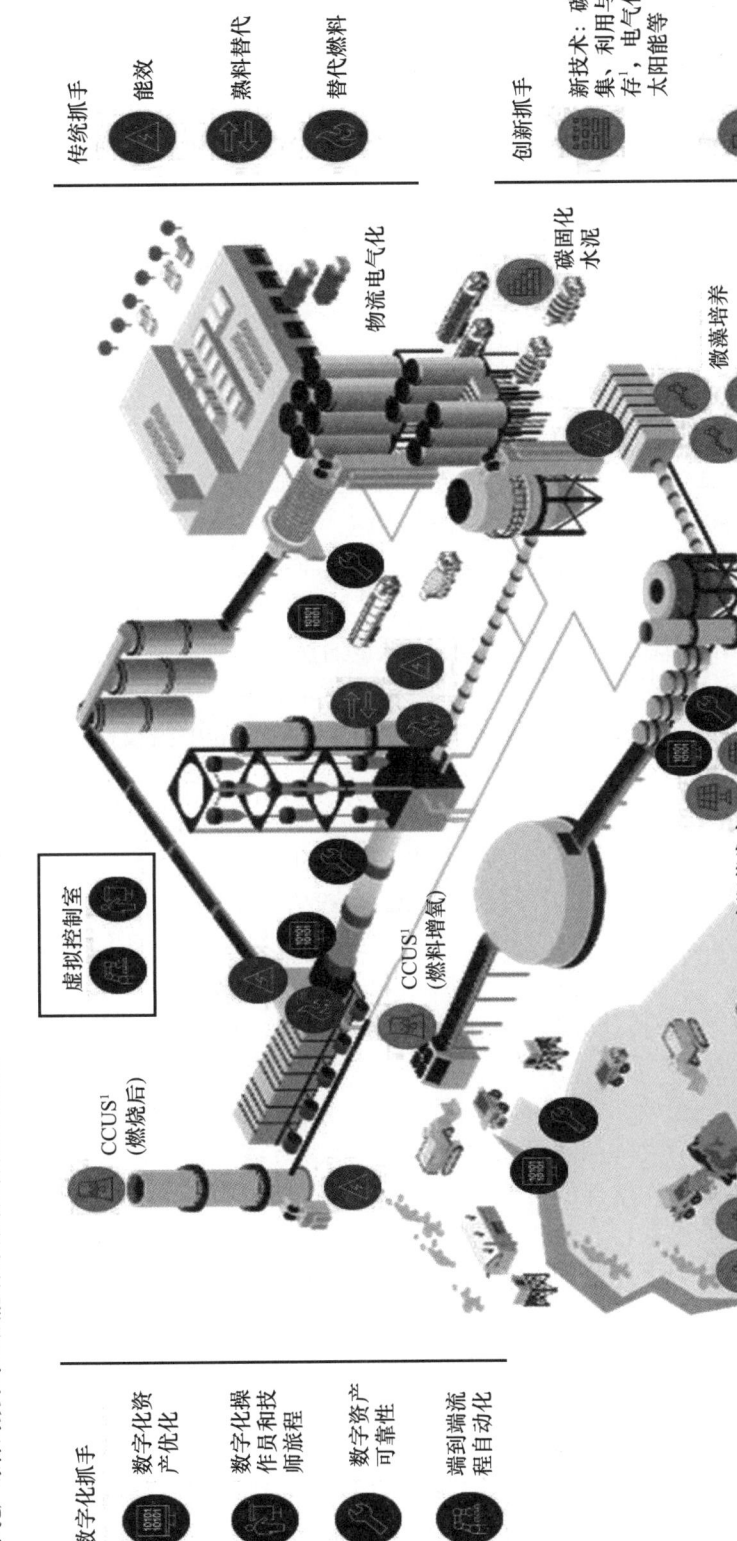

图 6-12 未来水泥工厂将融合经过验证的最新数字化和可持续技术及做法

三、海外投资并购，中国企业正当时

（一）未来趋势和要求

随着我国与世界各国的经济联系悄然改变，我国逐渐涌现出一批全球领军企业，并通过投资、并购、合资、技术合作、业务扩张等方式走向全球。2001年以来，我国资本大规模进入国际市场已有近20年历史。对世界而言，"中国模式"有资源、效率、信心三大显著优势。

然而，从2020年初至今，新冠肺炎疫情肆虐全球，随之而来的旅行限制与不断升级的地缘政治风险叠加，削弱了我国企业对外投资的势头。2021年中企宣布的海外并购总额达570亿美元，同比增长19%，但较2019年下降了28%；宣布的交易数量为516宗，同比减少4%，创七年来交易数量最低。

展望未来，出于对获取核心技术和分散风险等刚性战略需求，借助相对有利的宏观经济条件，以及相对温和的全球监管环境，我国企业的跨境并购活动有望触底反弹。

1.疫情后我国企业海外并购面临有利的宏观经济和市场环境

后疫情时代，各国的量化宽松和财政刺激措施，显著提高了市场流动性和企业的可投资金。在可预见的未来，全球主要经济体都将继续维持极低利率，使得我国买家更容易获得较低的融资成本。

后疫情时代，国际市场的潜在并购目标也批量涌现，特别是在受疫情冲击最严重的行业，包括交通物流、旅游与酒店业、基础材料以及非必需消费品业等。尽管各国政府的企业纾困计划会让潜在收购标的更具有韧性，但嗅觉敏锐的中国投资者仍将发现大量的并购机会。

2.我国企业通过海外并购获取技术并分散风险是战略需求

中美科技的差异化程度增加，促使我国越来越多的企业将目光投向世界其他国家和地区。2016年，以美国为主的北美国家占我国海外投资额的1/3，大部分都涉及某种形式的技术转移。而到2019年，这一比例已降至19%，交易额也萎缩了约80%。更多投资流向了欧洲（29%）、亚洲其他地区（27%）和南美洲（16%）。

2020年之后，中美在科技领域无论向哪个方向发展，我国投资者在部分领域的投资仍将面临制约，包括半导体、5G、人工智能和物联网等领域。此外，在社交网络和电子消费品等消费科技领域，全球可能形成中国和世界其他地区两极分化的二元格局。全球性企业将不得不在两大阵营间寻求业务布局平衡，在我国的跨国公司也有意加强与我国战略投资者和本地合作伙伴的合作，实现"中国制造，中国消费"。同时，我国更多的投资者可能一方面谋求在北美之外进行技术收购，另一方面，出口导向型的中国制造企业在海外新建和扩大生产基地，更好地向全球市场供货。这些结构性变化都将带来更多跨境并购机会。

另一重大的外部环境变化，就是新冠肺炎疫情促使数字化转型成为各行各业的当务之急。在价值链的每一环节，新兴的核心技术和数字化应用都呈现出爆发式增长，这为我国和全球投资者都带来了新的投资机会。我国已经在一些应用领域走在市场前沿，例如在线诊疗、在线教育与O2O零售等。然而，在居家医疗检测与健康监控设备、虚拟旅游和娱乐、数字消费金融和财富管理等领域，全球企业仍然具备很强的先发优势和竞争力。我国企业若想保持和提升市场地位,就需要持续投资和拓展全球性的产品和解决方案,以满足消费者日益高涨和日趋差异化的消费需求。

3. 在不涉及核心技术和国家安全的行业,我国企业海外并购面临的国内外监管相对温和

根据我国提出的经济"双循环"战略,未来五年,对我国经济增长的关注将超过出口和全球贸易。实际上,全球供应链洗牌在疫情前就已经开始,许多中低端制造产能已经从我国转移到更具成本优势的新兴市场。在这一背景下,经济"外循环"需要为我国经济增长服务,海外投资和跨境并购也不例外。收购国际品牌和先进技术的交易,只要所在行业不受监管限制,同时具备令人信服的"中国故事",能为国家带来额外的投资、消费和就业机会,更有可能受到目标国监管部门的鼓励和支持。

(二)我国企业海外并购制胜之道

回顾我国企业过去十年中完成的120多项重大海外交易,识别出海外投资的两大成功关键(图6-13):令人信服的并购战略和交易逻辑以及并购后的缜密规划且执行到位的整合。

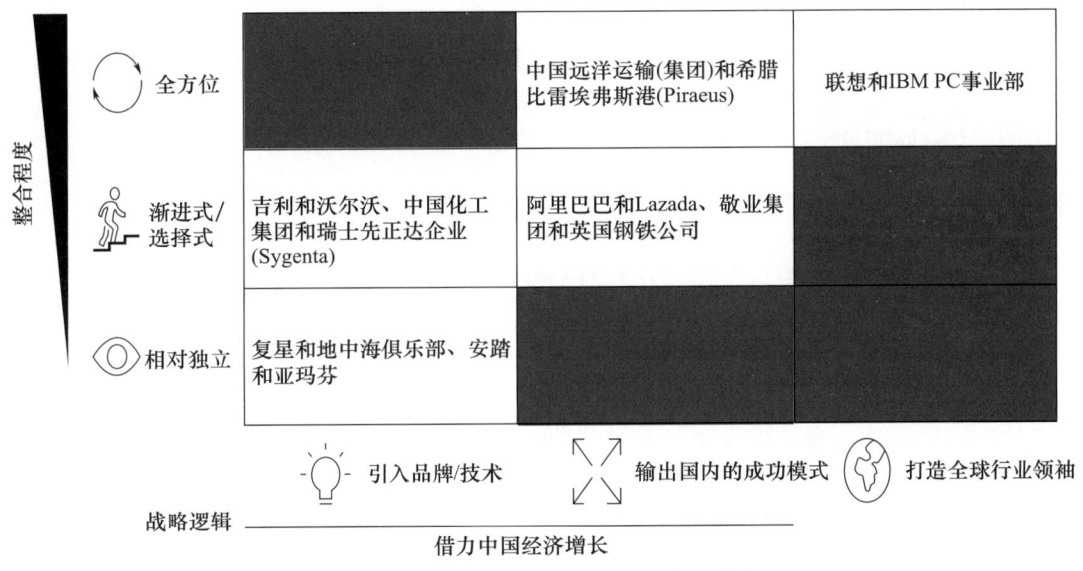

图 6-13 我国企业海外并购交易类型分析

交易逻辑清晰、明确,且与收购方的企业战略联系紧密,是跨境并购成功的关键。中国投资者经常采用以下三种并购逻辑:

1. 引进全球品牌或技术

根据这一逻辑,投资者必须能够针对我国市场的行业痛点,利用并购交易及被收购企业的品牌或技术来解决这些痛点。如果是引进技术,应在交易前详细分析新技术与市场现有解决方案之间的差距,并详细对比选择自主研发与外购两种路径。无论如何,交易都必须基于客观扎实的可行性研究,确保被收购企业的品牌或技术资产可以顺利地移植到我国市场。

2. 输出的成功模式

很多投资者理所当然地认为,把我国市场的成功因素复制到海外相当容易。其实不

然，由于各国的法律法规框架不同，劳工政策和经营规范存在差异以及当地市场和消费者对我国投资者带来变化的接受程度差异，交易的成功几率会受到不同程度的影响。一些投资者习惯了国内快速增长和瞬息万变的市场环境，而对被收购企业缺乏耐心，短期拔苗助长而非长期坚持，最终损害了跨境合作中最关键的信任基础。

3. 打造真正的全球行业领袖

领先的中国制造企业往往在国内拥有主导地位，并在全球市场已经占有了可观的市场份额。它们可以通过一系列的并购，整合业内体量较小的海外公司并成为真正的全球冠军。这样雄心勃勃的战略需要建立在坚实的基础上，包括自上而下对全面转型至跨国企业的战略共识以及跨地区、跨文化和跨时区高效经营运转的能力。根据企业对收购对象的不同整合速度与程度，观察到以下几种模式：

模式一：全方位整合。并购后12～24个月内完成整合。通常由买方新任命的董事会和管理团队操刀，全方位整合各个职能部门。在这个过程中，双方团队需尽早建立信任和文化认同，确定并实施妥善的关键人才留存机制，并打造新的企业总部，建立管理多元化跨国企业的专业能力。

模式二：渐进式或选择性整合。在3～5年时间内逐步整合，有时长达十年。通常由收购方和标的方共同组成新的管理团队，有选择和分阶段地整合各个职能部门。关键成功要素包括从最容易实现且最具价值的整合领域切入，制定清晰的整合路线图，还需要明确每一阶段的整合里程碑和完成标准，并悉心培养双方都认同的"企业身份"。

模式三：相对独立。在这类交易中，完全整合并非最终目标，因此收购方主要通过董事会实施战略管控。通常交易双方会各指派1～2名高管人员作为沟通桥梁，深度参与对方的公司治理和战略制定过程，而大多数职能部门保持独立运作。相对独立并不是放任不管，而是与私募股权基金的投后管理类似，主要通过董事会来实现主动的资产组合管理，给予强有力的战略引领，开展严格有效的定期业绩对话，并做出积极主动的资源再分配决策，从而提升被投企业的经营业绩。

研究发现，大部分企业在采用全方位整合时都备感棘手，共性问题是缺少本土成长、专业能力可靠且具备丰富国际阅历的高管，以及能在被收购企业的董事会或关键管理岗位上胜任"全能领袖"式的人才。因此，更多收购方倾向于选择渐进式或相对独立的模式，按部就班地逐一整合各个部门，在速赢举措和长期价值创造之间谋求平衡。

那么，我国企业海外并购的制胜之道用一句话可以概括，就是以两公司均实现长期股东价值最大化为目标，找到交易逻辑与并购后整合方法之间的完美组合。

以下来自汽车和钢铁行业的两个案例是这一制胜之道的最佳诠释（图6-14）。两家企业的交易逻辑不同，但都令人信服。它们都选择分阶段、渐进式地整合标的公司。

（三）有中国特色的系统化并购

系统化并购能够穿越经济周期创造较高的股东回报，这也是全球领先企业不断自我更新、保持基业长青的关键之一。例如，全球金融海啸期间，全球2000家规模最大的上市公司中，执行系统化并购的公司在2007年12月至2011年12月间的平均股东总回报率为1.1%。

交易逻辑与并购后整合方法协调一致

	交易1：汽车行业案例	交易2：钢铁行业案例
交易背景	• 收购方：中型私营低成本中国汽车制造商，主要产品为乘用车，尤其针对中低端市场 • 被收购方：拥有80多年历史的欧洲高端品牌，掌握一系列专有技术，业务遍布全球市场	• 收购方：领先的私营中国钢铁生产商，重点产品为螺纹钢 • 被收购方：具有150多年历史的欧洲标志性钢铁制造商，专门生产具有最先进工艺的长材，客户需求稳定；受困于长期投资不足
交易逻辑	引进品牌和技术 获取先进技术，强化品牌并利用成本方面的领先优势来提高收购标的盈利能力，着重加快收购标的在中国迅速增长的高端汽车市场中的扩张	输出国内的成功模式 获得强大的品牌资产：在欧洲建立具有先进制造能力的滩头堡；实现产品多元化；复制中国的管理经营经验来提升绩效低估值的收购机会
整合方法	渐进式/选择性整合 获取先进技术，强化品牌意识并利用成本方面的领先优势来提高标的盈利能力，首先重点推广"中国故事"	渐进式/选择性整合 保持长材产品的市场领先地位，将中国的成本管控纪律引至欧洲，并制定明确的多步实施计划
价值创造路径	收购方的股东总回报率在10年里增长达50%，大大超越国内同行	未来五年通过成本管控与效率提升来创造价值（进展中）

图6-14 中国海外并购案例

成功实施系统化并购需要具备四大要素：确定符合企业战略且主题明确的并购蓝图；主动获取交易来源确保充足的标的储备；具备支持外延式增长的组织架构和运营模式；量身定制交易执行与并购后整合手段。挑战来自两方面：首先，并购通常由董事长办公室或首席财务官兼职管理，缺少专门的团队来进行系统化的交易寻源和初步筛选；其次，当具体的收购机会出现时，通常来自投银和企业高管推荐，部分中国公司没有内部能力来主导交易的端到端执行。

有鉴于此，我国企业需要采取"有中国特色的系统化并购"模式（图6-15）。它可以实现双重目的：一方面是在坚持战略定力和聚焦的同时保留决策灵活性，另一方面是适当平衡内部能力与外部支持，确保高质量地执行交易。大多数中国公司，尤其是私营企业，目前仍然倾向于采用高度集中的决策机制，所以这一方法也要求高管团队在战略管理中打破思维定式，实现体制上和机制上的创新突破。

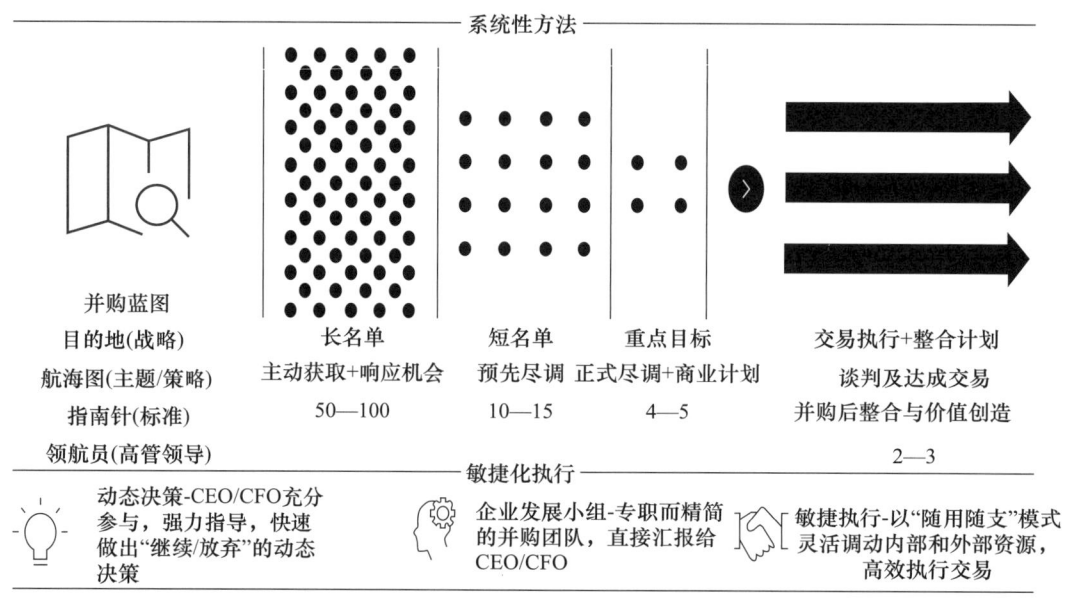

图6-15 有中国特色的系统化并购

（四）建材企业海外投资并购

进入21世纪以来，我国建材企业不断在海外新建和扩大生产基地、更好地向全球市场供货，中美、中欧科技的差异化程度使得我国建材产业投资者在部分领域面临发展制约，这些结构性的变化成为建材企业海外并购的动因，也为我国企业带来更多跨国并购的机会。

我国建材行业航母级巨头——中国建材集团有限公司在薄膜太阳能领域的系列海外并购就深谙制胜之道，交易逻辑清晰、明确，且与收购方的企业战略联系紧密，并购后缜密规划且整合执行到位，在引进全球品牌和技术的同时，着力打造真正的全球行业领袖。

中国建材集团有限公司的掌舵者们很早就清晰地认识到，与体量巨大的水泥业务板块相比，新材料业务板块体量不会很大，但主要靠技术和创新驱动，尤其在海外收购时不能短视，要挖掘真正有价值和技术含量的"金子"。过去中国公司的海外并购往往重视生产线、重视工厂，而现在要转变观念，重视实验室建设，以前瞻性布局为新材料产业下一阶段提供增长动力。

早在2009年中国建材集团有限公司就开始接触碲化镉薄膜太阳能电池技术，并与四川阿波罗太阳能科技有限公司合作建设中国唯一的一条碲化镉薄膜太阳能电池生产线——四川阿波罗5兆瓦碲化镉薄膜太阳能电池生产线，该生产线在成都双流试产，但生产状况不尽如人意。2011年10月，中国建材集团有限公司所属中国建材国际工程集团有限公司收购德国碲化镉薄膜企业CTF Solar GmbH。收购完成后，中建材蚌埠玻璃工业设计研究院又与美国阿波罗签订合作协议，把碲化镉项目从材料研究、工艺研究和玻璃研究串联起来，形成了以中、德、美三国顶尖科研人员构成的研发团队，形成了强大的研究体系，其严谨的交易逻辑和整合方法值得借鉴（表6-1）。2017年8月，我国自主研发的第一块重30千克的碲化镉薄膜太阳能发电玻璃在成都下线，这块发电玻璃规格为1.2米×1.6米，总面积1.92平方米，填补了我国空白。

表6-1 中国建材国际工程集团有限公司海外并购案例

交易背景	被收购方：最早从事碲化镉薄膜光伏技术研究及产业化的国际团队之一，一直在市场上推销碲化镉发电玻璃生产线交钥匙工程，但一直未能成功
交易逻辑	引进技术过程并不断研发继续提升技术 获取先进的技术，在中国建设碲化镉发电玻璃生产线，在建设过程中不断研发并进一步提高技术水平
整合方法	渐进式整合 利用收购方的工程总承包建设优势结合被收购的工艺装备技术，实现资源整合，充分发挥各自优势，实现碲化镉发电玻璃产业的快速增长
价值创造路径	收购方利用收购的技术，在我国实现了大尺寸碲化镉发电玻璃的产业化，并大规模应用在光伏建筑一体化市场，打造了一个全新的产业

碲化镉薄膜太阳能领域的海外并购完成后，中国建材集团有限公司又瞄准了薄膜太阳能的另外一个领域——铜铟镓硒太阳能电池产业。"中国建材集团要引领全球太阳能光伏行业发展"，这是当时集团制定的战略目标。2014年，中建材蚌埠玻璃工业设计研究院正式收购德国铜铟镓硒薄膜企业Avancis，全资收购Avancis在德国和韩国的铜铟镓硒薄膜太阳能电池工厂及相关技术。此次收购，保留和引进Avancis的全部技术团队，继续运营Avancis的技术中心、研发实验室。其重大意义在于，以引进、消化、吸收的集成创新模式进一步掌握世界领先的膜太阳能电池生产技术、特种玻璃制造技术，从玻璃进入新一代膜太阳能电池领域，利用现有核心技术优势将新能源相关产业链全线打通，彻底打破国外巨头在该领域对我国的长期封锁和垄断，以关键材料的快速研发孵化推进我国新能源产业快速、健康、可持续发展，2017年，年产1.5吉瓦的铜铟镓硒薄膜太阳能电池生产线首片下线。

四、ESG发展

（一）国际社会携手迈向净零排放

早在全球气候巨变和新冠肺炎疫情爆发前，关于"股东价值不应是企业唯一价值"

的声浪便不断升高。2019年8月，至少有181家美国顶尖企业的首席执行官联合签署了一份声明，承诺了若干优先事项，包括致力于投资培养员工、支持社区发展，以及在创造股东价值之余与供应商进行合乎道德的交易等。正如社会责任投资基金（SRI）近年来成为业内主流，关注人、利润和地球的"三重底线"理念也已成为商界的普遍共识。未来很多企业或多或少都要依靠公共资金运营，因此，对企业的监督和审查将会收紧，这将对政府与企业、企业与社会之间的关系产生切实影响。监管的趋严和社会的协作发展使得管理优良和尽职履行社会责任的企业获得高质量发展。

在新常态下，ESG对于企业的高质量发展至关重要。优秀的ESG表现可以起到降低成本、提高价值、降低系统性风险、提高运营效率和法律保障等作用。21世纪的第三个十年是对地球家园至关重要的十年。世界已经意识到了空前挑战，包括气候变化、自然损耗和极端的不平等。而ESG中的环境指标E中所包含的碳排放量等多项节能减排指标，是衡量企业"净零转型"和可持续发展的重要指标。尤其在我国，发展绿色经济和改善社会平等始终是最近一个五年计划政府工作的重点。如今，我国更是在响应《巴黎协定》方面发挥重要作用，制定并加速迈向3060"双碳"目标。ESG作为"3060目标"达成的重要配套支撑，进一步完善绿色发展体系将是中国重要的下一步。具体而言：从可持续发展角度，在政策与监管层面，ESG是促进绿色转型的主要动力；从金融机构层面，ESG是应对气候风险、践行低碳投融资的重要抓手；从企业战略和运营层面，ESG为双碳目标的达成提供基本保障。

（二）企业通过ESG创造价值的方式

越来越多的证据表明，企业需要建立一个强有力的主张来管理其ESG问题，因为已有研究表明具有强有力ESG主张的公司会获得更高的收益。此外，以ESG为导向的投资正在经历迅速崛起：全球可持续投资目前已超过30万亿美元，这个数字比2014年增长了68%，比2004年增长了10倍。

即便如此，仍然有许多公司对ESG能带来的财务回报不甚清楚，不断涌现的ESG问题将如何影响企业的现金流和价值创造活动？一个强大的ESG主张可以促进营收增长、降低成本、减少监管和法律干预、提升员工生产力及优化投资和资本支出。

1. 促进营收增长

强大的ESG主张可帮助公司开拓新的市场机会。当监管机构信任企业行为时，他们更有可能授予企业增长所需的授权、批准权和许可证。例如，最近在美国加利福尼亚州长滩举行的一个大型公私合作基础设施项目中，对营利性公司的筛选就参考了公司之前在可持续发展方面的表现。卓越的ESG执行力在采矿业也得到了明显的回报。以黄金为例，其作为一种商品，在其他条件相同的情况下，无论这些公司的ESG主张如何都应该为开采它的公司产生相同的经济利益。然而，一项主要的研究发现，如果公司开展了被公众和社会利益相关者认为有益的社会活动，则他们可以更容易地提取这些资源，而无需遭受严重的规划或业务延误。并且这些公司的估值明显高于社会资本较低的竞争对手。

ESG也会推动消费者偏好的改变。麦肯锡公司的研究表明，尽管在实践中可能存在较大差异，消费者表示他们愿意为"绿色环保"付费。例如，有些消费者甚至会拒绝多支付1%的价格，但在汽车、建筑、电子和包装等接受调查的多个品类的消费者中超过70%的人表示，如果绿色产品符合与非绿色替代品相同的性能，他们愿意为其额外支付5%的价格。在另一项研究中，接受调查的44%的公司认为业务和增长机会是推进可持续发展计划的动力。

这些回报都是真实存在的。当联合利华集团开发出相比其他品牌可显著减少用水量的洗洁精品牌Sunlight时，Sunlight以及联合利华集团的其他节水型产品的销售额在一些缺水市场取得了超过20%的增长。芬兰Neste成立于70多年以前，曾是一家传统炼油公司，但其现有超过2/3的利润来自可再生燃料和其他可持续发展相关的产品。

2. 降低成本

ESG计划可帮助公司大幅降低成本。据麦肯锡公司研究发现，有效执行ESG主张可帮助应对不断上升的原材料成本、水或碳排放成本等运营费用，而这些成本可能会对公司的营业利润带来多达60%的影响。该项研究的人员还创建了一个指标，包括能源、水和废物数量相对营收的关系，以分析各部门内公司的相对资源效率，并进一步研究资源效率与财务业绩之间的相关性。可以肯定的是，一些表现特别好的跨行业公司，恰恰是那些将可持续发展战略做得最深远的公司。

实现价值的第一步始于识别机会。以美国3M公司为例，其相信积极主动地应对环境风险可以成为竞争优势来源。公司于1975年就推出了3P计划（Pollution Prevention Pays，预防污染是有利可图的），通过优化产品配方，改进制造工艺，重新设计设备以及回收和再利用生产中的废物等预防污染，迄今已为公司节省了22亿美元。此外，一家大型水务公司通过改善预防性维护，改进备件库存管理以及解决能源消耗和污泥回收等问题，实现了每年1.8亿美元的成本节约。联邦快递公司曾计划将其3.5万辆运输车转换为电动或混合动力汽车，目前已完成了20%的转换，而这已经降低了该公司超过5000万加仑的油耗量。

3. 减少监管和法律干预

强大的外部价值主张可使公司实现更大的战略自由度，缓解监管压力。事实上，在跨行业和跨地区的一个又一个案例中，已经看到强大的ESG计划有助于减少公司所面临的不利政府行动的风险。不仅如此，它们还可以帮助企业获得更多的政府支持。

监管和法律干预的风险价值显著。根据麦肯锡公司的分析，1/3的企业利润通常面临国家干预的风险。当然，监管的影响因行业而异。对于制药业和医疗保健业，利润风险约为25%～30%。对于银行业来说，鉴于资本要求的规定，"太大而不能倒"和消费者权益保护，风险价值通常为50%～60%。对于汽车、航空航天和国防等行业，政府补贴（以及其他形式的干预）十分普遍，其风险价值可以高达60%。

4. 员工生产力提升

强有力的ESG主张可以帮助公司吸引并留住高素质员工，并通过培养其使命感来增强员工的积极性，提高整体生产力。例如，伦敦商学院的亚历克斯·埃德曼斯发现，入选《财富》杂志"100家最佳雇主"名单的公司，在过去超过25年的时间里，相对其竞争对手每年有2.3%～3.8%的超额股票回报率。最近的一项研究还表明，积极的社会影响与员工更高的工作满意度高度相关。

另一项田野实验表明，当公司"回馈"时，员工的反响是热情的。例如，在一家澳大利亚银行，随机选择部分员工并以向当地慈善机构捐赠的形式发放员工奖金，相比未被选中的员工，这些员工表示其工作满意度更高、更直接。

正如更高的使命感可以激励员工表现得更好一样，较弱的 ESG 主张也会拖累生产力。最明显的例子是罢工以及组织内的其他劳工行动。除此之外，生产力限制也可能发生在公司外部的整个供应链中。主要供应商经常将大订单分包给其他公司或依赖采购代理，而分包商通常管理松散，有的对工人的健康和安全几乎没有监督。

有远见的公司对此表示赞同。以通用磨坊公司为例，该公司致力于确保其 ESG 原则适用于"从农场到餐桌再到垃圾填埋场"。就美国沃尔玛百货有限公司而言，根据其自有分公司的计分卡，公司会追踪供应商的工作条件，包括那些在海外拥有大量工厂的供应商。美国玛氏公司正在寻找机会，为公司、供应商和环境实现所谓"双赢"。玛氏已经开发了一些示范农场，这些农场不仅向其供应链中的农民介绍新的技术举措，而且还增加了农民获得资金的渠道，使他们能够在这些举措中获得经济利益。

5. 投资和资产优化

强有力的 ESG 主张可以通过将资金分配到更有前景、更可持续的机会来提高投资回报。它还可以帮助企业避免因长期环境问题而无法获得回报的投资。实际上，正确考虑投资回报要求企业从正确的基线开始。当谈到 ESG 需要记住的是，不作为通常是一条侵蚀线，而不是一条直线。例如，继续依赖高耗能工厂和设备，企业可能会在未来耗尽现金；虽然提升运营所需的投资可能是巨大的，但继续等待却可能迎来最昂贵的选择。游戏规则正在发生变化：监管部门对排放的反应可能会影响能源成本，尤其会影响碳排放密集型行业的资产负债表。城市中心对一次性塑料和柴油汽车等产品的禁令或限制，将给许多企业带来新的风险和挑战。一种走在未来曲线前面的方法是现在就考虑重新利用资产——例如，将空置的停车场转变为需求更高的用途，如住宅或日托设施，在一些城市中这是开始出现的新趋势。

综上所述，践行 ESG 可以为企业带来显著的财务回报，富有远见的企业领导者们可以参考以上五种价值创造模式，帮助自己的企业在全球 ESG 的不断发展中处于领先地位。

第七章

案例分析：建材企业国际合作的典型案例

当今世界正经历百年未有之大变局，国际环境日趋复杂，不稳定性、不确定性明显增加。但随着"走出去"和"一带一路"建设的不断推进，建材企业，尤其是头部企业在推动建材行业国际合作过程中发挥了巨大作用，对外投资合作规模和水平持续提升。建材企业是建材行业开展国际合作的主体，也是国际、国内两个市场配置资源的主体。海外产业园区是承接产业链上下游"集群式"产业海外布局的主体，在提供优惠政策、便利设施、专业服务以及带动我国企业"走出去"等方面，都发挥着重要作用。建材企业国际合作的快速推进同样离不开产业链上下游企业的支持，"集群式"走出去更加全面地展现了我国建材产业链的整体优势。

本章以典型案例为切入点，在全面了解建材企业、海外产业园区和产业链上下游企业国际合作成效的基础上，总结企业国际化经营和园区建设成功的经验和启示，反映近年来我国建材企业开展国际化经营的实践和探索。

第一节 中国中材国际工程股份有限公司

一、公司概况

中国中材国际工程股份有限公司（以下简称"中材国际""公司"）是世界500强企业——中国建材集团有限公司唯一的水泥工程技术服务平台，是全球最大的水泥技术装备工程系统集成服务商，也是国际水泥技术装备工程市场少数具有完备产业链的企业之一；是国务院国资委"走出去"的标杆企业之一，也是国家高新技术企业、中国工业大奖获奖企业（图7-1）、"双百行动"试点企业。公司主要业务涵盖工程建设、装备制造、环保及生产运营管理四大板块。2021年公司总资产达到415亿元，营业收入362亿元，利润总额24亿元，自成立以来复合增长率超过20%。

公司于2001年12月成立，2005年进入高速发展期，国内外业务快速扩张，并于当年4月在上海证券交易所挂牌交易。2016年"两材"合并，为公司发展注入新动力与支撑。2021 年，公司完成了中国建材集团有限公司水泥矿山工程技术服务领域内的资产整合，创造了本业务规模最大的 A 股上市公司，进一步巩固了其在水泥工程业务领域全球领先的地位。"SINOMA"品牌成为国际建材工程市场最具影响力的品牌之一。

图 7-1　2020 年 12 月中材国际荣膺"中国工业大奖"

二、国际合作主要成效

2001 年底，中材国际在整合了中国水泥工程行业最优质资源的基础上正式成立，当时的中材国际经过数十年自主创新，新型干法水泥生产技术已达到世界先进水平，加之项目管理、工程施工和资源整合能力的不断提高，中材国际具备了走向国际市场、参与国际竞争的实力。2002 年，中材国际乘国家"走出去"之东风开始大规模实施国际化战略。20 年来，中材国际沿着"走出去—走进去—走上去"的发展路径，展开了自身的国际化发展之路，在水泥技术装备与工程主业全球市场占有率连续 14 年保持世界第一的同时，也成就了中材国际强大的综合实力和良好的发展韧性。

（一）以越南、沙特等国家的市场为突破口，6 年实现水泥工程业务全球第一

2002 年以来，中材国际乘国家"走出去"的东风，以越南、沙特等国家的市场为突破口，先后承揽越南福山水泥有限公司日产 5000 吨熟料新型干法水泥熟料生产线、豪瑞集团越南 NhonTrach 项目、沙特南方水泥有限公司日产 5000 吨熟料新型干法水泥熟料生产线（SPCC）、阿联酋联合水泥公司日产 10000 吨熟料新型干法水泥熟料生产线、沙特达曼 SCC 双万吨水泥熟料生产线等水泥工程项目（图 7-2），开始与丹麦 FLSmidth、德国 POLYSUIS、KHD 等国际水泥工程巨头同台竞争，并以先进的 EPC"交钥匙"模式解决了全球水泥行业长期以来的痛点，创造了巨大的市场价值，实现了在国际市场的第一轮跨越。

2008 年，时任国家副主席的习近平同志出访沙特，会见了包括中材国际在内的企业人员，要求中资机构和中国企业"重质量、讲信誉，争创中国品牌，树立中国形象"。同年，中材国际的全球水泥工程市场份额首次超越欧洲竞争对手，跃居世界第一，并在多个国家获得大奖、取得品牌知名度，如保加利亚 Devnya 日产 4000 吨熟料的生产线项

目获得保加利亚"年度最佳建筑奖"（图7-3），世界水泥工业的竞争格局被一个中国企业彻底改写。从初出国门到全球第一，中材国际仅仅用了6年的时间。

图7-2　沙特SCC 2×10000吨/天水泥熟料生产线项目

图7-3　获得保加利亚"年度最佳建筑奖"的保加利亚Devnya 4000吨/天熟料生产线项目

（二）紧抓"一带一路"发展机遇，发挥产业链协同效应，进一步确立全球水泥工程产业龙头地位

随着国家"一带一路"倡议的提出，中材国际迎来了新一轮重大发展机遇期。截至2021年底，公司累计在45个"一带一路"沿线国家建设了165条水泥熟料生产线，年产能超过2.8亿吨。以先进成熟、绿色环保的水泥工程技术、标准、装备和服务，帮助当地建立并完善现代化建材工业体系，提高当地基础设施建设水平，助力当地经济社会不断发展，提升中材国际的品牌影响力。在非洲大陆，中材国际承建了近90条水泥熟料生产线、20余个粉磨站，建成后年产能超过1亿吨，相当于非洲水泥总产能的25%，足迹覆盖近30个国家，显著提升了非洲水泥工业技术水平和项目所在国水泥行业的竞争力，对提升当地水泥产能、充实当地基础建材供应、创造就业岗位、推动经济发展及其城市化进程起到了重要作用。

践行"一带一路"倡议的近十年，中材国际进一步发挥其拥有的国际领先、自主知识产权的新型干法水泥熟料生产线工艺技术以及完整的水泥技术装备工程"全产业链"资源优势，全面开拓国际市场，并积极探索实践EPC＋F（投融资）、EPC＋M（运营管理）等多种形式的工程总承包模式，水泥技术装备与工程主业全球市场占有率连续14年保持世界第一，进一步确立了其在全球水泥工程产业的龙头地位；认真贯彻习近平总书记指示精神，坚持做精品工程、打造世界名牌，6个海外项目获得中国建设工程鲁班奖。沙特王子称公司承建的RCC项目是"奉献财富的绿洲"，埃及GOE项目荣获国家优质工程（境外工程）金奖，被誉为世界水泥王国的"金字塔"（图7-4），尼日利亚炼油厂项目被誉为"全球最具影响力的20个项目之一"（图7-5）。在"走出去"的过程中，中材国际充分发挥产业链集成优势和管理服务能力，当好产业链"链长"，与上下游、大中小企业融通创新、协同发展，带领6000余家中国企业走向世界。

图7-4　埃及GOE Beni Suef 6×6000吨/天水泥熟料生产线项目

图7-5　尼日利亚炼油厂项目

（三）全球布局、深耕海外，为公司实现跨越式发展储备新动能

党的十九大以来，中材国际在巩固水泥工程主业优势地位的同时，深耕海外，有效复制工程能力与资源优势，实现由水泥工程专业服务商向综合性工程服务商转型。公司签署的多元化工程合同超过240亿元，建成了吉尼斯全球最大原油罐、跨苏伊士运河大桥项目等世界瞩目的重大项目，在多元化工程市场极大地提升了公司的国际影响力，树立了良好的品牌形象。同时，结合市场需求，围绕属地轻制造业、属地服务等多元产业发展，由彩石瓦起步的全球屋面系统已经完成了全球10余个国家的规划布局，在非洲形成300万平方米的产能和800万平方米的待建产能。

公司为进一步加快"走进去"和"走上去"的步伐，在全球布局8大区域。在尼日利亚、埃及、埃塞俄比亚、坦桑尼亚、阿尔及利亚、赞比亚等地建设14家区域管理中心、布局36家属地化机构。在此过程中，公司不断加强属地化人才的培养和引进，建立适用于当地法律法规和国情的人力资源管理、培训体系，属地人员从基层一线施工人员逐步向管理技术高端人才转变。除了聘用当地商务、法务、税务、计划管理等高端人才，属地化公司还积极招聘当地大学毕业生作为新鲜血液，为公司的长远发展提供人力资源支撑。截至目前，公司培养了1000余名优秀的中国海外项目管理人员，拥有约1800名外籍雇员，形成了一支优秀的国际化管理团队，为公司未来国际化纵深发展培养了大量的人才储备。

（四）彰显央企责任担当，构建和谐共享的国际化发展新格局

作为最早加入联合国契约组织的成员之一，公司积极履行世界公民责任，践行"一带一路"倡议，境外用工比例达60%，助力当地经济发展和社会进步，并通过组织开放日活动、编制社会责任专题报告等方式，通过海内外媒体及社交平台渠道，积极展示履责信息。2021年，公司在尼日利亚组织"云开放"活动，编制并发布了尼日利亚国别社会责任报告，多角度展示了公司为推动当地经济社会发展、改善民生做出的贡献，该报告获得积极反响。所属尼日利亚公司获评中尼建交50周年荣誉企业；俄罗斯公司获评俄罗斯"优秀建筑企业"。公司通过推动市场、环境、社会协调共赢，不断巩固长期以来与驻在国社区建立的深厚情谊，为国际化经营创造了友好的发展环境。

三、成功的关键因素和借鉴启示

（一）艰难起步、创新自强，以持续领先的技术装备优势问鼎全球

自20世纪50年代开始，第一代中材国际人从新中国的光影中走来，伴随着国家建材工业的成长，从零开始、从无到有、靠新出强，通过引进、消化吸收和自主创新，实现了水泥工程关键设备从依赖进口到全面国产化、再到整线出口的重大突破，相继设计并建设了从日产2000吨到现在全球最大的日产14000吨水泥熟料生产线，推动建设周期和成本下降了70%以上。几十年来，中材国际带领中国水泥工业不断创新自强，实现了从追赶到并跑再到领跑的重大突破，掌握了国际领先自主知识产权的新型干法水泥熟料生产线工艺技术，拥有了大量配套自主知识产权的国际水准水泥专业装备和自动化控制技术装备，中国技术、中国装备、中国标准成功跻身全球价值链高端，这为中材国际能够成功"走出去"参与国际竞争并取得优势地位奠定了坚实的基础。

（二）紧抓机遇、夯实基础，以不断完善的全产业链集成优势确保行稳致远

中材国际深刻把握"双循环""两化融合""双碳"和国家"十四五"战略等政策要求和机遇，通过持续的技术创新和管理创新，不断完善自身研发、设计、装备、建设、调试、运维服务、数字化智能化、低碳环保等全产业链集成优势，全方位服务于国际市场，在巩固并不断扩大水泥工程主业优势的基础上，培育新的经济增长点。

EPC集成服务模式创新获取国际市场竞争比较优势。在国际市场上，与丹麦等欧洲企业相比，其更多业务模式是EP模式，中材国际产业链完整，便于提供EPC系统集成服务，加之近年来随着市场需求和经营环境的变化，中材国际也在积极探索实践EPC+F（投融资）、EPC+M（运营管理）等多种形式的工程总承包模式，这些均更好地适应了国际市场需求。中材国际在成本和工期方面具有比较优势，公司承担的EPC项目工期比欧洲公司缩短约1/4，而工程项目整体性价比较高。

水泥在智能化和低碳环保领域的技术研发创新，进一步发挥全产业链集成优势，同时抢占日益活跃的国际技术改造市场。"数字化、智能化、低碳、绿色、可持续发展"已成为全球水泥行业发展的共识，水泥行业将对数字化、智能化、超低排放、可替代燃料、碳捕集利用等技术提出新需求，国际市场也将涌现一批生产线技术改造项目以及高端运维服务项目。面对这一国际市场新变局，在数字化、智能化领域，中材国际通过自主研发，完全掌握了新一代新型干法水泥智能化技术与装备，能耗指标、环保指标和智能化管理达到世界先进水平；在低碳环保领域，围绕固体废弃物综合利用，中材国际形成了完善的水泥窑协同处置垃圾技术路线，成功开发并稳定运行多个生活垃圾、危废等协同处置项目；围绕"碳减排"，建成了水泥碳排放全过程数字化平台（图7-6），发布了建材装备产品碳足迹核算平台，启动碳捕获、利用与封存（CCUS）全氧燃烧等重大科研项目。这些举措进一步完善了中材国际全产业链集成优势，也将推动公司由传统EPC工程向依托数字智能先进技术的高端运维服务方向拓展，同时抢占日益活跃的国际水泥熟料生产线技术改造市场。

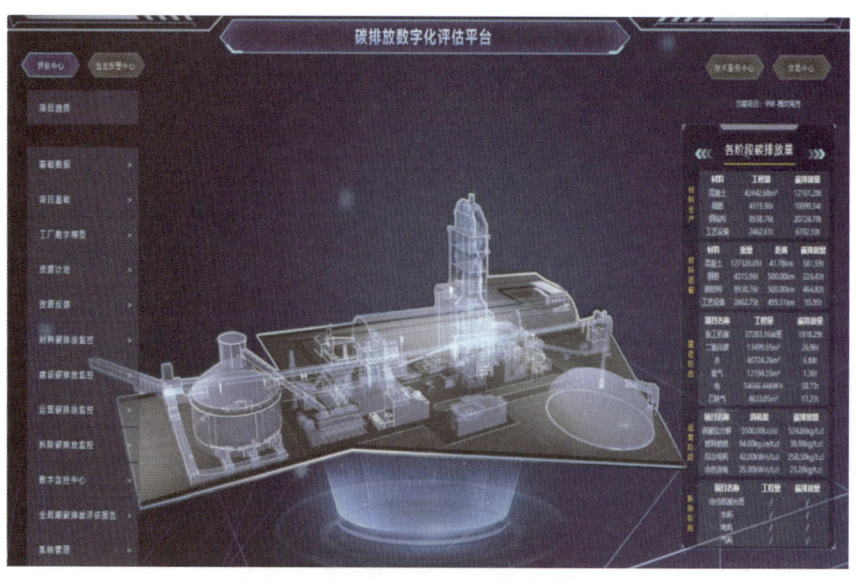

图7-6 公司的数字化"双碳"服务平台

第二节　中国建材国际工程集团有限公司

一、公司概况

中国建材国际工程集团有限公司（以下简称"中国建材工程""公司"）是由国家级科研院所蚌埠玻璃工业设计研究院转制而成，是中国建材集团有限公司扎根上海的高端技术服务平台，是以玻璃新材料技术为核心，以科研设计为龙头，以工程技术服务带动装备发展的国际化科技企业集团，拥有12家分公司、34家子公司以及美国新泽西光电材料研究中心、德国CTF薄膜电池研究中心、国家级企业技术中心、上海光电玻璃装备工程技术研究中心等高端研发平台，注册资本15亿元人民币，2021年主营营业收入140亿元。

近年来，中国建材工程通过大力实施"走出去"战略，实现了从单一技术出口向技术装备成套出口的跨越，逐步做强了"凯盛"品牌，打响了"中国制造"，巩固了玻璃工程第一品牌的地位，业务遍布世界各地。继之前在越南、印度尼西亚、日本、英国、阿根廷设立分支机构，在德国设立研发中心后，公司逐渐加大在"一带一路"沿线重点国家的布局步伐，在哈萨克斯坦、蒙古国等设立分支机构。

二、国际合作主要成效

中国建材工程始终贯彻"一带一路"倡议、"走出去""国内国际双循环"等国际化发展战略，在深耕玻璃工程业务、新能源工程业务的同时，形成了装备制造—项目建设的产业链，通过国际工程项目的建设，拉动配套装备的出口。

（一）玻璃新材料工程，领军行业、领跑世界

凭借近70年玻璃行业的专业经验，中国建材工程已形成了全套技术成熟、独具特色、性价比极优的大吨位优质浮法玻璃、超薄浮法玻璃、微铁太阳能高透玻璃等核心技术，目前已为韩国KCC、台玻集团等国际巨头提供十余条全球最大日产1200吨的优质浮法玻璃成套技术服务，为福耀玻璃工业集团股份有限公司设计并建设13条优质浮法玻璃生产线，为美国某玻璃巨头、法国圣戈班集团的全球子公司提供成套设备供货与服务，国内外市场占有率达到90%以上，业务遍布"一带一路"沿线20多个国家。引领全球光伏盖板玻璃技术发展，国内外建成69条光伏玻璃生产线，国内外工程服务市场占有率达80%以上。依托玻璃工程海外市场的广泛布局，带动玻璃装备出口，培育出蚌埠凯盛工程技术有限公司——亚洲最大玻璃装备制造企业，其生产的压延机、拉边机、辊道等设备成功出口国外十余个国家和地区。

近年来，公司积极开拓国外市场，通过云会议、云参观、云谈判、云签约等方式，持续推进开拓国际业务，在不利局面中开新局，取得了境外玻璃工程新签合同额大幅增长的优秀成绩。2020年，越南富美日熔化量600吨超白浮法玻璃生产线项目成功点火（图7-7）；2021年以来，中国建材工程相继与韩国KCC签署印度尼西亚日熔化量1200吨浮法玻璃生产线总承包过程合同，与孟加拉Meghna签署日熔化量600吨浮法玻璃生产线总承包合同，与印度GoldPlus就建设日熔化量300吨超白压延玻璃生产线项目举行云签约仪式，与印度 VISHAKHA 签署日熔化量 600 吨超白光伏玻璃生产线总承包合同等，实现经济逆增长。

图 7-7　越南富美 600 吨/天超白浮法玻璃项目

（二）新能源工程·绿色发展，第一方阵

中国建材工程作为国家智能光伏试点示范企业，依靠 EPC 成功经验及产业链协同，大力开拓全球太阳能工程技术市场，业务遍及欧洲、美洲以及亚洲等多个主流市场，已成为欧美最大的中资光伏 EPC 工程领军者。

2021 年，公司总承包建设的缅甸敏巫 220 兆瓦地面光伏电站项目（一期）成功并网发电，成为缅甸历史上首个建成并网的光伏地面电站，获得缅甸业主方的赞赏并续签二期工程总承包合同；葡萄牙 Solara4221 兆瓦光伏电站项目成功并网发电，成为全欧洲单体装机容量最大的光伏电站；西班牙 Portreal 283 兆瓦光伏电站完成并网后，再创单体并网新纪录（一期 133 兆瓦工程项目见图 7-8）；与美国 GPC 签订 262 兆瓦地面光伏电站项目总承包合同，与乌兹别克斯坦 PhanesGroup 签署 200 兆瓦光伏电站项目战略协议等。

图 7-8　西班牙 133 兆瓦太阳能电站

公司光伏组件生产业务稳步发展。公司下属公司中建材浚鑫科技有限公司作为全球化光伏制造商，产品远销欧洲、北美、亚洲、澳洲、中东、南非等50多个国家和地区；在欧洲、美国和泰国建立了本土化的生产、销售和经营团队，其中在泰国春武里府投资1.5亿元建设100兆瓦太阳能电池车间和100兆瓦太阳能组件车间，逐步实现制造、销售、服务一体化。

（三）光伏一体化（BIPV）·产业链完整，推动绿色发展

随着越来越多的国家提出碳中和目标，能有效减碳且兼具成本优势的光伏发电技术将在全世界范围内迎来重大的发展机遇。在此背景下，中国建材工程通过重组中建材浚鑫科技有限公司、德国CTF、中建材凯盛机器人（上海）有限公司等，新能源业务已形成"研发+制造+工程"上下游完整太阳能产业链，不仅掌握光伏玻璃基础材料晶硅、薄膜等光伏产品相关技术的自主知识产权，同时研发薄膜太阳能电池生产线智能抓取机器人、太阳能光伏发电站智能清扫机器人等高端智能装备，通过与建筑工程相结合，成功开拓光伏建筑一体化业务。上海进博会CIGS薄膜光伏发电玻璃展示见图7-9。

图7-9　上海进博会CIGS薄膜光伏发电玻璃展示

（四）节能环保业务·节能先锋，环保主力

上海凯盛节能工程技术有限公司是中国建材工程与日本三菱株式会社合资成立的专业从事低温烟气余热回收发电、生物质发电等业务的高新技术企业，是公司在"引进来"方面的成功探索，该企业逐步发展成为节能环保工程业务遍布国内外十多个国家和地区的优质工程服务企业，已涉足土耳其、巴基斯坦（具体节能环保工程项目见图7-10）、乌兹别克斯坦、韩国、马来西亚、印度尼西亚等"一带一路"沿线国家，并向南美、北美市场拓展。

图 7-10　上海凯盛节能巴基斯坦 ML 水泥熟料生产线配套 25 兆瓦余热发电项目成功并网发电，实现了巴基斯坦迄今为止最大的水泥余热发电厂建设目标

三、成功的关键因素和借鉴启示

（一）贯彻创新驱动战略，保持技术领先，奠定行业地位

在国际市场竞争中，一方面要大力锻造长板，巩固提升优势产业的领先地位，另一方面，要着力补齐短板，深入实施创新驱动发展战略，加强关键核心技术攻关，围绕产业链部署创新链、围绕创新链布局产业链，加快高端化、智能化、绿色化发展，提升核心竞争力，强化国际地位。

中建材工程多年来瞄准国家战略需求和国际前沿技术，实施开放式科研、技术和产业联盟，强化国际科技开放合作，加快技术改造、创新和升级，不仅培养出了玻璃新材料领域唯一的工程院院士，更掌握了打破国外垄断、填补国内空白、具有完全自主知识产权的高端浮法玻璃技术，开发出我国首条自主研发的 8.5 代 TFT-LCD 玻璃基板生产线、生产世界最薄 0.12 毫米电子信息玻璃生产线、世界最大 1200 吨超大吨位高品质浮法玻璃生产线、世界单体规模最大 1200 吨超白太阳能光伏玻璃生产线等。中国建材工程在取得了一大批科技成果的同时，成功实施产业化和工程化，并不断向新能源工程、智能制造等相关领域拓展产业链，实现创新链、产业链、价值链的统一，在国际市场上树立了领先地位。

（二）贯彻落实"一带一路"倡议，开放合作，共享发展成果

中国建材工程一直重视履行社会责任，视建立中国企业在境外良好的社会形象为己任，致力于把我国先进的玻璃、新材料和新能源工程技术及服务经验与世界分享。在境外总承包工程的实施中，秉持为当地经济做贡献、与当地企业合作、为当地人民服务的三个原则，把国际上最绿色、节能、环保的先进建材制造技术与装备带到"一带一路"国家，同时全面加强境外防疫工作的联动配合，确保职工的人身安全和项目的顺利推进，为项目所在地培养与工程相关的专业人才，其所涉及的境外总承包项目都赢得了当地业主及项目周边居民的一致好评。哈萨克斯坦奥尔达日熔化量 600 吨/天浮法玻璃生产线项目见图 7-11。

图 7-11　哈萨克斯坦奥尔达 600 吨 / 天浮法玻璃生产线项目

（三）打响国际品牌，夯实国际地位，持续提升国际影响力

作为国际工程公司，中国建材工程长期以来不断加强国际合作和交流，品牌国际影响力稳健提升，"CTIEC"马德里国际商标相继在韩国、哈萨克斯坦、蒙古国、土耳其、印度、俄罗斯核准。

积极参加大型国际博览会并进行品牌联合宣传，立体展示我国建材工程的形象和实力，利用各种媒体渠道做好对外宣传工作，加深国际客户对公司供应链网络的品牌印象。2021 年先后参加第 31 届中国国际玻璃工业技术展览会和 SNEC 第十五届（2021）国际太阳能光伏与智慧能源（上海）展览会，完成了印度超白光伏玻璃生产线、乌兹别克斯坦 200 兆瓦光伏电站等多个国际项目的合作签约。

中国建材工程作为国际玻璃协会的核心会员单位，从 2019 年开始，与国际玻璃年倡议团队共同努力，最终获得了来自 5 大洲 79 个国家的 1500 所高校、研究中心、学会、行业协会、博物馆、玻璃生产商和企业的积极响应与书面支持。2002 年国际玻璃年倡议于 2021 年 5 月 18 日获得联合国大会正式批准，2022 年成为联合国国际玻璃年。

（四）全面推进高层次国际化人才引进与培养，打造人才高地

中国建材工程全面推进"高层次国际化人才培养"，创新体制机制，拓宽人才引进与培养渠道，坚持"走出去"与"请进来"相结合，开设高层次国际化人才培养的相关讲座，选拔专业人员赴美国访学交流，实地考察不同类型相关业务企业，组织后备人才中外联合培养。中国建材工程在提高专业人员知识水平、开阔研究思路、培养国际化视野、提升跨文化交流能力的同时，全面提升公司国际化业务水平、国内外技术声誉与企业核心竞争力，增强国际话语权和参与全球市场竞争能力，为推动构建人类命运共同体贡献力量。第三批赴美交流团队活动情况见图 7-12。

图 7-12　第三批赴美交流团队圆满结束访学生活

（五）创新举措应对疫情常态化、加强风险控制

中国建材工程大力发展数字化经营，充分利用网络手段，保持与国外客户的沟通，针对客户关注点，制作宣传材料，拍摄并制作宣传视频，以解决客户因疫情防控不能实地到访了解，从而对公司的技术能力和企业实力可能产生的顾虑问题。通过云会议、云参观、云谈判、云签约等方式，持续推进国际业务开拓工作。

面对国内外原材料、运输成本、人力资源成本等全方位上涨情况，在对外工程总承办成本核算中，中国建材工程充分考虑各项因素，积极优化方案，有效控制成本。在增强风控意识的同时，进一步完善、细化合同相关条款内容，中国建材工程尽量以人民币进行结算，将各种风险的可能性降到最低。

第三节　华新水泥股份有限公司

一、公司概况

华新水泥股份有限公司（以下简称"华新水泥"）始创于1907年，被誉为中国水泥工业的摇篮，110多年来为国家和地方经济社会发展做出了突出贡献。1994年，华新水泥A、B股在上海证券交易所上市。1999年，与当时的瑞士Holcim结为战略伙伴关系。自上市以来，华新水泥坚持以恒心办恒业，通过实施一体化发展战略、环保转型发展战略、海外发展战略和高新建筑材料的业务拓展战略，已在国内14个省市及海外拥有250多家分子公司，成为涉足水泥、混凝土、骨料、环保、装备制造及工程、新型建筑材料等领域，是全产业链一体化发展的全球化建材企业集团。

二、国际合作主要成效

2011年开始，华新水泥开始启动海外业务，在周边国家寻找发展机会。2013年，在国家发起"一带一路"倡议后，华新水泥正式将"海外发展"定义为公司发展四大战略之一。截至目前，华新水泥海外工厂已覆盖中亚、南亚、东南亚和非洲的8个国家。

（一）试水塔吉克斯坦，首战告捷

2011年华新水泥与塔吉克斯坦合作伙伴签订合作协议，正式选择塔吉克斯坦作为公司实施国际化战略的第一站。2013年9月，由华新水泥投资1.2亿美元建设的年产100万吨水泥熟料生产线项目在塔吉克斯坦哈特隆州建成投产。这不仅是华新水泥的第一家海外工厂，也是我国建材行业大型企业在境外投资的第一家工厂，更是塔吉克斯坦的首条新型干法水泥熟料生产线。该工厂投产后，彻底改变了塔吉克斯坦以往高质量水泥长期依赖进口的局面，节约了宝贵的外汇，并使塔吉克斯坦工程建设成本大大下降。

2014年，华新水泥再接再厉，在习近平主席和拉赫蒙总统的见证下与塔吉克斯坦政府签署了再投资协议，投资1.5亿美元在塔吉克斯坦北部索格特州建成了第二家水泥工厂（图7-13）。该工厂是世界水泥行业首家成功实现自备电厂孤网运行的水泥工厂，为在能源短缺国家投资建设项目树立了样板。塔吉克斯坦总统拉赫蒙在工厂投产时亲笔题词："华新水泥高标准建设的自带发电系统的工厂为中亚首创"。如今，作为中塔合作的成功典范，华新水泥已成为塔吉克斯坦家喻户晓的第一品牌。

图7-13　建设于戈壁滩上的华新水泥塔吉克斯坦第二家工厂

回顾在塔吉克斯坦的投资和运营之路，从开始运营时的摸索、磕碰到现在的游刃有余，华新水泥在塔吉克斯坦的投资既为后续的海外投资积累了经验，也为公司的进一步海外发展增加了信心。

（二）重建柬埔寨工厂，传承中柬友谊

2012年，在时任中国总理温家宝和柬埔寨首相洪森的共同见证下，华新水泥与柬埔寨的合作方签订了重建水泥厂的协议，计划投资1亿美元对工厂进行升级改造。2015年2月，重建后的华新水泥柬埔寨卓雷丁水泥厂正式投产（图7-14），产品辐射金边、西哈努克等重要城市。

作为我国在柬埔寨投资的首家水泥工厂，华新水泥在当地生产和销售的"华新""国王"和"巴戎"三大品牌水泥在当地广受欢迎，以优异的质量、贴心的服务赢得当地消费者的好评，为我国品牌在当地树立了典范。

图 7-14　华新水泥柬埔寨工厂现已发展成为华新水泥柬埔寨建材产业园核心企业

2019 年，华新水泥又在当地进一步投资建设年产 1 亿只包装袋的包装袋厂，填补了当地包装袋产能空白，完全替代进口并出口至缅甸、泰国等周边国家。

（三）布局中亚，确立行业龙头地位

为进一步发挥华新水泥在中亚地区的优势，2018 年，华新水泥在中部国际产能合作论坛上与乌兹别克斯坦政府签订了在吉扎克州的投资协议。该项目克服了推进中遭遇的种种困难，于 2020 年 6 月顺利建成投产（图 7-15）。作为乌兹别克斯坦历史上首家外国独资企业，华新水泥乌兹别克斯坦项目在建设过程中得到了来自中乌两国政府的大力支持。

图 7-15　华新水泥乌兹别克斯坦工厂于 2020 年 6 月投产

此外，2019 年 12 月，华新水泥还通过并购形式获得了吉尔吉斯南方水泥公司 100% 股权。至此，华新水泥在中亚地区的工厂数量达到 4 家，年产能达到 600 万吨，产品可辐射乌兹别克斯坦的塔什干、撒马尔罕、费尔干那，塔吉克斯坦的杜尚别、苦盏，吉尔吉斯斯坦的奥什、比什凯克等多个国家及地区，成为当地品牌声誉最好、产能最高、辐射范围最广的行业领导者。

（四）落子南亚，积极推进尼泊尔项目

在南亚，华新水泥选择了与中国友谊深厚的尼泊尔作为第一个投资目的地。2019年3月，华新水泥尼泊尔项目作为第二届"一带一路"高峰论坛签约成果项目正式开工。该项目计划投资1.5亿美元，建设年产150万吨水泥熟料生产线项目。项目建成后，可大幅提升尼泊尔水泥行业整体质量，改变当地高品质水泥全部依靠进口的局面，同时为尼泊尔直接或间接创造大约1100个工作岗位。

尼泊尔项目启动后，迅速成为当地明星项目。华新水泥尼泊尔项目还建设了一条直达项目所在村庄的公路，解决了以往村民们出行仅能走山路的困难。在建设项目电网时，又考虑周边村民们的需求，无偿给各村增加了支线供电，使村民们第一次用上了安全、稳定的电源。2022年1月，在历经洪水、地震、疫情等不利因素的考验后，华新兑现了在尼发展承诺，项目正式建成投产（图7-16）。

图7-16　华新水泥尼泊尔项目于2021年成功点火投产

（五）收购坦桑尼亚工厂，挺进非洲

经过周密考察和研究，华新水泥在非洲的第一站选在了坦桑尼亚。2019年，华新水泥与肯尼亚某上市公司达成协议，收购该公司位于坦桑尼亚的水泥工厂100%股权。此次收购也使该工厂成为坦桑尼亚最大的中国投资企业。2020年5月，华新水泥正式接管该工厂，并投入约5000万美元对工厂进行技术改造，用于恢复该工厂的生产能力。2021年11月，华新水泥坦桑尼亚公司项目产品成功上市，使华新水泥继20世纪60年代出口非洲后，再次在非洲大陆重现。

（六）进军赞马，续写中非合作新篇章

2021年，在受到新冠肺炎疫情的影响下，华新水泥逆势而上，与世界水泥巨头豪瑞集团达成合作，收购其在赞比亚和马拉维的资产，实现了在非洲的进一步发展。华新水泥员工冒着疫情风险，克服不能现场谈判和到场调研的困难，成功签署合作协议，并赴非洲完成项目交割，实现了华新水泥海外家庭的扩容。目前，该项目运行良好，基本实现了预期目标。

三、成功的关键因素和借鉴启示

（一）履行企业社会责任，走和谐、共荣海外发展之路

2009 年，华新水泥在我国建材行业领域首家发布社会责任报告，将为民众"建设美好生活"定义为企业使命。在境外的系列投资中，华新水泥同样始终秉承企业发展与社会进步、民众福祉相结合的宗旨，积极践行建设一座工厂、造福一方百姓的理念。

华新水泥塔吉克斯坦项目建成后，优先安置当地贫困居民 600 多人就业，出资改善周边社区道路、电力设施和居民自来水网的条件，无偿为当地建设一座结合当地人民习惯和现代化教学要求而设计的大型学校。2014 年 7 月，为系统、持续帮扶当地居民，华新水泥成立"我爱塔吉克"华新水泥慈善基金，每年投入上百万元帮扶塔吉克斯坦社区民众。2016 年，华新水泥在塔吉克斯坦首都杜尚别召开社会责任发布会，公布"百万扶贫计划""百万助学计划""百万助教计划"，计划用五年时间为塔吉克斯坦消除贫困和提升教育水平，该行动赢得中塔两国政府和主流媒体的广泛称赞。截至 2017 年，华新水泥塔吉克斯塔项目累计用于当地公益慈善项目的资金已达 2500 多万元，并与塔吉克斯坦工业与新技术部、劳动部、教育部在公益事业上建立稳定的合作关系，开展了一系列力度大、范围广、影响力强的公益活动（图 7-17），为中资企业在塔吉克斯坦投资树立了榜样。我国驻塔吉克斯坦大使、参赞等多次到华新水泥工厂参观指导工作，盛赞"华新建设了中塔友谊的桥梁"。

图 7-17 华新水泥海外工厂的中外志愿者与附近学校学生积极开展活动

在柬埔寨，华新水泥同样积极履行社会责任，并受到该国总理洪森的高度赞扬。华新水泥柬埔寨工厂正式运行后，工厂专门成立志愿者组织，每月组织各类志愿者活动，为企业周边的困难居民排忧解难，帮助学校维修校舍等。2016 年，华新水泥在柬埔寨成立奖助学金，每年为工厂周边的四所学校提供奖学金和助学金，帮助品学兼优的贫困学生完成学业。2016 年 5 月，洪森总理亲自接见了华新水泥在柬埔寨工厂的代表，盛

赞华新水泥为柬埔寨慈善事业做出的贡献。

（二）积极培养当地人才，稳步推进工厂本地化

华新水泥在发展过程中，始终视人才为企业发展之根本，积极帮助投资国培养优秀的产业工人。2012年，华新水泥耗费巨资支持80多名完全没有工厂工作经验的塔吉克斯坦年轻人前往中国接受长达6～9个月的系统培训。2013年这些员工学成回到塔吉克斯坦，成为华新水泥塔吉克斯坦一期项目的骨干员工，也成为当地产业工人的种子。经过中国技师的手把手教导和日常工作锻炼，他们成长为一批成熟的产业工人，还有20多名优秀员工已经走上了管理和培训师岗位。2014年，华新水泥塔吉克斯坦二期项目启动后，又在本地招聘了300多名员工，全部安排在一期工厂进行系统培训。一期骨干员工在培训中发挥了巨大作用，使人才培养形成了"乘数效应"。二期项目建成后，在拥有全新自备电厂的情况下，依托一期项目的人才和培训支持，圆满实现了投产即稳定运行的目标。

经过数年的海外摸索，华新水泥已经形成了较为成熟的、可复制的员工本地化培养和发展模式，不仅可为投资国有效培养技术人才，也为今后华新水泥的海外发展提供了强有力的人力资源支撑。

（三）依法合规经营，做投资国守法企业公民

作为A股上市公司，华新水泥不仅在国内业务上严格遵守国家法律，对外投资更严格遵守国家指引，从申报备案到建设运营，均按我国和投资国法律严格执行。在国内，公司定期向湖北省商务厅、省发改委报送材料，及时汇报投资经营情况；在境外，所有项目都第一时间与大使馆取得联系，报备项目联系人员，及时向使馆领导汇报工作进展；在当地，安排专门人员与当地政府部门对接，及时沟通并提供各类必要的报表材料和项目信息。为保证公司合规经营，华新水泥三家海外工厂还每年聘请知名会计师事务所对工厂进行审计，及时发现问题并进行整改。

华新水泥的努力也获得了中外政府的一致认可。塔吉克斯坦一期项目从投产次年开始，连续四年获得当地企业最高荣誉"最佳工业企业奖"。我国大使馆、财政部、湖北省政协、商务厅、黄石市政府等政府代表及塔吉克斯塔总统、柬埔寨总理等投资国官员均多次到工厂参观，盛赞华新水泥管理规范，堪为投资运行的楷模。

第四节 中国巨石股份有限公司

一、公司概况

中国巨石股份有限公司（以下简称"中国巨石""公司"）以玻璃纤维及制品的生产与销售为主营业务，是我国新材料行业进入资本市场早、企业规模大的上市公司之一，是中国建材股份有限公司旗下经营玻璃纤维业务的核心企业。1999年，公司股票在上海证券交易所上市。截至2021年12月31日，公司总股本4003136728股，总资产438.28亿元。目前，中国巨石已发展成为全球新材料行业领军企业、世界最大的玻璃纤维制造商，拥有浙江桐乡、江西九江、四川成都、埃及苏伊士、美国南卡五个大型玻纤生产基地，玻纤产能超240万吨，全球市场占有率达23%。中国巨石大楼见图7-18。

图 7-18 中国巨石大楼

二、国际合作主要成效

中国巨石的国际化之路始于20世纪90年代中期，20多年来，公司先后在五大洲的10多个国家和地区进行海外布点，在美国、加拿大、南非、法国、意大利、西班牙、日本、韩国等国家拥有12家海外销售公司和埃及、美国两个境外生产基地，建立了完备的全球营销网络和生产布局，与包括北美、中东、欧洲、东南亚、非洲在内的100多个国家和地区的客户建立了长期稳定的合作关系。

（一）产品出口，实现与国际市场接轨

1999年，中国巨石玻纤产品开始真正走出国门，走向世界。这个阶段中国巨石主要是通过单纯的产品出口实现与国际市场的接轨：一方面在海外建立自己的品牌知名度，另一方面通过出口了解海外市场对产品质量的要求，不断改进自身产品质量，提升企业的创新发展水平。"产品走出去"带动了中国巨石的技术进步以及国际一流生产与质量管理体系的建立，推动了公司员工国际化品质、服务、信誉理念的转变，为公司国际化奠定了基础。

（二）建设海外营销网络，有效贴近客户

经过多年发展，单纯依靠面对客户的直接销售已不适应国际玻纤产业发展趋势。从2005年开始，中国巨石开始着手海外营销网络布局，以海外直销与独家代理互为补充。初期，公司选择在人品、业务能力和资金等方面有优势的合作伙伴作为区域经销商，后来慢慢成立海外销售子公司，这些子公司基本上是独资，有的是前期和经销商合资，但在公司品牌立足之后逐步改为独资。目前，中国巨石拥有12家贸易型海外控股公司和1家独家代理商，对于体量更大、要求更高、更具战略价值的海外客户，则采取总部直销和海外公司属地服务的模式对其进行管理。全球营销网络的建立使得公司在国外拥有了稳定的市场和客户群体，尤其在玻纤消费集中的美国、欧洲等地，中国巨石品牌已深入人心，此举为下一阶段的境外工厂建设提供了重要保障。

（三）布局全球生产基地，打造灵活价值链

2010年，随着国外贸易保护主义抬头、国内资源要素紧缺现象日益严重，中国巨石开始谋划全球生产布局。"生产走出去"不仅可以化解企业成本压力，更重要的是能够满足客户的本地化供应需求。与此同时，国家"走出去"和"一带一路"倡议的提出，对于坚定公司"生产走出去"的决心和信心起到了积极作用。

1. 埃及年产20万吨玻纤生产基地，开启国际化发展新篇章

资源丰富、劳动力多且便宜、地理位置优越、不涉及贸易保护等诸多优势，让中国巨石选定埃及作为"生产走出去"的第一步。埃及年产20万吨玻璃纤维池窑拉丝生产线项目总投资5.2亿美元，分三期建设，于2017年9月完成全部建设，比计划提前了4年（图7-19）。该项目为当地直接创造1500个就业岗位，实现年产值超2亿美元。该项目刷新了多项纪录——是目前中国在埃及实体投资金额最大、技术装备最先进、建设速度最快的工业制造类项目，也是公司全面实施全球化战略的标志性工程。它不但填补了整个中东、北非地区玻璃纤维制造业的空白，也对我国玻璃纤维工业的国际化具有"里程碑"式的意义。

图7-19　中国巨石埃及年产20万吨玻璃纤维生产基地

2. 美国年产9.6万吨玻纤生产基地，再启国际化发展新征程

由于具备玻璃纤维工业专业化水平高、市场领域广、各类资源丰富、市场发展前景乐观等优势，美国成为中国巨石建设第二个大型海外工厂的选择地。美国年产9.6万吨无碱玻璃纤维生产线，总投资3.5亿美元，于2019年5月18日成功点火（图7-20）。该项目完全采用我国技术并按照美国标准建造，是美国南卡罗来纳州里奇兰县自1985年以来最大的外商投资项目。该项目在美国本土雇用并培养了500余名玻纤生产技术工人，同时有效带动了当地上游原料加工、物流运输、矿产开发等行业以及下游复合材料产业的快速发展。该项目有助于中国巨石进一步贴近美国市场，构建更加完善的产品需求开发服务体系，展现了中国巨石与全球客户共同发展的决心。

图 7-20　中国巨石美国年产 9.6 万吨玻璃纤维生产基地

三、成功的关键因素和借鉴启示

（一）注重市场培育，奠定项目基础

中国巨石一直秉承"先建市场，后建工厂"理念，坚持国际化发展的指导原则，从产品走出去到贸易走出去，再到生产走出去，有着清晰的逻辑和先后顺序。在开展境外投资项目建设时，境外营销网络的建设和境外市场的培育是至关重要的前提。公司多年来积累的欧盟和美国市场储备，为埃及和美国项目的顺利实施和成功运营奠定了坚实基础，同时境外项目的建设又进一步提高了市场占有率并拓展了企业发展空间。

（二）履行尽职调查，制定可研分析

很多企业去海外建厂都是铩羽而归，究其原因基本都是缺乏详尽的调研和科学的可行性研究。中国巨石在"走出去"过程中，对于拟投资区域进行详细调研，涵盖宏观层面的政治、经济、人文环境、法律法规、税收政策、与其他国家和地区的贸易协定、玻璃纤维市场需求等，也包括微观层面的能源原材料供应的稳定性及成本、基础设施配套建设进展、劳动力成本、汇率走势等。玻璃纤维生产连续作业这一特点要求调研过程更为详尽，包括历史上自然灾害发生的概率、近年来停电的次数及时间等。在实际调研过程中，调研团队还与主要供应商谈判，确定建筑、主要原材料和能源的大致价格范围，为项目测算提供数据支撑。

（三）持续技术输出，具备合作底气

中国巨石拥有一批世界一流水平并具有自主知识产权的核心技术，如大规模无碱玻纤池窑拉丝生产线全套技术，全自动物流输送技术，大漏板技术，专有浸润剂技术，纯氧燃烧技术，E6、E7、E8、E9 高性能玻璃纤维配方技术等，均获得客户的高度认可，在行业内处于领先地位。强大的技术研发能力和世界领先的装备工艺水准使中国巨石拥有了走向国际的底气。在埃及和美国项目中，公司均采用一整套拥有自主知识产权的玻璃纤维生产技术，实现了对外技术输出。

（四）建立跨国体系，实现高效运转

中国巨石建立了一个链接公司总部和项目公司的跨国管控体系，财务、技术、采购、

销售等由公司总部集中统一管理，项目公司则将精力放在本土化经营管理、文化融合、生产标准化、本地人才培养和制订有关劳工、环保和政治等应急处理预案上。这种相对垂直的管理模式，保证了项目公司的高效运转。与此同时，公司组建了强大的组织机构以保障强执行力，其中内部机构包括领导小组、指挥小组、专业小组。专业小组里又包括前期组、财务组、采购组、工程组、基建组和人力组等；外部机构包括会计师事务所、律师事务所和相关咨询机构等。

（五）坚持本土经营，促进文化融合

真正的国际化是以人为代表的，本土化最终是人才的本土化。目前，埃及和美国公司员工本土化率均超95%，更有当地员工进入了管理层，真正意义上实现了本土化经营。在经营过程中，中国巨石努力让本国文化与外国文化相融合。例如，埃及公司在当地生活区修建近200平方米、可容纳1000人的祷告室，并在生产车间设置12个祷告室，供穆斯林员工在休息和工作之余祷告；为满足中埃员工不同饮食需求，分别设立中国餐厅和埃及餐厅；美国公司特别注重保护员工隐私，员工档案除人事主管外，任何人不得查看。

（六）履行社会责任，推动和谐发展

在别人的土地上投资，不要只站在自己的立场上算账，要有利他思维，比如能帮他们解决多少就业、创造多少税收，这是非常关键的。目前，埃及和美国项目分别为当地直接创造超1500和500个就业岗位，埃及项目已累计为埃及当地纳税超1亿埃镑以及累计创造超12亿美元的外汇收入。

在埃及，中国巨石也十分重视员工技能的提升，安排每位外籍员工到公司本部培训，将他们逐步培养成为高素质的产业化专业型工人，增强了外籍员工走出国门的竞争力，同时也有力地提高了埃及员工的收入水平，使大量家庭脱离贫困，改善了生活条件。此外，中国巨石不断发扬乐善好施的公益精神，积极履行社会责任；每年斋月期间向来自苏伊士各区的200个贫困家庭给予捐赠，对非洲希望学校捐赠价值16.5万埃镑的教学和生活物资（图7-21），为非洲的扶贫和教育事业做出了自己的贡献。为了宣传海洋环境的保护，中国巨石组织志愿者在红海畔的Porto海滩开展以"保护海洋环境，还海滩一片清洁"为主题的公益活动（图7-22），倡导共创一个清洁、环保、可持续发展的海洋环境。

图 7-21　非洲希望小学慈善捐赠

图 7-22　红海环保行动

（七）政策和产业支持，助力项目落地

2016 年 1 月，埃及与中国签署《中华人民共和国和阿拉伯埃及共和国关于加强两国全面战略伙伴关系的五年实施纲要》《中华人民共和国和阿拉伯埃及共和国政府关于共同推进丝绸之路经济带和 21 世纪海上丝绸之路建设的谅解备忘录》以及《关于苏伊士经贸合作区的协定》。双方同意加倍努力推动中埃苏伊士经贸合作区发展，继续鼓励和支持有实力的中方企业赴埃及投资兴业，参与实施大型项目，积极推动中国产业落户埃及。中国巨石埃及项目是中埃经济贸易合作的表率，与中国提出的共建"丝绸之路经济带"和埃及政府大力推动的"振兴苏伊士运河经济带战略"高度契合。

中国巨石进驻埃及弥补了埃及玻璃纤维产业的空白，使埃及一跃成为世界第三大玻纤生产国。埃及玻璃纤维产业的快速发展也有效辐射了上下游产业协同发展，包括矿物原料加工、包材加工、管道、汽车配件、卫浴设备以及风力发电等，在埃及形成了一条稳定强大的产业链，其中埃及项目可以为当地创造 5 亿多埃镑的生产物资采购需求，为促进当地经济发展增加了动能。埃及项目也成为苏伊士运河经济区乃至整个埃及的海外招商引资的金牌名片，吸引了来自包括央企、国有企业、私营企业等 500 多位投资者来泰达工业园区调研。目前，整个园区已有 100 多家企业入驻和正常运行，为埃及经济的可持续发展提供了强有力的支撑。

美国南卡罗来纳州是玻璃纤维上下游产业链最集中的州之一，其优势工业包括汽车制造业、航空工业、塑料、化工、纺织等，都与玻璃纤维产业紧密相关，中国巨石美国项目的建设有效促进了南卡当地上下游产业的发展。

第五节　中建西部建设股份有限公司

一、公司概况

中建西部建设股份有限公司（以下简称"中建西部建设""公司"）是由全球排名第一的投资建设集团、世界 500 强中国建筑集团公司打造的第一家独立上市的专业化公司以及以预拌混凝土业务为核心的生态链发展平台，是中国预拌混凝土行业最大的上市公司、《财富》中国500强、中国建材企业20强、中国预拌混凝土10强企业，旗下拥有多家"高新技术企业"法人单位。

中建西部建设组建于2013年9月，其前身之一——新疆西部建设于2009年，在深圳证券交易所上市。2021年公司总资产300.2亿元，营业收入269.26亿元，利润总额11.87亿元。公司立足于满足市场与客户需求，在中国26个省市（自治区、直辖市）以及马来西亚、印度尼西亚、柬埔寨等地建立了强大的生产供应能力与完善的产业链。公司现有预拌厂近200座，专业自动化混凝土生产线近400条，以预拌混凝土生产为核心，辐射水泥、外加剂、商品砂浆、砂石骨料、物流运输、技术研发与服务、检测、资源综合利用、电子商务等业务，基本建立了"技术研发＋资源储备＋生产＋销售＋服务"的产业链条，能够有效地满足客户多样化、个性化的产品与服务需求。

二、国际合作主要成效

中建西部建设从2012年开启海外开拓之路，积极响应国家"一带一路"倡议，秉承"海外优先"的指导思想，实行"大海外"发展战略。在对北非、中亚、中东、东南亚开展市场调研的基础上，先后进入阿尔及利亚、马来西亚、印度尼西亚、柬埔寨等多个国家。

（一）借船出海，以技术服务输出和来料加工探索海外发展模式

2012年，公司以技术服务模式进入阿尔及利亚，拉开了拓展海外市场的序幕。公司在阿尔及利亚服务的首个项目——嘉玛大清真寺是非洲第一、世界第三大清真寺，建筑面积40.05万平方米，宣礼塔高265米，是地中海畔的耀眼明珠（图7-23）。在该项目中，公司发挥混凝土专业技术优势和精益求精的服务能力，创造了低热高性能混凝土250米泵送高度的非洲纪录。从原材料选材、检测，配合比开发，试验，历时3个月，在满足欧洲标准规范的前提下，将当地材料与国内材料结合使用，满足了混凝土"高强度、低黏性、大流态"、可长距离泵送的性能，保证了混凝土的顺利施工。完美解决了工程超9度地震设防区重要大型建筑抗震等设计难题。

图7-23　阿尔及利亚大清真寺项目

公司在国际项目中的成功亮相为公司海外发展确立了信心。2014 年,公司进军马来西亚市场,以"来料加工"模式参与富力公主湾项目建设。马来西亚市场的突破迈出了公司在东南亚开拓的第一步。与此同时,公司积极调研周边市场,结合前期模式探索经验,于 2018 年在马来西亚注册公司,运营模式转变为商品混凝土模式,具备了更加完备的市场开发和项目供应服务能力。

(二)自主建厂,积累基建项目经验,树立品牌形象

随着我国与"一带一路"沿线各国的合作逐步深入,公司也积极寻求在新国别市场的发展机会。2017 年,公司获得参与印度尼西亚雅加达东部经济特区发展标志性项目——美加达项目的混凝土供应的机会,经过充分考察和合作洽谈后在当地注册公司。公司自主投资建设了在印度尼西亚的第一家工厂美加达厂(图 7-24),并以最快速度实现投产,得到了客户方的肯定。美加达厂作为周边首家全配套、高水平服务的工厂,吸引了众多同行和潜在客户的来访参观,其中包括后来达成合作的中国水利水电第八工程局有限公司和 WIKA 公司等。公司在印度尼西亚先后参建了 LIPPO 美加达项目、伊利新建乳业厂、雅加达至万隆高速铁路、OPPO 手机厂房、亨通电缆厂、博菱家电园等具有代表性的印度尼西亚国家重点基础设施、工业厂房、超大型房建项目,累计销售混凝土 180 余万方,积累了丰富的大项目运营经验。雅万高铁项目是中国首个海外高铁项目(图 7-25),"一带一路"倡议的标志性工程,中印尼两国共建的代表性项目。在该项目建设中,公司攻克了高铁混凝土抗盐类结晶侵蚀、抗氯离子渗透、抗碳化侵蚀、抗化学侵蚀、超长耐久性等技术难题,为本土客户 WIKA 公司累计供应设计年限 100 年的各类优质混凝土 70 余万立方米,获得客户的高度评价。

图 7-24 印度尼西亚美加达厂

(三)稳中求进,扩大合作范围,加深产业链支持

在面临东南亚国家大力发展基础设施建设、RCEP 推进区域经济一体化发展机遇,以及新冠肺炎疫情走势不明朗的风险之下,公司坚定"走出去"步伐,稳中求进,有序布局东南亚市场。2019 年注册成立了柬埔寨公司,并于 2020 年在金边建厂,柬埔寨国

家建设部副部长 Sareth 先生曾莅临柬埔寨公司考察（图 7-26）。公司在柬埔寨以商品混凝土厂为定位，积极参与当地市场竞争。公司在柬埔寨供应首个项目——南三环公路项目，作为由中国提供 2.59 亿美元优惠信贷的项目，下设十个施工标段。该环线公路将贯穿金边市西南路网，缓解市区交通压力，带动沿线各区经济发展，提升柬埔寨首都金边的城市形象。该项目也是公司在海外首个独立供应全线混凝土的公路项目，为公司在海外基础设施建设积累了宝贵经验并树立了良好的口碑。

图 7-25　雅万高铁项目

图 7-26　柬埔寨国家建设部副部长 Sareth 先生莅临柬埔寨公司考察

在发展混凝土主业的同时，公司也把多元化产业链带出了国门，为海外客户提供个性化定制的产品和服务，拓宽产业链协同。通过攻克海外各项目大大小小的重、难点问题，公司展示了自主研发的混凝土黏度调节剂、超高层泵送专用减水剂等外加剂产品的品质，以及能够为客户提供成套且可靠的技术解决方案的实力。

三、成功的关键因素和借鉴启示

（一）技术能力是市场竞争的核心竞争力

作为建材行业细分领域的龙头企业，技术研发与应用能力始终是中建西部建设作为核心竞争力培育和重点投入的方面。在海外发展历程中，屡次面临生产环境和条件无法满足客户要求的现实困境，但均在公司提供硬核技术支持和服务下实现不断突破，抓住市场机遇，赢得客户信任，展现了品牌价值。

在阿尔及利亚嘉玛大清真寺项目中，公司凭借突出的超高泵送混凝土技术优势，打败国际竞争对手，在环境、地材质量、管理模式与国内差异较大的情况下，研发了超早强低热超高泵送混凝土配制技术，攻克超早强、高强度、超高泵送、低水化热等技术难点，首次在北非将28天抗压强度为99兆帕的混凝土泵送至250米后还能达到自流平效果，刷新了当地混凝土应用强度和泵送高度两大纪录，建成"中国建造"的非洲第一高楼。客户满意度最终体现于客户对公司专业能力的信服中，只有精益求精的产品和服务才能真正实现公司的国际化。

（二）属地化运营是实现海外发展的必由之路

在海外发展探索道路上从技术服务到自主经营，从"借船出海"到积极与当地客户寻求合作，公司深刻感受到属地化运营对海外发展的重要性。

1. 人才属地化是属地化运营的基石

公司将"海外优先"中的"人才优先"落到实处。公司制定并推行"精英出海"政策，在国内选拔综合能力较强、有国际专业背景或立志发展海外业务的优秀人才派驻属地，同时积极与属地院校开展交流合作，吸纳属地大学生到公司实习、就业，重点培养属地员工，打通属地员工的晋升通道。如印度尼西亚公司曾邀请印尼大学土木工程学院教授到美加达厂考察，并就混凝土技术标准、原材料检测、印度尼西亚混凝土市场发展现状等问题展开了充分的讨论，随后多名该校毕业生进入美加达厂工作。

2. 市场属地化是属地化运营的保障

在海外业务发展初期，公司依靠国内项目带动"借船出海"，但很快就意识到要落地生根必须充分融入当地市场。公司在做好现有项目供应，积累品牌口碑的同时，积极寻求与当地中资企业、外资企业、本土企业的合作，按照"2:1"的配置组建属地营销团队，由2名中方营销人员搭配1名属地营销人员，积极开拓属地市场。

3. 技术属地化是属地化运营的助推剂

混凝土产品对属地原材料品质、自然环境、运输半径、供应部位均有特殊要求，各国别适用的技术标准不尽相同。因此，只有充分了解属地行业要求、项目适用技术标准、生产条件等方面的差异点，才能做好技术属地化，进而呈现令客户满意的产品状态和施工效果。在雅万高铁项目中，公司根据印度尼西亚地区环境及雅万高铁工程对混凝土性能的质量要求，以高温环境温升控制为目标，开展低热混凝土、水下不分散混凝土和高吸水骨料应用等关键技术的研究，并结合我国铁路混凝土标准与环境特征，总结形成了《中国铁路标准印度尼西亚属地化混凝土制备及质量控制技术方案》，有效保障了雅万高铁项目的混凝土质量，确保了印度尼西亚雅万高铁项目的顺利实施。雅万高铁项目混凝土技术应用获得国际先进水平科技成果评价（图7-27）。

| 第 七 章 | 案例分析：建材企业国际合作的典型案例

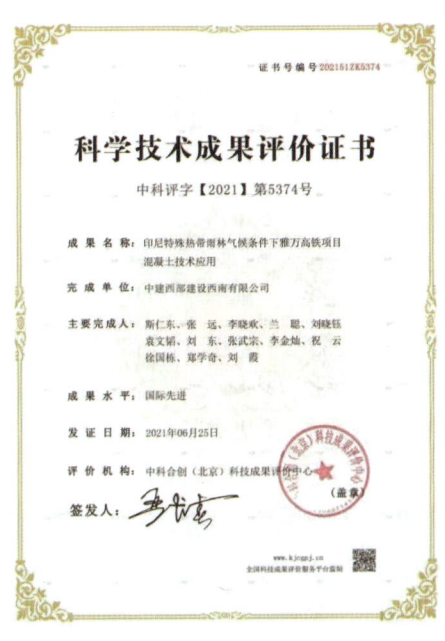

图 7-27　雅万高铁项目混凝土技术应用获得国际先进水平科技成果评价

（三）包容开放是行稳致远的基本态度

公司自出海伊始就坚持"拓展幸福空间"的企业使命，立足于以"坚如磐石""以人为本""工匠精神"为核心的"大砼"企业文化，投身建设互相尊重、互相学习、互相包容的"大同"世界。公司在国外与当地人民、企业、行业建立互助、合作、共赢的友谊；尊重当地文化习俗，为属地员工开辟祷告室，关心属地员工的生活、工作状态，同时积极履行属地社会责任，开展公益活动；以开放态度，积极开展同行和跨行业交流，探索创新合作模式。公司在海外发展中除与中资企业建立战略合作关系外，还积极寻求与他国企业合作，如与新加坡昂国集团达成战略合作关系并签订了谅解备忘录，为与其进一步深化合作打下基础（图 7-28）。

图 7-28　公司与新加坡昂国集团签订战略合作协议

第六节　科达制造股份有限公司

一、公司概况

科达制造股份有限公司（以下简称"科达制造""公司"）创建于1992年，2002年在上海证券交易所上市，2022年7月，科达制造成功发行GDR并在瑞士证券交易所上市，成为中国首批赴瑞士上市的四家企业之一。公司主要业务为建材机械、海外建材、锂电材料及装备等，战略投资以蓝科锂业为载体的锂盐业务。2021年公司实现销售收入98亿元，海外收入46亿元，利润总额15.3亿元，同比增长242.32%。科达制造总部大楼见图7-29。

图7-29　科达制造总部大楼

二、国际合作主要成效

（一）陶瓷机械全球化，海外唱响科达制造品牌

历经三十年的创新发展，在建材机械领域，科达制造一举实现"陶机装备国产化""做世界建材装备行业的强者"的历史目标，出色地完成从单一设备供应商向陶瓷整厂整线工程供应商的转变，核心产品包括压机、窑炉、抛磨设备等，是我国唯一一家能够提供建筑陶瓷整厂整线装备及服务的企业，综合实力位居亚洲第一，世界第二，是世界陶瓷机械行业的领军企业。科达制造建筑陶瓷机械业务深度参与"全球化""服务化"发展，策略性地进行海外本土化布局并形成强大的全球市场竞争力，通过设立欧洲、印度、土耳其子公司，收购意大利知名陶机企业唯高公司，将生产、服务前移，加强海外本土化营销网络、管理团队及供应链的整合。未来，科达制造建材机械业务将通过"装备+配件耗材+服务"的组合实现纵向延伸，通过核心设备通用化的发展进行横向延伸，从而实现建材机械业务的长效发展。

（二）产销深度融合，实现中非利益共同体

近年来，科达制造在非洲肯尼亚、加纳、坦桑尼亚、塞内加尔、赞比亚相继建成投产了6个陶瓷生产基地共14条陶瓷生产线，年产能超9亿平方米，2021年实现销售收入23亿元。未来，公司将持续扎根非洲大地，在做大、做强建筑陶瓷业务的基础上，加速推进大建材各个品类在非洲实现本土化制造，打造具有国际竞争力的建材制造工业集团。

2022年上半年，科达非洲建材板块瓷砖产量超5.4亿平方米，销售收入15.26亿元，同比增长43.73%。6月份新增建筑陶瓷生产线2条，同步在建的建筑陶瓷生产线有5条，还新增2条卫生洁具生产线及1条浮法玻璃生产线，预计到2023年，建筑陶瓷生产线将在7个非洲国家（在原来五个国家的基础上新增喀麦隆、科特迪瓦）实现19条生产线的规模，洁具产线2条，预计陶瓷砖产能将超1.5亿平方米，洁具年产能260万件。除生产线所在国外，产品目前还出口至非洲的乌干达、马拉维、多哥、贝宁、布基纳法索以及南美洲的秘鲁等国家。

当前，科达制造在非洲多个国家的建筑陶瓷项目都是当地最大的建设项目，也是当地总统、总理经常参观视察的项目。科达制造的非洲建材项目为当地创造了大量就业机会，超过90%以上的员工为当地人，目前当地员工人数已接近7000人，公司同时积极践行社会责任，在生产基地所在社区拥有极佳的口碑。科达（肯尼亚）陶瓷有限公司实景见图7-30。

图7-30　科达（肯尼亚）陶瓷有限公司实景

三、成功的关键因素和借鉴启示

（一）充分的调研及风险评估

科达制造在海外投资设厂之前都会在当地开展充分的调研和风险评估。科达制造首先选择非洲投资建厂主要基于以下考虑：一是建筑陶瓷产品在有一定人口基数的发展中国家具有非常大的发展空间，这在我国和印度都有很好的印证，像非洲这样相对落后的地区科达制造一直很看好。在很多第三方权威研究报告中，非洲市场就是公认的蓝海市

场,人口红利亟待释放,生产和消费缺口巨大,且受历史、发展阶段、整体结构水平等因素影响,非洲大部分国家目前仍未建立起完善的工业发展体系,绝大部分生活必需品仍需要依赖进口,其中包含建筑陶瓷;二是非洲陶瓷砖生产和消费缺口较大,前期主要靠贸易进口满足本地需求,近几年开始有了本地化生产,但仍然需要从我国和印度进口陶瓷砖;非洲人均瓷砖消费量只有0.75平方米,远低于全球的平均水平;三是非洲地区人口众多,劳动力成本低,陶瓷生产所需原料资源丰富,且陶瓷市场需求潜力巨大,具备发展建筑陶瓷产业条件,资金、技术和人才是制约非洲建材发展的主要因素,而我国"一带一路"倡议的提出则能有效契合非洲发展所需。

(二)理念相同的合作伙伴的有力支持

在科达制造2016年正式进入非洲之前,非洲的经济发展情况就像20世纪七八十年代的中国,完全可以复制建筑陶瓷产品在我国早期爆发式的发展历程。在前期对东南亚、非洲等"一带一路"沿线国家进行深入考察后,公司就一直想找一个熟悉非洲、对非洲有过实际操盘经验的合作伙伴一起开拓非洲,这个时候,科达制造在非洲拓展的重要合作伙伴——广州市森大贸易有限公司出现了。恰好当时在非洲深耕细作20多年、具有良好销售网络和团队实力的广州市森大贸易有限公司也正从贸易公司向"工贸结合"转型,正是双方共同的发展理念,令彼此建立了良好的合作基础,由此拉开了科达制造非洲建材项目的大幕。

(三)完善的战略布局规划

在规划前期的项目战略布局时,科达制造对非洲的陶瓷生产状况及公司的销售情况进行充分考察。当时,非洲的陶瓷生产主要集中在北非及南非,埃及、摩洛哥、尼日利亚、南非占据了非洲绝大多数的陶瓷生产产能。一方面,虽然南非、尼日利亚、埃及等几个国家均为非洲的人口大国,市场空间更大,但基于机会成本考虑,科达制造的非洲陶瓷项目没有选择市场相对成熟、产能已经富余的北非、南非市场;另一方面,科达制造在非洲的客户多集中在埃及、摩洛哥、尼日利亚、南非等相对成熟的陶瓷市场,若公司进入该市场领域,势必与客户形成直接竞争,一定程度上会影响客户的市场销售,导致客户对公司产生负面印象,从而影响未来潜在的陶瓷机械设备销售。基于上述原因,科达制造的非洲陶瓷项目布局不选择产能相当富余、成熟的北非、南非地区,转而考虑东非及西非地区。

与此同时,由于科达制造在非洲投资建筑陶瓷生产基地是一个长远的业务拓展计划,以可持续、合法合规的本土项目进行打造,而不是以投机赚快钱为目的,因此在选址上非常慎重。根据中国出口信用保险公司提供的国别风险级别评估,遴选出东非、西非一部分合乎地缘政治稳定性条件的国家。在此基础上,再分析对比各国的外汇管制等经济限制手段,虽然东非第一人口大国埃塞俄比亚具有庞大的市场基础,但是该国外汇管制政策很严,不允许外资进入流通领域,因此放弃了埃塞俄比亚,最终确定了肯尼亚、加纳、坦桑尼亚、塞内加尔等四个国家作为第一轮投资的国家。

于是,科达制造第一阶段布局的4个陶瓷生产基地就确定下来,两个位于东非的肯尼亚、坦桑尼亚,两个位于西非的加纳、塞内加尔,这些均为港口城市,有利于物流运输。

2016年,肯尼亚陶瓷厂投产,实现了当年建设、当年投产、当年盈利的目标;2017年,加纳、坦桑尼亚陶瓷厂投产；2019年，塞内加尔陶瓷厂投产；2021年，赞比亚陶瓷厂投产；2022年，肯尼亚第二个陶瓷生产基地基苏木项目投产，加纳四期建成投产，科达制造在东非、西非的建筑陶瓷生产、销售"走廊"彻底被打通。

（四）积极履行社会责任，实现共赢

科达制造在非洲五个国家生产的陶瓷砖90%以上可实现本土销售，而且平均零售价远低于以往在该地区进口陶瓷砖的销售价格。过去，东非、西非由于缺乏本土陶瓷生产企业，陶瓷砖消费主要依赖进口，从中国、印度进口的瓷砖，一般需由中东代理转运，再进入当地流通市场。由于非洲当地关税税率为25%，增值税为18%，中间费用高，导致进口自我国和印度的陶瓷砖市场售价普遍较高，当地消费者望而却步。科达制造的本土化、大产量生产模式，将陶瓷砖的价格大大降低。据测算，1平方米的陶瓷砖平均零售价降低了25%～30%。由于其价格极具竞争力，大大刺激了当地被进口陶瓷砖较高价格压抑已久的消费力，解决了当地一般老百姓改善生活的需求。

总而言之，科达制造为当地创造了大量的就业岗位及税收贡献。目前，科达制造在非洲多个项目共有员工近8000人，其中中方员工近600人，非洲本土员工接近7000人，非洲本土员工所占总人数比例超过90%，公司大量使用本土员工，极大促进了当地的就业。随着项目的逐渐推进，越来越多的本地人被提拔至管理岗位，担任基层管理岗位及中层的管理岗位工作。除了促进当地人就业外，科达制造非洲建材项目还在当地合法合规地缴纳税金，为当地政府的财政收入做出了应有的贡献。

在项目运营过程中，坚持本土化战略，立足于本地资源、本土市场、本土人力资源、本地法律法规，履行当地社会责任，推动了科达制造国际化发展。

科达制造非洲建材项目积极举办惠及员工的关爱活动，还积极参与慈善公益，履行社会责任，反哺当地社会。如建造了科达制造造梦学校，设立了以科达制造命名的贫困学生奖学金，为当地修建水井、公路等，在疫情期间，还积极捐款及捐赠抗疫物资。科达（肯尼亚）陶瓷有限公司奖学金颁奖仪式见图7-31。

图7-31　科达（肯尼亚）陶瓷有限公司奖学金颁奖仪式

第七节　金晶（集团）有限公司

一、公司概况

金晶（集团）有限公司（以下简称"金晶集团""公司"）坐落于山东省淄博市博山区。1904年我国第一家玻璃公司在山东博山成立，金晶集团继承和发扬了我国玻璃118年的工业文明史。金晶集团是我国超白玻璃的首创者、我国超白玻璃标准的制定者，也是我国TCO导电膜玻璃的开拓者，并打破了我国薄膜电池发展的瓶颈。金晶集团拥有13个分子公司、3个研发机构，产业基地分布于我国的华东、华北、西北和马来西亚等地区和国家，是我国新材料基地骨干企业。2002年，其下属公司山东金晶科技股份有限公司在上海证券交易所上市。

金晶集团伴随我国改革开放一路成长，建立起一条较为完整的产业链，以玻璃原片为基础，聚焦绿色能源、绿色建筑、绿色生物"三大赛道"，上游拓展到纯碱、小苏打、小苏打洗化用品，下游延伸到在线离线镀膜玻璃、导电玻璃、玻璃深加工（包括汽车玻璃、高铁玻璃、家电玻璃）、太阳能光伏面板和背板等。

二、国际合作主要成效

金晶科技马来西亚有限公司（图7-32）由金晶集团旗下山东金晶科技股份有限公司投资，位于马来西亚吉打州居林高科园内。一期建设1条日熔化量500吨超薄光伏玻璃生产线并配套5条深加工生产线，可年产光伏背板玻璃2.3亿平方米。二期建设1条日熔化量600吨超白光伏玻璃生产线，可年产面板玻璃2亿平方米。

图7-32　金晶马来西亚有限公司鸟瞰图

金晶科技马来西亚公司是金晶集团在与美国第一太阳能公司合作了十多年的基础上进行更进一步战略合作的成果。为了响应国家"一带一路"倡议，建立国内国际"双循环"发展格局，更好地贴近终端、服务客户，金晶集团与美国第一太阳能公司在2017年签订长期合作协议,并投资建立了马来西亚公司。目前已经为美国第一太阳能马来西亚和越南公司供应光伏组件背板玻璃。未来,双方将在背板玻璃扩大供应以及面板玻璃供应方面继续开展深入合作。金晶集团马来西亚项目奠基仪式和生产线点火仪式见图7-33、图7-34。

图7-33　金晶马来西亚有限公司建设项目奠基仪式

图7-34　金晶集团马来西亚项目生产线点火仪式

三、成功的关键因素和借鉴启示

(一)符合目标国生产建设规范,做到合法合规

公司对海外项目实施过程要有预见性,对当地的文化深入了解,做到计划性的预防,了解当地政府部门的规定,按当地规范进行设计施工,施工安装按照当地政府规定选择有资质的单位进行竞标,做到安装调试合规合法,保证工程项目有计划地进行,从而可以避免违规引起罚款停产风险。如马来西亚安监局(DOSH)要求天然气燃烧器前所有

设备和管路要求必须满足 ASME 标准，且对设计转换后的图纸颁发安装批准信（PTI），安装现场验收后颁发使用批准信（PTO），如果不按当地要求就拿不到批准信（PTO），天然气公司也不会给没有批准信（PTO）的公司开通天然气，这就会影响计划投产时间。

（二）专人做好国内人员的签证审批，安全有效控制人员出入境，避免因人员不足影响项目计划进度

金晶集团对项目技术人员的签证日期进行归档，根据时间提前 2 个月进行申请续签，不能续签的专业技术人员在安排回国前必须提前办理好同类专业的技术人员入境手续，进行替换交接，从而避免因专业人员缺失而影响项目进度。

金晶集团对雇用的外派劳务要定期检查护照签证记录，签证过期的非法外派劳务一律不使用，不能为了降低劳动力成本而选择签证过期或非法外派劳务，也不雇用无建筑行业发展局（CIDB）证件的外派劳务。

公司设有专门的部门和人员负责跟踪签证办理，并对外派劳务定期检查记录签证，做到国内技术和管理人员有序出入，同时保证外派劳务的建筑行业发展局（CIDB）证件合法。

（三）坚持以客户需求为导向的投资策略

以美国第一太阳能公司合作为基础，靠近终端客户建设工厂，降低物流成本，缩短供货周期，减少产品库存数量，签订长期战略合作的产品价格协议，锁定终端市场供应，实现和客户的双赢。未来，金晶集团将再建设 1 条日熔化量 800 吨的光伏压花玻璃生产线及 4 条配套深加工生产线，满足隆基、东方日升、晶澳、晶科等公司在马来西亚工厂的晶硅光伏玻璃组件的需求。

（四）重视与当地政府建立和谐关系

与地方政府建立稳定和谐的政企关系是跨国投资业务成功的重要因素之一。金晶集团马来西亚有限公司自开工建设以来，多次参与当地政府的共建活动。2019 年金晶集团给吉打州居林县市政局捐赠 5 万马币支持道路和公园绿化建设，并派公司代表参与植树活动；2020 年新冠肺炎疫情暴发后，金晶集团第一时间紧急从国内发运口罩捐赠并支援吉打州消防局和警察局等部门的公务防护；2022 年无偿捐赠 20 盏太阳能路灯给当地市政局，引导当地树立清洁能源发展意识。公司与地方政府合作共建，获得了当地政府的高度赞赏和认可，创造出较为宽松的发展环境。

第八节　北京东方雨虹防水技术股份有限公司

一、公司概况

北京东方雨虹防水技术股份有限公司（以下简称"东方雨虹"公司）以实现全球建筑建材行业最有价值企业为愿景，本着为国家、为社会、为客户、为员工、为股东的服务宗旨，坚持依法经营，诚实守信并提高持续盈利能力、产品质量和服务水平，加强资源节约和环境保护，用行动助力可持续发展。早在东方雨虹创立之初，就确立了"世界的东方雨虹"的理想，全力为构筑和谐人居贡献力量，全面践行"为人类为社会创造持久安全的环境"的企业使命，东方雨虹一直在路上。

东方雨虹成立于 1995 年，20 余年来，为数以万计的重大基础设施建设、工业建筑和民用、商用建筑等提供高品质、完备的系统解决方案，已成为优质的建筑建材系统服务商。2008 年公司上市，2021 年营业收入突破 300 亿元。公司部分产品陆续通过欧盟 CE 认证、德国 EC1 认证等多项国内国际认证，并获第十七届"全国质量奖"、2017 年"全国质量标杆"和"国家技术创新示范企业"等荣誉称号，2019 年获得"国家科学技术进步奖"二等奖，2020 年、2021 年连续上榜《财富》中国上市公司 500 强。

公司追求高质量稳健发展，以主营防水业务为核心，延伸上下游及相关产业链，形成建筑涂料、特种砂浆、节能保温、建筑修缮、土工材料等业务板块合力的建筑建材系统服务体系。控股上海东方雨虹、香港东方雨虹、东方雨虹北美有限责任公司等超过 100 家分子公司，在上海金山、湖南岳阳、辽宁锦州、广东惠州、江苏徐州、山东德州、云南昆明、河北唐山、陕西咸阳、安徽芜湖、浙江杭州、山东青岛等地区建设 41 个生产研发物流基地，拥有 80 余条先进生产线。其中，从美国 R&D、意大利 Boato 引进卷材生产线 50 余条。引入德国 Krauss-Maffei 高分子防水材料生产设备，采用德国先进技术，全流程自动化生产，树立了高产能、高精度、高稳定性的标杆，实现 300 千米辐射半径，24 小时使命必达的目标。

作为建筑建材系统服务商，东方雨虹已将优秀产品及专业服务广泛应用于房屋建筑、高速公路、地铁及城市轨道、高速铁路和城市道桥、机场和水利设施、综合管廊等众多领域，包括国家会议中心、鸟巢、水立方、中国尊、北京大兴国际机场等我国标志性建筑和港珠澳大桥、京张铁路、京沪高铁、京津城际、北京地铁等国家重大基础设施建设项目。公司与万科、绿地、保利等近 400 家房地产商、大型企业集团、部分 ENR 全球国际承包商都建立了长期友好稳定的战略合作关系，并通过业之峰、城市人家、华浔、全筑等近 3000 家规模型家装公司和建材市场让产品走进千家万户。

随着东方雨虹国际化战略的全面实施，公司生产的优质产品远销德国、巴西、澳大利亚、美国、加拿大、俄罗斯、日本、新加坡、韩国、中非、南非等超过 100 个国家和地区。

二、国际合作主要成效

东方雨虹在海外市场深耕多年，旗下多款产品拿下德国 EC1PLUS 认证、法国 A+ 认证、欧盟 CE 认证、俄罗斯 GOST 认证、美国 CRRC 认证等国际权威认证；HDPE 产品相继获得澳大利亚、美国、新加坡、欧洲专利局等颁发的发明专利证书；旗下德爱威加入德国品牌设计委员会；得到《Yahoo! Finance》《Bloomberg 彭博社官网》《Wall Street Journal 华尔街日报》《Barron's 巴伦周刊》《AP NEWS [The Associated Press] 美联社》等多家海外媒体关注报道，在国际市场上的声誉度和美誉度持续提升。

（一）东方雨虹海外荣誉

2021 年，在"一带一路"旗舰项目——马来西亚东海岸铁路建设中，东方雨虹再获"中国交建马来西亚东海岸铁路项目总经理部年度优秀供应商"称号；在位于埃塞俄比亚首都亚斯亚贝巴的援非盟非洲疾病预防控制中心、尼日利亚拉各斯轻轨蓝线、科特迪瓦圣佩德罗体育场、马拉维布兰太尔足球场等项目中，被中资方中国土木工程集团评选为"优秀供应商"。

(二)技术创新成果

东方雨虹水性涂料研发团队经过多年潜心研究，攻克技术难题，成功研发高耐水JS防水涂料——HWR101高耐水超柔防水涂料。HWR101高耐水超柔防水涂料，解决了水性防水涂料长期浸水溶解、鼓包溶胀等问题，可用于游泳池、景观池、消防池等长期浸水的环境中，在拓宽JS防水涂料应用领域的同时，提升了产品品质及国际竞争力。该产品获得多项核心专利，并于2020年经专家评估获得中国建筑材料联合会"科学技术成果鉴定证书"，达到国际领先水平。

为全面推进、落实绿色发展理念，以实际行动为"碳达峰、碳中和"贡献东方雨虹力量。JS+高环保聚合物水泥防水涂料是采用最新改性技术合成的高环保乳液和特种水泥及多种添加剂，经科学配方加工制成的双组分水性防水涂料，是我国发明专利产品。产品通过我国绿色产品认证、中国环境标志认证、德国Emicode认证（EC1plus）。2021年6月，东方雨虹获中国建材检验认证集团股份有限公司颁发的国内首张"绿色建材认证证书"，JS+高环保聚合物水泥防水涂料获得三星级"绿色建材产品"认证。

三、成功的关键因素和借鉴启示

（一）专注"一带一路"标志性工程，扩大品牌影响力

2013年，中国发起"一带一路"倡议，这犹如一股春风，让东方雨虹备受鼓舞，告别了早期出海时相对被动的状态，进入对外合作的全新阶段。2016年，东方雨虹在马来西亚注册公司，由此开启主动服务，辐射拓展周边地区，开始在亚洲、非洲等地区的众多建设项目中承担建筑材料的产品供应与技术服务。

东方雨虹的产品与服务遍布100多个国家和地区，参与建设的重点合作项目包括几内亚马瑞巴亚港至西芒杜矿区铁路、肯尼亚蒙内铁路、委内瑞拉铁路、尼日利亚拉各斯轻轨、斯里兰卡铁路、伊拉克萨拉赫丁电站、印尼白水水电站、马尔代夫中马友谊大桥、埃塞俄比亚铁路等，以高质量的建材产品与服务，为"一带一路"相关国家和地区设施连通做出贡献。

作为我国高铁全系统、全要素、全生产链走出国门的"第一单"，雅万高铁项目是"一带一路"标志性工程。雅万高铁连接印尼首都雅加达和第四大城市万隆，线路全长142.3千米，是东南亚第一条最高设计时速350千米的高铁。东方雨虹承担了该项目的防水产品与技术支持，印度尼西亚位于热带，常年高温闷热，湿度大，施工难度也随之增加。为了确保项目的防水效果，东方雨虹结合当地情况，所使用的高强聚氨酯按照一定比例混合搅拌均匀后即可刮涂，固化后可形成坚韧、耐久、无缝的弹性防水涂层。防水板则抗撕裂、延伸率高、耐应力开裂性好，既适用于铁路防水，又能适应高温天气。在建设过程中，东方雨虹用高品质防水材料，为雅万高铁建设提供保障。雅万高铁使用东方雨虹材料情况见图7-35。

孟加拉帕德玛大桥铁路连接线项目也是东方雨虹重点参与的"一带一路"工程之一。起始于孟加拉国首都达卡站，经帕德玛大桥至终点站杰索尔，全长近170千米，该项目全线桥梁总长超过30千米，除了与帕德玛公铁两用大桥连接外，还要跨越6条大型河流及众多河网密布的低洼地区。北铁路引桥是其中规模最大的3座桥梁之一，全长2589.2米。作为孟中印缅经济走廊的重要交通基础设施和重大合作项目，帕德玛大桥把孟加拉国南部

| 第 七 章 | 案例分析：建材企业国际合作的典型案例

约20个区同首都达卡连接起来，大幅缩短和降低民众通勤时间和相关物流成本，提高当地人民生活水平。孟加拉帕德玛大桥铁路连接线工程项目使用东方雨虹材料情况见图7-36。

图7-35　雅万高铁使用东方雨虹高强聚氨酯

图7-36　孟加拉帕德玛大桥铁路连接线项目之土工材料

（二）创新技术输出海外

在创新技术研发的支撑下，东方雨虹的海外合作正处在新阶段，通过设立海外研发实验室，实现技术出海，培养当地技术工人，以服务带动品牌，为地区创造持久安全的环境。

新加坡地铁是世界上最为发达、高效的公共交通系统之一，其建筑项目对防水材料的要求极其严格，全球知名建材企业均在该国设立了分支机构。地铁汤申线是新加坡地铁第六条路线，全线设于地下，全长30千米，共设22个车站，采用无人驾驶列车运行。在项目投标初期，面对强有力的同行竞争者，东方雨虹在新加坡建材领域还是个新面孔，资质也有待认证。为了参与该项目，企业花了一年时间制订方案、认证产品、介绍案例、样板施工。东方雨虹团队根据地铁暗挖无工作面和不能动用明火的环境，采用先进的预铺高分子自粘防水卷材系统为项目提供防水设计方案，先获得了其中一个站点的合作，做完后效果很好，得到了业主方的认可，便扩展到一段线路，打破了欧美材料在该国地铁领域的垄断局面。

（三）项目与渠道并驱，把握海外市场

经过多年的发展，东方雨虹在海外已形成一套独有的业务体系，从工程项目立项到落成，提供一体化服务，将产品性能与规格进行匹配，国外标准与我国标准相结合，充分满足项目的规格要求。在制作方案初期，从地势、气候、环境多方面考虑匹配适用的解决方案；在运输环节，运营全程参与服务，使货物安稳抵达海外；在项目施工中，根据当地的现场情况提供现场技术支持并顺利完成项目，以上都是东方雨虹赢得海外客户肯定的重要因素。东方雨虹用 10 年的时间，把自己从一个制造商，材料供应商逐渐转变为一个集材料与服务于一体的一站式服务商，协助总包呈现出了许多优秀的作品。科特迪瓦圣佩德罗体育场、巴基斯坦瓜达尔港新机场、塞内加尔竞技摔跤场等工程建设项目使用东方雨虹材料情况见图 7-37～图 7-39。

图 7-37　科特迪瓦圣佩德罗体育场之聚合物水泥防水涂料

图 7-38　援巴基斯坦瓜达尔港新机场之土工材料

图 7-39　塞内加尔竞技摔跤场之塑性体（APP）沥青卷材

（四）对外合作新突破，互利互赢

通过多年的出海经历，东方雨虹逐渐摸索出一套建材企业的对外合作经验。在"走出去"后，公司要拿出能够代表中国先进技术水平，具有国际竞争力的产品与服务，这样产品的生命周期会更长，有利于在激烈的国际竞争中立足。在合作早期，公司向海外派驻人员，但从长远来看，选用当地员工，实施本地化经营管理，并协助当地解决地区社会问题等，更有利于公司融入当地。

位于坦桑尼亚的基甘博尼大桥是东非最大的斜拉式跨海大桥。东方雨虹以 1 带 6 的方式培训当地工人，带领他们学习防水标准化施工技能，从而也带动了本地就业，很多工人在掌握了这项技术后薪酬涨了一倍。

东方雨虹雇用当地工人，工资高于其社会平均水平，同时开展培训等一系列活动，帮助他们学习并掌握标准化施工的材料、技术和相关工法，巩固企业属地化发展根基。从当地人员和企业发展的角度来看，实现了双赢。在一些行业、技术以及材料标准不健全的国家，公司除了提供过硬产品、技术与服务外，也要参与到标准的制订中，帮助当地为产品本地化设立技术门槛，在此基础上还可以考虑建立工厂、成立研究院、建立培训学校等。基甘博尼大桥及引桥工程建设项目使用东方雨虹材料情况见图 7-40。

图 7-40　基甘博尼大桥及引桥之 SAM920 自粘卷材

第九节　广西柳工集团有限公司

一、公司概况

广西柳工集团有限公司（以下简称"柳工集团""公司"）创建于1958年，是以国有资产授权经营方式组建的大型装备制造业国有企业，是以行业首家开拓国际市场的工程机械企业，是国企改革"双百企业"，其核心企业柳工机械股份公司是我国工程机械行业及广西第一家上市公司。

柳工集团现有员工1.7万人，拥有挖掘机械、铲土运输机械、农业机械等13大类产品品种33种整机产品线，近30家海外子公司和机构，4家海外制造工厂，5大全球研发基地，300+经销商，产品远销170多个国家和地区。先后荣获中国500强企业、中国机械工业百强、世界工程机械50强企业、中国企业信息化500强企业、全国十家国有典型企业之一称号。柳工集团全球布局见图7-41。

图7-41　柳工集团全球布局

二、国际合作主要成效

2002年，柳工集团正式开启了国际化征程。经过20年的发展，如今，柳工集团作为一家全球化的公司，在全球设置海外7大区和北京公司，30家海外子公司和机构为客户提供全球营销、后市场、客户体验支持，员工遍布全球，全球300多家经销商为来自世界各地的客户提供设备和本地化支持。其中在"一带一路"沿线国家分布5家配件中心、5家培训中心、142家经销商共346个网点、超3万余家海外客户，对"一带一路"沿线国家已实现全覆盖。

（一）国际化战略引领公司开启"走出去"发展进程

柳工集团领导人于2002年提出了"建设开放的、国际化的柳工"战略，自此开启了公司的"走出去"进程。2007—2009年期间，柳工集团开始第一轮海外投资布局，先后成立印度、北美、拉美、欧洲公司，2010年成立亚太、南非、中东公司，完成全球7大区域布局。其中2009年柳工集团第一个海外生产基地在印度正式运营投产，这对于柳工集团的国际化历程来说有着非凡的意义，标志着公司的全球化正在由销售市场的国际化转变为制造基地的本地化，并以此为开端，在海外的制造和研发基地不断扩大版图，柳工集团于2011年收购了波兰HSW，建立欧洲制造基地。

随着全球布局步伐的逐渐深入，柳工集团十余年来聚焦渠道和网络的建立与培育，先后在印度尼西亚、泰国、越南、菲律宾、澳大利亚、缅甸、老挝等国家建立营销网络及办事处。

多年来，柳工集团积极参与"一带一路"沿线国家、RCEP地区的中老铁路、中缅油气管道铺设、印尼雅万铁路、阿塞拜疆高速公路、格鲁吉亚E60高速公路、塞尔维亚泛欧高速公路、克罗地亚风电项目、塞尔维亚钢铁厂、马来西亚联合钢铁厂、印度尼西亚大型煤矿、菲律宾北部卡加延国际机场和克拉克新城等建设项目，为东盟及"一带一路"沿线国家的建设做出积极贡献，同时展示了中国制造的高效率和高品质，彰显中国制造品牌的实力。

（二）紧抓"一带一路"、RCEP发展机遇，"走进去"深耕国际核心市场

随着国际化发展战略的深入实施，柳工集团紧抓"一带一路"、RCEP发展机遇，加大对全球战略核心国家的投入力度，同时深化战略核心国家"研发—制造—供应链—营销—服务"全价值链打造，提升海外子公司营销、制造、融资租赁、后市场、产品适应性等能力，锻造更具优势的核心竞争力。柳工集团先后在"一带一路"沿线国家、RCEP区域的印度尼西亚、泰国、乌兹别克斯坦等重点国家成立子公司，深耕当地市场。

印度尼西亚是柳工集团海外核心战略市场之一，柳工集团2019年成立了印度尼西亚子公司（成立仪式见图7-42），并实施本土化经营战略，目前已在当地建立起了完整的销售、服务、配件渠道。依托印度尼西亚子公司平台，集团印度尼西亚业务高速增长，同比增长超300%，成为RCEP区域表现最亮眼的市场。同时，柳工集团助力镍铁工业园项目，累计提供各类设备100余台。目前，超过4000台柳工设备参与到印度尼西亚各行各业各类工程建设当中；其中，柳工集团电动装载机出口印度尼西亚，是我国电动工程机械出口首单，为中印新能源行业产能合作做出贡献。柳工集团印度尼西亚子公司未来将在当地搭建一个集组装、大修、配件、培训、核心产品展示等一体化平台。柳工集团印度尼西亚战略大客户项目合作情况见图7-43。

泰国是柳工集团国际化战略的重要市场之一，柳工集团早在2009年就进入泰国市场开展业务，携手当地领先的工程机械经销商深耕泰国市场，取得装载机业务快速发展，在当地树立了良好的行业口碑。2021年柳工集团在泰国销量同比增长超120%，市场占有率持续提升，装载机在当地市场占有率超过40%。成功突破泰国市场主流基建客户群、高端采石客户群，为业务高质量增长奠定扎实基础。

2022年1月初，柳工装载机成为广西地区和柳工集团在区域全面经济伙伴关系协定（RCEP）生效后出口的首批工程机械设备。2022年2月，柳工集团与泰国经销商签署合资协议，8月柳工机械泰国有限公司在泰国大城府正式开业（成立仪式见图7-44），标志着柳工集团在泰国"走进去"战略的实施，这是柳工集团深度布局RCEP区域的首家合资企业。在营销、服务、金融支持和社会责任等方面，柳工集团将深度融入泰国当地市场，通过新的平台和战略，以全系列产品线，更加专业地服务泰国客户。

图 7-42　柳工集团印度尼西亚子公司成立

图 7-43　柳工集团印度尼西亚战略大客户项目合作

图 7-44　柳工集团泰国子公司成立

（三）深化全价值链布局，为公司"走上去"发展打开新局面

伴随着柳工集团国际化进程的持续推进，企业核心竞争力也将会受到更多挑战。一直以来，由欧美日等发达经济体领跑和主导的战略性高技术产业、最新前沿技术，如知识经济、数字经济、人工智能（AI）、大数据、芯片等在工程机械产品上的应用和推广以及新技术在商业模式上的应用和推广，都对柳工集团的国际化发展提出了更多挑战。

RCEP区域成员既有东盟发展中国家，也有日韩澳等新发达国家。2022年年底，柳工集团在澳大利亚新设立的子公司，逐步渗透日本、韩国等区域内成熟市场，同时将更进一步提高成熟市场海外机构的营销能力、制造能力、融资租赁能力、后市场服务能力、产品适应性改进能力，深化域内全价值链布局。

三、成功的关键因素和借鉴启示

（一）以延续性的国际化战略开创公司国际化发展新格局

以2002年"建设开放的、国际化的柳工"战略的提出为起点，国际市场深度营销、海外制造发展、并购和战略联盟提前布局海外等战略思想贯穿柳工集团20年的国际化发展道路。经过近20年精耕细作，在延续性、明晰的国际化战略引领下，柳工集团走出了一条从海外营销到海外制造、再到海外并购的国际化路径，形成了中国工程机械行业海外规模最大、覆盖面最广的国际化布局，建成中国、波兰、印度、美国、英国等全球5大研发基地和30家海外子公司与机构，产品远销170多个国家和地区。柳工集团装载机、挖掘机、压路机、平地机等产品同时在中国、印度、波兰和巴西生产，印度本土制造化程度近50%，为"一带一路"沿线国家和地区提供了高效高质产品和服务。

（二）以产品和技术持续创新支撑公司国际化发展新局面

多年来，柳工集团不断加大研发投入，持续增强自主创新能力，公司拥有国家首批企业技术中心，建立了博士后工作站，产品研发水平和技术性能始终保持行业领先地位，工艺技术及装备水平达到国际先进水平，这为柳工集团"建设开放的、国际化的柳工"战略的实施奠定了坚实的基础。

柳工集团从1966年研制成功我国第一台轮式装载机开始，相继研制出奠定我国装载机发展基础的Z450、第二代装载机的代表产品ZL40B和ZL50C、我国最大吨位的装载机ZL100、我国第三代装载机的代表ZL50G、世界第一台高原型装载机ZLG50G、我国第一台最低排放的装载机CLG856II及我国最大、世界第三的大型装载机CLG899Ⅲ等产品。公司开发的满足欧美Ⅳ阶段排放需求的装载机、挖掘机、滑移装载机投放到欧美高端市场，获得较好的市场反馈。柳工集团与德国、美国公司联合研发和生产具有技术优势和质量优势的传动系统产品和柴油发动机产品，加上公司具有整机和关键零部件优化匹配能力，使得其始终能够领先于竞争对手，推出更先进的技术和更高的质量产品。2021年，柳工集团发布3款无人驾驶工程机械和"智能矿山系统2.0"，形成电动装载机、挖掘机、矿用卡车等成套电动设备矿山实施解决方案，在工程智能施工、电驱动技术领域实现重大突破，在传动和液压系统等核心零部件持续创新，不断填补国内技术空白。

以印度尼西亚雅万高铁项目为例，柳工集团凭借极限工况下的技术装备优势顺利中标该项目，为雅万高铁项目建设的顺利开展保驾护航（图7-45）。雅万高铁是我国高速铁路以技术标准、设计、施工、运营等全方位整体走出去的第一单项目，对推动我国高铁走出去具有重要意义。柳工集团中标包括装载机、侧卸装载机、推土机等在内的重要工程机械设备。但万隆及附近的施工路段地质条件较为特殊，地质结构较为松软，隧道施工工况极为恶劣，隧道里空气质量差，并且非常潮湿，不时有落石滚落下来。柳工集团装载机配置康明斯发动机，具备启动快、动力强劲、低速大扭矩、油耗更低等特点，全面适应隧洞施工重载、高强度、高可靠性要求。同时，结合公司技术积累，在标准型的基础上针对隧洞侧卸施工工况，对动臂、铲斗、铰接等进行了全方位的加强和优化。柳工集团对极限工况的丰富研究经验和核心技术积累，为其完成雅万高铁项目的两个重难点工程发挥了重要作用。

图7-45 柳工集团雅万高铁项目隧道工程

（三）以服务和管理持续创新推进公司国际化发展进程

柳工集团在多年的国际化发展进程中始终秉承"开放、多元、包容"的跨文化理念，在产品和技术创新的同时，履行海外社会责任，不断推进国际化服务和管理创新，与全球客户共享价值。

柳工集团以全产品线和全面国际化、全面解决方案、全面智能化为依托，积极参与"一带一路"沿线国家重点工程建设，为客户提供从产品前期咨询、产品销售、售后服务和培训等全价值链的全面解决方案，与目标国市场共赢发展。在中老铁路项目建设过程中，柳工集团技术团队深入了解项目工况和客户使用习惯，针对性地为客户提供各种解决方案；后市场保障团队为客户量身定做配件和保障方案，创新解决客户的后顾之忧。柳工集团在吉尔吉斯斯坦、乌兹别克斯坦开启了整机到位服务，积极听取客户心声，为其提供整机操作手培训、维修保养培训及免费的全面体检，保障整机零故障、延长使用寿命、提高工作效率、降低作业成本。柳工集团自主研发了全球客户服务系统，紧密联通客户、经销商和公司三方，通过大数据库处理客户需求和投诉，管理服务过程。目前已在海外开通8个呼叫中心。柳工集团吉尔吉斯斯坦客户整机培训情况见图7-46。

| 第七章 | 案例分析：建材企业国际合作的典型案例

图 7-46　柳工集团吉尔吉斯斯坦客户整机培训

第十节　浙江中控技术股份有限公司

一、公司概况

浙江中控技术股份有限公司（以下简称"浙江中控""公司"）成立于 1999 年，是我国领先的流程工业智能制造整体解决方案提供商。浙江中控大楼见图 7-47。

图 7-47　浙江中控大楼

浙江中控致力于服务流程工业的产业数字化需求，深耕集散控制系统（DCS）、安全仪表系统（SIS）、网络化混合控制系统等自动化控制系统，并以此为基础，大力布局和发展工业软件、行业解决方案、仪器仪表等产品及线上线下相结合的服务模式，形成了较为完善的"工业 3.0+4.0"产品及解决方案架构，连续多年入选中国工业和信息化部智能制造系统解决方案供应商和示范企业。

浙江中控坚持自主创新，持续聚焦行业痛点和热点，通过国内 100 余家实体 5S（销售 Sales、服务 Service、备件 Spare parts、专家 Specialists、解决方案 Solutions）店及海外多家本地化公司运营相结合的营销网络建设，公司产品及解决方案已广泛应用在建材、油气、石化、化工、电力、制药、冶金、造纸、新材料、新能源、食品等行业领域，覆盖全球 50 多个国家和地区。

浙江中控技术立足于本国，服务于全球，未来将以全球工业市场核心的自动化、数字化、智能化产品与解决方案供应商的姿态，打造工业全流程智慧生态，实现从工业 3.0 到工业 4.0 的跨越，积极探索跨领域、多行业 EBO 新兴商业机会，在世界工业文明的发展进程中留下深深的足迹。

二、国际合作主要成效

浙江中控以"5T 技术""平台 + 工业 APP""5S 店 +S2B 平台"为三大核心战略控制点，积极加快工业软件、智能制造解决方案的发展，服务于工业 3.0+ 工业 4.0，实现从自动化产品供应商转型为智能制造整体解决方案供应商，以此为支撑，全面推进国际化进程并取得一定成绩。

（一）建立良好合作关系，获得全球高端客户认可

近年来，浙江中控持续与国际高端客户展开良好的合作，2020 年公司与沙特阿美签订谅解备忘录；2022 年 3 月浙江中控通过沙特阿美供应商审核，成功进入其供应商名录；2021 年进入巴斯夫合格供应商名录，公司核心产品 DCS 在其工厂得以应用。通过打造海外市场数字化转型解决方案，积极拓展渠道生态伙伴，已与 Shell、ExxonMobil、马来西亚 Petronas、泰国 EGAT、巴基斯坦 WAPDA、Bestway 等国际企业建立了良好的合作关系，获得全球化高端客户认可。同时，浙江中控已经在 11 个国家发展了 40 余个业务合作伙伴，不断壮大国际市场业务开拓能力。

（二）实施多元化发展战略，实现多领域全覆盖

浙江中控在国际市场的业务已实现了建材、油气、石化、化工、电力、造纸、食品饮料等行业的全覆盖，并且实现了在国际市场从最开始的中小规模的控制系统项目到中大型控制系统 + 现场仪表成套项目，再到目前站在行业前沿、帮助客户实现工厂智能制造及数字化转型的转变，浙江中控在国际市场的形象也在不断提升。

（三）积极拓展各地区渠道商，打造国际化业务生态圈

自 2001 年浙江中控开展了第一个海外项目以来，经过 20 余年的开拓发展，目前公司已经在新加坡、中国香港、印度、沙特、马来西亚、印度尼西亚、巴基斯坦等国家设立了海外子公司，并成功将业务发展拓展到亚洲、欧洲、非洲、南美洲等近 50 余个国家和地区。未来，浙江中控将瞄准东南亚、中东、非洲、东欧等区域持续发力，不断扩大在国际市场的业务范围和品牌影响力。

三、成功的关键因素和借鉴启示

2001 年以来，浙江中控一直深耕于国内外建材及其他行业，先后参与了巴基斯坦日产 4000 吨水泥熟料生产线项目、乌兹别克斯坦日产 700 吨熟料干法水泥熟料生产线项目、马来西亚玻璃生产线除尘脱硝项目、印度尼西亚日产 130 吨平拉玻璃生产线冷修项目、越南 50 万吨水泥包装站及水泥卸船项目、印度尼西亚日产 8000 吨水泥熟料生产

线项目、中建材津巴布韦水泥厂项目、马来西亚斯里加亚选矿厂 DCS 项目、巴基斯坦 FQR 余热电站项目、印度尼西亚日用瓷燃气隧道窑项目、乌兹别克斯坦纳沃伊 PVC 和烧碱以及甲醇生产综合体项目等诸多海外建设项目。从深耕于多个海外项目做起，一点一点积累海外项目经验，这正是浙江中控国际化发展取得阶段性成功的关键因素。

（一）巴基斯坦 Bestway 集团日产 4000 吨水泥熟料生产线项目

Bestway 是在巴基斯坦国内建材行业非常有影响力的大型企业之一。此项目（图 7-48）为集团下属 BCL hatter 公司的老线改造项目，改造前主要采用西门子 S5 控制系统 +CEMAT 水泥行业软件包，已无法满足企业发展所需。通过浙江中控团队的实施，控制系统全部替换为浙江中控的 ECS-700 DCS 系统和 G3 PLC 系统，项目配置 I/O 点数约为 7200 点。

图 7-48　巴基斯坦 Bestway 集团 4000 吨 / 天水泥熟料生产线项目

浙江中控克服原系统的控制方案不明确且仅有 60% 左右的控制方案与图纸相符、原系统硬件平台众多且因年代久远能参考的图纸很少、可供升级改造的现场实施时间非常短等困难，在非常短的时间内进行一次性切换并投运成功，并对项目整体布局、网络规划、工程实施都做了一体化考虑。

BCL 技改项目不仅涵盖了水泥生产的全线，还实现了 IBAU、STACKER、Reclaimer、篦冷机液压系统、点火枪等特殊设备的控制功能，控制方案及人机界面非常符合海外业主的使用习惯，展示了浙江中控在海外水泥项目实施的实力和能力。

（二）印度尼西亚红狮水泥日产 8000 吨水泥熟料生产线 DCS 项目

印度尼西亚任抹红狮水泥有限公司日产 8000 吨水泥熟料生产线是继中国红狮控股集团有限公司在老挝项目、尼泊尔项目建成投产后，又一个建成投产的"一带一路"项目。

印度尼西亚任抹红狮项目（图 7-49）是红狮控股集团有限公司国际化发展战略布局印度尼西亚的首个实体项目，位于东爪哇省任抹县布葛镇，总投资 3 亿美元，厂区面积约 0.5 平方千米，自备矿山储量约 1.5 亿吨，建设 1 条日产 8000 吨水泥熟料生产线及配套纯低温余热发电系统，投产后年产高标号水泥 300 万吨，为当地提供就业岗位 450 余个，并带动其物流、服务等相关产业发展。

该项目控制系统全系列使用浙江中控提供的 ECS-700 系统及水泥专家系统（APC）。

该项目工程在实施以及投运阶段，正值印度尼西亚疫情最为严重的时期，该项目使用浙江中控提供的 RDMS 远程诊断维护方案，使红狮控股集团有限公司的工程师可以在国内进行远程编程完成调试工作，从而确保项目按期顺利一次性投料运行成功。该项目的顺利投产对于彰显红狮控股集团有限公司在印度尼西亚整体实力、满足当地高强度水泥需求具有十分重要作用。

图 7-49　印度尼西亚红狮水泥 8000 吨 / 天水泥熟料生产线 DCS 项目

（三）乌兹别克斯坦纳沃伊 PVC、烧碱、甲醇生产综合体项目

该项目（图 7-50）位于乌兹别克斯坦共和国纳沃伊市，建设内容涵盖年产 10 万吨聚氯乙烯（PVC）、7.5 万吨烧碱和 30 万吨甲醇生产综合体。本项目是中乌重要合作成果之一，是"一带一路"倡议下推动国际产能合作的重要工程，是我国企业在乌兹别克斯坦正在实施的最大单体工程承包项目，也是乌兹别克斯坦首套成功落地的 PVC 装置。项目合同总金额 4.3 亿美元，投产后将彻底改变乌兹别克斯坦长期以来 PVC、烧碱、甲醇等化工原料依靠进口的历史。

图 7-50　乌兹别克斯坦纳沃伊 PVC、烧碱、甲醇生产综合体项目

项目于 2016 年 10 月开工，主要控制系统采用浙江中控 ECS-700 系统及相关产品。在项目实施过程中，浙江中控集中公司优势资源为该项目顺利投运保驾护航，真正的将"中国技术"引进至乌兹别克斯坦，将"中国制造"在乌国内全方位推广。

（四）哈萨克斯坦石化工业公司工厂信息化项目

哈萨克斯坦石化工业公司（Kazakhstan Petrochemical Industries Inc. LLP）位于哈萨克斯坦阿特劳州，该公司利用来自 Tengiz 油田的丙烷生产聚丙烯，建成后可年产 50 万吨聚丙烯，是哈萨克斯坦首个大型化工项目，也是其首个聚烯烃项目。该项目也是中国公司贯彻落实"一带一路"倡议和"光明之路"计划的重要成果，被列为中哈产能合作重点项目。

该项目（图 7-51）中，浙江中控主要负责工厂生产信息管理系统、实验室信息管理系统、设备维护管理系统的建设。该项目的顺利实施，体现了浙江中控产品和服务在海外客户市场中的实力和影响力。

图 7-51 哈萨克斯坦石化工业公司工厂项目信息化项目

第十一节　柬埔寨贡布中柬（泰文隆）工业经济特区

柬埔寨贡布中柬（泰文隆）工业经济特区（以下简称"经济特区""特区"），其前身为福隆盛（中柬）工业园，2017 年经柬埔寨经济发展理事会（CDC）批准正式升级为贡布中柬（泰文隆）工业经济特区。柬埔寨贡布中柬（泰文隆）工业经济特区也是福建省"一带一路"对外重点合作示范区，被收入中国"一带一路"重点项目名录库。

2019 年 11 月 14 日，柬埔寨贡布中柬（泰文隆）工业经济特区开园仪式在贡布省举行。柬埔寨王国洪森总理率部分内阁成员参加仪式并发表讲话。

一、产业园区概况

2015 年，福建中柬投资有限公司与柬埔寨最大的商贸集团——柬埔寨泰文隆集团合作，成立了由中方控股的福隆盛工业园区有限公司并投资建设柬埔寨贡布中柬（泰文隆）工业经济特区。

贡布中柬（泰文隆）工业经济特区位于柬埔寨南部沿海地区，行政区划属贡布省，离金边123千米，离贡布市中心15千米，距贡布深水港区30千米，距西哈努克港125千米，工业经济特区与金边、西哈努克港构成三角分布态势。工业经济特区北侧道路直接连接柬埔寨国家3号公路和124号公路，是园区重要物流通道。北侧道路连接通往越南的政府规划道路。优越的临港条件为经济特区提供了便捷低廉的海运物流优势，为特区外向型产业和经济模式的发展提供关键支撑。

贡布中柬（泰文隆）工业经济特区以该区域的郎安山石灰石矿为中心开展工业用地和各类功能区规划布局（图7-52）。特区规划用地总面积11.26平方千米，其中工业建设用地面积6.8平方千米，特区土地资源充足，地势平坦，利于开发建设。

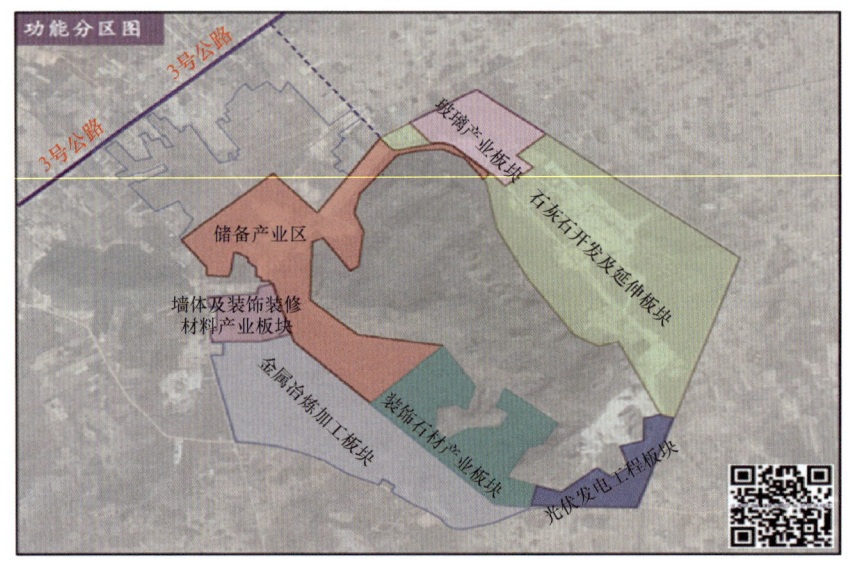

图7-52　贡布中柬（泰文隆）工业经济特区产业布局图

贡布中柬（泰文隆）工业经济特区郎安山石灰石矿山储量近10亿吨，占柬埔寨已探明石灰石储量的50%以上，CaO含量49%～54%，品质优良，可满足水泥、冶金石灰、碳酸钙等多类型产业的发展需要。同时，园区周边地区的优质石英砂、大理石、花岗石、陶土资源较为丰富，为发展以资源为依托的建材行业提供了优秀的资源条件。

特区合计可提供直接就业岗位人口约合1.25万人，配套服务人口约0.31万人。特区规划总人口规模为2.5万人。

二、产业园区建设主要成效

贡布中柬（泰文隆）工业经济特区自成立以来，特区决策和管理团队积极开展园区顶层设计，提出围绕石灰石产业链的水泥及水泥制品、石灰、墙体材料、涂料、塑料管材、以及优势的玻璃和石材等产品，依托柬埔寨经济社会发展需求优势，利用既有自主可靠的资源优势，为满足柬埔寨本国和中国市场需求打造核心产业的总体思路。完成了特区产业发展规划和控制性详细规划，并在此基础上积极开展特区基础设施建设工作和招商选资工作，取得了可喜的成绩。

（一）经济特区基础设施建设全面展开

目前，特区已经完成土地购置、首期开发场地平整、特区外部道路连接、特区主干道建设和已建成厂区的道路建设、北区标准厂房建设、部分办公和生活设施等工程，已具备业务开展和工厂入驻条件。

为确保工业和生活用水的需要，特区目前正在进行水厂扩建工作，水厂扩建后可保证日产4万吨的工业和生活用水。

与特区建设相配套的2×13.5万千瓦火力发电机组的第一台13.5万千瓦发电机组建设前期工作已经完成。特区南部2万千伏安集中式光伏发电站正在施工中，项目占地约0.32平方千米。以上供电工程的建设将保障特区企业用电及满足周边社区的供电，全面解决由于柬埔寨国家电力建设相对落后而形成的电力供应紧张短板。

（二）部分入驻企业已经开始生产

泰文隆水泥（一期）日产3300吨水泥熟料生产线于2019年11月全面投产（图7-53），投产后项目运行良好，在疫情期间有力地保障了柬埔寨经济社会发展的需求，取得了良好的经济效益和社会效益。目前，受新冠肺炎疫情影响延迟的二期两条日产5000吨熟料新型干法水泥熟料生产线的建设已经开始全面启动。

图7-53　泰文隆水泥（一期）日产3300吨水泥熟料生产线建成投产

与石灰石产业开发相配套的石灰石矿山一期工程全面建成，生产能力年产120万吨，全面体现绿色低碳发展理念的二期矿山项目正在实施中，矿山技改工程全面完成后，总开采规模将达到年开采600万吨，可以保障主导产业的原料供应。

已建和在建工业项目包括水泥制品和建筑构件、商砼搅拌站、加气混凝土砌块、冶金石灰生产线等。

（三）工业经济特区吸引更多企业入驻

特区的招商工作正在全面展开。按照特区发展规划的要求，特区前期的主要产业将以建材等基础原材料工业为主。目前，已经有冶金石灰、加气混凝土型墙体材料、石材加工等多家企业和机构在开展入驻前期的准备工作。

三、成功的关键因素和借鉴启示

（一）经济特区建设充分落实"一带一路"倡议

我国政府"一带一路"倡议鼓励国内企业走出国门，中柬投资有限公司积极响应党和政府"走出去"及福建省发展战略规划要求，利用自身的产业优势，以战略的敏锐和

"爱拼才会赢"的创业热情投资柬埔寨王国，并与柬埔寨最大的商贸集团——柬埔寨泰文隆集团合作，设立具有突出资源和区位优势的贡布中柬（泰文隆）工业经济特区。

《区域全面经济伙伴关系协定》（RCEP）于2022年1月1日正式生效，所涵盖区域成为世界最大的自贸区。RCEP的正式实施，将更加全面推动落实中柬之间货物、服务、投资等市场准入承诺。中柬之间的经济合作将通过RCEP一体化大市场的形成并释放巨大的市场潜力，有助于中国通过更全面、更深入、更多元的对外开放，进一步优化对柬埔寨的贸易和投资布局，构建更高水平的开放型经济新体制，为贡布中柬（泰文隆）经济特区的发展建设提供有力的政策、法规、市场方面的支撑。

（二）柬埔寨政府的全力支持

柬埔寨是推进"一带一路"倡议的重要支点。近年来，柬埔寨政局稳定，经济发展始终保持7%以上的增速，是目前世界经济发展最快的国家之一。近年来，双边经贸关系持续发展，中国已成为柬埔寨最大外资来源国。特区的建设符合柬埔寨国家发展的总体要求，对推动柬埔寨国家经济和社会发展、提升当地基础设施建设水平、促进当地人民生活水平具有重要作用。特区的建设得到柬埔寨国家层面和当地政府层面的积极支持，在相关经济特区的升级和审批、投资和税收政策、土地购置、资源利用等方面给予了充分的便利。洪森总理还亲自出席了经济特区开园仪式。

（三）深入调研、慎重选择主导产业方向，定位清晰

经济特区决策团队为找准产业切入方向开展了深入、细致的前期调研工作。委托中国国家级建材产业规划单位对经济特区的主导产业方向开展了全面的研究和规划。

经济特区决策团队对柬埔寨王国的经济发展、投资政策和投资环境、建筑业发展、建材资源、建材产品市场需求等情况进行了深入全面考察，为中国建材企业赴柬投资、推动企业"走出去"实施国际化战略提供了重要的材料支撑。先后走访了贡布、金边、桔井、马德望、磅湛、戈公、西哈努克等多个省市，对柬埔寨的主要政府部门、金融机构、经济特区、工业园区、建材协会、建材企业和建材市场等共30家单位进行了实地调研。特区决策和专家团队充分听取了关于柬埔寨宏观经济发展、经济政策、投资环境、矿产资源、环境保护、基础设施建设等情况的介绍，并就柬埔寨建材产业发展条件，包括支撑建材产业发展的矿产资源、能源供应、人力资源等保障条件，以及土地、环保要求等与各政府部门进行了深入交流与探讨。

通过对柬埔寨投资政策、投资环境、市场需求、建材企业或项目落地实施条件及可行性等情况的全面和深入的了解，结合经济特区优良的资源禀赋和区位优势，产业园区确立了以建材产业作为经济特区主导产业的总体战略思路。

贡布中柬（泰文隆）工业经济特区立足自身核心优势资源，适度统筹开发周边资源，以进口替代满足柬国市场需求为基础，抢抓中国国内产业变革下供需格局演变的历史机遇，加快构建出口导向为重心的"1+2+2"特征的建材产业体系，打造以资源规模化开发、建材产品加工和跨境物流贸易为核心功能的产业集聚基地，实现特区建材产业的快速有序发展。

园区产业体系采用"1+2+2"模式的产业体系，即打造以石灰石开发及延伸产业为核心，装饰石材、玻璃为近期重点产业，金属冶炼加工、墙体及装饰装修材料为远期发展产业的产业体系。

（四）规划先行

依照对政策环境、市场环境、区位特点、资源禀赋、物流优势的全面分析，经济特区制定了产业发展总体规划，规定了在未来10年产业发展的总体思路、产业体系、实施方案。目前，按照产业规划的总体要求，经济特区的控制性详细规划已经完成，基础设施工作全面展开，招商引资工作顺利进行。

2025年，贡布中柬（泰文隆）工业经济特区将围绕特区石灰石资源和中柬两国市场需求，重点实施高钙石灰石原料、冶金石灰、水泥熟料生产线、建筑骨料等项目的一期建设，初步搭建起石灰石开发及延伸产业板块架构；完成浮法玻璃原片生产线、石材板材加工等近期重点产业项目的招商落地工作，并落实好硅砂、装饰石材资源保障工作；完成特区配套电厂的建设并投入使用；重点落实好特区对外贸易的物流线路及承运商等保障工作。

到2030年，工业经济特区将在基本完成近期阶段各项任务目标的基础上，全面完成石灰石开发及延伸产业板块的体系建设和招商工作；进一步完善玻璃产业、装饰石材产业等重点产业板块的发展建设；推动钢铁冶炼加工、墙体及装饰装修材料等远期发展产业板块的体系建设和项目落地；全面解决支撑园区发展的物流、电力、跨境贸易等保障设施的建设运转问题。到2030年，特区工业产值达到22亿美元，成为中柬经贸合作领域极具影响力的建材加工贸易基地。

贡布中柬（泰文隆）工业经济特区将成为中国建材工业连结中国与柬埔寨王国"一带一路"建设的重要纽带，成为建材工业企业"走出去"战略的重要的桥头堡，也将成为建材企业实践"绿色一带一路"，实现园区建设低碳化、循环化发展的重要合作基地。贡布中柬（泰文隆）工业经济特区规划鸟瞰情况见图7-54。

图7-54　贡布中柬（泰文隆）工业经济特区规划鸟瞰图

参考文献

[1] 吴奕良. 创新发展 走向世界：在工程总承包和项目管理发展论坛会上的讲话［J］. 工程建设项目管理与总承包，2009（3）：9-14.

[2] 杨波，柯佳明. 新中国 70 年对外投资发展历程回顾与展望［J］. 世界经济研究，2019（9）：3-15.

[3] 段小梅，李晓春. 中国对外投资：发展历程、制约因素与升级策略［J］. 西部论坛，第 30 卷第 2 期. 2020 年 3 月.

[4] 巫云仙. 改革开放以来我国引进和利用外资政策的历史演进［J］. 中共党史研究，2009（7）：24-32.

[5] 梁敦临（Nick Leung），倪以理（Joe Ngai），华强森，等. 领航新常态. 2020 年 12 月.

[6] 梁敦临（Nick Leung），倪以理（Joe Ngai），洪晟，等. 乘风破浪，激流勇进：中国企业海外并购"新常态". 2020 年 12 月.

[7] 华强森（Jonathan Woetzel），许浩，汪小帆，等. "中国加速迈向碳中和"水泥篇：水泥行业碳减排路径. 2021 年 4 月.

[8] 麦肯锡公司. 2060 碳中和：中国如何发挥城市的作用实现这一目标. 2021 年 3 月.

[9] 麦肯锡全球研究院. 亚洲 - 未来已至. 2019 年 8 月.

[10] 世界经济论坛与麦肯锡公司合作编写. 白皮书《重构运营模式，促进企业发展》. 2021 年 3 月.

[11] 孙世芳，杜芳，欧阳梦云. 优化稳定产业链供应链 推动经济高质量发展［N］. 经济日报，2020-07-03（011）.

[12] 中华人民共和国商务部. 跨国公司投资中国 40 年报告［R］. 2019 年 10 月.

[13] 中华人民共和国商务部. 2020 年度中国对外承包工程统计年报［R］. 商务部网站.

[14] 中华人民共和国商务部. 中国对台投资合作发展报告 2020 年［R］. 商务部网站.

[15] 中华人民共和国商务部. 2018—2019 中国对外直接投资统计公报［R］. 商务部网站.

[16] 中华人民共和国商务部. 对外投资合作国别（地区）指南—印度尼西亚（2021 年版）. 商务部网站.

[17] 中华人民共和国商务部. 对外投资合作国别（地区）指南—越南（2021 年版）. 商务部网站.

[18] 中华人民共和国商务部. 对外投资合作国别（地区）指南—菲律宾（2021 年版）. 商务部网站.

[19] 中华人民共和国商务部. 对外投资合作国别（地区）指南—柬埔寨（2021 年版）. 商务部网站.

[20] 中华人民共和国商务部. 对外投资合作国别（地区）指南—埃及（2021 年版）. 商务部网站.

[21] 中华人民共和国商务部. 对外投资合作国别（地区）指南—南非（2021 年版）. 商务部网站.

[22] 中华人民共和国商务部. 对外投资合作国别（地区）指南—肯尼亚（2021 年版）. 商务部网站.

[23] 中华人民共和国商务部. 对外投资合作国别（地区）指南—尼日利亚（2021 年版）. 商务部网站.

[24] 中华人民共和国商务部. 对外投资合作国别（地区）指南—吉尔吉斯斯坦（2021 年版）. 商务部网站.

[25] 中华人民共和国商务部. 对外投资合作国别（地区）指南—哈萨克斯坦（2021 年版）. 商务部网站.

[26] 中华人民共和国商务部. 对外投资合作国别（地区）指南—巴基斯坦（2021 年版）. 商务部网站.

[27] 中华人民共和国商务部. 对外投资合作国别（地区）指南—孟加拉国（2021 年版）. 商务部网站.

[28] 国家统计局. 2021 年中国统计年鉴. 统计局网站.

[29] 中国建材信息总网. 世界领先的水泥生产商豪瑞庆祝成立百年［EB/OL］. 2012 年 6 月. http://

www.cbminfo.com///BMI/sn/469673/469675/1403107/index.html.

［30］ 科勒中国官方网站. https://www.kohler.com.cn/.

［31］ 浦东发布. 这家亚太地区总部位于浦东的建材巨头，为全国建筑节能近 6 千亿度电，可"照亮"上海 4 年多［EB/OL］. 2020 年 5 月. https://mp.weixin.qq.com/s?__biz=MjM5MTQ5OTk3Mg==&mid=2659921043&idx=5&sn=f7598993779bebb3b22aefeb1ba218eb&chksm=bdcb1f388abc962e8477ba4761de24e25e0bc80c7337eeb5c7937a142afde599ad0439a3dfcf&scene=4#wechat_redirect.

［32］ 洛科威岩棉. https://www.rockwool.com/cn/.

［33］ DTI-CIAP. 菲律宾建筑业 2020—2030 年路线图. https://psa.gov.ph/national-accounts/base-2018/data-series.

［34］ THOMAS CZIGLER 等. Laying the foundation for zero-carbon cement. 2020 年 5 月.

［35］ 梁敦临（Nick Leung）等. The Future of Digital Innovation in China. 2021 年 10 月.

［36］ Jose Luis Blanco 等. Call for action: Seizing the decarbonization opportunity in construction. 2021 年 6 月.

［37］ MARIA JOÃO RIBEIRINHO 等. The next normal in construction: How disruption is reshaping the world's largest ecosystem. 2020 年 6 月.